Aktuelle Beiträge zum Öffentlichen Recht

herausgegeben von:

Rolf Gröschner
Martin Morlok
Helmuth Schulze-Fielitz

Band 7

Die Grenzen gemeindlicher Wirtschaftsbetätigung

Christian Otto

Centaurus Verlag & Media UG 2001

Der Autor, geb. 1973, studierte Rechtswissenschaften an der Universität München und promovierte 2001 an der FernUniversität Hagen. Er ist als selbständiger Rechtsanwalt in der eigenen Kanzlei *Otto & Lang Rechtsanwälte* in Erding tätig.

Die Deutsche Bibliothek – CIP-Einheitsaufnahme

Otto, Christian:
Die Grenzen gemeindlicher Wirtschaftsbetätigung /
Christian Otto. – Herbolzheim : Centaurus-Verl., 2001
(Aktuelle Beiträge zum Öffentlichen Recht ; Bd. 7)
Zugl.: Hagen, Univ., Diss., 2001

ISBN 978-3-8255-0353-6   ISBN 978-3-86226-362-2 (eBook)
DOI 10.1007/978-3-86226-362-2

ISSN 0941-4363

© *CENTAURUS Verlags-GmbH & Co. KG, Herbolzheim 2001*

Satz: Vorlage des Autors
Umschlaggestaltung: DTP-Studio, Antje Walter, Lenzkirch

Meinen Eltern und Großeltern

IX

1. Teil: Einleitung

A. Der Gegenstand der Untersuchung

Mit den rechtlichen Grenzen gemeindlicher Wirtschaftstätigkeit wird ein Problemkreis zum Gegenstand der vorliegenden Untersuchung gemacht, der nach beinahe 80 Jahren mehr oder weniger intensiver politischer und juristischer Auseinandersetzung nicht einmal annähernd als gelöst betrachtet werden kann[1]. Zu verschieden und zu zahlreich sind die vertretenen Positionen und ideologischen Bekenntnisse, als dass, über Einzelprobleme hinaus, von einer klaren oder konsequenten Linie gesprochen werden könnte. Verwaltungsgerichte einerseits und Zivilgerichte andererseits erlassen gegensätzliche Entscheidungen[2], Lehrstuhlinhaber kommen zu Ergebnissen, wie sie konträrer nicht sein könnten[3] und kommunale Spitzenverbände sowie Wirtschaftsverbände stehen einander nahezu unversöhnlich gegenüber[4]. Die Stimmung ist mitunter derart gereizt, dass mancherorts bereits „emotionale Ausfälle" kritisiert werden[5] oder aber offene Zurückhaltung geübt wird, um nicht etwa noch mehr Öl ins Feuer zu gießen[6].

---

[1] Vgl. aus der neueren Zeit nur etwa Badura, DöV 1998, 818; Becker, Grenzenlose Kommunalwirtschaft, DöV 2000, 1032 ff.; Brohm, NJW 1994, 281 ff.; Cosson, DVBl. 1999, 891 ff.; Cronauge, Kommunale Unternehmen, Rn. 439 ff.; ders. AfK 1999, 24 ff.; Ehlers, JZ 1990, 1089; ders. DVBl. 1998, 497; ders. NWVBl. 2000, 1; Erichsen, Kommunalrecht NW, § 11 D, S. 271 ff.; Grawert, Zuständigkeitsgrenzen der Kommunalwirtschaft, in: FS für Blümel, 119 ff.; Heintzen, NVwZ 2000, 743 ff.; Held, WiVerw 1998, 264 ff.; ders. NWVBl. 2000, 201 ff.; Hennecke, NdsVBl. 1998, 273 ff.; Hill, BB 1997, 425 ff.; Löwer, NWVBl. 2000, 241 ff.; Lux, NWVBl. 2000, 7 ff.; Moraing, WiVerw 1998, 233 ff.; Otting, Neues Steuerungsmodell und rechtliche Betätigungsspielräume der Kommunen, Diss. 1997; Pagenkopf, GewArch 2000, 177 ff.; Pielow, NWVBl. 1999, 369 ff.; Schliesky, DVBl. 1999, 78 ff.; Schulz, BayVBl. 1997, 518 ff.; Tettinger, DVBl. 1998, 679 ff.; Wieland, NVwZ 2000, 246 ff.

[2] Vgl. BVerwGE 39, 329 (insbes. 336); BVerwG NJW 1995, 2938 (insbes. 2939); VGH Bad.-Württ., NJW 1995, 274; BayVGH JZ 1976, 641 (insbes. 642); und demgegenüber OLG Düsseldorf, NJW-RR 1997, 1470 – Nachhilfe; OLG Hamm, NJW 1998, 3504 – Gelsengrün; LG Wuppertal, NWVBl. 1999, 275 – Altautorecycling; LG München, GewArch 1999, 413 (nicht rechtskräftig); OLG Düsseldorf, NWVBl. 2000, 75 – Altautorecycling; OLG Düsseldorf, GewArch 2000, 714 – Awista; LG Offenburg, GewArch 2000, 714

[3] Vgl. beispielsweise Badura, DöV 1998, 822 ff.; Tettinger, NJW 1998, 3473 f.

[4] Vgl. beispielsweise Wiethe-Köprich (Bayerischer Gemeindetag), Bayerischer Bürgermeister, 2000, 95 ff.; Kostenbader (Bayerischer Städtetag), Bayerischer Bürgermeister 2000, 98 ff.; und andererseits Sennebogen (Präsident der Vereinigung der Bayerischen Wirtschaft), Bayerischer Bürgermeister, 101 f.

[5] So beispielsweise Cosson, DVBl. 1999, 891 (892), im Hinblick auf die überzogene Kritik Tettingers „zivilgerichtliche Dilettieren im Zentralbereich des allgemeinen Verwaltungsorganisations-

Mag dieser Hintergrund sicher nicht die besten Voraussetzungen dafür bieten, mit Aussicht auf Erfolg zu einer Lösung des Problems beitragen zu können, so ist es insbesondere die in vielfacher Hinsicht gestiegene Aktualität der Thematik, die einerseits nicht der Versuchung widerstehen lässt, resistente Fehlvorstellungen in bezug auf die gemeindliche Wirtschaftsbetätigung, unter der ganz allgemein die Teilnahme des Staates am Wirtschaftsleben verstanden sein soll[7], anzugehen und andererseits eine umfassende rechtliche Analyse innerhalb der im Fluss befindlichen Realität doch Früchte tragen lassen könnte.

B. Die besondere Aktualität der Thematik

Die Gemeindewirtschaft „boomt", lautet vielfach die Bilanz einer Realanalyse der gemeindlichen Aktivitäten im wirtschaftlichen Bereich[8] und in der Tat lässt sich in der Kommunalwirtschaft derzeit eine Aufbruchsstimmung beobachten, die *Dirk Ehlers*[9] mit treffenden Worten als „Goldgräbermentalität" bezeichnet hat. Der Expansionsdrang der Gemeinden erscheint grenzenlos und hat längst das ursprüngliche Bild einer auf die Gemeindebevölkerung ausgerichteten klassischen daseinsversorgenden Gemeindewirtschaft[10] hin zu einem von der Privatwirtschaft vielfach nur noch durch den Unternehmensträger unterscheidbaren Wettbewerber gewandelt.

I. Der aktuelle Befund der Gemeindewirtschaft

So sind die Gemeinden vielfach dazu übergegangen, ursprünglich gemeindeinterne Versorgungseinrichtungen für private Dritte zu öffnen. Ehemals städtische Friedhofs- und Grünflächenämter bieten als rechtlich verselbständigte kommunale Gartenbaubetriebe[11] gärtnerische Leistungen im Bereich der privaten Garten- und Grünpflege an, verkaufen Grünpflanzen, betreiben ökologischen Land- und Gar-

---

rechts und speziell des Kommunalrechts" an der zivilgerichtlichen Rechtsprechung in NJW 1998, 3473 (3474)

[6] Vgl. Heintzen, Rechtliche Grenzen und Vorgaben für eine wirtschaftliche Betätigung von Kommunen im Bereich der gewerblichen Gebäudereinigung, S. 94 Fn. 393

[7] Vgl. Badura, Wirtschaftsverwaltungsrecht, in: Schmidt-Aßmann, Besonderes Verwaltungsrecht, 3. Abschnitt, Rn. 114

[8] Vgl. Enkler, ZG 1998, 328 (329 ff.); Grawert, Zuständigkeitsgrenzen der Kommunalwirtschaft, in: FS für Blümel, S. 119 ff.; Henneke, NdsVBl. 1998, 273 ff.; Hill, BB 1997, 425 ff.; Pielow, NWVBl. 1999, 369 f.

[9] Ehlers, DVBl. 1998, 497 (498)

[10] Vgl. zur Geschichte der Gemeindewirtschaft: Stern/Püttner, Die Gemeindewirtschaft – Recht und Realität, S. 11 ff.

[11] Vgl. OLG Hamm, NJW 1998, 3504 – Gelsengrün

tenbau und beteiligen sich am Weinbau. Gemeindliche Druckereien bieten Leistungen zu fairen Preisen an und fertigen Geburts- und Todesanzeigen ebenso wie Hochzeitseinladungen, deren Ausrichtung die Standesämter gegen Aufpreis als „Ambiente-Trauungen" übernehmen. Die gemeindlichen Kantinen halten hierfür wiederum einen „Partyservice" vor. Kommunale Verkehrsbetriebe öffnen ihre Waschanlagen für Private und städtische Bauhöfe stellen Maschinen und sonstiges Gerät, wie etwa den kommunalen Baukran, gegen Entgelt auch Außenstehenden zur Verfügung[12].

Darüber hinaus werden aber auch in erheblichem Umfang neue einträgliche Geschäftsfelder erschlossen und in Konkurrenz zu privaten Dritten bewirtschaftet. Besonders begehrt ist der Telekommunikationsmarkt, der sich nach der Abschaffung des Netzmonopols der Deutschen Bundespost zum 1.1.1998, in Anbetracht der „lockeren Gewinnmargen", den Gemeinden als äußerst lukratives Geschäftsgebiet aufgetan hat[13]. Allen voran die Netcologne, eine Tochter der Kölner Versorgungsgesellschaft GEW und der Stadt- und Kreissparkasse Köln, die nicht nur im Stadtgebiet, sondern weit darüber hinaus Telekommunikationsdienstleistungen anbieten will. Bereits für das Jahr 2002 rechnet man bei Netcologne mit einem Marktanteil von 20 % im Großraum Köln[14]. Aber auch die kommunalen Energieversorger übernehmen in einer Art „Rundumversorgung" Installations- und Wartungsarbeiten an privaten Anschlussanlagen[15]. Kommunale Wasserversorgungsunternehmen betätigen sich als Hersteller von Tafel- und Mineralwasser[16] oder bieten zumindest über ihre „Service-Center" sog. „Soda-Clubs" zum Selbst-Carbonieren des Leitungswassers zum Verkauf an.

Neben der gegenständlichen Ausweitung kommunaler Wirtschaftstätigkeit sind auch erhebliche Tendenzen einer territorialen Expansion zu verzeichnen. So haben beispielsweise die Städte Nürnberg und Würzburg mit ihren Stadtwerken eine gemeinsame GmbH zum Betrieb einer Eisenbahn zwischen beiden Städten gegründet. Die Informationsverarbeitung Leverkusen GmbH, an der die Stadt Leverkusen mehrheitlich beteiligt ist, hat eine Tochtergesellschaft im südindischen Trivandrium gegründet, die vor allem Computer-Software, aber auch sanitäre Erzeugnisse und dekorative Baumaterialien vertreiben sollte. Nach Beanstandung durch die Kommunalaufsicht hat die Stadt Leverkusen ihre Aktivitäten diesbezüglich eingestellt. Weitere Beispiele sind kommunale Consultingfirmen, mit denen einzelne Städte Erfahrungen und Wissen nicht mehr ausgelasteter Planungsabteilungen überregional, zum Teil sogar durch Niederlassungen im Ausland, vermarkten. So bietet etwa die Mannheimer Versorgungs- und Verkehrsgesellschaft Consulting-

---

[12] Vgl. Ehlers, DVBl. 1998, 797 (498); Henneke, NdsVBl. 1998, 273
[13] Vgl. hierzu ausführlich Pielow, NWVBl. 1999, 369 (371); Müller-Terpitz, NWVBl. 1999, 292 ff.
[14] Vgl. Die Welt vom 22.10.1998 S. 16
[15] Vgl. LG München GewArch 1999, 413
[16] Vgl. Ehlers, DVBl. 1998, 497 (498)

dienste insbesondere in Lettland, Litauen, Moldawien und Polen an. Die Düsseldorfer Messegesellschaft mbH NOWEA, an der die Stadt Düsseldorf mehrheitlich beteiligt ist, hat Tochtergesellschaften in Tokio, Singapur, Chicago und Warschau gegründet.

II. Die Ursachen und Hintergründe

Die Ursachen für die dargestellte Entwicklung sind vielseitig. An vorderster Stelle steht die vielfach unzureichende Finanzausstattung der Gemeinden und damit verbunden die weitgehend desolate Finanzlage der Gemeindehaushalte[17]. Da die Gemeinden vielfach nicht einmal unter Verzicht auf alle freiwilligen Leistungen in der Lage sind, die anfallenden Kosten zu decken, setzen sie, unterstützt durch Teile der Literatur[18], getreu dem Motto „der Zweck heiligt die Mittel"[19], darauf, den Gemeindehaushalt durch unternehmerische Betätigung sanieren zu können.

Ein entscheidender Wegweiser in diese Richtung ist auch der sich augenblicklich vollziehende tiefgreifende Reformprozess der Gemeindeverwaltung, weg von der überkommenen Form der Ämterverwaltung hin zu einem aufwands- und ertragsoptimierten Dienstleistungsunternehmen nach privatem Strickmuster[20]. Für den Bereich privaten Wirtschaftens entwickelte „Erfolgsrezepte" werden, mehr oder weniger gelungen, für den Bereich der Kommunalverwaltung dienstbar gemacht[21], ohne sich aber vollständig ihrer freiheitlichen Wurzeln entledigen zu können. Im Vordergrund steht nicht mehr die gemeindliche Leistung an sich, als vielmehr die Art und Weise ihrer betriebswirtschaftlich optimalen Erbringung, der ein Drang an den Markt und eine Tendenz zur Expansion geradezu immanent ist. Es liegt in der Natur der Sache, dass eine dezentrale Ressourcenverwaltung, so wie sie das „Neue Steuerungsmodell" vorsieht, mit dem Saldoprinzip nicht unbedingt nur

---

[17] Vgl. Ehlers, DVBl. 1998, 497 (498); Hennecke, NdsVBl. 1998, 273 (277); Hill, BB 1997, 425 (426); Moraing, WiVerw 1998, 233 (240).
[18] Vgl. Moraing, WiVerw 1998, 233 ff.; Otting, Neues Steuerungsmodell und rechtliche Betätigungsspielräume der Kommunen, S. 161 ff., der dem Grundgesetz eine Garantie kommunaler Erwerbswirtschaft dahingehend entnehmen will, dass die Gemeinden im Falle der Unterfinanzierung sogar verfassungsrechtlich dazu verpflichtet sind, die Defizite durch Ausschöpfung aller nur erdenklichen Einnahmequellen auszugleichen; Pagenkopf, GewArch 2000, 177 ff., der von einem „grundsätzlichen Freiraum der Gemeinde zur erwerbswirtschaftlichen Betätigung" spricht (S. 181); Wieland, NWVBl. 2000, 246 ff.
[19] So Henneke, NdsVBl. 1998, 273 (274)
[20] Vgl. hierzu Penski, DÖV 1999, 85 ff.; Heinz, AfK 1998, 210 (211 ff.)
[21] Vgl. das sog. „Neue Steuerungsmodell", entwickelt durch die kommunale Gemeinschaftsstelle für Verwaltungsvereinfachung (KGSt) nach dem Vorbild des sog. „Tilburger Modell"; vgl. hierzu ausführlich Otting, Neues Steuerungsmodell und rechtliche Betätigungsspielräume der Verwaltung, S. 4 ff.

zu einer Ausgabensenkung anregt, sondern auch erhebliche Kreativität zur Erzielung eigener Einnahmen freisetzt[22]. Hinzu kommt, dass die Gemeinden durch die Einführung neuer Management- und Wirtschaftsmethoden zwar durchaus erhebliche Rationalisierungserfolge verzeichnen können, andererseits aber, um deren Einführung zu ermöglichen, regelmäßig bereits im Vorfeld auf betriebsbedingte Kündigungen verzichtet haben. Sie verfügen dementsprechend über teilweise beträchtliche Überkapazitäten[23]. „Insourcing statt Outsourcing" heißt deshalb die Devise[24], als dies unter den geschaffenen Umständen auch der einzige Ausweg aus dem Dilemma ist.

Ganz entscheidend wird die gegenwärtige Entwicklung auch durch den tiefgreifenden Strukturwandel begünstigt, der insbesondere aus Richtung Brüssel über die Bereiche kommunaler Wirtschaft hinwegfegt. Liberalisierung heißt das Schlagwort, unter dem in zunehmenden Maße bisher staatliche und gemeindliche Monopole abgeschafft und damit angestammte Felder kommunaler Wirtschaftsbetätigung für den Wettbewerb geöffnet werden. Im Wettbewerb behaupten können sich die kommunalen Anbieter aber unter Umständen nur, wenn sie ebenso agieren können wie die privaten Unternehmer. Schließlich müsse auch das, was dem einen recht, dem anderen billig sein. Es dürfe nicht dazu kommen, dass den Kommunen und ihren Unternehmen letztendlich nur die kostenintensiven Aufgaben der Daseinsvorsorge verbleiben, die für die Privatwirtschaft uninteressant wären, weil sich damit kein Geld verdienen lasse. Bund und Länder müssten den zunehmenden Trend zur Privatisierung von Gewinnen und Sozialisierung von Verlusten beenden[25]. Chancengleichheit für alle Wirtschaftsteilnehmer lautet deshalb bereits die Prämisse, aufgrund derer die kommunalen Akteure zum Angriff blasen[26]. Vergessen wird bei dieser Gegenüberstellung vollständig, dass Financier der sozialisierten Verluste und damit auch der defizitären Daseinsvorsorge nicht die Kommune, sondern letzten Endes allein die rein gewinnorientierte, dafür aber steuerpflichtige Privatwirtschaft ist.

---

[22] Vgl. Henneke, NdsVBl. 1998, 273 (275)
[23] Vgl. Henneke, NdsVBl. 1998, 273 (275)
[24] Vgl. Ehlers, DVBl. 1998, 497 (498)
[25] So der DStGB, Pressemitteilung Nr. 39/98 v. 8.7.1998
[26] Vgl. Cronauge, AfK 1999, 24 (25 ff.); Moraing, WiVerw 1998, 233 (241)

In dem Umfang, in dem sich die Gemeindewirtschaft zu neuer Blüte aufschwingt, formiert sich Widerstand seitens privater Konkurrenten[27] und erheblichen Teilen der juristischen Lehre[28]. Wurde diese mit den Glanzzeiten der Gemeindewirtschaft in den 20er Jahren des letzten Jahrhunderts vergleichbare Entwicklung mit den die Gemeindewirtschaft begrenzenden Regelungen der §§ 67 ff. der Deutschen Gemeindeordnung (DGO) von 1935[29] entschärft, scheint heute vielmehr das Gegenteil der Fall zu sein. So kann nicht zuletzt in Nordrhein-Westfalen die Kommunalwirtschaft aufgrund landesgesetzgeberischer Novellen des Gemeindewirtschaftsrechts[30] Triumphe feiern, die vor dem Hintergrund unserer freiheitlichen Verfassung mehr als fragwürdig erscheinen. Schenkt man Äußerungen von Ministerpräsident Clement in der parlamentarischen Diskussion um den Gesetzentwurf Glauben, so soll dies sogar nur der erste Vorstoß sein, an dessen Ende die vollständige „Gleichschaltung" kommunaler mit privaten Unternehmen stehen soll[31].

Erklären lässt sich dieser Vorstoß wohl nur damit, dass nun auch die Landesregierung NRW die erwerbswirtschaftliche Betätigung der Kommunen als praktische Finanzierungsquelle der Gemeindehaushalte entdeckt hat, mit Hilfe derer sie ihre Verpflichtung zu einer angemessenen Finanzausstattung der Kommunen[32] zu erfüllen in der Lage ist. In Anbetracht der nicht auf Nordrhein-Westfalen begrenzten Problematik leerer Gemeindekassen dürfte auch zu erwarten sein, dass das Beispiel Schule macht. Mag man auch versucht sein, dem Gedanken einer zumindest teilweisen Finanzierung öffentlicher Aufgaben durch erwerbswirtschaftliche Betätigung offen gegenüberzustehen, da diese Finanzierungsform ja freiwillig und nicht etwa wie die Steuerfinanzierung „unentziehbar" erfolge, so darf das nicht darüber hinweg täuschen, dass die gemeindlichen Gewinne letztlich nur auf Kosten der privaten Konkurrenten erzielt werden. Sie können sich aber einer „Inanspruchnahme" ebenso wenig wie der Steuerpflichtige selbst entziehen.

---

[27] Vgl. hierzu ausführlich Heintzen, Rechtliche Grenzen und Vorgaben für eine wirtschaftliche Betätigung von Kommunen im Bereich der gewerblichen Gebäudereinigung, S. 4 ff.; ebenso Hill, BB 1997, 425

[28] Vgl. nur Badura, DöV 1998, 818 ff.; Cosson, DVBl. 1999, 891 ff.; Ehlers, DVBl. 1998, 497 ff.; ders. NWVBl. 2000, 1 ff.; Grawert, Zuständigkeitsgrenzen der Kommunalwirtschaft, in: FS für Blümel, S. 118 ff.; Held, NWVBl. 2000, 202 ff.; Henneke, NdsVBl. 1998, 273 ff.; Hill, BB 1997, 425 ff.; Pielow, NWVBl. 1999, 369 ff.; Schliesky, DVBl. 1999, 78 ff.

[29] Deutsche Gemeindeordnung vom 30.1.1935 RGBl. I Nr. 6, S. 49

[30] So das Erste Gesetz zur Modernisierung von Regierung und Verwaltung in Nordrhein-Westfalen (1. ModernG NRW) vom 15. Juni 1999, GVBl. NW 1999, S. 386

[31] Vgl. LT NW – Plenarprotokoll 12/109, S. 9037

[32] Vgl. hierzu ausführlich Henneke, DöV 1998, 330 ff.

Triumphe konnte die Gemeindewirtschaft auch bis vor kurzem noch im Bereich der Judikative verbuchen. So hatte die Verwaltungsrechtsprechung der wirtschaftlichen Betätigung der Gemeinden bereits frühzeitig eine derart breite Bresche geschlagen, dass ein Rechtsschutz gegenüber gemeindlicher Wirtschaftsbetätigung weitestgehend kein Thema war. Nach ständiger Rechtsprechung der Verwaltungsgerichtsbarkeit vermitteln die begrenzenden Vorschriften des Gemeindewirtschaftsrechts den privaten Konkurrenten keinen Individualschutz und schützen auch die Grundrechte erst, wenn dem privaten Konkurrenten die Verdrängung vom Markt droht[33].

Nun sind neuerdings aber die Zivilgerichte dazu übergegangen, die kommunalrechtlichen Betätigungsgrenzen mittels Wettbewerbsrecht umzusetzen. Eine die kommunalrechtlichen Regelungen verletzende Wirtschaftsbetätigung soll sittenwidrig i.S.d. § 1 UWG und damit unzulässig sein[34]. Private Konkurrenten sind damit erstmals seit der Formulierung gemeindlicher Betätigungsgrenzen auch in der Lage, deren Einhaltung gerichtlich zu erzwingen.

C. Der Gang der Untersuchung

Mit vorangegangener Darstellung ist auch der Gang der Untersuchung dahingehend prädestiniert, als sie ihren Schwerpunkt im Verfassungsrecht findet. Hier sollen die verfassungsrechtlichen Grundlagen und Grenzen gemeindlicher Wirtschaftstätigkeit abgesteckt werden und damit gleichzeitig der Gestaltungskreis, d.h. die politische Offenheit der Verfassung für den Bereich des kommunalen Wirtschaftsrechts bestimmt werden.

Im anschließenden kommunalrechtlichen Teil geht es deshalb auch nicht primär um die Bestimmung der kommunalrechtlichen Grenzen, als vielmehr um eine Verwertung der gewonnenen Ergebnisse im Sinne einer Anwendung und Umsetzung der verfassungsrechtlichen Direktiven. Geklärt werden soll, inwieweit sich die jeweiligen Vorschriften des Gemeindewirtschaftsrechts der Länder innerhalb des durch die Verfassung abgesteckten Rahmens bewegen und als solche vor dem Hintergrund der Verfassung inhaltlich zu bestimmen sind.

Der folgende wettbewerbsrechtliche Teil widmet sich dann auch nicht allgemein den wettbewerbsrechtlichen Grenzen gemeindlicher Wirtschaftsbetätigung, son-

---

[33] Vgl. BVerwGE 39, 329; BVerwG NJW 1995, 2938; VGH Bad.-Württ., NJW 1995, 274; BayVGH JZ 1976, 641

[34] Vgl. OLG Düsseldorf, NJW-RR 1997, 1470 – Nachhilfe; OLG Hamm, NJW 1998, 3504 – Gelsengrün; LG Wuppertal, NWVBl. 1999, 275 – Altautorecycling; LG München, GewArch 1999, 413 (nicht rechtskräftig); OLG Düsseldorf, NWVBl. 2000, 75 – Altautorecycling; OLG Düsseldorf, GewArch 2000, 714 – Awista; LG Offenburg, GewArch 2000, 714

dern vordringlich der Frage, ob und inwieweit die Zivilgerichte zu einer Aktualisierung der kommunalrechtlichen Betätigungsschranken durch das Wettbewerbsrechts
befugt sind.

2. Teil: Die verfassungsrechtlichen Grundlagen und Grenzen gemeindlicher Wirtschaftstätigkeit

A. Die Garantie kommunaler Selbstverwaltung – Art. 28 II GG

Nach Art. 28 II GG muss den Gemeinden das Recht gewährleistet sein *„alle Angelegenheiten der örtlichen Gemeinschaft im Rahmen der Gesetze eigenverantwortlich zu regeln"*. Damit erweckt der unmittelbare Verfassungswortlaut den Anschein, es handele sich lediglich um eine Verpflichtung an die Länder, ihrerseits die gemeindliche Selbstverwaltung zu gewährleisten[35]. Dahingegen wird die Gewährleistung des Art. 28 II GG, auch entgegen ihrer systematischen Stellung, allgemein nicht als Normativbestimmung, sondern als Durchgriffsnorm, d.h. unmittelbar geltende Garantienorm qualifiziert[36]. In diesem Sinne nimmt, nach weitgehend unbestrittener Ansicht, auch die gemeindliche Wirtschaftsbetätigung an der unmittelbaren verfassungsrechtlichen Garantie gemeindlicher Selbstverwaltung aus Art. 28 II GG teil[37]. Ob und in wieweit sich aus dieser verfassungsrechtlichen Gewährleistung konkrete Maßgaben für eine wirtschaftliche Betätigung der Gemeinden ergeben, ist jedoch nach wie vor durchweg umstritten und gilt es deshalb im folgenden Abschnitt zu ermitteln.

I. Art. 28 II GG – Grundlage und Grenze gemeindlicher Wirtschaftstätigkeit

Ehe eine inhaltliche Bestimmung der Garantie gemeindlicher Selbstverwaltung im Hinblick auf eine gemeindliche Wirtschaftstätigkeit erfolgen kann, ist primär zu klären, ob Art. 28 II GG als Grundlage für eine gemeindliche Wirtschaftstätigkeit überhaupt in Betracht kommt. Kann dieser Punkt positiv beantwortet werden, stellt

---

[35] Vgl. Püttner, Kommunale Selbstverwaltung, in: Isensee/Kirchhof, HBdStR Band IV, § 107 Rn. 11

[36] Ständige Rechtsprechung des *Bundesverfassungsgerichts*, bereits BVerfGE 1, 167 (173 f.); Dreier, in: ders., GG, Art. 28 Rn. 86; Nierhaus, in: Sachs, GG, Art. 28 Rn. 33; Püttner, Kommunale Selbstverwaltung, in: Isensee/Kirchhof, HBdStR Band IV, § 107 Rn. 11; Schmidt-Aßmann, Kommunalrecht, in: ders., Besonderes Verwaltungsrecht, 1. Abschnitt, Rn. 9; Stern, Staatsrecht I, S. 704; anders: Löwer, in: v.Münch/Kunig, GG, Art. 28 Rn. 34 f.

[37] Vgl. nur Gerke, Jura 1985, 349 (356); Enkler, ZG 1998, 328 (331); Erichsen, Kommunalrecht NW, § 11 D 1, S. 271 ff.; Hill, BB 1997, 425 (427); Hennecke, NdsVBl. 1998, 273 (280); Moraing, WiVerw 1998, 233 (247)

sich daran anschließend die Frage, ob sich unmittelbar aus der Gewährleistung gemeindlicher Selbstverwaltung in Art. 28 II GG gleichzeitig auch verfassungsrechtliche Grenzen für die Gemeindewirtschaft ergeben.

1. Die Garantie gemeindlicher Selbstverwaltung in Art. 28 II GG als ausschließliche Legitimation gemeindlicher Wirtschaftstätigkeit

Zu Beginn stellt sich damit die fundamentale Frage, woraus sich die verfassungsrechtliche Legitimation gemeindlichen Handelns und insbesondere gemeindlicher Wirtschaftstätigkeit ergibt. In Betracht kommt selbstverständlich die Garantie kommunaler Selbstverwaltung. Könnten sich die Gemeinden jedoch generell oder zumindest im Rahmen ihrer wirtschaftlichen Betätigung auf grundrechtliche Freiheiten berufen, so könnte allem voran Art. 12 I GG den Gemeinden ein von eventuellen Einschränkungen des Art. 28 II GG losgelöstes „Recht auf Gewerbefreiheit"[38] eröffnen und als grundsätzliche Legitimation gemeindlicher Wirtschaftstätigkeit dienen.

a) Keine Grundrechtsfähigkeit der Gemeinden

Mit der Qualifikation der Gemeinden als Körperschaften des öffentlichen Rechts[39] wird Art. 19 III GG zum Ausgangspunkt für die Beantwortung der Frage, ob und in wieweit den Gemeinden die Fähigkeit zukommt, sich auf grundrechtliche Gewährleistungen zu berufen. Diese Frage ist nach wie vor umstritten[40], gewährleistet doch die Vorschrift ihrem Wortlaut nach inländischen juristischen Personen Grundrechtsschutz, soweit die Grundrechte ihrem Wesen nach auf diese anwendbar sind. Juristische Personen des öffentlichen Rechts sind damit jedenfalls nicht von vornherein aus dem Anwendungsbereich der Grundrechte ausgeschlossen. Vielmehr spricht die Entstehungsgeschichte der Vorschrift, deren ursprüngliche Fassung statt von „juristischen Personen" noch von „Körperschaften und Anstalten mit eigener Rechtspersönlichkeit" gesprochen hatte und lediglich zum Zwecke der Einbeziehung aller juristischen Personen redaktionell geändert wurde[41], dafür, dass das Grundgesetz auch juristischen Personen des öffentlichen Rechts grundrechtlichen Schutz gewährleistet[42].

---

[38] Vgl. Bettermann, Gewerbefreiheit der öffentlichen Hand, in: FS für Hirsch, S. 1ff.

[39] Vgl. Wolff/Bachof/Stober, Verwaltungsrecht II, § 84 Rn. 12

[40] Vgl. Hendrichs, in: v.Münch/Kunig, GG, Art. 19 Rn. 38; Ladeur, in: AK GG, Art. 19 Rn. 39;

[41] Vgl. Parlamentarischer Rat, Grundgesetz für die Bundesrepublik Deutschland (Entwürfe), Bonn 1948/49, S. 127

[42] Vgl. Badura, BayVBl. 1989, 1 (1); Dreier, in: ders., GG, Art. 19 III Rn. 38

(1)   Die Auffassung der Rechtsprechung, insbesondere des *Bundesverfassungs-gerichts*

Das *Bundesverfassungsgericht* und ihm folgend auch die obersten Bundesgerichte haben demgegenüber eine eindeutig restriktive Stellung bezogen. So sei mit der Vorschrift, ihrem unmittelbaren Wortlaut nach, nicht der Grundsatz festgelegt, dass alle juristischen Personen grundrechtsfähig sind, sondern juristischen Personen des öffentlichen Rechts wären vielmehr außerhalb der sog. Justizgrundrechte gemäß Art. 101 I 2 und Art. 103 I GG[43] grundsätzlich von grundrechtlichen Gewährleistungen ausgeschlossen[44]. Ausnahmen bestünden lediglich für Kirchen[45], Rundfunkanstalten[46] und Universitäten[47], denen das Grundgesetz über Art. 4 i.V.m. Art. 140 GG, Art. 5 I GG sowie Art. 5 III GG ja gerade einen bestimmten grundrechtlich geschützten Lebensbereich zuordne. Dahingegen sei es den Gemeinden prinzipiell verwehrt, sich auf grundrechtlichen Schutz zu berufen[48]. Dies gelte über den Bereich hoheitlicher Aufgabenwahrnehmung hinaus, gleichermaßen für sämtliche nicht-hoheitliche, fiskalische Tätigkeiten der Gemeinde[49].

Das *Bundesverfassungsgericht* gründet seine Rechtsauffassung auf drei wesentliche Gesichtspunkte:

(a)   Das sog. „Konfusions- bzw. Identitätsargument"

So seien juristische Personen des öffentlichen Rechts[50] und insbesondere die Gemeinden[51] nach Art. 1 III, 20 III GG grundrechtsverpflichtete Verwaltungsträger und könnten deshalb nicht gleichzeitig grundrechtsberechtigt sein.

(b)   Keine grundrechtstypische Gefährdungslage

Darüber hinaus befinde sich die Gemeinde generell, d.h. insbesondere auch bei der privatrechtlichen, nicht-hoheitlichen Wahrnehmung von Aufgaben, in keiner „grundrechtstypischen Gefährdungslage". Sie werde in ihrem gesamten Wirkungs-

---

[43] Vgl. BVerfGE 21, 362 (373)

[44] Vgl. BVerfGE 21, 362 (369 ff.); 23, 12 (24); 45, 63 (78); 61, 82 (101); 68, 193 (206); 75 192 (200); BVerfG, NJW 1995, 582; BVerwGE 59, 231 (240); 64, 202 (205); BGHZ 63, 196 (198 ff.); 84, 261 (264 ff.); BSGE 6, 180 (183 f.); BFHE 75, 632 (635 f.)

[45] Vgl. BVerfGE 19, 1 (5); 70, 138 (160 f.)

[46] Vgl. BVerfGE 31, 314 (322); 74, 297 (317 f.)

[47] Vgl. BVerfGE 15, 256 (261); 67, 202 (207)

[48] Vgl. BVerfGE 61, 82 (100 ff.); BVerwG, NuR 1990, 109

[49] Vgl. BVerfGE 61, 82 (105 ff.); anders in ständiger Rechtsprechung der BayVerfGH, der die Grundrechtsfähigkeit der Gemeinden nach der Bayerischen Verfassung zumindest im fiskalischen Bereich grundsätzlich bejaht. (Vgl. BayVerfGH, BayVBl. 1976, 589 (622); 1984, 655)

[50] Vgl. BVerfGE 15, 256 (262); 70, 1; 75, 192

[51] Vgl. BVerfGE 61, 82

spektrum nicht in gleicher Weise wie eine Privatperson gefährdet und sei deswegen auch nicht über grundrechtliche Gewährleistungen schutzbedürftig[52].

(c)   Die sog. „Durchgriffstheorie" und der „Wesensgehalt"

Den Schwerpunkt seiner Argumentation legt das *Bundesverfassungsgericht* auf den sog. Durchgriffsgesichtspunkt, der für eine Grundrechtsberechtigung einer juristischen Person nicht primär deren Rechtsform in den Vordergrund rückt, sondern eine Verbindung der juristischen Person mit Erfordernis eines personellen, dem Wesen der Grundrechte entsprechenden Substrats als maßgeblich erachtet. Entsprechend ihrer verfassungs- und ideengeschichtlichen Herkunft sei primärer Sinn und damit Wesen der Grundrechte, den Schutz des Einzelnen vor Eingriffen durch die staatliche Gewalt zu gewährleisten. Demgemäss sei prinzipiell[53] die Anwendbarkeit grundrechtlicher Verbürgungen auf juristische Personen des öffentlichen Rechts ausgeschlossen[54]. Diese könnten sich nur dann auf die Grundrechte berufen, wenn das Wesen der Grundrechte durch die spezifische Betätigung der juristischen Person rezipiert werde und gleichsam Ausdruck der freien Entfaltung der privaten, natürlichen Personen sei[55]. Dagegen mache allein der Umstand, *„dass eine juristische Person des öffentlichen Rechts öffentliche Aufgaben, also Aufgaben im Interesse der Allgemeinheit wahrnimmt"*, diese *„nicht zum grundrechtsgeschützten „Sachwalter" des Einzelnen bei der Wahrnehmung seiner Grundrechte"*[56]. Sie müsse vielmehr ihrer Funktion nach eben gerade nicht lediglich gesetzlich zugewiesene und geregelte öffentliche Aufgaben wahrnehmen[57].

(2)   Die Literatur

Im Schrifttum hat die Rechtsprechung des *Bundesverfassungsgerichts*, die gleichsam auf den als Vermutungsregel formulierbaren Grundsatz der Grundrechtsunfähigkeit juristischer Personen des öffentlichen Rechts aufbaut, ebenso wie die sich unmittelbar daraus ergebende Grundrechtsunfähigkeit der Gemeinden, im Ergebnis verbreitet Zustimmung erfahren[58].

---

[52] Vgl. BVerfGE 61, 82 (105 ff.)

[53] Die Rechtsform wird demnach zur Vermutung für die Grundrechtsunfähigkeit

[54] Vgl. BVerfGE 59, 231 (255)

[55] Vgl. BVerfGE 61, 82 (101)

[56] Vgl. BVerfGE 61, 82 (103)

[57] Vgl. BVerfGE 68, 193 (207 f.)

[58] Vgl. v. Arnim, Rechtsfragen der Privatisierung, S. 55 ff.; Badura, BayVBl. 1989, 1 (1 f.); Bethge, NJW 1995, 557 (558); ders., Die Grundrechtsberechtigung juristischer Personen nach Art. 19 III GG, 25 ff.; Broß, VerwArch 1996, 731 (737); Dreier, in: ders., GG, Art. 19 III Rn. 38; Dürig, in: Maunz/Dürig, GG, Art. 19 Rn. 48; Jarass, in: Jarass/Pieroth, GG, Art. 19 Rn. 16 f; Krüger, in: Sachs, GG, Art. 19 Rn. 85; Lissack, Bayerisches Kommunalrecht, § 1 Rn. 31 ff.; Maunz/Zippelius, Deutsches Staatsrechts, § 19 II 2 d; Rüfner, Grundrechtsträger, in: Isensee/Kirchhof, HBdStR Band V, § 116 Rn. 72; Schmidt-Aßmann, Kommunalrecht, in: ders., Besonderes Verwaltungsrecht, 1.

Vereinzelt wird jedoch auch im neueren Schrifttum Kritik laut. So gehen insbesondere *Edzard Schmidt-Jortzig*[59], *Hans-Uwe Erichsen*[60], *Franz-Ludwig Knemeyer*[61] und *Karl-Heinz Ladeur*[62] von einem prinzipiellen Grundrechtsschutz der Gemeinde aus. Der staatliche Hoheitsbereich sei kein monolithisches Gebilde, sondern bestehe aus einer Vielzahl unterschiedlich determinierter Funktionsträger. Grundrechtsschutz ließe sich auch kaum auf einzelmenschliche Freiheitssphären reduzieren, sondern sei die adäquate Absicherung für verfassungsrechtlich grundlegend zugeordnete Rechtssphären gegen Einwirkungen der Staatsgewalt[63]. Entgegen der Auffassung des *Bundesverfassungsgerichts* könnten die Gemeinden auch in gleicher Weise wie ein Privater schutzbedürftig gegenüber staatlichen Eingriffen sein, so dass insoweit eine grundrechtstypische Gefährdungslage bestehe, die eine prinzipielle Grundrechtsfähigkeit rechtfertige[64]. Entscheidend sei vielmehr eine am Einzelfall orientierte und differenzierende Betrachtung, ob sich die Gemeinde in einer Schutzsituation befinde, welche die betreffende Grundrechtsnorm voraussetze[65]. Darüber hinaus sei die gegenteilige Position Folge einer verfehlten Entgegensetzung von natürlicher Freiheit und organisierter öffentlicher Hoheitsgewalt. Diese sei zwar grundsätzlich richtig, man dürfe jedoch nicht das Moment der Institutionalisierung von grundrechtlicher Freiheit innerhalb der politischen Willensbildung des Staates übersehen. Schließlich bestehe die Funktion der kommunalen Selbstverwaltungsgarantie traditionell auch und gerade darin, einer Organisation nicht nur staatlich verfügbare Kompetenzen, sondern auch subjektive Rechte gegenüber dem Staat zu verschaffen[66].

Dem ist nach einer letztlich allein ausschlaggebenden systematischen und teleologischen Auslegung[67] der Vorschrift des Art. 19 III GG entschieden zu widersprechen.

Wird auch häufig kritisiert, das Konfusionsargument des *Bundesverfassungsgerichts* hätte bereits mit der Anerkennung partieller Grundrechtsfähigkeit für bestimmte juristische Personen des öffentlichen Rechts seine Berechtigung verlo-

---

Abschnitt, Rn. 28 ff.; Schmidt-Bleibtreu, in: ders.: GG, Art. 19 Rn. 13; Stern, Staatsrecht III/1, S. 1156; Stober, Deutsches Kommunalrecht, § 7 V 1; Tettinger, DVBl. 1999, 679 (685); Waechter, Kommunalrecht, Rn. 182; a.A. Bettermann, Gewerbefreiheit der öffentlichen Hand, in: FS für Hirsch, S. 1 ff.; Ladeur, AK GG, Art. 19 Rn. 39 ff.; Hendrichs, in: v. Münch, GG, Art. 19 Rn. 39

[59] Vgl. Schmidt-Jortzig, Kommunalrecht, Rn. 50

[60] Vgl. Erichsen, Kommunalrecht NW, § 3 C, S. 43 f

[61] Vgl. Knemeyer, Bayerisches Kommunalrecht, Rn. 27

[62] Vgl. Ladeur, in: AK GG, Art. 19 Rn. 39 ff., 49

[63] Vgl. Schmidt-Jortzig, Kommunalrecht, Rn. 50

[64] Vgl. Erichsen, Kommunalrecht NW, § 3 C, S. 43 f; Schmidt-Jortzig, Kommunalrecht, Rn. 50;

[65] Vgl. Knemeyer, Bayerisches Kommunalrecht, Rn. 27 unter Bezugnahme auf BayVerfGHE 29, 105, 119)

[66] Vgl. Ladeur, AK GG, Art. 19 Rn. 41 ff.

[67] Vgl. Badura, BayVBl. 1989, 1; Dreier, in: ders., GG, Art. 19 III Rn. 38

ren[68], so muss dennoch an dem Befund festgehalten werden, dass Grundrechte ihrem Wesen nach nicht den Sinn haben, den Staat und insbesondere auch die in die Staatssphäre fallenden Träger mittelbarer Staatsverwaltung gegen sich selbst zu schützen[69]. Ein Grundrechtsschutz für Staatsfunktionen wäre vielmehr eine Verkehrung rechtsstaatlicher Gewährleistungen, die dem Bauprinzip einer instrumentenpluralen Verfassung, mit dem in ihr angelegten Prinzip einer strikten Trennung von individueller Freiheit und kompetenzgebundener Herrschaftsordnung[70], widerspricht[71]. Es ist demnach folgerichtig, den insoweit zu weiten Wortlaut des Art. 19 III GG dahingehend einzuschränken, dass die Grundrechte auf juristische Personen des öffentlichen Rechts und danach auch auf die Gemeinden grundsätzlich nicht anwendbar sind. Auf der anderen Seite darf ein dahingehender Grundsatz auch die Besonderheit einer pluralistischen Verfassung, in der staatliche Herrschaft von verschiedenen Organisationseinheiten in unterschiedlicher Distanz zu den Individuen und damit unterschiedlicher Nähe zur grundrechtlichen Sphäre ausgeübt wird[72], nicht aus dem Auge verlieren. Folgerichtig kann sich, entsprechend dem Standpunkt des *Bundesverfassungsgerichts*[73], eine Grundrechtsfähigkeit juristischer Personen des öffentlichen Rechts nur danach entscheiden, ob und inwieweit in der Rechtsstellung eine Sach- und Rechtslage Ausdruck findet, welche nach dem Wesen der Grundrechte deren Anwendung entgegensteht. Unter Berücksichtigung dieser Prämissen wird allein die Funktion der juristischen Person für die dahinter stehenden Individuen zum maßgeblichen Kriterium.

So hat die Garantie kommunaler Selbstverwaltung nach der Konzeption des Grundgesetzes zugegebener Maßen nicht nur die Funktion einer selbständigen Rechtspersönlichkeit staatliche Kompetenzen verfügbar zu machen, sondern sie dient auch ganz entscheidend der Verwirklichung grundrechtlicher Freiheiten auf der Ebene politischer Entscheidung und Willensbildung[74]. Sie weist damit auch eine ausgesprochene Affinität zu den grundrechtlichen Freiheitsintensionen auf[75], laufen in ihr doch demokratische und grundrechtliche Freiheitsidee zusammen[76]. Der Schluss jedoch, allein deshalb auf grundrechtliche Gewährleistungen des Ver-

---

[68] Vgl. nur etwa Dreier, in: ders. GG, Art. 19 III Rn. 41 m.w.N.

[69] Vgl. Rüfner, Grundrechtsträger, in: Isensee/Kirchhof, HBdStR Band V, § 116 Rn. 64

[70] Vgl. Hesse, Grundzüge des Verfassungsrechts, Rn. 11

[71] Vgl. v. Arnim, Rechtsfragen der Privatisierung, S. 55 ff.; Rupp, Die Unterscheidung von Staat und Gesellschaft, in: Isensee/Kirchhof, HBdStR Band I, § 28 Rn. 31 f.; Schmidt-Aßmann, BB 1990, Beilage 34 zu Heft 27, 1 (7)

[72] Vgl. Schmidt-Aßmann, BB 1990, Beilage 34 zu Heft 27, 1 (9)

[73] Vgl. BVerfGE 75, 192 (197)

[74] Vgl. Hendler, Das Prinzip Selbstverwaltung, in: Isensee/Kirchhof, HBdStR Band IV, § 106 Rn. 53

[75] Vgl. Hendler, Das Prinzip Selbstverwaltung, in: Isensee/Kirchhof, HBdStR Band IV, § 106 Rn. 53

[76] Vgl. Schmidt-Aßmann, Kommunale Selbstverwaltung nach „Rastede", in: FS für Sendler, 121

fassungsrechts zurückgreifen zu können, ist gänzlich verfehlt. Kommunale Selbstverwaltung ist nicht die Verbindung individueller Freiheiten einzelner, die lediglich öffentlich-rechtlich überformt ist[77]. Selbstverwaltung und insbesondere die kommunale Selbstverwaltung privilegiert den einzelnen über die bloße Ausübung der durch die Grundrechte gewährleisteten individuellen Freiheiten hinaus. Nach der grundgesetzlichen Konzeption findet aber gerade dieses „mehr" an spezifischer Freiheitsverwirklichung mit der Garantie kommunaler Selbstverwaltung seine Institutionalisierung in Art. 28 II GG und damit seine abschließende verfassungsrechtliche Gewährleistung gegenüber dem eingreifenden Staat. Rechtsstaatliche Gewährleistungen sind differenzierte und spezifizierte Gewährleistungen, die sich geradezu zu einem Gebot spezifischer Differenzierung verbinden[78]. *Eberhard Schmidt-Aßmann* stellt insoweit zutreffend fest: „Nichts verkenne den Sinn rechtsstaatlicher Garantien so sehr wie jene „Tendenz zur Entdifferenzierung", die gegen jede nur aufscheinende Gefährdung sogleich alle nur denkbaren Sicherungsmittel kumulativ und extensiv aufbieten möchte"[79]. Ein Rückgriff auf grundrechtliche Freiheitsverbürgungen kommt demzufolge nicht in Betracht, denn mit der Garantie kommunaler Selbstverwaltung ist nicht nur eine verfassungssystematische Zäsur zwischen individueller Freiheitsverwirklichung und hierfür unzweifelhaft förderlicher demokratisch-partizipatorischer Mitwirkung angelegt, sondern sie findet ihrer Funktion nach gar keinen entsprechenden Schutz im Grundrechtskatalog. Zudem dürfte wohl kaum zu vertreten sein, gerade die spezifische Funktion einer Norm könne in ihrer als Garantie gegenüber dem Staat ausgestalteten Form keinen ausreichenden Schutz gewährleisten. Vielmehr sind deren Rechtswirkungen und damit der Gewährleistungsgehalt der Garantie kommunaler Selbstverwaltung, entsprechend der Rechtsprechung des *Bundesverfassungsgerichts*, geradewegs aus ihrer normativen Intention und Funktion heraus zu bestimmen[80]. Demnach verbleibt den Gemeinden durch den umfassenden und spezifischen Schutz durch Art. 28 II GG auch keinerlei Funktion[81], die eine Berufung auf grundrechtliche Freiheiten rechtfertigen könnte. Mögen andere Selbstverwaltungsträger auch aufgrund ihrer spezifischen Funktion auf grundrechtlichen Schutz gegenüber dem Staat angewiesen sein[82], kommunale Selbstverwaltung ist es jedoch nicht. Ihr ist bereits von Verfas-

---

[77] Vgl. Badura, BayVBl. 1989, 1 (5), allerdings ohne nähere Begründung. Zudem bestreitet er, in Verkennung des politischen Elements kommunaler Selbstverwaltung, dass kommunale Selbstverwaltung auf gesellschaftlicher Interessenwahrnehmung beruht (Vgl. Hendler, Das Prinzip Selbstverwaltung, in: Isensee/Kirchhof, HBdStR Band IV, § 106 Rn. 15 ff.).

[78] Vgl. Schmidt-Aßmann, Der Rechtsstaat, in: Isensee/Kirchhof, HBdStR Band I, § 24 Rn. 22 ff.

[79] Vgl. Schmidt-Aßmann, BB 1990, Beilage 34 zu Heft 27, 1 (6)

[80] Vgl. BVerfGE 79, 127 (147) – „Rastede"

[81] Vgl. BVerfGE 68, 193 (205 ff.)

[82] So beispielsweise die Berufsverbände, soweit sie nicht ausschließlich öffentliche Aufgaben wahrnehmen, BVerfGE 68, 193 (208 ff.); 70, 1 (20 f.); 75, 192 (200)

sungswegen derart fundamentale Bedeutung beigemessen, dass sie, anders als die übrigen Selbstverwaltungsträger, durch eine umfassende und spezifische Gewährleistung gegenüber dem Staat gesichert ist. Mag die Stellung der Gemeinde im Falle eines staatlichen Zugriffs auch dem einer grundrechtlich geschützten Privatperson gleichen, was sich insbesondere in der überkommenen, stark an der Grundrechtsdogmatik angelehnten[83] Schutzkonzeption der Garantie kommunaler Selbstverwaltung widerspiegelt, eine „grundrechtstypische" Gefährdungslage, die für sich einen Rückgriff auf grundrechtliche Gewährleistungen erfordere, besteht jedoch nicht.

Vor diesem Hintergrund lässt sich auch keine unterschiedliche Beurteilung hoheitlicher und fiskalisch-erwerbswirtschaftlicher Tätigkeiten der Gemeinde rechtfertigen[84]. Zwar kann sich die Verwaltung und damit insbesondere die Gemeinde nach h.M. auch der Handlungsformen des Privatrechts bedienen, sofern nicht die Rechtsordnung die Verwendung dieser Form verbietet[85], aber die Gemeinde wird hierdurch nur formell zum Privatrechtssubjekt. Die Inanspruchnahme individueller Freiheiten, insbesondere der Privatautonomie, bleibt der Gemeinde vorenthalten[86]. Das Privatrecht eröffnet der Verwaltung nur ein erweitertes, unter Umständen sachgerechteres, Instrumentarium zur Wahrnehmung öffentlicher Aufgaben. Durch den Wechsel der Handlungsform wird aber gerade kein Statuswechsel der Verwaltung bewirkt, denn dies liefe ja geradewegs auf die längst überholte „Fiskustheorie" hinaus[87].

Zudem verkennt diese Ansicht ganz entscheidend, dass die den Privatrechtssubjekten zukommende Privatautonomie ihre Wurzeln nicht in der Verwendung priva-

---

[83] Vgl. Schmidt-Aßmann, Kommunalrecht, in: ders., Besonderes Verwaltungsrecht, 1. Abschnitt, Rn. 20
[84] So die heute ganz h.M. vgl. v. Arnim, Rechtsfragen der Privatisierung, S. 55 ff.; Burmeister, Verfassungsrechtliche Grundfragen kommunaler Wirtschaftsbetätigung, in: FG für Unruh, 623 (652 ff.); Dreier, in: ders., GG, Art. 19 III Rn. 47 mit umfangreichen Nachweisen; Maurer, Staatsrecht, § 9 Rn. 34; Ronellenfitsch, in: Isensee/Kirchhof, HBdStR Band III, § 84 Rn. 20 ff.; Schmidt-Aßmann, Kommunalrecht, in: ders., Besonderes Verwaltungsrecht, 1. Abschnitt, Rn. 30; Tettinger, DVBl. 1999, 679 (685); a.A. Bettermann, Gewerbefreiheit der öffentlichen Hand, 1 (7 f., 11 ff.); Hendrichs, in: v.Münch, GG, Art. 19 Rn. 39; H.H. Klein, Die Teilnahme des Staates am wirtschaftlichen Wettbewerb, S. 235
[85] Vgl. nur BVerwGE 13, 47, 54; BVerwG NJW 1994, 1169; BGHZ 115, 311 (313); Ehlers, Verwaltung und Verwaltungsrecht, in: Erichsen, Allgemeines Verwaltungsrecht, § 2 Rn. 33; Maurer, Allgemeines Verwaltungsrecht, § 3 Rn. 9
[86] Vgl. Burmeister, Verfassungsrechtliche Grundfragen kommunaler Wirtschaftsbetätigung, in: Festgabe für Unruh, 623 (630 ff.); Ehlers, Verwaltung und Verwaltungsrecht, in: Erichsen, Allgemeines Verwaltungsrecht, § 2 Rn. 77
[87] Vgl. Burmeister, Verfassungsrechtliche Grundfragen kommunaler Wirtschaftsbetätigung, in: FG für Unruh, 623 (630)

ter Handlungsformen hat, sondern in der individuellen Freiheit der Privatrechtssubjekte, die den Gemeinden gerade eben nicht gewährleistet ist[88].

b) Keine Grundrechtsfähigkeit gemeindlicher Eigengesellschaften

Neben der Verwendung privater Handlungsformen besteht für die Verwaltung grundsätzlich auch die Möglichkeit, sich privater Organisationsformen zu bedienen[89]. Dementsprechend steht es den Gemeinden auch prinzipiell frei, ihre wirtschaftlichen Unternehmen statt in den Formen des öffentlichen Rechts in denen des privaten Rechts zu organisieren[90]. Ein Querschnitt durch die kommunale Ebene zeigt, dass die Gemeinden gerade im Bereich wirtschaftlicher Betätigung von dieser Möglichkeit durch Gründung von Gesellschaften[91] regen Gebrauch[92] machen. Vorerst soll in diesem Zusammenhang ausschließlich die gemeindliche Eigengesellschaft als eine im 100%igen Eigenbesitz der Gemeinde oder auch mehrerer Gemeinden bzw. grundrechtsunfähiger Verwaltungsträger stehende juristische Person des Privatrechts[93] behandelt werden. Im Gegensatz zu den übrigen Organisationsformen öffentlicher Unternehmen besteht der entscheidende Unterschied darin, dass nicht die grundrechtsunfähige Gemeinde selbst[94] oder eine selbständige[95], aber in der Frage der Grundrechtsfähigkeit insoweit gleichstehende juristische Person des öffentlichen Rechts unmittelbarer Träger des Unternehmens ist, sondern die Gesellschaft als gegenüber der Gemeinde selbständiger privater Rechtsträger[96]. Es stellt sich mithin die Frage, ob diesen gemeindlichen Eigengesellschaften allein ihrer Rechtsform wegen Grundrechtsfähigkeit zukommt[97] und insoweit die Organisationsform der Gemeinde als Sprungbrett in Grundrechtsschutz und Privatauto-

---

[88] Vgl. Burmeister, Verfassungsrechtliche Grundfragen kommunaler Wirtschaftsbetätigung, in: FG für Unruh, 623 (652 ff.); Rüfner, Grundrechtsträger, in: Isensee/Kirchhof, HBdStR Band V, § 116 Rn. 67

[89] Vgl. oben 1

[90] Vgl. Backhaus, Öffentliche Unternehmen, S. 211 ff.; Janson, Rechtsformen öffentlicher Unternehmen in der Europäischen Gemeinschaft, S. 140 ff. Püttner, Die öffentlichen Unternehmen, S. 59;

[91] D.h. die Gemeinde hält alle Anteile der Gesellschaft. Unerheblich ist es aber auch für die vorliegende Beurteilung, wenn die Anteile von verschiedenen öffentlichen Rechtsträgern gehalten werden, sog. gemischt-öffentliche Unternehmen, solange diesen keine Grundrechtsfähigkeit zukommt.

[92] Vgl. Ehlers, Verwaltung und Verwaltungsrecht, in: Erichsen, Allgemeines Verwaltungsrecht, § 2 Rn. 70, 74

[93] Es handelt sich dann um eine sog. gemischt-öffentliche Gesellschaft.

[94] Sog. Regie- und Eigenbetriebe, vgl. Erichsen, Kommunalrecht NW, § 11 C, S. 269 ff.

[95] Als solche kommen zunächst Anstalten, Körperschaften und Stiftungen in Betracht, vgl. Wolff/Bachof/Stober, Verwaltungsrecht II, § 84

[96] Vgl. Schmidt-Aßmann, BB 1990, Beilage 34 zu Heft 27, 1 (2)

[97] Vgl. Dickersbach, WiVerw 1983, 187, 206; Püttner, Die öffentlichen Unternehmen, S. 120 f.

nomie dienen kann, ist doch im Regelfall mit der privaten Rechtsform die abstrakte Frage nach der Grundrechtsberechtigung positiv entschieden[98]. Demgegenüber versagt die ganz h.M.[99] auch gemeindlichen Eigengesellschaften die Berufung auf grundrechtliche Gewährleistungen. Die Frage nach der Grundrechtsfähigkeit könne ebenso wie bei der Handlungsform gerade nicht nur von der jeweiligen Organisationsform abhängen. Die Eigengesellschaft stelle vielmehr nur eine rechtstechnisch abgesonderte Erscheinungsform der Staatsgewalt dar und könne sich die Gemeinde nicht durch privatrechtlichen Organisationsakt die eigene Grundrechtsfähigkeit selbst verleihen. Man könne schließlich die der Gebietskörperschaft zuerkannte „Wahlfreiheit" in der Organisation ihrer Aufgaben nicht auch noch mit der Befugnis honorieren, sich selbst auf diese Weise Grundrechtsberechtigung beizulegen[100].

Darüber hinaus ist zu berücksichtigen, dass die konkrete Rechtsform letztendlich nur Vermutungswirkung[101] im Hinblick auf eine Grundrechtsfähigkeit hat, werden doch auch dem insoweit eindeutigen Verfassungswortlaut nach beide Erscheinungsformen von der Vorschrift unterschiedslos erfasst. Damit lässt sich eine Verengung alleine auf die Rechtsform als entscheidendes Kriterium nicht vereinbaren. Geht man auch wie *Schmidt-Aßmann*[102], vor dem Hintergrund der klaren Linie in der Rechtsprechung des *Bundesverfassungsgerichts*, zutreffend von einer Regelaussage[103] dahingehend aus, dass mit der privaten Rechtsform regelmäßig auch die Grundrechtsberechtigung einhergeht, so kommt doch deren ausnahmslose Geltung nicht in Betracht. Die Abweichung macht lediglich einen qualifizierten Begründungsaufwand erforderlich[104]. Maßgeblich kann wiederum nur die konkrete Funktion[105] der juristischen Person sein, unabhängig davon, ob sie eine des öffentlichen oder des privaten Rechtes ist. In ihrer Funktion kann sich die Eigengesellschaft dann aber auch niemals von der dahinterstehenden Gemeinde unterscheiden, dient doch die Gesellschaft gerade der Verwirklichung eines bestimmten Segments

---

[98] Vgl. BVerfGE, 39, 302 (312); 75, 192 (196); 80, 124 (131); Schmidt-Aßmann, BB 1990, Beilage 34 zu Heft 27, 1 (8)

[99] Vgl. BVerfGE 45, 63 (80); BVerfG NJW 1980, 1093; Ehlers, Verwaltung und Verwaltungsrecht, in: Erichsen, Allgemeines Verwaltungsrecht, § 2 Rn. 80; ders., Verwaltung in Privatrechtsform, S. 84; Maurer, Staatsrecht, § 9 Rn. 34; Rüfner, Grundrechtsträger, in: Isensee/Kirchhof, HBdStR Band V, Rn. 80; Schmidt-Aßmann, Kommunalrecht, in: ders., Besonderes Verwaltungsrecht, 1. Abschnitt, Rn. 30; Tettinger, DVBl. 1999 679 (685); Wolff/Bachof/Stober, Verwaltungsrecht II, § 104 a Rn. 22

[100] Vgl. Papier, in: Maunz/Dürig/Herzog/Scholz, GG, Art. 14 Rn. 199

[101] Vgl. nur Dreier, in: ders., GG, Art. 19 III Rn. 38; Rüfner, Grundrechtsträger, in: Isensee/Kirchhof, HBdStR Band V, § 116 Rn. 64

[102] Vgl. Schmidt-Aßmann, BB 1990, Beilage 34 zu Heft 27, 1 (8)

[103] Dies gelte aber spiegelbildlich nicht in selber Qualität für die öffentlich-rechtliche Rechtsform.

[104] so auch Schmidt-Aßmann, BB 1990, Beilage 34 zu Heft 27, 1 (8)

[105] Vgl. oben 1

gemeindlicher Funktionen, die für sich allesamt keine Grundrechtsfähigkeit rechtfertigen können.

c) Grundrechtsfähigkeit gemischt-wirtschaftlicher Unternehmen

Allgemein Schwierigkeiten bereitet die Frage nach der Grundrechtsfähigkeit sog. gemischt-wirtschaftlicher Unternehmen, an denen neben einem grundrechtsunfähigen Träger öffentlicher Verwaltung grundrechtsfähige natürliche und juristische Personen des Privatrechts beteiligt sind[106]. Auf die Höhe der jeweiligen kapitalmäßigen Beteiligung kommt es für die Qualifizierung als gemischt-wirtschaftliches Unternehmen nicht an[107].

Kennzeichen der gemischt-wirtschaftlichen Unternehmen ist die Privatrechtsform, wobei in der Praxis die Kapitalgesellschaften eindeutig dominieren[108]. Da aber bereits die Irrelevanz der privaten Rechtsform für die Grundrechtsfähigkeit juristischer Personen herausgearbeitet wurde[109], können letztendlich ausschließlich materielle Wertungen eine Grundrechtsfähigkeit gemischt-wirtschaftlicher Unternehmen begründen[110]. Gerade diese materielle Wertung vermag aber auch die Besonderheit gemischt-wirtschaftlicher Gesellschaften, grundrechtsfähige und nicht grundrechtsfähige Rechtsträger unter „einem Dach" zusammenzuschließen und damit private Grundrechtsinitiative und staatliche Kompetenzausübung unternehmerisch zu verbinden, aufzugreifen.

Entsprechend der maßgeblichen Wertungsgesichtspunkte verteilen sich die vertretenen Standpunkte über das durch die Maximalpositionen abgesteckte Spektrum von der vollen Anerkennung[111] bis hin zu einer vollständigen Ablehnung[112] der Grundrechtsfähigkeit gemischt-wirtschaftlicher Unternehmen. Eine vermittelnde Ansicht will eine nach Beteiligungsquote und Tätigkeitsfeld differenzierende Bewertung vornehmen[113].

Das *Bundesverfassungsgericht* hat bis dato nur in einer Kammerentscheidung dahingehend Stellung bezogen, dass gemischt-wirtschaftlichen Unternehmen

---

[106] Vgl. Dreier, in: ders., GG, Art 19 III Rn. 49

[107] Vgl. Schmidt-Aßmann, BB 1990, Beilage 34 zu Heft 27, 1 (2)

[108] Vgl. Schmidt-Aßmann, BB 1990, Beilage 34 zu Heft 27, 1 (2)

[109] Dagegen v. Mutius, BK GG, Art. 19 III Rn. 146, 147; H.H. Klein, Die Teilnahme des Staates am wirtschaftlichen Wettbewerb, S. 234 f.; Püttner, Die öffentlichen Unternehmen, S. 120; Alle vorwiegend aus Rechtssicherheitsgründen.

[110] So die ganz h.M.: Vgl. Bleckmann, Staatsrecht II – Die Grundrechte, S. 100 f.; Ehlers, Verwaltung und Verwaltungsrecht, in: Erichsen, Allgemeines Verwaltungsrecht, § 2 Rn. 82; ders. JZ 1990, 1089 (1096); Kühne, JZ 1990, 335 (336); Pieroth, NWVBl. 1992, 85 (86 f.); Schmidt-Aßmann, BB 1990, Beilage 34 zu Heft 27, 1 (11)

[111] Vgl. nur Rüfner, Grundrechtsträger, in: Isensee/Kirchhof, HBdStR Band V, § 116 Rn. 81

[112] Vgl. Badura, Staatsrecht, C 14; Maurer, Staatsrecht, § 9 Rn. 34

[113] Vgl. Maser, Die Geltung der Grundrechte für juristische Personen und teilrechtsfähige Verbände, S. 158

19

Grundrechtsschutz jedenfalls dann nicht zukommen könne, wenn sie öffentliche Aufgaben wahrnehmen und von der öffentlichen Hand beherrscht würden[114]. In der Literatur scheint sich demgegenüber eine h.m. dahingehend zu formieren, die den gemischt-wirtschaftlichen Unternehmen vollen Grundrechtsschutz einräumen will[115]. Maßgeblich seien die Schutzinteressen der privaten Gesellschafter. Diese würden eine unverhältnismäßige Verkürzung erfahren, wollte man gemischt-wirtschaftlichen Unternehmen die (generelle) Grundrechtsberechtigung absprechen. Eine andere Beurteilung wird teilweise lediglich für die Fälle in Betracht gezogen, in denen die Beteiligung Privater lediglich Alibifunktion habe, insbesondere wenn eine eindeutige Beherrschung durch die öffentliche Hand vorliege[116].

Im Rahmen der Ermittlung der verfassungsrechtlichen Legitimation gemeindlicher Wirtschaftstätigkeit kann gleichwohl eine Auseinandersetzung mit dieser Problematik unterbleiben. Zwar käme die Gemeinde, beurteilt man die Frage nach der Grundrechtsfähigkeit gemischt-wirtschaftlicher Unternehmen positiv, mittelbar in den Genuss grundrechtlicher Freiheiten. Diese entfalten ihre Wirkung jedoch alleine im Außenrechtsverhältnis zwischen dem Staat als Hoheitsträger und der Gesellschaft[117]. Das Verhalten des Staates und vielmehr noch die Stellung des Staates als Gesellschafter ist vom grundrechtlichen Gewährleistungsbereich dahingegen nicht umfasst. Art. 19 III GG sichert juristischen Personen des Privatrechts selbst und damit selbstverständlich auch den dahinter stehenden natürlichen oder juristischen Personen über ihre individualrechtliche Rechtsposition hinaus grundrechtlichen Schutz[118]. Damit verändert sich freilich auch die individuelle Rechtsposition, die individualrechtliche Stellung an sich bleibt jedoch unberührt, denn sie ist fest mit der jeweiligen Rechtsperson verbunden. Ebenso wie die Teilnahme der Gemeinde am Privatrechtsverkehr dieser nicht grundrechtliche Gewährleistungen und privatautonome Gestaltungsfreiheiten eröffnen kann, so kann auch die Beteiligung an einer grundrechtsfähigen juristischen Person der Gemeinde nicht die gesellschafterlichen Freiheiten eröffnen. Diese resultieren zwar unmittelbar aus seiner Gesellschafterstellung, sind sie aber letztendlich allein Ausfluss seiner eigenen Grundrechtsfähigkeit. Dementsprechend wird dem Staat weder bei der Erlangung seiner Gesellschafterstellung, mithin der Frage nach dem „ob" und „wie" einer Be-

---

[114] Vgl. BVerfG (K), NJW 1990, 1783 ff.

[115] Vgl. Ehlers, Verwaltung und Verwaltungsrecht, in: Erichsen, Allgemeines Verwaltungsrecht, § 2 Rn 82; ders., Verwaltung in Privatrechtsform, S. 85; Krüger, in: Sachs, GG, Art. 19 Rn. 63; Pieroth, NWVBl. 1992, 85 (87 f.); Rüfner, Grundrechtsträger, in: Isensee/Kirchhof, HBdStR Band V, § 116 Rn. 81; Schmidt-Aßmann, BB 1990, Beilage 34 zu Heft 27, 1 (10 ff.)

[116] Vgl. Stern, Staatsrecht III/1, S. 1170; Schmidt-Aßmann, Kommunen und örtliche Energieversorgung, in: FS für Fabricius, 251 (262)

[117] Vgl. Schmidt-Aßmann, BB 1990, Beilage 34 zu Heft 27, 1 (12)

[118] Vgl. Rüfner, Grundrechtsträger, in: Isensee/Kirchhof, HBdStR Band V, § 116 Rn. 31; Schmidt-Aßmann, BB 1990, Beilage 34 zu Heft 27, 1 (7 f.)

teiligung, noch bei der Ausübung der daraus resultierenden Rechte, d.h. der unternehmerischen Entscheidung schlechthin, grundrechtlicher Schutz vermittelt.

Wird wirtschaftliche Betätigung auch tätigkeitsbezogen definiert und entspricht damit allein dem Handeln des Unternehmens an sich, so ist doch letztendlich allein die unternehmerische Initiative inhaltsbestimmend für jede wirtschaftliche Betätigung. Dementsprechend reduziert sich auch die individuelle wirtschaftliche Betätigung, im Falle einer Beteiligung an einer gemischt-wirtschaftlichen Gesellschaft, auf die Beteiligung selbst, die für sich, entsprechend obiger Darstellungen, untrennbar mit der Rechtsstellung des jeweiligen Gesellschafters verbunden ist. Insoweit kann die Gemeinde grundrechtliche Gewährleistungen selbstverständlich nicht beanspruchen.

Aus dieser Erkenntnis ergeben sich aber noch weitreichendere Konsequenzen im Hinblick auf die Beteiligungsquote der öffentlichen Hand. Denn vermittelt zwar die Beteiligung an einer gemischt-wirtschaftlichen Gesellschaft auch rein rechtlich keine grundrechtlichen Gewährleistungen, so ist diese Konstruktion demgegenüber durchaus dazu geeignet, rein faktisch in dieser Richtung zu wirken. Angesprochen sind damit die Fälle, in denen die gemeindliche Beteiligung ihrer konkreten Ausgestaltung nach keinerlei entscheidenden Einfluss auf die Führung des Unternehmens verschafft.

Wurzelt die Leitung des Unternehmens aber in grundrechtlicher Initiative, so hat notwendigerweise (mittelbar) auch die Gemeinde daran teil. Um dieses unerwünschte Ergebnis zu vermeiden, ist es im Falle einer gemischt-wirtschaftlichen Beteiligung zwingend erforderlich, dass sich die Gemeinde im Unternehmen gleichzeitig, sei es durch die Höhe der Beteiligungsquoten oder aber gesellschaftsvertraglichen Regelungen, einen bestimmenden Einfluss sichert.

2. Begrenzung gemeindlicher Wirtschaftstätigkeit durch Art. 28 II GG

Wurde oben festgestellt, dass gemeindliche Wirtschaftstätigkeit in allen ihren Erscheinungsformen ihre notwendige verfassungsrechtliche Legitimation ausschließlich in der Garantie kommunaler Selbstverwaltung findet, so stellt sich daran anschließend die Frage, ob Art. 28 II GG einer gemeindlichen Wirtschaftstätigkeit gleichzeitig auch Grenzen setzt und gegebenenfalls welche Konsequenzen eine Grenzüberschreitung für gemeindliche Aktivitäten hat.

a) Begrenzung der gemeindlichen Wirtschaftstätigkeit durch die grundgesetzliche Kompetenzordnung

Hatte es über einen längeren Zeitraum den Anschein, als sei die Frage nach der uneingeschränkten Geltung der bundesstaatlichen Kompetenzordnung für die wirtschaftliche Betätigung der Gemeinden durchweg positiv zu beantworten[119], so erfährt sie gerade wieder in neuerer Zeit, insbesondere unter dem Stichwort „Territorialitätsprinzip", eine lebhafte Diskussion mit sich zum Teil diametral widersprechenden Standpunkten. Im Unterschied zur vorab behandelten Frage des grundsätzlichen Legitimationsbedürfnisses gemeindlicher Wirtschaftstätigkeit kann als gemeinsamer Ausgangspunkt aller Ansichten die Legitimation gemeindlicher Wirtschaftstätigkeit aus Art. 28 II GG festgestellt werden. Im weiteren besteht jedoch dahingehend Uneinigkeit, ob Art. 28 II GG als zuständigkeitsbegrenzende Kompetenznorm auch die wirtschaftliche Betätigung der Gemeinden erfasst.

So vertreten insbesondere *Joachim Wieland*[120], *Johannes Hellermann*[121] und *Markus Moraing*[122] unter Dienstbarmachung einer früher vereinzelt vertretenen Ansicht, wonach für die wirtschaftliche Tätigkeit der öffentlichen Hand das bundesstaatliche Kompetenzgefüge nicht gelte[123], die Auffassung, Art. 28 II GG stelle für die wirtschaftliche Betätigung der Gemeinden keinerlei Beschränkungen auf[124]. Vielmehr sei verfassungsnotwendig zwischen spezifisch hoheitlicher und wirt-

---

[119] Vgl. Berg, GewArch 1990, 225 (228); Burmeister, Selbstverwaltungsgarantie und wirtschaftliche Betätigung der Kommunen, in: HBdkWP Band V, § 93 A, 3 (42); Ehlers, Verwaltung in Privatrechtsform, S. 118 ff.; ders. JZ 1990, 1089 (1095); Erichsen, Kommunalrecht NW, § 11 D 2 a, S. 272 ff.; ders., Gemeinde und Private im wirtschaftlichen Wettbewerb, S. 16 ff.; Lerche, in: Maunz/Dürig, GG, Art. 83 Rn. 42; Lerche/v.Pestalozza, Die deutsche Bundespost als Wettbewerber, S. 106 f.; Kirchhof, Staatliche Einnahmen, in: Isensee/Kirchhof, HBdStR Band IV, § 88 Rn. 311; Kraft, Eigengesellschaften, in: HBdkWP Band V, § 95 D, S. 177; Scholz, in: Maunz/Dürig/Herzog/Scholz, GG, Art. 12 Rn. 103 ff.; a.A. Degenhart, Staatsrecht I, Rn. 133

[120] Vgl. Wieland, Kommunalwirtschaftliche Betätigung unter veränderten Wettbewerbsbedingungen, in: Henneke (Hrsg.), Optimale Aufgabenerfüllung im Kreisgebiet, 192 (196 ff.); Wieland, in: Henneke, Organisation kommunaler Aufgabenerfüllung – Bericht über das Professorengespräch 1997 des Deutschen Landkreistages, DVBl. 1270 (1275); ders., DVBl. 1998, 685 (690, 695); ders. NWVBl. 2000, 246 (248); Wieland/Hellermann, Der Schutz des Selbstverwaltungsrechts der Kommunen gegenüber Einschränkungen ihrer wirtschaftlichen Betätigung im nationalen und europäischen Recht, S. 21 ff.

[121] Vgl. Hellermann, Örtliche Daseinsvorsorge und gemeindliche Selbstverwaltung, S. 130

[122] Vgl. Moraing, WiVerw 1998, 233 (244 ff)

[123] Vgl. Klein, Die Teilnahme des Staates am wirtschaftlichen Wettbewerb, S. 195; Ossenbühl, Bestand und Erweiterung des Wirkungskreises der Deutschen Bundespost, S. 131; Dickersbach, WiVerw. 1983, 187 (192 ff); in diesem Sinne auch Püttner, Die öffentlichen Unternehmen, S. 164, der zwischen „verwaltungsersetzenden" als kompetenzgebundenen und wirtschaftlichen Unternehmen unterscheidet.

[124] so auch Braun, SächsVBl.1999, 25 (31)

22

schaftlicher Betätigung zu unterscheiden[125]. Die Gegenansicht beruhe auf einem Missverständnis des Regelungsgehalts von Art. 28 II GG. Nur hoheitliches, nicht aber wirtschaftliches Handeln setze kompetenzielle Beschränkungen voraus, mit der Folge dass die wirtschaftliche Betätigung der Kommunen in keiner Weise durch Art. 28 II GG beschränkt sei. Kompetenzregeln hätten als staatliche Zuständigkeitsordnungen nur den Sinn und Zweck, Konkurrenzen der verschiedenen Verwaltungsträger im Bereich ihrer originären, hoheitlichen Betätigungen auszuschließen, nicht aber Verhältnisse zu ordnen, die sich in der Regel in einem Wettbewerbsverhältnis zu anderen privaten Anbietern erschöpfen[126]. Wenn aber den Kommunen durch den Gesetzgeber grundsätzlich das Tor zum Wettbewerb geöffnet werde, könne damit gleichzeitig keine Begrenzung auf ein bestimmtes Gebiet verbunden sein. Anderenfalls geriete das in Art. 28 II GG den Kommunen garantierte Recht, örtliche Gemeinwohlzwecke auf dem Weg der wirtschaftlichen Betätigung zu verfolgen, in Gefahr leerzulaufen. Nützten die Gemeinden die durch Art. 28 II GG eröffnete Möglichkeit der wirtschaftlichen Betätigung, würde der Bereich der Verwaltung verlassen und in den Bereich der Wirtschaft übergetreten. Hier erfolge sämtliches Handeln im Wettbewerb einer theoretisch unbeschränkten Anzahl von Unternehmen und könne insoweit auch durch die Garantie in Art. 28 II GG nicht beschränkt sein[127].

Auf gleicher Linie liegend wird insbesondere von *Olaf Otting*[128] die einschränkende Auffassung vertreten, der Vorschrift des Art. 28 II GG sei jedenfalls für die rein erwerbswirtschaftliche Betätigung der Kommunen keine Begrenzung zu entnehmen. Sinn und Zweck verfassungsrechtlicher Kompetenzschranken sei die klare Abgrenzung der Zuständigkeiten bei der Erledigung öffentlicher Aufgaben. Da jedoch durch eine rein erwerbswirtschaftliche Betätigung unmittelbar keine öffentlichen Aufgaben erledigt würden, könne ein Übergriff in die Kompetenzsphäre anderer Hoheitsträger nicht stattfinden.

Diesem Vorstoß widerspricht die überwiegende Ansicht in der Literatur, derzufolge Art. 28 II GG unterschiedslos auch die wirtschaftliche Betätigung von Gemeinden auf die Angelegenheiten der örtlichen Gemeinschaft begrenzt[129]. Die Ge-

---

[125] Vgl. Wieland, NWVBl. 2000, 246 (248)

[126] Vgl. Moraing, WiVerw. 1998, 233 (245)

[127] Vgl. Wieland, in: Henneke (Hrsg.), Optimale Aufgabenerfüllung im Kreisgebiet?, S. 193 ff.

[128] Vgl. Otting, Neues Steuerungsmodell und rechtliche Betätigungsspielräume der Kommunen, S. 198

[129] Vgl. Badura, DÖV 1998, 818 (822); Berg, GewArch 1990, 225 (229); Burmeister, HBdkWP Band V, § 93 S. 42; Cronauge, AfK 1999, 24 (30 f.); Ehlers, NWVBl. 2000, 1 (5); ders. DVBl. 1998, 497 (504), JZ 1990, 1089 (1095); Enkler, ZG 1999, 329 (335 ff.); Erichsen, Kommunalrecht NW, § 11 D 2 a, S. 273 f.; Grawert, Zuständigkeitsgrenzen der Kommunalwirtschaft, FS für Blümel, 119 (127 ff.); Henneke, NdsVBl. 1998, 273 (278); Held, WiVerw. 1998, 265 (280 f.); Hesse, Grundzüge des Verfassungsrechts, Rn. 186, 348; Kirchhof, Staatliche Einnahmen, in: Isensee/Kirchhof, HBdStR Band IV, § 88 Rn. 311; Lerche, in: Maunz/Dürig/Herzog/Scholz, GG, Art.

samtheit staatlichen Wirkens und damit auch die Teilnahme am Wirtschaftsleben sei der Bindung an die verfassungsmäßige Ordnung und insbesondere dem Kompetenzgefüge des Grundgesetzes unterworfen. Art. 20 III GG binde einschränkungslos die vollziehende Gewalt an die verfassungsmäßige Ordnung und bleibe die öffentliche Verwaltung bleibe auch dann Verwaltung, wenn sie wirtschafte[130]. Es könne keinen staatlichen, bzw. dem Staat zuzurechnenden Aufgabenbereich geben, der nicht der Legitimation durch das Grundgesetz bedürfe, mit der zwingenden Folge, dass die auf eine trennscharfe Abgrenzung staatlicher Zuständigkeiten ausgerichteten Regelungen des Grundgesetzes über die Verteilung von Verwaltungskompetenzen auch auf die wirtschaftliche Betätigung anzuwenden wären. Insbesondere ergebe sich auch für eine wirtschaftliche Betätigung in Privatrechtsform keine andere Beurteilung, denn jegliche gemeindliche Betätigung sei auf eine verfassungsmäßige Legitimation angewiesen[131]. Sie beruhe deshalb auch weiterhin auf dem durch Art. 28 II GG gewährleisteten Selbstverwaltungsrecht und nicht auf der Privatautonomie[132]. *Dirk Ehlers*[133] stellt in diesem Zusammenhang plakativ fest: *„Es hieße der schon im 19. Jahrhundert überholten Fiskustheorie in ihrer absolutistischen Ausprägung das Wort zu reden, wenn man neben den Trägern hoheitlicher Gewalt Doppelgänger fingiert, die nicht mehr als Träger der Staatsgewalt gelten und außerhalb der staatlichen Kompetenzordnung schalten und walten können".*

Die dargestellte Ansicht *Wielands, Hellermanns* und *Moraings* vermag nicht zu überzeugen. Vielmehr ist mit der ganz herrschenden Meinung an der uneingeschränkten Geltung der bundesstaatlichen Kompetenzordnung für jegliches staatliches Handeln und damit einer kompetenziellen Begrenzung wirtschaftlicher Betätigung der Gemeinden aus Art. 28 II GG festzuhalten.

Gehen freilich die Vertreter aller Ansichten von Art. 28 II GG als grundsätzliche Legitimation gemeindlicher Wirtschaftstätigkeit aus, weist die Diskussion um die Frage nach der Begrenzung gemeindlicher Wirtschaftstätigkeit durch die bundesstaatliche Kompetenzordnung dennoch eine ausgesprochene Affinität zu der oben behandelten Legitimationsproblematik auf. So wird zwar vorliegend nicht das zwingende verfassungsrechtliche Erfordernis der Legitimation kommunaler Wirt-

83 Rn. 42; Lerche/v.Pestalozza, Die deutsche Bundespost als Wettbewerber, S. 106 f.; Lux, NWVBl. 2000, 7 (9); Löwer, NWVBl. 2000, 241 (243); Nierhaus, in Sachs GG, Art. 28 Rn. 32; Pielow, NWVBl. 1999, 369 (371); Schmidt-Aßmann, Kommunalrecht, in: ders., Besonderes Verwaltungsrecht, 1. Abschnitt, Rn. 15, 120; Scholz, in: Maunz/Dürig/Herzog/Scholz, GG, Art. 12 Rn. 106 ff.; Schulz, BayVBl. 1998, 449 (451); Tettinger, DVBl. 1999, 679 (685)

[130] Vgl. Ehlers, DVBL. 1998, 497 (504); Grawert, Zuständigkeitsgrenzen der Kommunalwirtschaft, FS für Blümel, 119 (129)

[131] Vgl. Erichsen, Kommunalrecht NW, § 11 D 2 a, S. 274

[132] Vgl. nur Schulz, BayVBl. 1998, 449 (500); Grawert, Zuständigkeitsgrenzen der Kommunalwirtschaft, in FS für Blümel, 119 (128)

[133] Vgl. Ehlers, DVBl. 1998, 497 (504)

schaftstätigkeit aus Art. 28 II GG bestritten, aber die Vertreter dieser Ansicht stehen auf dem Standpunkt, dass der Legitimation aus Art 28 II GG gleichzeitig keine Begrenzung kommunaler Wirtschaftstätigkeit im Sinne der Einräumung einer Verbandskompetenz immanent wäre. Getragen wird diese Argumentation von dem zentralen Gedanken, dass wenn Art. 28 II GG zur wirtschaftlichen Betätigung legitimiere und damit auch für die Gemeinde die Türe zur Teilnahme am Markt öffne, auch uneingeschränkt der Wettbewerb als Regulationsprinzip des Marktes Maßstab für die Art und Weise der Ausübung einer wirtschaftlichen Betätigung sein müsse. Durch die auf Art. 28 II GG beruhende Legitimation zur Marktteilnahme würde mit der Legitimation gleichsam die Freizügigkeit des Marktes auf das kommunale Handeln im wirtschaftlichen Bereich transformiert und das gemeindliche Handlungsspektrum auf eine freie und unbeschränkte Teilnahme am wirtschaftlichen Verkehr erweitert. Art. 28 II GG könne deshalb schon gar keine Begrenzung gemeindlicher Wirtschaftstätigkeit beinhalten.

Vor diesem Hintergrund greift die Ablehnung dieser Ansicht unter Berufung auf die bereits oben dargestellte und abgelehnte „Fiskustheorie" [134], die neben dem Staat als Träger hoheitlicher Gewalt einen Doppelgänger fingiert, der nicht mehr als Träger der Staatsgewalt fungiert und außerhalb staatlicher Bindungen frei zu handeln vermag, voll durch. Gemeinden sind als Verwaltungsträger stets Funktionäre der vollziehenden Gewalt im Sinne von Art. 1 III und Art. 20 III GG und als diese nicht nur auf eine Legitimation aus der Verfassung angewiesen, sondern in allen ihren Erscheinungsformen an die Verfassung und somit auch an die Kompetenzordnung gebunden [135]. Auch eine „Ermächtigung" zur wirtschaftlichen Betätigung vermag insoweit zu keiner differenzierenden Beurteilung zu führen.

Die dargestellte abweichende Ansicht sitzt der Fehlvorstellung auf, allein die Teilnahme am Markt bzw. die „Ermächtigung" hierzu würde wirtschaftliche Freiheiten auch für staatliche Institutionen eröffnen. Sie verkennt aber entscheidend, dass die wirtschaftlichen Freiheiten des Marktes nicht der wirtschaftlichen Betätigung und dem Markt an sich entspringen und deshalb durch eine „Ermächtigung" zur Teilnahme auch für alle Teilnehmer unterschiedslos gelten. Sie sind allein Ausfluss der nicht zuletzt allgemein durch Art. 2 I GG abgesicherten individuellen Freiheiten der am Markt zusammentreffenden Wirtschaftssubjekte und erlangen ihre Gestalt insbesondere durch die in Art. 12 I GG geschützte Freiheit der Wahl des Berufes und dessen Ausübung.

Nicht der Markt an sich schafft die Freiheiten, an denen durch eine schlichte Teilnahme partizipiert werden könnte, sondern nur die individuelle Freiheit der

---

[134] In diesem Sinne bereits oben: Ehlers, DVBl. 1998, 497 (504)

[135] Vgl. Erichsen, Kommunalrecht NW, § 11 D 2 a, S. 272 ff.; Rupp, Die Unterscheidung von Staat und Gesellschaft, in: Isensee/Kirchhof, HBdStR Band I, § 28 Rn. 30

Privatrechtssubjekte[136]. Auch durch die Ermächtigung zur wirtschaftlichen Betätigung werden die Gemeinden nicht zu geborenen Wirtschaftssubjekten, die wirtschaftliche Freiheiten zumindest bei einer (zulässigen) Teilnahme am Markt in Anspruch nehmen können. Dies liefe letztendlich auf eine mit der Verfassung nicht zu vereinbarende Anerkennung grundrechtlicher Freiheiten für die Gemeinden hinaus[137]. Ebenso wie die den Gemeinden grundsätzlich offenstehende Möglichkeit, sich zur Aufgabenerledigung privatrechtlicher Handlungs- und Organisationsformen zu bedienen, nur ein weiteres, unter Umständen sachgerechteres Handlungs- und Organisationsinstrumentarium eröffnen kann, diese aber materiell nicht zu Trägern privatautonomer Freiheiten macht, so kann die Eröffnung des Marktzuganges in Art. 28 II GG nur das Spektrum gemeindlicher Aufgabenwahrnehmung erweitern, nicht aber die materielle Rechtsstellung der Gemeinden hin zu Trägern grundrechtlicher Gewährleistungen verändern.

Wird demnach, wie es vereinzelt geschieht, die unterschiedslose Behandlung kommunaler und privater Wirtschaftsbetätigung gefordert und eine faire Chance auf gleichberechtigte Teilhabe der Gemeinden am Wettbewerb sogar zur Prämisse erhoben[138], so erfolgt dies in vollständiger Verkennung des vorliegend dargestellten fundamentalen Unterschiedes von kommunaler Wirtschaftstätigkeit als staatlicher Kompetenzausübung und privater Wirtschaftstätigkeit als Verwirklichung individueller Freiheiten. So erklärt z.B. *Wieland*[139]: *„Wer die kommunale Wirtschaftsbetätigung durch die Beseitigung traditioneller Monopole den Gesetzen des Marktes öffnen will, kann nicht gleichzeitig den Kommunen verwehren, sich entsprechend den Marktgesetzen zu verhalten. Ein Wettbewerb, bei dem die Handlungsmöglichkeiten eines der Beteiligten künstlich beschränkt würden, verdient diesen Namen nicht"*. Ebenso geht auch *Moraing*[140] ausdrücklich von einem allein durch die Teilnahme am Markt bedingten „*Gebot der Herstellung von Chancengleichheit*" aus, bleibt aber bereits die nähere Begründung schuldig, woraus sich ein solches ergeben sollte. Mag dies auch vom Standpunkt gemeindlicher Akteure[141] aus oder auch aus politischen Anschauungen heraus wünschenswert erscheinen, so lässt sich dennoch der Rechtsordnung auch bei näherem Hinsehen ein universelles Gebot auf Herstellung von Chancengleichheit nicht entnehmen[142]. Bereits

---

[136] Vgl. Isensee, Grundrechtsvoraussetzungen und Verfassungserwartungen, in: Isensee/Kirchhof, HBdStR Band I, § 115, Rn. 252

[137] Vgl. oben A I 1

[138] Vgl. Cronauge, AfK 1999, 24 (25)

[139] Vgl. Wieland, Kommunalwirtschaftliche Betätigung unter veränderten Wettbewerbsbedingungen, in: Henneke (Hrsg.), Optimale Aufgabenerfüllung im Kreisgebiet?, 192 (198)

[140] Vgl. Moraing, WiVerw 1998, 233 (259)

[141] Wieland und Moraing gehören dem Verband kommunaler Unternehmen an.

[142] Vgl. nur BVerwGE 17, 307 (312); 39, 329 (337) - speziell die wirtschaftliche Betätigung der öffentlichen Hand im Verhältnis zur Privatwirtschaft betreffend - unter Berufung auf BVerfGE 8, 51 (68)

unabhängig davon, dass der in Art. 3 I GG normierte Gleichbehandlungsgrundsatz schon auf Gemeinden als Träger von Staatsgewalt und insbesondere auch auf deren wirtschaftliche Betätigung keine Anwendung findet[143], sondern lediglich *innerhalb* des hoheitlichen Staatsaufbaus ein allgemeines Gebot der Systemgerechtigkeit als Ausfluss des dem Rechtsstaatsprinzip zu entnehmenden allgemeinen Willkürverbotes[144], würde jedenfalls mit kommunaler und privater Wirtschaftstätigkeit schon nicht gleiches ungleich behandelt[145], so dass sich die daran anschließende Frage nach einer Rechtfertigung der „Ungleichbehandlung" in keinster Weise stellt. Soll allein die Teilnahme am Markt als tertium comparationis über den allgemeinen Gleichheitssatz oder das Gebot der Systemgerechtigkeit einen Gleichstellungsanspruch aller Marktteilnehmer bedingen, würden fundamentale Elemente des Gleichbehandlungsgedankens missachtet. So ist zwar der Gleichheitsgrundsatz in der Wahl des Vergleichsmaßstabs grundsätzlich offen, eine gleiche Rechtsfolge soll jedoch nur auf diejenigen Beteiligten angewendet werden, denen das die Rechtsfolge rechtfertigende Merkmal gemeinsam ist[146]. Die gleiche Rechtsfolge setzt zwingend auf der Tatbestandsseite eine Ähnlichkeit der Rechtsbetroffenen voraus, die sich hinsichtlich der für die Rechtsfolge maßgebenden persönlichen Eigenschaften, Verhaltensweisen oder allgemeinen Lebensumstände nicht unterscheidet[147]. Löst schon die Marktteilnahme für sich keinerlei unterschiedliche Rechtsfolgen für die Beteiligten aus und kann deshalb schon gar kein Anknüpfungspunkt für eine Ungleichbehandlung sein, so ist auch grundsätzlich die Wahl eines Bezugspunktes unzulässig, der die spezifischen Besonderheiten der Beteiligten, die gerade eben die ungleiche Rechtsfolge auslösen, unberücksichtigt lässt. Insbesondere auch vor Sinn und Zweck des allgemeinen Gleichheitsgrundsatzes, die Einheit der Rechtsordnung zu gewährleisten[148], wird die Unzulässigkeit der

---

[143] So zutreffend die h.M. vgl. Heun, in: Dreier, GG, Art. 3 Rn. 37; Jarass, in: Jarass/Pieroth, GG, Art. 3 Rn. 6

[144] So die ganz h.M., vgl. aus neuerer Zeit BVerfGE 83, 363 (393); 89, 132 (141); aus der Literatur: Badura, BayVBl. 1989, 1 (3); Kirchhof, Der allgemeine Gleichheitssatz, in: Isensee/Kirchhof, HBdStR Band V, § 124 Rn. 287; Krüger, in: Sachs, GG, Art. 19 Rn. 103; Osterloh, in: Sachs, GG, Art. 3 Rn. 73 f.; Rüfner, Grundrechtsträger, in: Isensee/Kirchhof, HBdStR Band V, § 116 Rn. 68; Schmidt-Aßmann, Kommunalrecht, in: ders., Besonderes Verwaltungsrecht, 1. Abschnitt, Rn. 28 ff.; Stober, Kommunalrecht der Bundesrepublik Deutschland, S. 105 ff.

[145] Vgl. Burmeister, Selbstverwaltungsgarantie u. wirtschaftliche Betätigung der Kommunen, in: Püttner HBdkWP Band V, § 93 S. 40; Isensee, Anwendung der Grundrechte auf juristische Personen, in: Isensee/Kirchhof, HBdStR Band V, § 118 Rn. 17

[146] Vgl. Kirchhof, Der allgemeine Gleichheitssatz, in: Isensee/Kirchhof, HBdStR Band V, § 124 Rn. 20

[147] Vgl. Kirchhof, Der allgemeine Gleichheitssatz, in: Isensee/Kirchhof, HBdStR Band V, § 124 Rn. 20

[148] Vgl. Kirchhof, Der allgemeine Gleichheitssatz, in: Isensee/Kirchhof, HBdStR Band V, § 124 Rn. 16

Gegenansicht deutlich. Die Rechtsordnung trennt nämlich scharf zwischen dem Handeln in Ausübung staatlicher Kompetenzen und dem Handeln in Ausübung individueller Freiheit[149]. Wird aber als vergleichender Bezugspunkt allein die rein äußerliche Vergleichbarkeit bestimmter Handlungsweisen gewählt, so wird diese spezifische, in der Einheit der Rechtsordnung angelegte Trennung[150] verwischt und ein Instrument der Rechtsordnung zur Sicherstellung eben dieser Einheit in sein Gegenteil verkehrt.

Gleiches gilt auch für privatrechtlich organisierte wirtschaftliche Unternehmen der Gemeinden[151], wobei in diesem Zusammenhang auf die obigen Ausführungen zur Grundrechtsfähigkeit gemeindlicher Gesellschaften verwiesen werden kann. Die Anerkennung privatrechtlicher Formen für die Organisation öffentlicher Unternehmen eröffnet nur ein weiteres, unter Umständen sachgerechteres Organisationsinstrumentarium, macht aber keinesfalls die dahinter stehenden Rechtspersonen zu Trägern individueller Freiheit[152].

b)   Rechtliche Konsequenzen einer Kompetenzüberschreitung

Sind sämtliche Erscheinungsformen gemeindlichen Handelns Ausübung von Kompetenzen und ist die Gemeinde durch die Ausübung von Kompetenzen gleichermaßen auf den hierdurch abgesteckten Rahmen begrenzt, so stellt sich daran anschließend die Frage nach den unmittelbaren Rechtswirkungen einer Kompetenzüberschreitung.

---

[149] Vgl. Böckenförde, Die verfassungstheoretische Unterscheidung von Staat und Gesellschaft als Bedingung der individuellen Freiheit, S. 21 ff.; Hesse, Grundzüge des Verfassungsrechts, Rn. 291 f., 348; Rupp, Die Unterscheidung von Staat und Gesellschaft, in: Isensee/Kirchhof, HBdStR Band I, § 28 Rn. 32 f.

[150] Staat und Gesellschaft stehen sich selbstverständlich im demokratisch-sozialen Rechtsstaat der Gegenwart nicht mehr im Sinne eines vordemokratisch-liberalen Dualismus gegenüber, dennoch ist aber in der Verfassung zur Sicherung individueller Freiheit geradezu notwendig die Trennung von Staat und Gesellschaft als Ausdruck einer funktionellen Differenzierung angelegt. Vgl. v. Arnim, Staatsrecht der BRD, S. 174; Böckenförde, Die verfassungstheoretische Unterscheidung von Staat und Gesellschaft als Bedingung der individuellen Freiheit, S. 21 ff.; Hesse, Grundzüge des Verfassungsrechts, Rn. 11; Forsthoff, Der Staat der Industriegesellschaft, S. 21; Rupp, Die Unterscheidung von Staat und Gesellschaft, in: Isensee/Kirchhof, HBdStR Band I, § 28 Rn. 25 ff.

[151] Vgl. Grawert, Zuständigkeitsgrenzen der Kommunalwirtschaft, in: FS für Blümel, 119 (129 ff.); Held, WiVerw 1998, 264 (281); Hill, BB 1997, 425 (429)

[152] Vgl. Rupp, Die Unterscheidung von Staat und Gesellschaft, in: Isensee/Kirchhof, HBdStR Band I, § 28 Rn. 31

(1)   Der Bereich hoheitlichen Handelns der Gemeinde

Betrachtet man ausschließlich den Bereich hoheitlichen Handelns, so wird vereinzelt vertreten, die Rechtsfolge einer Kompetenzüberschreitung richte sich nach der Rechtsnatur der Handlung. Verwaltungsakte seien deshalb, unter Berücksichtigung des § 44 I VwVfG, regelmäßig rechtswidrig, Satzungen dagegen nichtig[153].

Überwiegend wird jedoch die zutreffende Auffassung vertreten, ein Handeln der Gemeinde jenseits der Kompetenzgrenzen sei nichtig und entfalte generell keinerlei Wirkungen[154]. Gemeinden könnten Materien, die nicht zum Gegenstand des verfassungsrechtlich zugewiesenen Aufgabenkreis gehören, nicht zum Gegenstand ihrer Aktivitäten machen, es sei denn, der Gesetzgeber habe darüber hinaus konkrete Aufgaben zusätzlich zugewiesen[155].

Ausgangspunkt dieser Überlegungen ist die Rechtsfähigkeit, mithin die Fähigkeit Zuordnungssubjekt von Rechten und Pflichten sein zu können[156]. In Anlehnung an die im angelsächsischen Rechtskreis herrschende „Ultra-vires-Doktrin", nach der sowohl die Rechtsfähigkeit als auch die Handlungsfähigkeit eines Verbandes durch den Organisationszweck begrenzt werden[157], vertritt die herrschende Meinung die Auffassung, Körperschaften und Verbände des öffentlichen Rechts wären nicht etwa vollrechtsfähig, wie dies bei natürlichen Personen und juristischen Personen des Privatrechts durchwegs anerkannt ist[158], sondern generell nur innerhalb ihrer normativ umschriebenen Verbandskompetenz handlungs- und rechtsfähig, mit der Folge, dass Rechtshandlungen außerhalb der Rechtsfähigkeit – ultra-vires – nichtig seien[159]. *Michael Nierhaus*[160] *und Eberhard Schmidt-*

---

[153] In diesem Sinne Oldiges, DÖV 1989, 873 (882, 884), Gern, Deutsches Kommunalrecht, Rn. 114; Löwer, in: v. Münch/Kunig, GG, Art. 28 Rn. 37

[154] Vgl. BVerfGE 8, 122 (134); 79, 127 (147); BGHZ 20, 119 (226); Badura, Die Wirtschaftstätigkeit der öffentlichen Hand und die neue Sicht des Gesetzesvorbehalts, in: FS für Steindorff, S. 834 (836); Ehlers, Verwaltung in Privatrechtsform, S. 235; Lissack, Bayerisches Kommunalrecht, § 1 Rn. 27; Erichsen, Kommunalrecht NW, § 3 A, S. 41 f; ders., Das Verwaltungshandeln, in: ders. Allgemeines Verwaltungsrecht, § 11 Rn. 12; Nierhaus, in: Sachs, GG, Art. 28 Rn. 32; Schmidt-Aßmann, Kommunalrecht, in: ders., Besonderes Verwaltungsrecht, 1. Abschnitt Rn. 15; Schmidt-Jortzig, DÖV 1989, 142 (144); Stober, Kommunalrecht, § 19 II; Wolff/Bachof/Stober, Verwaltungsrecht I, §§ 30 Rn. 11, 32 Rn. 9, 34 Rn. 11; dieselben, Verwaltungsrecht II, § 84 Rn. 35 m.w.N.

[155] Diese fallen dann aber nicht unter den Schutzbereich der Selbstverwaltungsgarantie. Vgl. Waechter, Kommunalrecht, Rn. 64

[156] Palandt, BGB, Überbl. v. § 1 Rn. 1, Maurer, Allgemeines Verwaltungsrecht, § 21 Rn. 4;

[157] Vgl. K. Schmidt, Gesellschaftsrecht, S. 183 ff.

[158] Vgl. Eggert, Die deutsche ultra-vires-Lehre, 1977, S. 56; Erichsen, Das Verwaltungshandeln, in: ders. Allgemeines Verwaltungsrecht,, § 11 Rn. 12

[159] Vgl. BGHZ 20, 119 (123); 52, 283 (286); BVerwG 34, 69 (74 ff.); 59, 231 (237); 64, 115 (117); Ehlers, Verwaltung und Verwaltungsrecht, in: Erichsen, Allgemeines Verwaltungsrecht, § 1 Rn. 25; Gern, Deutsches Kommunalrecht, Rn. 115; Heinrichs, in: Palandt, BGB, Einf. Vor § 21 BGB Rn. 2; Isensee, Anwendung der Grundrechte auf juristische Personen, in: Isensee/Kirchhof, HBdStR Band V, § 118 Rn. 35; Pappermann, Der Status der Gemeinden und Kreise als Gebietskörperschaften,

Aßmann[161] sprechen im Hinblick auf gemeindliches Handeln ausdrücklich von einer sog. „kommunalrechtlichen ultra-vires-Lehre".

(2)   Der Bereich privatrechtsförmiger Verwaltung

Da sich die wirtschaftliche Betätigung der Gemeinden weitestgehend im rechtsgeschäftlichen Bereich unter Verwendung privatrechtlicher Handlungsformen sowie überwiegend auch privatrechtlicher Organisationsformen bewegt, ist im Rahmen dieser Untersuchung zu klären, ob und inwieweit die dargestellte ultra-vires-Lehre auch für die privatrechtsförmige Verwaltung gilt.

In der Literatur wird nur vereinzelt die unterschiedslose Anwendung des „ultra-vires-Gedankens" auch auf die privatrechtsförmige Verwaltung abgelehnt[162]. Vorstellungen aus der Welt des hoheitlichen Handelns könnten nicht auf rechtsgeschäftliche Befugnisse übertragen werden, vielmehr ergebe sich rechtsgeschäftliche Rechtsmacht unbeschränkt aus der Zuerkennung von Rechtspersönlichkeit an den betreffenden Verband. Darüber hinaus sei die Verbandskompetenz wegen ihrer erheblichen Trennunschärfe schwerlich geeignet, Wirksamkeitskriterien für Rechtsgeschäfte zu vermitteln, die den Bedürfnissen des Rechtsverkehrs entsprechen. Unwirksamkeit sei nur dann geboten, wenn mit dem Kompetenzverstoß zugleich gegen ein gesetzliches Verbot (§ 134 BGB) verstoßen werde. Ein solches Verbot könne sich aber nicht generell aus den Kompetenzvorschriften ergeben.

Die h.M. differenziert dagegen zwischen privatrechtsförmiger und hoheitlicher Verwaltung nicht und wendet die „staatsrechtliche ultra-vires-Lehre" unterschiedslos auf jegliches gemeindliches Handeln an[163]. Gemeindliches Handeln sei generell nur Ausübung von Kompetenzen die ihrerseits das Handeln begrenzen. Der Kompetenzkreis bestimme damit auch die rechtliche Existenz der Körperschaft unabhängig von deren Handlungs- und Organisationsform. Einschränkungen der strikten Nichtigkeitsfolge werden gelegentlich für den Fall befürwortet, dass der Vertrauensschutz beteiligter Privatrechtssubjekte dies erfordert[164].

HBdkWP Band 1, § 17 S. 302; Schmidt-Jortzig, DÖV 1989, 142 (144); Stober, Kommunalrecht, § 19 II

[160] Vgl. Nierhaus, in: Sachs, GG , Art. 28 Rn. 32

[161] Vgl. Schmidt-Aßmann, Kommunalrecht, in: ders, Besonderes Verwaltungsrecht,1. Abschnitt, Rn. 15

[162] Vgl. Oldiges, DÖV 1989, 873 (883); Spannovsky, Grenzen des Verwaltungshandelns durch Verträge und Absprachen, S. 93

[163] Vgl. Burmeister, VVDStRL 52 (1993), 190, 219 f; Ehlers, Verwaltung in Privatrechtsform, S. 235 m.w.N.; Löwer, NWVBl. 2000, 241 (243); Pappermann, Der Status der Gemeinden und Kreise als Gebietskörperschaften, in: Püttner, HBdkWP Band I, § 94 S. 302; Stober, Kommunalrecht in der BRD, § 19 II; Wolff/Bachof/Stober, Verwaltungsrecht I, § 32 Rn. 9

[164] Vgl. Ehlers, Verwaltung und Verwaltungsrecht, in: Erichsen, Allgemeines Verwaltungsrecht, § 1 Rn. 25; Stober, Kommunalrecht der BRD, § 19 II

Die generelle Anwendung der „staatsrechtlichen ultra-vires-Lehre" überzeugt indes nicht. Vielmehr ist im Hinblick auf die Rechtsfähigkeit eine Unterscheidung zwischen hoheitlicher und privatrechtlicher Verwaltung vorzunehmen. So ist in erster Linie bereits eine unmittelbare Verknüpfung von Kompetenz und Rechtsfähigkeit keineswegs zwingend, denn die Kompetenz beschreibt abschließend den zulässigen Tätigkeitsrahmen der Verwaltungsträger[165], die Teilrechtsfähigkeit dagegen bedingt lediglich zwingend die Rechtsfolge der Nichtigkeit. So gehen Rechtsprechung und Literatur durchwegs auch von einer Vollrechtsfähigkeit juristischer Personen des Privatrechts aus, obgleich diese, entsprechend dem Wesen juristischer Personen, ebenfalls kein zweckfreies Dasein beanspruchen können, sondern einem durch das Statut vorgegebenen Zweck dienen[166]. Auch der strukturelle Unterschied beider Rechtskreise, in dem die h.M. den maßgeblichen Grund für die unterschiedliche Behandlung von Privatrechtssubjekten und der privatrechtsförmigen Verwaltung sieht[167], erfordert keine unterschiedliche Behandlung.

So beziehen zwar natürliche ebenso wie (echte) juristische Personen des Privatrechts, letztere als Ausfluss grundrechtlicher Freiheiten der dahinterstehenden natürlichen Personen, ihre Legitimation aus dem das Privatrecht bestimmenden Grundsatz der Privatautonomie, so dass diese fundamentale Gemeinsamkeit aller geborenen Privatrechtssubjekte im Unterschied gegenüber den juristische Personen des öffentlichen Rechts und deren privatrechtlicher Trabanten als stets kompetenzgebundene Verwaltungsträger in Richtung Teilrechtsfähigkeit weist. Gerade dieser Aspekt kann aber bei der Frage nach der Anwendung der „ultra-vires-Lehre" keine Berücksichtigung finden.

Grund für die generelle Nichtanwendung der „ultra-vires-Lehre" auf juristische Personen des Privatrechts ist nämlich der dem Zivilrecht zugrundeliegende Grundsatzes des Verkehrs- bzw. Vertrauensschutzes[168]. Deshalb ist auch eine Gleichbehandlung von Privatrechtssubjekten und privatrechtsförmiger Verwaltung zwingend geboten. Entscheidend ist, dass der Schutz des Geschäftsverkehrs nicht die Verwaltung berechtigt, sondern sie vielmehr gegenüber den am Markt agierenden geborenen Privatrechtssubjekten verpflichtet. Die Berechtigung ist ausschließlich im Rechtskreis der privatautonomen Rechtsubjekte verwurzelt und unabhängig von der spezifischen Rechtsstellung der privatrechtsförmigen Verwaltung. Maßgeblich darf allein die Teilnahme am Privatrechtsverkehr sein, zumal auch für den Vertragspartner insbesondere bei privatrechtlich organisierter Wirtschaftstätigkeit die

---

[165] Vgl. Maurer, Allgemeines Verwaltungsrecht, § 21 Rn. 6

[166] Vgl. BGHZ 20, 119, 123; Reuter, in: Münchner Kommentar zum BGB, Vor § 21 Rn. 13a

[167] Vgl. Bull, Allgemeines Verwaltungsrecht, Rn. 66; Burmeister, VVDStRL 52 (1993), 190 (219 f.); Ehlers, Verwaltung und Verwaltungsrecht, in: Erichsen, Allgemeines Verwaltungsrecht, §1, Rn. 25

[168] Vgl. K. Schmidt, Gesellschaftsrecht, S. 184; Spannowsky, Grenzen des Verwaltungshandelns, S. 93

dahinter stehenden Rechtssubjekte nicht ohne weiteres erkennbar sind. Auch wenn die privatrechtlichen Handlungs- und Organisationsformen die Verwaltung nicht in den Genuss privatautonomer Gestaltungsfreiheiten kommen lassen können, so ist doch allein mit der Teilnahme am Privatrechtsverkehr dessen Erfordernissen, denen aus Verkehrs- und Vertrauensschutzgesichtspunkten nur die Vollrechtsfähigkeit gerecht wird, umfassend Rechnung zu tragen. Mögen im hoheitlichen Bereich Schutzaspekte insbesondere im Hinblick auf Art. 20 III GG eine generelle Beschränkung der Rechtsfähigkeit erforderlich machen, so gilt diese gerade entgegengesetzt für die privatrechtsförmige Verwaltung und erfordert eine entsprechende Differenzierung von hoheitlicher und privatrechtsförmiger Verwaltung.

Zwecküberschreitungen sind demnach zwar nach wie vor unzulässig, führen aber nicht bereits wegen mangelnder Rechtsfähigkeit zur unmittelbaren Nichtigkeit. Vielmehr ist insoweit eine Gleichbehandlung juristischer Personen des Privatrechts und des öffentlichen Rechts erforderlich, mit der Folge, dass Zwecküberschreitungen nur nach den Grundsätzen vom „Missbrauch der Vertretungsmacht"[169] zur unmittelbaren Nichtigkeit führen. Im Übrigen auf die sachgerechten Vorschriften des BGB zurückgegriffen werden muss.

II. Der Status der Gewährleistung des Art. 28 II GG

Soll der Inhalt der verfassungsrechtlichen Gewährleistung gemeindlicher Selbstverwaltung abgesteckt werden, ist neben der Qualifizierung der Norm als verfassungsrechtlicher Prüfungsmaßstab vorab auch der dogmatische Status der Gewährleistung zu klären.

1. Doppelfunktion des Art. 28 II GG

Seinem unmittelbaren Verfassungswortlaut nach verpflichtet Art. 28 II GG lediglich den Landesgesetzgeber, das Recht der kommunalen Selbstverwaltung zu gewährleisten. Der absolut h.M. nach erfüllt die Vorschrift aber eine Doppelfunktion und verbürgt darüber hinaus unmittelbar selbst die kommunale Selbstverwaltung als Mindestgarantie[170]. Art 28 II GG ist damit nicht lediglich als Homogenitätsvorschrift letztendlich maßgebliche Kontrollnorm für den Eingriff in die Selbstverwaltungsgarantie[171], sondern unmittelbare Verfassungsgarantie.

---

[169] Vgl. Karsten Schmidt, AcP 184 (1984), 529 (536 ff.)

[170] Vgl. Ipsen, Niedersächsisches Kommunalrecht, Rn. 3; Nierhaus, in: Sachs, GG, Art. 28 Rn. 35; Pieroth, in: Jarass/Pieroth, GG, Art. 28 Rn. 5a

[171] Vgl. aber Löwer, Energieversorgung zwischen Staat, Gemeinde und Wirtschaft, S. 217

2. Verfassungsrechtliche Gewährleistung als institutionelle Garantie

Das *Bundesverfassungsgericht* greift in ständiger Rechtsprechung[172] – gefolgt vom überwiegenden Teil der Literatur[173] - auf die bereits von *Carl Schmitt* zu Art. 127 WRV entwickelte Figur der „sog. Einrichtungsgarantien" („institutionelle Garantien" für Gewährleistungen öffentlich rechtlicher Inhalte und „Institutsgarantien" für solche zivilrechtlicher Substanz)[174] auf und qualifiziert die Garantie der kommunalen Selbstverwaltung als „institutionelle" Garantie[175]. Sollte diese Interpretation des mit Art. 28 II GG wenig vergleichbaren Art. 127 WRV dessen Nichtgeltung als Grundrecht gegenüber dem Staat kompensieren, so kann dieses Sicherungsziel, eine vorhandene Einrichtung als Typus in Bestand und Funktion zu sichern[176], nach wie vor unverändert Gültigkeit beanspruchen. Ausgehend von dem in moderner Staatstheorie und demokratischer Staatskonzeption unumstrittenen Grundsatz der Einheit der Staatsgewalt[177], mit der die Vorstellung, die Gemeinde sei ein irgendwie aus staatsabgesetzt gesellschaftlichem Fundus seine Legitimation beziehender und vom Volk gegen den Staat zu nutzender Hoheitsträger, unvereinbar ist[178], verortet nun aber das Grundgesetz die Garantie kommunale Selbstverwaltung folgerichtig im staatsorganisatorischen Teil der Verfassung. Vor diesem Hintergrund besteht Einigkeit, dass Art. 28 II GG keine grundrechtliche Gewährleistung enthält[179].

Ihre grundgesetzliche Verankerung in Art. 28 II GG begründet mit der verfassungsunmittelbaren Verleihung des - notwendigerweise vom Staat abgeleiteten - öffentlichen Status vielmehr eine elementare verfassungsrechtliche Strukturentscheidung und verbindliche Zielbestimmung für das Gemeinwesen[180]. Die Kom-

---

[172] BVerfGE 1, 167 (174f); 50, 50; 76, 107 (119), 79, 127 (143 ff)

[173] Vgl. Nierhaus, in: Sachs, GG, Art. 28 Rn. 30; Schmidt-Aßmann, Kommunalrecht, in: ders., Besonderes Verwaltungsrecht, 1. Abschnitt, Rn. 11; Tettinger, Besonderes Verwaltungsrecht, Rn. 30; Stern, Die Verfassungsgarantie der kommunalen Selbstverwaltung, HBdkWP I, S. 204; Erichsen/Weiß – Selbstverwaltung und staatliche Organisationsvorgaben, S. 33; Schmidt-Jortzig, Kommunalrecht, Rn. 513; Knemeyer, Bayerisches Kommunalrecht, 1. Kapitel Rn. 12; Maurer, Staatsrecht, § 10 Rn. 18; ders. DVBl. 1995, S. 1037 (1040 ff); Lissack, Bayerisches Kommunalrecht, § 1 Rn. 87

[174] Vgl. Carl Schmitt, Verfassungslehre, 1928, S. 170

[175] Zum Begriff vgl. Schmidt-Jortzig, Die Einrichtungsgarantien der Verfassung, insb. S. 24 ff., S. 33 ff.

[176] Vgl. Waechter, Kommunalrecht, Rn. 62

[177] Vgl. Zippelius, Allgemeine Staatslehre, S. 63; Hesse, Grundzüge des Verfassungsrechts, Rn. 6 ff.; Schmidt-Jortzig, Kommunalrecht, Rn. 4

[178] Vgl. Schmidt-Jortzig, Kommunalrecht, Rn. 511

[179] Vgl. nur etwa Nierhaus, in: Sachs, GG, Art. 28 Rn. 30; Schmidt-Aßmann, Kommunalrecht, in: ders. Besonderes Verwaltungsrecht, 1. Abschnitt, Rn. 8; Tettinger, Besonderes Verwaltungsrecht, Rn. 30; Stern, Die Verfassungsgarantie der kommunalen Selbstverwaltung, HBdkWP I, S. 204

[180] Vgl. Schmidt-Aßmann, Kommunalrecht, in: ders., Besonderes Verwaltungsrecht, 1. Abschnitt, Rn. 8; Schmidt-Jortzig, Kommunalrecht, Rn. 514

munen sind danach in ihrer Existenz und Funktion voll in das hoheitliche, organisierte Gesamtgefüge integriert und nehmen an der allgemeinen demokratischen Legitimation des verfassten Staatswesens teil. Ihr Status als Träger hoheitlicher Gewalt ist vom Staat verliehen und abgeleitet. Sie sind nach heutigem Verständnis selbst ein Teil des Staates[181]. Die Einordnung als mittelbare Staatsverwaltung bezeichnet lediglich die rechtliche Verselbständigung des Rechtsträgers Gemeinde vom Staat „im engeren Sinne" und trägt der Doppelrolle der kommunalen Selbstverwaltung als eben nicht nur hierarchisch aufgebaute Staatsverwaltung sondern dezentralisiert-partizipative Verwaltung mit eigenem Legitimationssystem Rechnung[182]. Dementsprechend bezeichnet auch das *Bundesverfassungsgericht* in ständiger Rechtsprechung ihr Handeln als Ausübung von „Staatsgewalt im weiteren Sinne"[183].

3. Art. 28 II GG - Aufgabenzuweisungs- und Kompetenznorm

Art. 28 II GG beinhaltet demzufolge primär ein verfassungsrechtliches Staatsaufbauprinzip und bedeutet sekundär politisch-administrative Dezentralisation[184]. In dieser Doppelfunktion grenzt er zum einen die gemeindliche Zuständigkeit von der allgemeinen Politik ab und legt zum anderen das Betätigungsfeld der Bürger fest, das ihnen wegen der grundgesetzlich gewollten Teilnahme an der öffentlichen Verwaltung zusteht[185]. Die Garantie kommunaler Selbstverwaltung erschöpft sich demnach letztendlich in einer gegenüber dem Staat (im engeren Sinne) als Anspruchsgegner gesicherten Aufgabenverteilung innerhalb des Gemeinwesens. Sie legt die Verbandskompetenz der Gemeinden fest[186]. Als reine Aufgabenzuweisungs- und Kompetenznorm kann Art. 28 II GG deshalb nicht zu Eingriffen gegenüber Dritten ermächtigen[187]. Inwieweit gemeindliche Wirtschaftstätigkeit gegenüber Privaten legitimiert ist, ist infolgedessen nicht Thema des Art. 28 II GG, lässt sich aber systematisch an dieser Stelle der Bearbeitung auch nicht beurteilen, da

---

[181] so ausdrücklich BVerfGE 73, 118 (191)

[182] Vgl. zum Ganzen: Knemeyer, Bayerisches Kommunalrecht, Rn. 8; Lissack, Bayerisches Kommunalrecht, § 1 Rn. 49; Nierhaus, in: Sachs, GG, Art. 28 Rn. 31; Schmidt-Aßmann, Kommunalrecht, in: ders., Besonderes Verwaltungsrecht, 1. Abschnitt, Rn. 8; Schmidt-Jortzig, DÖV 1993, 973; ders. Kommunalrecht, Rn. 514; Waechter, Kommunalrecht, Rn. 51

[183] BVerfGE 38, 258 (270); 47, 253 (273); 73, 118 (191); 83, 37 (54)

[184] Vgl. Nierhaus, in: Sachs, GG, Art. 28 Rn. 31

[185] Vgl. BVerfGE 8, 122 (134); 79, 127 (148); Nierhaus, in: Sachs, GG, Art. 28 Rn. 40

[186] Vgl. Löwer, in v. Münch/Kunig, GG, Art. 28 Rn. 37; Gern, Deutsches Kommunalrecht, Rn. 15; Waechter, Kommunalrecht, Rn. 63

[187] h.M. vgl. Isensee, Gemeinwohl und Staatsaufgaben, in: Isensee/Kirchhof, HBdStR Band III, § 57 Rn. 142; ausführlich Löwer, Energieversorgung zwischen Staat, Gemeinde und Wirtschaft, S. 217 ff.; ders., in: v.Münch/Kunig, GG, Art. 28 Rn. 40; Nierhaus, in: Sachs, GG, Art. 28 Rn. 34; Schmidt-Aßmann, Kommunalrecht, in: ders., Besonderes Verwaltungsrecht, 1. Abschnitt, Rn. 9; a.A. Schmidt-Jortzig, Kommunalrecht, 523

dies maßgeblich von der durch die gemeindliche Aktivität vermittelten Eingriffsintensität in private Rechtspositionen abhängt.

Eine Inhaltsbestimmung des Art. 28 II GG wird damit aber keineswegs überflüssig, da primär die Garantie kommunaler Selbstverwaltung als generell notwendige kompetenzielle Legitimation gemeindlicher Wirtschaftstätigkeit den gemeindlichen Handlungskreis definiert und gemeindliche Wirtschaftsbetätigung definitiv unzulässig ist, wenn sie den durch Art. 28 II GG abgesteckten Handlungsspielraum der Gemeinde verlässt. Darüber hinaus kann allein Art. 28 II GG als Grundlage gemeindlichen Handelns genügen, wenn spezielle Eingriffsermächtigungen nicht notwendig sind, was allgemein für den Bereich der sog. „gesetzesfreien" Verwaltung angenommen wird[188].

III.   Der Gewährleistungsgehalt des Art. 28 II GG

Wurde vorliegend festgestellt, dass allein Art. 28 II GG verfassungsrechtliche Grundlage gemeindlicher Wirtschaftstätigkeit sein kann und als solche auch zwingende Grenzen setzt, ist im Folgenden der Frage nachzugehen, inwieweit die Garantie kommunaler Selbstverwaltung die Gemeinde zur wirtschaftlichen Betätigung legitimiert.

1.   Die einzelnen Garantieebenen

Zurückgehend auf *Klaus Stern*[189] wird Art. 28 II GG allgemein ein differenziertes, drei Garantieebenen umfassendes Schutzsystem entnommen[190]. Demnach ist mit der institutionellen Garantie kommunaler Selbstverwaltung erstens die Existenz der Gemeinden als „institutionelle Rechtssubjektsgarantie", zweitens eine umgrenzte eigenverantwortliche Aufgabenerfüllung als „objektive Rechtsinstitutionsgarantie" und drittens die Möglichkeit, gegen Eingriffe in diese Rechtspositionen auf dem Rechtsweg vorzugehen, als „subjektive Rechtsstellungsgarantie" gewährleistet.

Gemeindliche Wirtschaftsbetätigung ist demnach innerhalb dieses Schutzsystems systematisch auf der Ebene der „objektiven Rechtsinstitutionsgarantie" verortet.

2.   Die „objektive Rechtsinstitutionsgarantie"

In der „objektiven Rechtsinstitutionsgarantie" liegt der Schwerpunkt der Garantie des Art. 28 II GG. Sie ist das Wesen kommunaler Selbstverwaltung. Notwendige

---

[188] Vgl. Löwer, Energieversorgung zwischen Staat, Gemeinde und Wirtschaft, S. 233

[189] Vgl. Stern, Staatsrecht I, § 12 II 4 b

[190] Vgl. Dreier, in: ders., GG, Art. 28 Rn. 92; Nierhaus, in: Sachs, GG, Art. 28 Rn. 35 ff.; Jarass/Pieroth, GG, Art. 28 Rn. 5a; Schmidt-Aßmann, Kommunalrecht, in: ders., Besonderes Verwaltungsrecht, 1. Abschnitt, Rn. 9

Voraussetzung einer Selbstverwaltung im Rechtssinne ist zum einen, dass ihr Träger „eigene Angelegenheiten", d.h. einen eigenen Wirkungskreis hat[191]. Es sind dies als aufgabenbezogenes (funktionales) Element der Selbstverwaltung[192] diejenigen Angelegenheiten, um deren Willen der Verwaltungsträger gebildet worden ist[193]. Zum anderen ist entscheidendes Wesensmerkmal jedweder Selbstverwaltung die Eigenverantwortlichkeit der konkreten Aufgabenerfüllung[194] als „modales Element" der Selbstverwaltung.

Entsprechend der Idee gemeindlicher Selbstverwaltung als dezentral-partizipative Verwaltung weist Art. 28 II GG den Gemeinden einen Aufgabenbereich zur eigenverantwortlichen Wahrnehmung zu, der sich durch seine Universalität (Allzuständigkeit für die Angelegenheiten der örtlichen Gemeinschaft) auszeichnet und damit selbstverständlich erhebliche Abgrenzungsschwierigkeiten aufwirft. Darüber hinaus ist dem unmittelbaren Verfassungswortlaut nach die Garantie der Eigenverantwortlichkeit nur im Rahmen der Gesetze gewährleistet und damit dem Gesetzgeber eine für institutionelle Garantien typische Ausgestaltungsbefugnis[195] an die Hand gegeben, die wiederum Fragen nach deren Grenzen offen lässt.

Bestimmen auch funktionales sowie modales Element der Garantie abstrakt die verfassungsrechtliche Legitimation der Gemeinden zu wirtschaftlicher Betätigung, wird letztendlich erst mit Bestimmung der Ausgestaltungsgrenzen der konkret garantierte Bereich abgesteckt. Im folgenden sind demnach alle drei Weseselemente gemeindlicher Selbstverwaltung im Hinblick auf gemeindliche Wirtschaftsbetätigung inhaltlich zu bestimmen. Nochmals hingewiesen sei in diesem Zusammenhang darauf, dass mit der Bestimmung des Garantiebereiches keine Befugnis der Gemeinde zur wirtschaftlichen Betätigung verbunden ist, sondern lediglich der an die Gemeinde zur eigenverantwortlichen Wahrnehmung zugewiesene Aufgabenkreis im Verhältnis zu den übrigen Verwaltungsträgern abgesteckt[196] und nur die dadurch gleichzeitig begrenzte grundsätzliche Legitimation zu gemeindlicher Wirtschaftsbetätigung gegeben ist.

---

[191] Vgl. Wolff/Bachof/Stober, Verwaltungsrecht II, § 84 Rn. 35; Schmidt-Jortzig, Kommunalrecht, Rn. 460
[192] Vgl. Lissack, Bayerisches Kommunalrecht, § 1 Rn. 65
[193] Vgl. Wolff/Bachof/Stober, Verwaltungsrecht II, § 84 Rn. 35
[194] Vgl. Wolff/Bachof/Stober, Verwaltungsrecht II, § 84 Rn. 36
[195] Vgl. Dreier, in: ders., GG, Vorb. Art. 28 Rn. 86 f.
[196] Vgl. Grawert, Zuständigkeitsgrenzen der Kommunalwirtschaft, in: FS für Blümel, 119 (122 ff.)

a) Das modale Element der Selbstverwaltungsgarantie

(1) Die Eigenverantwortlichkeit

Die Garantie gemeindlicher Selbstverwaltung gewährleistet in ihrem modalen Element die Eigenverantwortlichkeit der Wahrnehmung der ihrer Verbandskompetenz unterliegenden Aufgaben und damit grundsätzlich die weisungsfreie Entscheidung über das „ob"[197], „wann" und „wie"[198] gemeindlicher Aufgabenerfüllung[199]. Die üblicherweise in diesem Zusammenhang vorgenommene Differenzierung nach verschiedenen „Gemeindehoheiten" hat jedoch ausschließlich klassifikatorische Funktion und soll durch die Möglichkeit der Bildung von Fallgruppen die Lösung von Rechtsproblemen erleichtern. Die Eigenverantwortlichkeit ist demgegenüber nicht auf die typischen Gemeindehoheiten beschränkt, sondern verfassungsrechtlich umfassend gewährleistet[200]. Wird auch dem unmittelbaren Wortlaut des Art. 28 II GG nach lediglich eine „Regelung" ermöglicht, so ist damit eine Festlegung auf eine bestimmte Form hoheitlichen Handelns nicht gemeint. Vielmehr sind die Gemeinden in der Wahl ihrer Handlungs- und Organisationsformen zur Erfüllung ihrer Angelegenheiten grundsätzlich frei[201].

Das modale Element gemeindlicher Selbstverwaltung ist damit dem funktionalen Element logisch nachgeordnet, denn eine eigenverantwortliche Aufgabenwahrnehmung kommt denknotwendigerweise nur dann in Betracht, wenn auch Aufgaben an den selbständigen Rechtsträger überwiesen sind. Dennoch hat die hier vorrangige Behandlung des modalen Elements seine Berechtigung.

(2) Garantie gemeindlicher Wirtschaftsbetätigung ausschließlich über das modale Element der Selbstverwaltung

Während der gewährleistete Aufgabenkreis lediglich den Bereich funktioneller Entfaltung der Gemeinden absteckt[202], garantiert ausnahmslos das modale Element insbesondere über das „wie" der Aufgabenerfüllung als instrumentaler Bestandteil der Selbstverwaltungsgarantie sämtliches gemeindliches Handeln. Wirtschaftliche Betätigung ist nach zutreffender Ansicht nämlich nicht selbst Aufgabe, sondern

---

[197] Die grundsätzliche Entschließungsfreiheit entfällt naturgemäß im Rahmen der Pflichtaufgaben

[198] Vgl. Lissack, Bayerisches Kommunalrecht, § 1 Rn. 77

[199] Vgl. Dreier, in: ders., GG, Art. 28 Rn. 106; Lissack, Bayerisches Kommunalrecht, § 1 Rn. 77; Nierhaus, in: Sachs, GG, Art. 28 Rn. 43; Schmidt-Aßmann, Kommunalrecht, in: ders., Besonderes Verwaltungsrecht, 1. Abschnitt, Rn. 19

[200] Allg. Ansicht; Vgl. Schmidt-Aßmann, Kommunalrecht, in: ders., Besonderes Verwaltungsrecht, 1. Abschnitt, Rn. 23; Waechter, Kommunalrecht, R. 89

[201] Vgl. Dreier, in: ders., GG, Art. 28 Rn. 108; Nierhaus, in: Sachs, GG, Art. 28 Rn. 45; Schmidt-Aßmann, Kommunalrecht, in: ders., Besonderes Verwaltungsrecht, 1. Abschnitt, Rn. 19

[202] Vgl. Schmidt-Jortzig, Kommunalrecht, Rn. 460

Mittel zur gemeindlichen Aufgabenerfüllung[203] und in dieser Instrumentalfunktion[204] allein über das modale Element der Garantie gemeindlicher Selbstverwaltung gewährleistet. Auch die Gemeindeordnungen der Länder weisen vereinzelt unmissverständlich auf den fundamentalen Unterschied zwischen Aufgaben und Mittel gemeindlichen Handelns hin, wenn sie ausdrücklich bestimmen: „*Die Gemeinde darf sich zur Erledigung von Aufgaben der örtlichen Gemeinschaft wirtschaftlich betätigen*"[205].

Erfasst demnach das modale Element der Selbstverwaltungsgarantie umfassend die wirtschaftliche Betätigung der Gemeinde, bestimmt sich deren verfassungsunmittelbare Garantie vorwiegend nach der gesetzgeberischen Ausgestaltungsbefugnis der durch Art. 28 II GG gewährleisteten Berechtigung zur eigenverantwortlichen Aufgabenwahrnehmung.

b) Das Verhältnis von modalem zu funktionalem Element der gemeindlichen Selbstverwaltungsgarantie

Für den nach Art. 28 II GG zulässigen Umfang gemeindlicher Wirtschaftsbetätigung ist jedoch nicht ausschließlich das modale Element der Selbstverwaltungsgarantie maßgeblich. Eigenverantwortlichkeit und damit das durch Art. 28 II GG gewährleistete Handlungsinstrumentarium ist den Gemeinden vielmehr nicht generell, sondern ausschließlich zur Wahrnehmung der Angelegenheiten der örtlichen Gemeinschaft gegeben[206]. Allein in diesem Bereich verfassungsrechtlich umgrenzter funktioneller Verantwortung der Gemeinden ist eigenverantwortliches Tätigwerden grundgesetzlich vorgesehen. Der Aufgabenkreis bestimmt deshalb ganz entscheidend den verfassungsrechtlich gewährleisteten Umfang gemeindlicher Wirtschaftsbetätigung[207].

Ehe jedoch eine Aufgabenbestimmung den gewünschten Erfolg einer trennscharfen Grenzziehung versprechen kann, ist abstrakt das Verhältnis von Handlung als Mittel gemeindlicher Aufgabenwahrnehmung zur Aufgabe selbst zu klären, denn alleine mit diesem Verhältnis steht und fällt die Aussagekraft des gemeindlichen Aufgabenkreises im Hinblick auf eine gemeindliche Wirtschaftstätigkeit. Muss nämlich das Mittel der Aufgabe nur in einer irgendwie gearteten Art und

---

[203] Vgl. Ehlers, NWVBl. 2000, 1 (6); Grawert, Zuständigkeitsgrenzen der Kommunalwirtschaft, in: FS für Blümel, 119 (125); Löwer, NWVBl. 2000, 241 (243); J. Ipsen, Niedersächsisches Kommunalrecht, Rn. 569

[204] Vgl. Püttner, Die öffentlichen Unternehmen, S. 52

[205] Vgl. § 100 II BbgGO; ähnlich §§ 107 I GO NW; 108 I 1 NdsGO

[206] Allg. Ansicht: vgl. Dreier, in: ders., GG, Art. 28 Rn. 106; Nierhaus, in: Sachs, GG, Art. 28 Rn. 43; Lissack, Bayerisches Kommunalrecht, § 1 Rn. 77

[207] Vgl. Badura, Die Wirtschaftstätigkeit der öffentlichen Hand und die neue Sicht des Gesetzesvorbehalts, in: FS für Steindorff, 835 (837); Grawert, Zuständigkeitsgrenzen der Kommunalwirtschaft, in: FS für Blümel, 119 (125)

Weise dienen, so ließe sich stets eine den gemeindlichen Handlungsbereich eröffnende Aufgabe finden.

(1) Der „öffentliche Zweck"

Allgemein wird der öffentliche Zweck als Bindeglied zwischen konkreter gemeindlicher Aufgabenerfüllung und der Aufgabe selbst angesehen[208]. Seine Verfolgung ist nach nahezu einhelliger Ansicht fundamentales und unverzichtbares objektiv-rechtliches Legitimationserfordernis sämtlichen staatlichen und damit auch gemeindlichen Tätigwerdens[209]. Die wirtschaftliche Betätigung als Handlungsmittel liegt damit mit der Aufgabe, die notwendigerweise im öffentlichen Interesse stehen muss[210], auf einer Linie, deren Distanz zueinander der öffentliche Zweck bestimmt. Die Gemeindeordnungen der Länder bringen dies durch eine ausdrückliche Bindung gemeindlicher Wirtschaftstätigkeit an die Verfolgung öffentlicher Zwecke zum Ausdruck.

Trotz seiner grundlegenden Relevanz ist der Begriff des öffentlichen Zweckes ob seiner Unbestimmtheit und Vagheit gefürchtet[211]. Die zahlreichen gerichtlichen Entscheidungen und Stellungnahmen in der Literatur zum kommunalrechtlichen Begriff des öffentlichen Zwecks, denen bereits Legionenstärke attestiert wurde[212], müssen jedoch außer Betracht bleiben, ist doch vorliegend eine verfassungstheoretische Bestimmung des Terminus erforderlich. Im Folgenden wird demnach eine Analyse der Grundlagen und des Sinngehaltes vorgenommen.

---

[208] Vgl. Grawert, Zuständigkeitsgrenzen der Kommunalwirtschaft, in: FS für Blümel, 119 (126); Hösch, Der öffentliche Zweck als Voraussetzung kommunaler Wirtschaftstätigkeit, GewArch 2000, 1 (4); Knemeyer, Kommunale Wirtschaftstätigkeit, Rn. 146

[209] Vgl. Achterberg, Allgemeines Verwaltungsrecht, § 19 Rn 51; v. Arnim, Staatslehre der BRD, S. 235; ders., Rechtsfragen der Privatisierung, S. 71; Berg, GewArch 1990, 225 (228); Bull, Die Staatsaufgaben nach dem Grundgesetz, S. 47 ff.; Burmeister, VVDStRL 52 (1993) 191 (193); ders., Selbstverwaltungsgarantie u. wirtschaftliche Betätigung der Kommunen, in Püttner HBdkWP Band V, § 93 S. 40; Stern, Staatsrecht III/2, S. 342; Ehlers, NWVBl. 2000, 1 (4); ders., Verwaltung in Privatrechtsform, S. 87 m.w.N.; ders., Verwaltung und Verwaltungsrecht, in: Erichsen, Allgemeines Verwaltungsrecht, § 1 Rn. 25 f; Enkler, ZG 1998, 329 (336); Isensee, Gemeinwohl und Staatsaufgaben, in: Isensee/Kirchhof, HBdStR Band III, § 57 Rn. 2 ff.; Kirchhof, Mittel staatlichen Handelns, in: Isensee/Kirchhof, HBdStR Band III, § 59 Rn. 85; Löwer, in v. Münch/Kunig, GG, Art. 28 Rn. 40; Ossenbühl, Bestand und Erweiterung des Wirkungskreises der Deutschen Bundespost, S. 105; Peters, Öffentliche und staatliche Aufgaben, in: FS für Nipperdey, S. 877 ff.; Püttner, Die öffentlichen Unternehmen, S. 128 ff.; Umfassende Hinweise bei Hidien, Gemeindliche Betätigung rein erwerbswirtschaftlicher Art, S. 134 Fn. 91; BVerfGE 50, 50 (51); 59, 216 (229); 42, 312 (332); 49, 89 (132); 12, 205 (206); 38, 281 (299); Dagegen wegen der fehlenden Handhabbarkeit und verfassungsrechtlichen Festlegung Dickersbach, WuV 1983, 187, 199 f; Dreier, in: ders., GG, Art. 20 (Republik) Rn. 19

[210] Vgl. dazu ausführlich sogleich

[211] Vgl. Hidien, Gemeindliche Betätigung rein erwerbswirtschaftlicher Art, S. 78 ff.

[212] Vgl. Hidien, Gemeindliche Betätigung rein erwerbswirtschaftlicher Art, S. 75

(a) Die Gemeinwohlkonzeption des Grundgesetzes

Das Erfordernis der öffentlichen Zwecksetzung wurzelt in der Gemeinwohlkonzeption des Grundgesetzes[213]. Als Inbegriff aller Staatsziele ist es nach h.m. nicht nur Leitlinie, sondern letztendlich zwingendes Legitimationserfordernis jeder staatlichen Erscheinung[214]. Im Gegensatz zum Individuum, dessen Eigenwerthaftigkeit von der Verfassung anerkannt ist und dem durch Grundrechte und Privatrecht die Freiheit zur selbstbestimmten Lebensgestaltung gewährleistet ist[215], kann der Staat nicht beliebige Ziele verfolgen[216]. Nach heutiger Vorstellung der Staatslehre legitimiert sich der verfasste Staat nicht alleine aus seiner Existenz[217], sondern allgemein aus dem Grundgedanken der Angewiesenheit des Menschen auf eine Gemeinschaft, um sich bestmöglichst entfalten zu können[218] - kurz, dem Gemeinwohl[219]. Als solcher wird der Staat als Subjekt und Werkzeug des Gemeinwohls begriffen, mit der Folge, dass nicht nur der Staat an sich, sondern auch seine spezifischen Ausprägungen und Programme der Rechtfertigung im Hinblick auf das Gemeinwohl bedürfen[220]. Unmittelbar aus der Verfassung ergibt sich die zwingende Gemeinwohlbindung aus den Art. 1, 20 GG, die die Dienstfunktion aller Staatstätigkeit im Interesse der Gemeinschaft zwingend festschreiben[221]. Nach dieser *anthropozentrischen* Auffassung des Grundgesetzes ist der Staat um des Menschen willen da und nicht der Mensch um des Staates willen[222]. Die Gemeinwohlbindung des Staates erlangt folglich auch nicht lediglich Relevanz im Zusammenhang mit

---

[213] Vgl. Ehlers, Verwaltung und Verwaltungsrecht, in: Erichsen, Allgemeines Verwaltungsrecht, § 1 Rn. 25

[214] Vgl. Püttner, Die öffentlichen Unternehmen, S. 129

[215] Vgl. v. Arnim, Staatslehre der BRD, S. 136; Isensee, Gemeinwohl und Staatsaufgaben im Verfassungsstaat, in: Isensee/Kirchhof, HBdStR Band III, § 57 Rn. 167; Morlok, Selbstverständnis als Rechtskriterium, S. 70; anders offenbar Bull, Staatsaufgaben nach dem Grundgesetz, S. 203

[216] Vgl. Berg, GewArch 1990, 225 (228); Hesse, Grundzüge des Verfassungsrechts, Rn. 348; Isensee, Gemeinwohl und Staatsaufgaben, in: Isensee/Kirchhof, HBdStR Band III, § 57 Rn. 35; Ossenbühl, Bestand und Erweiterung des Wirkungskreises der Deutschen Bundespost, S. 106; Püttner, Die öffentlichen Unternehmen, S. 129

[217] Vgl. Herzog, Allgemeine Staatslehre, S. 142; Zippelius, Allgemeine Staatslehre, S. 119; vgl. auch Jellinek, Allgemeine Staatslehre, S. 192 ff.

[218] Vgl. Zippelius, Allgemeine Staatslehre, S. 120 f; Stern, Staatsrecht III/2, S. 357

[219] Vgl. Isensee, Gemeinwohl und Staatsaufgaben, in: Isensee/Kirchhof, HBdStR Band III, § 57 Rn. 2; Stern, Staatsrecht III/2, S. 342

[220] Vgl. Zippelius, Allgemeine Staatslehre, S. 135 ff.; Isensee, Gemeinwohl und Staatsaufgaben, in: Isensee/Kirchhof, HBdStR Band III, § 57 Rn. 2; Herzog, Ziele, Vorbehalte und Grenzen der Staatstätigkeit, in: Isensee/Kirchhof, HBdStR Band III, § 58 Rn. 1 ff.

[221] Vgl. v. Arnim, Staatsrecht der BRD, S. 127 ff.; ders., Rechtsfragen der Privatisierung, S. 71 f; Berg, GewArch 1990, 225 (228)

[222] Vgl. Herzog, Allgemeine Staatslehre, S. 141 ff.; ebenso v. Arnim, Staatslehre der BRD, S. 128 ff.; diese Formulierung war auch in Art. 1 des Herrenchiemseer Verfassungsentwurfs anstelle des heutigen Art. 1 GG vorgeschlagen

der Einschränkung von Grundrechten, sondern begrenzt umfassend jegliches staatliches Handeln, als es zweck- und zielgerichtet auf die Verwirklichung des Gemeinwohls ausgerichtet sein muss[223].

Der Begriff des öffentlichen Zwecks hat dem Grunde nach keine eigene, darüber hinausgehende Bedeutung[224]. Er greift lediglich die generelle Gemeinwohlverpflichtung des Staates auf, individualisiert sie auf einen bestimmten Akt und bringt dabei in besonders nachdrücklicher Weise die zweck- bzw. zielgerichtete Begrenztheit staatlichen Handelns zum Ausdruck. Gerade in dieser Funktion erreicht er aber auch die entscheidende lineare Verknüpfung von Mittel und Aufgabe als Zieleinheit der konkreten Handlung, die beide gleichermaßen uneingeschränkt auf das Gemeinwohl ausgerichtet sein müssen.

Diese zwingende Bindung an einen öffentlichen Zweck darf nicht einseitig als Beschränkung staatlichen Handelns missverstanden werden, sondern vielmehr als dessen berechtigende Legitimation, denn in einem freiheitlichen Gemeinwesen, das im Grundgesetz insbesondere durch die Freiheitsrechte zum Ausdruck gebracht ist, obliegt dem Staat gegenüber dem Individuum eine Legitimationslast, die sich nur aus dem Gemeinwohl ergeben kann[225]. Allein der öffentliche Zweck, nicht Art. 28 II GG kann demnach gemeindliche Wirtschaftstätigkeit gegenüber Privaten grundsätzlich legitimieren.

(b)   Wirtschaftliche Betätigung nur zur Erfüllung „öffentlicher Aufgaben"

Die Gemeinwohlbindung, respektive das Erfordernis der öffentlichen Zwecksetzung allen staatlichen Handelns hat zur Folge, dass für eine staatliche Aufgabenwahrnehmung nur solche Aufgaben in Betracht kommen, die selbst mit dem Gemeinwohlerfordernis kongruieren. Zurückgehend auf *Hans Peters*[226] werden diese Aufgaben, an deren Erfüllung die Öffentlichkeit maßgeblich interessiert ist, allgemein als „öffentliche Aufgaben" bezeichnet[227]. Sie bestimmen die Tätigkeitsbereiche, die den öffentlichen Interessen entsprechen[228], und sind damit gleichzeitig die

---

[223] Vgl. Kirchhof, Mittel staatlichen Handelns, in: Isensee/Kirchhof, HBdStR Band III, § 59 Rn. 13; Sachs, in: Sachs, GG, Art. 20 Rn. 97

[224] Vgl. Ehlers, Verwaltung und Verwaltungsrecht, in: Erichsen, Allgemeines Verwaltungsrecht, § 1 Rn. 27

[225] so ausdrücklich BVerfGE 50, 50 (51); vgl. auch Ehlers, Verwaltung in Privatrechtsform, S. 87; ders., Verwaltung und Verwaltungsrecht, in: Erichsen, Allgemeines Verwaltungsrecht, § 1 Rn. 26; Stern, Staatsrecht III/2, S. 342

[226] Vgl. Peters, Öffentliche und staatliche Aufgaben, in: Festschrift für Nipperdey, 877 (878)

[227] Vgl. v. Arnim, Rechtsfragen der Privatisierung, S. 9; Klein, DÖV 1965, 755, 756; Kluth, Grenzen kommunaler Wettbewerbsteilnahme, S. 25; Löwer, DVBl 1991, 132 (138)

[228] Vgl. BVerfGE 15, 235 (241); 53, 366 (401); Isensee, Gemeinwohl und Staatsaufgaben im Verfassungsstaat, in: Isensee/Kirchhof, HBdStR Band III, § 57 Rn. 136

absolute Grenze staatlichen bzw. gemeindlichen Tätigwerdens[229]. Auch eine wirtschaftliche Betätigung der Gemeinden kommt demnach ausschließlich zur Wahrnehmung öffentlicher Aufgaben in Betracht[230].

Die Bedeutung des Begriffes darf jedoch nicht überschätzt werden. So plädierte bereits *H.H. Klein*[231] im Jahre 1965 dafür, den Begriff mangels eigenen Bedeutungsgehalts zu verwerfen. Vielmehr sei ein unsauberer Umgang mit den Begriffen der öffentlichen und staatlichen Aufgabe zu befürchten, verbunden mit der Gefahr, aus einer soziologischen Analyse juristische Folgerungen zu ziehen[232]. Da der Begriff dennoch durchwegs Eingang in das juristische Schrifttum gefunden hat, sei sein Bedeutungsgehalt kurz klargestellt.

Die Öffentliche Aufgabe zeichnet sich alleine dadurch aus, dass sie im öffentlichen Interesse steht und damit dem Gemeinwohl dient. Keine Aussage trifft diese höchst allgemeine Definition infolgedessen darüber, wem – Staat oder Gesellschaft – die öffentliche Aufgabe zur Ausführung überwiesen ist[233]. Aufgrund der Bindung jedweder Staatstätigkeit an das öffentliche Interesse sowie ihre Zwecklimitierung auf das Ziel der Gemeinwohlverwirklichung[234] umgrenzt der dieser Voraussetzung aufnehmende Begriff aber auch den Bereich potentiellen staatlichen Tätigwerdens und beschreibt somit den Verantwortungsbereich des Verfassungsstaates[235]. Es besteht jedoch heute weitgehend[236] Einigkeit, dass öffentliche Aufgaben, ungeachtet ihrer Bedeutung für die Allgemeinheit, von staatlichen wie von gesellschaftli-

---

[229] Vgl. Kirchhof, in: Isensee/Kirchhof, Mittel staatlichen Handelns, in: Isensee/Kirchhof, HBdStR Band III, § 59 Rn. 23

[230] Vgl. Hösch, Der öffentliche Zweck als Voraussetzung kommunaler Wirtschaftstätigkeit, GewArch 2000, 1 (4); Kluth, Grenzen kommunaler Wettbewerbsanteilnahme, S. 25

[231] Vgl. Klein, DÖV 1965, 755 (756, 759)

[232] Vgl. Löwer, DÖV 1991, 132 (138); ders. ausführlich, Energieversorgung zwischen Staat, Gemeinde und Wirtschaft, S. 160 ff.

[233] Vgl. Isensee, Gemeinwohl und Staatsaufgaben im Verfassungsstaat, in: Isensee/Kirchhof, HBdStR Band III, § 57 Rn. 136

[234] Vgl. v. Arnim, Staatslehre der BRD, S. 235; ders., Rechtsfragen der Privatisierung, S. 71; Bull, Die Staatsaufgaben nach dem Grundgesetz, 1977, S. 47 ff.; Burmeister, VVDStRL 52 (1993) 191 (193); Ehlers, Verwaltung und Verwaltungsrecht, in: Erichsen, Allgemeines Verwaltungsrecht, § 1 Rn. 25; Isensee, Gemeinwohl und Staatsaufgaben, in: Isensee/Kirchhof, HBdStR Band III, § 57 Rn. 2 ff.; Peters, Öffentliche und staatliche Aufgaben, in: FS für Nipperdey, S. 877 ff.; Püttner, Die öffentlichen Unternehmen, S. 128 ff.; BVerfGE 50, 50 (51); 59, 216 (229); 42, 312 (332); 49, 89 (132); 12, 205 (206); 38, 281 (299)

[235] Vgl. Isensee, Gemeinwohl und Staatsaufgaben, in: Isensee/Kirchhof, HBdStR Band III, § 57 Rn. 134

[236] Vgl. noch Huber, Wirtschaftsverwaltungsrecht, Band I, 2. Auflage 1953, S. 523 ff, der öffentliche und staatliche Aufgaben bewusst gleichsetzt; aber auch *Püttner* versteht den Begriff der „öffentliche Aufgabe" als Antagonismus zur „privaten Aufgabe" und als Oberbegriff für „staatliche" und „kommunale Aufgaben", vgl. Püttner, das System der kommunalen Aufgaben, in: ders., HBdkWP Band III, § 48 A I

chen Trägern nebeneinander wahrgenommen und erfüllt werden können[237]. Keinesfalls begründet die Qualifizierung einer Aufgabe als öffentliche einen Vorrang staatlichen Tätigwerdens[238]. Auch ein Querschnitt durch den – wohl kaum fassbaren und deshalb vom Staat allein tatsächlich gar nicht zu bewältigenden – Bestand öffentlicher Aufgaben bestätigt, dass öffentliche Aufgaben sowohl von der Gesellschaft als auch vom Staat als sich notwendigerweise gegenüberstehende Funktionskreise wahrgenommen werden[239]. Klassisches Beispiel ist die Versorgung der Bevölkerung mit Lebensmitteln, die unzweifelhaft im öffentlichen Interesse steht, aber nahezu ausschließlich von privaten Anbietern erbracht wird.

Staatliche Aufgaben können sich folglich nur aus öffentlichen Aufgaben entwickeln und bilden demgemäss eine Untergruppe der öffentlichen Aufgaben. Die Kategorie der öffentlichen Aufgaben hat insoweit lediglich deskriptive Bedeutung.

(c)   Das Problem der Inhaltsbestimmung des „öffentlichen Zwecks"

Wesentlich umstrittener als seine grundsätzliche Bedeutung ist die Frage, wie der Begriff des „öffentliche Zwecks" inhaltlich zu bestimmen ist und welche konkreten Rechtswirkungen ihm danach zukommen[240]. Nicht geklärt werden soll demgegenüber zum gegenwärtigen Zeitpunkt, ob und inwieweit der Gemeinwohlkonzeption des Grundgesetzes, über eine absolute Begrenzung der Staatstätigkeit hinaus, auch eine relative Wirkung innerhalb des dadurch abgesteckten Bereiches der öffentlichen Aufgaben im Sinne einer Verteilungsregel zwischen staatlicher und gesellschaftlicher Aufgabenwahrnehmung zu entnehmen ist[241].

Dem Begriff des öffentlichen Zwecks respektive des Gemeinwohls als dessen Zieleinheit wird – neben seiner geschichtlichen Vorbelastung insbesondere im NS–Staat und anderen totalitären Systemen[242] – weithin mit Skepsis begegnet, trägt er doch den Anspruch der allgemeinen Richtigkeit in sich[243]. In dieser Abstraktheit entzieht sich der Begriff einer abschließenden Definition, was bisweilen dazu veranlasst hat, dem Begriff jegliche konkrete Relevanz abzusprechen[244]. Gemeinwohl sei im demokratischen Verfassungsstaat keine fixe und vorgegebene Größe, sondern Produkt des pluralen, nicht interessefreien Prozesses politischer Bildung. Die

---

[237] Isensee, Gemeinwohl und Staatsaufgaben, in: Isensee/Kirchhof, HBdStR Band III, § 57 Rn. 135 f.

[238] Löwer, DÖV 1991, 132 (138)

[239] v. Arnim, Rechtsfragen der Privatisierung, S. 8; Löwer, DÖV 1991, 132 (138)

[240] Vgl. Ossenbühl, Bestand und Erweiterung des Wirkungskreises der Deutschen Bundespost, S. 107

[241] Vgl. dazu unten E, Das Subsidiaritätsprinzip

[242] Vgl. Isensee, Gemeinwohl und Staatsaufgaben, in: Isensee/Kirchhof, HBdStR Band III, § 57 Rn 4

[243] Vgl. v. Arnim, Staatsrecht der BRD, S. 125

[244] Vgl. z.B. Dickersbach WiVerw 1983, 187 (192), Jarass, Wirtschaftsverwaltungsrecht und Wirtschaftsverfassungsrecht, S. 80; Dreier, in: ders., GG, Art. 20 (Republik) Rn. 19

Entscheidung über das Tätigwerden eines Unternehmens im allgemeinen, wie auch im besonderen, sei eine politische Aufgabe ohne verfassungsrechtliche Vorgaben[245].

Tatsächlich ist eine allgemeingültige, positive Inhaltsbestimmung des Begriffs des öffentlichen Zwecks nicht möglich[246]. Gleichwohl ist es verfehlt daraus die vollständige Wertlosigkeit des Begriffs zu folgern. Soll mit der herrschenden Meinung an einer Trennung von Staat und Gesellschaft im Sinne einer Trennung von Funktionskreisen als geradezu notwendige Bedingung einer freiheitlichen Verfassung[247] ernsthaft festgehalten werden, so liegt, angesichts der nahezu verschwimmenden Grenze zwischen beiden Funktionskreisen im sozialen Leistungsstaat, die Bedeutung des Gemeinwohlkriteriums auf der Hand.[248] Demgegenüber ist die von den Kritikern angeführte Weite weniger Mangel der Begrifflichkeit, als vielmehr unverzichtbare Notwendigkeit für den demokratischen Willensbildungsprozess in der pluralistischen Gesellschaft. Das Gemeinwohl kann in einer freiheitlichen Demokratie nicht dezidiert vorgegeben sein, sondern muss sich gerade als Resultat aus dem politischen Willensbildungs- und Entscheidungsprozess ergeben. Diese einerseits notwendige Offenheit kann aber andererseits im freiheitlichen Rechtsstaat nicht grenzenlos sein[249].

Der spezifische Wert des Gemeinwohlerfordernisses liegt deshalb in eben dieser Grenzziehung. Eine positive Inhaltsbestimmung des Begriffs ist damit weder erforderlich, noch angebracht. Vielmehr genügt eine Abgrenzung von negativer Seite.

Insoweit wirft auch der Gemeinwohlbegriff wesentlich geringere Schwierigkeiten auf[250]. So führt *Hans Herbert v. Arnim* zutreffend aus, dass, wenn sich auch nicht positiv feststellen lässt, was im einzelnen richtig und dem Gemeinwohl entsprechend ist, sich doch wesentlich präziser von negativer Seite her klarlegen lässt, was dem Gemeinwohl nicht entspricht[251]. Schon *Aristoteles* habe treffend Gerechtigkeit als die Vermeidung von Ungerechtigkeiten bezeichnet[252].

---

[245] Vgl. Dickersbach WiVerw 1983, 187 (192)

[246] Vgl. v. Arnim, Staatsrecht der BRD, S. 124 f; Isensee, Gemeinwohl und Staatsaufgaben, in: Isensee/Kirchhof, HBdStR Band III, § 57 Rn. 3

[247] Böckenförde, Die verfassungstheoretische Unterscheidung von Staat und Gesellschaft als Bedingung der individuellen Freiheit, S. 21 ff.; Berg, GewArch 1990, 225; Forsthoff, Der Staat der Industriegesellschaft, S. 21; Rupp, Die Unterscheidung von Staat und Gesellschaft, in: Isensee/Kirchhof, HBdStR Band I, § 28 Rn. 25; Hesse, Grundzüge des Verfassungsrechts, Rn. 11; Kluth, Grenzen kommunaler Wettbewerbsanteilnahme, S. 23 ff.

[248] Vgl. Berg, GewArch 1990, 225 (230); Püttner, Die öffentlichen Unternehmen, S. 128 ff.

[249] in diesem Sinne auch Klein, in Schmidt-Bleibtreu/Klein GG, Art. 20 Rn. 10a

[250] Vgl. Ehlers, DVBl. 1998, 497 (499)

[251] Vgl. v. Arnim, Staatsrecht der BRD, S. 125; so auch Ehlers, DVBl 1998, 497 (499); Löwer, in v. Münch/Kunig, GG, Art. 28 Rn. 51

[252] Die gleiche Einsicht stehe auch hinter dem nur scheinbar scherzhaften Wilhelm-Busch-Vers: „Das Gute, dieser Satz steht fest, ist stets das Böse, das man lässt".

Konkrete Konturen gewinnt der Begriff des Gemeinwohls vor dem Hintergrund der Staatlichkeit, auf die er sich bezieht[253]. Ob dabei dem Grundgesetz aus den abstrakten „Grundwerten" Menschenwürde, Freiheit, Gleichheit, Gerechtigkeit, Sicherheit etc. ein allgemeines Gemeinwohlkonzept zu entnehmen ist[254] oder ob die Verfassung nur Teilentwurf der Gemeinwohlidee darstellt[255], kann dahingestellt bleiben. Der Begriff des öffentlichen Zwecks ist in jedem Fall aus der Verfassung als Spezifikation des Gemeinwohls zu bestimmen[256]. Da der moderne Staat aber mehr durch seine Mittel und Befugnisse als durch seine Ziele und Aufgaben konstituiert ist, gerade um auch, im Hinblick auf die sich laufend wandelnden Bedürfnissen, die erforderliche Zweckoffenheit zu gewährleisten[257], kann sich die Qualifizierung eines Zwecks als öffentlicher bzw. als nicht öffentlicher nur anhand einer Verfassungsauslegung im Einzelfall ergeben[258]. Maßstab hierfür sind die im Grundgesetz enthaltenen Staatsziele[259], die Grundrechte insbesondere in ihrem Charakter als Elemente objektiver Ordnung[260] sowie zahlreiche weitere verfassungsrechtliche Grundentscheidungen[261], als die Belange des Gemeinwohls, in dessen Dienst sich der Staat gestellt hat[262].

Im Laufe der Behandlung der verfassungsrechtlichen Aspekte gemeindlicher Wirtschaftsbetätigung ist demnach auch der Frage nachzugehen, inwieweit das Grundgesetz die damit verfolgten Zwecke als öffentlich qualifiziert sieht. Verbunden mit der Weite des Begriffs stellt dies aber ein schier unlösbares Problem dar, kann doch der öffentliche Zweck nur für jede einzelne gemeindliche Agende, und nur in ihrer konkreten Situation überprüft werden. Die wohl abschließend nicht fassbare Bandbreite[263] gemeindlicher Wirtschaftsbetätigung zwingt unausweichlich

[253] Vgl. Isensee, Gemeinwohl und Staatsaufgaben, in: Isensee/Kirchhof, HBdStR Band III, § 57 Rn. 7

[254] Vgl. v. Arnim, Staatsrecht der BRD, S. 127 ff.

[255] Vgl. Isensee, Gemeinwohl und Staatsaufgaben, in: Isensee/Kirchhof, HBdStR Band III, § 57 Rn. 112

[256] Vgl. v. Arnim, Staatsrecht der BRD, S. 125; Isensee, Gemeinwohl und Staatsaufgaben, in: Isensee/Kirchhof, HBdStR Band III, § 57 Rn. 6, 107, 112; in diesem Sinne auch Herzog, Ziele, Vorbehalte und Grenzen der Staatstätigkeit, in: Isensee/Kirchhof, HBdStR Band III, § 59 Rn. 23

[257] Vgl. Isensee, Gemeinwohl und Staatsaufgaben, in: Isensee/Kirchhof, HBdStR Band III, § 57 Rn. 41, 125

[258] Vgl. Isensee, Gemeinwohl und Staatsaufgaben im Verfassungsstaat, in: Isensee/Kirchhof, HBdStR Band III, § 57 Rn. 113; Kirchhof, Mittel staatlichen Handelns, in: Isensee/Kirchhof, HBdStR Band III, § 59 Rn. 28

[259] Vgl. Hesse, Grundzüge des Verfassungsrechts, § 6 Rn. 208

[260] Vgl. Hesse, Grundzüge des Verfassungsrechts, § 9 Rn. 293 ff. insbes. 298 f., § 6 Rn. 214 f.

[261] Vgl. Püttner, Die öffentlichen Unternehmen, S. 129

[262] Vgl. Isensee, Gemeinwohl und Staatsaufgaben im Verfassungsstaat, in: Isensee/Kirchhof, HBdStR Band III, § 57 Rn. 113

[263] Vgl. die enumerative Darstellung bei Hidien, Gemeindliche Betätigung, S. 35 – 39;ders., Die positive Konkretisierung der öffentlichen Zweckbindung, S. 103 ff.; Gerke, Jura 1985, 349 (352)

zur Typisierung. Die damit verbundene Gefahr, aus der bloßen Rubrizierung rechtliche Schlussfolgerungen zu ziehen, bleibt in diesem Zusammenhang überschaubar,
hält man sich nur deutlich vor Augen, dass sich dem Problem – entsprechend der
zutreffenden Feststellung *von Arnims*[264] – auch nur von negativer Seite her genä-
hert werden soll. Im Rahmen des hier vorgenommenen dezidierten Vorgehens führt
dies zu einer Abschichtung verfassungsrechtlich definitiv unzulässiger von zulässigen wirtschaftlichen Betätigungen, die dann wiederum nach Maßgabe des Verfas-
sungsrechtes der gesetzgeberischen Ausgestaltung und der exekutiven Wahrnehmung überlassen sind.

(d)   Unterscheidung von sozial- und erwerbswirtschaftlicher Betätigung

Allgemein wird im Bereich wirtschaftlicher Betätigung, entsprechend der damit
verfolgten Zwecke, zwischen sozial- und erwerbswirtschaftlicher Betätigung[265]
bzw. Leistungsverwaltung und unternehmerischer Betätigung unterschieden[266].
Während der Bereich der Sozialwirtschaft wiederum zahlreiche Zielsetzungen wie
etwa Regional-, Struktur-, Arbeitsmarkt-, Forschungs- und Umweltpolitik unter
dem Dach der Sozialstaatlichkeit zusammenfasst, gewinnt die Abgrenzung vor allem durch den Begriff der erwerbswirtschaftlichen Betätigung an Schärfe. Letztere
zeichnet sich dadurch aus, dass ihr Zweck primär die Erzielung von Gewinnen ist.
Gerade aber die rein erwerbswirtschaftliche Zielsetzung ist im Hinblick auf den
öffentlichen Zweck höchst umstritten. Entsprechend obiger Darstellung lässt sich
jedoch an dieser Stelle noch keine abschließende Aussage treffen, ob es sich bei
dem Ziel der Gewinnerzielung um einen (legitimen) öffentlichen Zweck handelt.
Dies lässt sich, wie bereits dargestellt, erst anhand einer Verfassungsexegese beurteilen.

(2)   Grundsätzliche Festlegung auf die Verfolgung unmittelbar öffentlicher
        Zwecke – Ausschluss der erwerbswirtschaftlichen Betätigung

Eine Inhaltsbestimmung kann aber nur zum entsprechenden Erfolg führen, wenn
vorab die Struktur des öffentlichen Zwecks hinreichend geklärt ist. Denn ebenso
wie die Aufgabe als begrenzendes Faktum des Mittels ihre maßgebliche Bedeutung
nur über deren spezifische Konnexität gewinnt, steht und fällt der Wert des verbin-
denden Kriteriums des öffentlichen Zwecks mit der relativen Distanz von Mittel
zum legitimierenden Zweck. Es stellt sich also mithin die Frage, ob als grundsätzliche Legitimation gemeindlichen Handelns ausschließlich die Verfolgung unmittel-

---

[264] siehe oben

[265] Vgl. Ehlers, Verwaltung in Privatrechtsform, S. 89; ders., Jura 1999, 212; Hidien, Die positive
Konkretisierung der öffentlichen Zweckbindung, S. 91; Bull, Staatsaufgaben nach dem Grundgesetz, S. 279; Scholz, Grenzen staatlicher Aktivität, S. 115, 131

[266] Vgl. Badura, Staatsrecht, I 105

barer öffentlicher Zwecke in Betracht kommt oder aber bereits die Verfolgung mittelbar öffentlicher Zwecke ausreichend ist.

Entscheidender Vorteil dieser Fragestellung ist, dass die inhaltliche Weite der Zieleinheit Gemeinwohl vollständig außer Betracht bleiben kann. Maßgeblich ist vielmehr die Erkenntnis, dass der Staat selbst, ebenso wie sein Handeln, nicht aus sich selbst heraus legitimiert ist, sondern aus seiner, auf der Idee des Gemeinwohls beruhenden, Funktion für das Gemeinwesen. Sie enthält die Absage an selbstzweckhafte Ausübung politischer Macht. Die Staatsgewalt ist nicht um ihrer selbst, sondern um ihrer Bürger willen da, die sich zum Staat verbunden haben. Als solche bedarf sie einer Rechtfertigung, die außerhalb ihrer selbst, im Wohle des Volkes begründet ist[267].

Macht man sich diesen Verfassungsanspruch bewusst, wird die erwerbswirtschaftliche Zielsetzung gemeindlicher Wirtschaftsbetätigung bedenklich, da sie in ihrer Zwecksetzung nicht unmittelbar auf das Individuum ausgerichtet ist. Sie wird bereits deshalb in der Literatur teilweise abgelehnt[268].

Demgegenüber wird überwiegend pauschal argumentiert, die erwerbswirtschaftliche Betätigung würde zumindest mittelbar öffentliche Zwecke verfolgen, indem die erwirtschafteten Gewinne wiederum den Individuen unmittelbar zugute kämen[269]. Die Verwirklichung mittelbarer öffentlicher Zwecke genüge deshalb prinzipiell dem grundsätzlichen Legitimationserfordernis staatlichen Handelns. Einigkeit besteht jedoch in Rechtsprechung und weitgehend auch in der Literatur[270], dass die dann erforderliche Konkretisierung des öffentlichen Zweckkriteriums auf der Ebene der Verfassung die erwerbswirtschaftliche Betätigung als legitimierenden mittelbar öffentlichen Zweck ausschließt[271]. Erst in neuester Zeit werden auch in der juristischen Literatur vereinzelt Stimmen laut, die, insbesondere vor dem Hintergrund der finanziellen Anspannung der kommunalen Haushalte, auch die rein erwerbswirtschaftliche Zielsetzung als zulässig erachten[272].

---

[267] Vgl. Isensee, Gemeinwohl und Staatsaufgaben, in: Isensee/Kirchhof, HBdStR Band III, § 57 Rn. 8

[268] So z.B. Dürig, in Maunz/Dürig/Herzog/Scholz, GG, Art. 2 I Rn. 52

[269] Vgl. Ehlers, Verwaltung in Privatrechtsform, S. 92; ders., Verwaltung und Verwaltungsrecht, in: Erichsen, Allgemeines Verwaltungsrecht, § 1 Rn. 28; Hidien, Gemeindliche Betätigung, S. 135; dagegen Püttner, Die öffentlichen Unternehmen, S. 131

[270] Freilich befaßt sich die einschlägige Rechtsprechung und auch Literatur, da das Kriterium des öffentlichen Zwecks Eingang in die Gemeindeordnungen gefunden hat, vorrangig mit der normtheoretischen Auslegung des Begriffes.

[271] Vgl. Ehlers, DVBl 1998, 497 (499); Berg, GewArch 1990, 225 (228); Isensee, Gemeinwohl und Staatsaufgaben, in: Isensee/Kirchhof, HBdStR Band II, § 57 Rn. 172; a.A. Hidien, Gemeindliche Betätigung rein erwerbswirtschaftlicher Art, S. 137

[272] Vgl. Otting, Neues Steuerungsmodell und rechtliche Betätigungsspielräume der Kommunen, S. 199, 218; einschränkender, Moraing, WiVerw 1998, 233 (252 f.)

Tatsächlich ist jedoch die Rechtfertigungsfähigkeit mittelbar öffentlicher Zweckerfüllung aus mehreren Gesichtspunkten heraus problematisch. Zum einen beziehen sich mittelbar öffentliche Zwecke in ihrer Zwecksetzung immer unmittelbar auf das staatliche Instrumentarium zur Gemeinwohlverwirklichung und es wird letztlich der Staat sich selbst zum Zweck. *Josef Isensee* weist in diesem Zusammenhang zutreffend darauf hin, dass damit nur allzu leicht die Gefahr verbunden sei, dass sich der Staat als Selbstzweck missverstehe und „aus seiner dienenden Rolle emanzipiere" mit der Folge, dass sich „organisatorische Expansion, ökonomischer Ehrgeiz und private Bedürfnisse des Personals zu eigenständigen Machtfaktoren erheben"[273] - Befürchtungen, die angesichts der heute zu verzeichnenden Expansionstendenzen der Kommunalwirtschaft nicht aus der Luft gegriffen scheinen.

Noch wesentlich schwerwiegender ist der Umstand, dass mittelbar öffentliche Zwecke als nur Mittel zum Mittel zur eigentlichen Verwirklichung des öffentlichen Zwecks zu diesem in relativer Distanz stehen. Je nach Art der mittelbar öffentlichen Zwecken dienenden staatlichen Handlung entfernt sich die letztendlich einzig und allein rechtfertigende unmittelbare Zweckverwirklichung[274] mehr oder weniger aus dem Sicht- und Einschätzungsbereich des Betrachters. In besonderem Maße gilt dies für eine erwerbswirtschaftliche Zwecksetzung, bei der sich die letztendlich rechtfertigende Mittelverwendung nicht auf die rechtfertigungsbedürftige Mittelbeschaffung zurückverfolgen lässt. Ob mit der erwerbswirtschaftlichen Betätigung letztendlich unmittelbar öffentliche Zwecke erfüllt werden, ist, unabhängig von der für sich bereits problematischen Inhaltsbestimmung des Begriffes, nicht nachvollziehbar. Die erwirtschafteten Mittel können gleichermaßen zur Finanzierung unrentabler kommunaler Strukturen verwendet werden und so vor dem Gemeinwohlauftrag nicht rechtfertigbare Situationen konservieren. Damit liefe aber nicht nur die Kontrollfunktion der öffentlichen Zwecksetzung vollständig leer, sondern würde darüber hinaus auch der faktische Rentabilitätsdruck[275] auf die Verwaltung genommen.

Andererseits kommt selbstverständlich gerade vor dem Hintergrund des Gemeinwohlkonzeptes des Grundgesetzes eine strikte Begrenzung auf die Verfolgung ausschließlich unmittelbarer öffentlicher Zwecke nicht in Betracht. So richtet es zwar die allein legitimierenden Gemeinwohlzwecke ausschließlich auf die Individuen aus und lässt alleine die Existenz des Staates als Legitimation nicht ausreichen, auf der anderen Seite dient jedoch die gesamte Staatlichkeit gerade der Ver-

---

[273] Vgl. Isensee, Gemeinwohl und Staatsaufgaben, in: Isensee/Kirchhof, HBdStR Band III, § 57 Rn. 154

[274] Vgl. Isensee, Gemeinwohl und Staatsaufgaben, in: Isensee/Kirchhof, HBdStR Band III, § 57 Rn. 118

[275] Das Wirtschaftlichkeitsgebot ist Grundsatz des Verwaltungshandelns und –organisation, vgl. Ehlers, Verwaltung und Verwaltungsrecht, in: Erichsen, Allgemeines Verwaltungsrecht, § 1 Rn. 30

wirklichung des Gemeinwohls und ist demzufolge in ihrer instrumentalen Ausprägung unverzichtbar, ohne sich aber auf eine Rechtfertigung aus unmittelbar öffentlichen Zwecken stützen zu können. Dies gilt beispielsweise für die Steuererhebung, die Staatsorganisation, den öffentlichen Dienst und andere Einrichtungen des Verfassungsstaates[276], die als Instrumentarium zur Gemeinwohlverwirklichung zwingend erforderlich sind. Sie sind deshalb notwendigerweise auf eine Rechtfertigung aus mittelbar öffentlichen Interessen angewiesen[277].

Dennoch kann, soll das Gemeinwohlkonzept über seine begriffliche Weite hinaus nicht vollständig an Kontur verlieren, die Rechtfertigungsfähigkeit mittelbarer und unmittelbarer öffentlicher Zwecke nicht schlichtweg gleichgesetzt werden. Nicht ausreichend ist es in diesem Zusammenhang, nur von einem „Primat" unmittelbarer öffentlicher Zwecke zu sprechen, das es zu wahren gelte[278]. Es ist vielmehr ein verbindliches Konzept erforderlich.

Geeigneter Anknüpfungspunkt ist das dringende Erfordernis bzw. die Unverzichtbarkeit instrumentaler Staatlichkeit innerhalb des Gemeinwohlkonzeptes. Denn ist die Rechtfertigungsfähigkeit lediglich mittelbar öffentlicher Zwecke zwingend erforderlich, so ist es naheliegend, dies zwingende Erforderlichkeit gleichzeitig als inhärente Voraussetzung einer grundsätzlichen möglichen Rechtfertigung staatlichen Handelns durch mittelbar öffentliche Zweckverfolgung zu verlangen. Zwingt die Unverzichtbarkeit als privilegierende Besonderheit den Primat unmittelbarer öffentlicher Zwecksetzung zu brechen, so soll dies gleichzeitig auch dessen Voraussetzung sein. Damit werden zwar nicht die der zulässigen Verfolgung mittelbarer öffentlicher Zwecke anhaftenden Gefahren vollständig beseitigt, aber es wird mit dem Kriterium der dringenden Erforderlichkeit bzw. Unverzichtbarkeit die Legitimationsschwelle in nachprüfbarer Weise deutlich nach oben verschoben. Dies bringt nicht nur in besonderem Maße das Regel – Ausnahmeverhältnis von unmittelbarer sowie mittelbarer öffentlicher Zweckerfüllung zum Ausdruck, sondern setzt es auch um. Maßstab für die Überprüfung kann dabei nur das Grundgesetz sein.

Das Grundgesetz sieht zur allgemeinen Mittelbeschaffung ausdrücklich die Steuererhebung, Art. 104a bis Art. 108 GG, vor. Demgegenüber enthält die Verfassung keine Aussage im Hinblick auf eine erwerbswirtschaftliche Betätigung zur Mittelbeschaffung[279]. Dabei soll vorerst nicht geklärt werden, ob dem Grundgesetz ein Finanzstaatsprinzip zugrunde liegt, das aufgrund eines Vorrangs der Steuerfi-

---

[276] Vgl. Isensee, Gemeinwohl und Staatsaufgaben im Verfassungsstaat, in Isensee/Kirchhof, HBdStR Band III, § 57 Rn. 118

[277] Vgl. Isensee, Gemeinwohl und Staatsaufgaben, in: Isensee/Kirchhof, HBdStR Band III, § 57 Rn. 154

[278] Vgl. Isensee, Gemeinwohl und Staatsaufgaben im Verfassungsstaat, in Isensee/Kirchhof, HBdStR Band III, § 57 Rn. 155

[279] Vgl. Siekmann, in Sachs, GG, vor. Art. 104a Rn. 105

nanzierung die erwerbswirtschaftliche Betätigung prinzipiell ausschließt[280]. Beide Ansätze unterscheiden sich fundamental darin, dass die Lösung über das „Finanzstaatsprinzip" allein die Inhaltsbestimmung des öffentlichen Zwecks betrifft, während der hier vertretene Ansatz sich ausschließlich auf die Struktur des öffentlichen Zweckes und damit das Gemeinwohlkonzept stützt.

Ausgehend von dem prinzipiellen Erfordernis unmittelbarer öffentlicher Zwecksetzung kommt demnach eine grundsätzliche Rechtfertigung staatlicher Wirtschaftstätigkeit zum Zwecke der Mittelbeschaffung nur dann in Frage, wenn diese neben der Steuererhebung unverzichtbar wäre. Zwar lässt sich feststellen, dass die Haushaltssituationen vieler Gemeinden als teilweise äußerst prekär zu beurteilen sind, gleichwohl kann dies jedoch nicht als Rechtfertigung im Sinne einer Unverzichtbarkeit fungieren. Sollten die durch die Steuererhebung zu erzielenden Einnahmen für die Finanzierung staatlicher Aufgaben nicht mehr ausreichen, so ist der Sozialstaat bis zur Grenze seiner Leistungsfähigkeit belastet und hat unter Gemeinwohlgesichtspunkten, anstelle einer weiteren Mittelerschließung, das staatliche Aufgabenspektrum auf das finanzierbare Maß zu verkürzen. Schon unter Geltung der Weimarer Reichsverfassung war und ist bis heute allgemein anerkannt, dass Grenze jeder individualrechtlichen Leistungserwartung die Leistungsfähigkeit des Finanzstaats darstellt[281]. Außerhalb des Maßstabs des finanziell Möglichen, der in der Belastbarkeit der Abgabenschuldner seine Grenze findet[282], lässt sich schlechterdings kein gemeinwohlorientiertes Handeln des Staates begründen[283]. Keine Aussage soll hiermit freilich dahingehend getroffen werden, inwieweit dem Gemeinwohlprinzip auch schon vor der Grenze der Finanzierbarkeit ein Druck zur Privatisierung entnommen werden kann[284]. Festzuhalten ist aber, dass primäre erwerbswirtschaftliche Zielsetzung staatlicher Wirtschaftstätigkeit nicht durch die Erfüllung eines nur mittelbar öffentlichen Zweckes gerechtfertigt sein kann. Sie ist infolgedessen verfassungsrechtlich unzulässig.

---

[280] so z.B. Ehlers, Verwaltung und Verwaltungsrecht, in: Erichsen, Allgemeines Verwaltungsrecht, § 1 Rn. 28; Krüger, Staatslehre, S. 897; vgl. auch unten C, Die finanzverfassungsrechtliche Ordnung
[281] So BVerfG in ständiger Rechtsprechung; Vgl. BVerfGE 15, 126 (140 f); 27, 253 (283 ff); 41, 126 (150 f)
[282] Vgl. Scholz, in: Maunz/Dürig, GG, Art. 28 Rn. 84d; Siekmann, in: Sachs, GG, vor Art. 104a Rn. 38, 152; Vogel, Grundzüge des Finanzrechts des Grundgesetztes, HBdStR Band IV, § 87 Rn. 90; BVerfGE 61, 319 (343 f.); 68, 143 (152 f.); 89, 346 (352 f.)
[283] Vgl. Kirchhof, Mittel staatlichen Handelns, in: Isensee/Kirchhof, HBdStR Band III, § 59 Rn. 79
[284] So z.B. v. Arnim, Rechtsfragen der Privatisierung, S. 71

(3)   Keine Gewährleistung erwerbswirtschaftlicher Betätigung durch Art. 28 II 3
        GG;

In jüngster Zeit wird von *Olaf Otting*[285] der Standpunkt vertreten, gemeindliche
Erwerbswirtschaft sei durch die finanzielle Komponente der Selbstverwaltungsgarantie in Art. 28 II 3 GG verfassungsrechtlich gewährleistet. Es handele sich dabei
aber nicht nur um eine Gewährleistung, vielmehr bestehe in Zeiten chronischer
Unterfinanzierung für die Gemeinden sogar die unmittelbare verfassungsrechtliche
Pflicht, sämtliche Einnahmemöglichkeiten bis hin zur wirtschaftlichen Betätigung
vollständig auszuschöpfen. Da durch erwerbswirtschaftliche Betätigung keine örtlichen Aufgaben erledigt würden, sondern diese vielmehr Finanzierungsfunktion
für die Wahrnehmung örtlicher Angelegenheiten hätten, könne die Gewährleistung
aber ausschließlich der gemeindlichen Finanzhoheit entnommen werden. Diese
habe zudem durch ihre erst kürzlich erfolgte ausdrückliche Aufnahme in den Verfassungstext eine erhebliche Aufwertung erfahren.

Ausgangspunkt der Argumentation ist der in der Finanzhoheit wurzelnde, neben
der Befugnis zur autonomen Einnahmen- und Ausgabenwirtschaft allgemein anerkannte Anspruch der Kommune auf eine ausreichende Ausstattung mit finanziellen
Mitteln[286]. Angemessen sei die Finanzausstattung nämlich erst dann, wenn den
Gemeinden zumindest ein minimaler Spielraum für die Erledigung freiwilliger
Aufgaben verbleibe[287]. Anderenfalls wäre eine Kernbereichsverletzung des Selbstverwaltungsrechts gegeben. Demgegenüber seien aber Konstellationen denkbar, in
denen, trotz bestehenden Anspruchs gegen das Land als Anspruchsgegner, Kernbe-
reichsverletzungen aufgrund eines Mangels an finanziellen Ressourcen eintreten
könnten. Zum Finanzausgleich sei das Land nämlich nur im Rahmen seiner eigenen Leistungsfähigkeit verpflichtet, bilde doch der Grundsatz „ultra posse nemo
obligatur" eine ungeschriebene Grenze jeder rechtlichen Verpflichtung. Darüber
hinaus habe der Gesetzgeber bei der Zuteilung der Finanzmittel einen weiten Gestaltungsspielraum und dürfe typisieren. Dementsprechend könne der anzusetzende
Betrag hinter dem tatsächlich erforderlichen Betrag zurückbleiben. In diesen Fällen
der Unterfinanzierung dürften die Gemeinden aber weder die haushaltsrechtlichen
Gebote des Haushaltsausgleichs noch zwingende rechtliche Standards kommunaler
Aufgabenerfüllung missachten[288], sondern sie müssten als milderes Mittel das ge-

---

[285] Vgl. Otting, Neues Steuerungsmodell und rechtliche Betätigungsspielräume der Kommunen, S.
168 ff.; ders., DVBl. 1997, 1258 (1261 ff.)
[286] Vgl. Henneke, DöV 1998, 330 ff.; Löwer, in: v.Münch/Kunig, GG, Art. 28 Rn. 89; Nierhaus, in:
Sachs, GG, Art. 28 Rn. 68; Scholz, in: Maunz/Dürig, GG, Art. 28 Rn. 84b
[287] So auch die herrschende Meinung: vgl. Dreier, in: ders., GG, Art. 28 Rn. 145; Löwer, in:
v.Münch/Kunig, Art. 28 Rn. 89, 91; Nierhaus, in: Sachs, GG, Art. 28 Rn. 68; Schmidt-Aßmann,
Kommunalrecht, in: ders., Besonderes Verwaltungsrecht, 1. Abschnitt, Rn. 23; Scholz, in:
Maunz/Dürig, Art. 28 Rn. 84b; Stern, Staatsrecht I, S. 422
[288] So aber Oebbecke, Die Verwaltung 1996, 323 (329 ff.)

samte Spektrum kommunaler Einnahmemöglichkeiten und mitunter die erwerbswirtschaftliche Betätigung vollständig ausschöpfen. Die Selbstverwaltungsgarantie
dürfe deshalb nicht nur die Möglichkeit zur Ausschöpfung aller möglichen Ein-
nahmepotentiale nicht verbieten, sondern müsse sie überdies garantieren.

In der Literatur stößt diese Ansicht weitgehend auf entschiedene Ablehnung[289].
So seien bereits die Prämissen *Ottings* verfehlt, könne doch gegen den Grundsatz
„ultra posse nemo obligatur" schon gar nicht verstoßen werden. Vielmehr bestehe
für das Land im Falle mangelnder Finanzmittel die Möglichkeit, eine hinreichende
Finanzausstattung gleichermaßen durch den Abbau der den Kommunen gesetzlich
auferlegten Aufgaben und einer Senkung gesetzlich vorgegebener kostentreibender
Standards zu erreichen[290]. Darüber hinaus sei die kommunale Finanzhoheit rein
staatsgerichtet und betreffe ausschließlich die Stellung der Kommunen im staatsinternen Finanzausgleichssystem. Sie begründe im Gegensatz dazu keine Kompetenz
oder Befugnis für die Reichweite ihres Wirkungskreises im Verhältnis zu den einzelnen bzw. der Privatwirtschaft und könne deshalb auch nicht im Wege der Umin-
terpretation als verfassungsrechtliche Gewährleistung der kommunalen Erwerbswirtschaft im Sinne einer kommunalwirtschaftlichen Selbsthilfe[291] mit der Konsequenz verstanden werden, dass die der wirtschaftlichen Betätigung der Kommunen
gesetzlich gezogenen Schranken zurückgedrängt würden, um die Ausstattung der
Kommunen mit Finanzmitteln verbessern zu können[292]. Inhaltlich sei der Finanzhoheit auch kein verfassungsunmittelbarer Anspruch auf eine bestimmte Finanzausstattung oder Öffnung oder gar Schaffung einer bestimmten Finanzierungsquelle zu entnehmen[293].

Dem ist in vollem Umfang zuzustimmen. So ist aufgrund der Möglichkeit der
Aufgabenreduzierung nicht nur inhaltlich kein Verstoß gegen den allgemeinen
Grundsatz „ultra posse nemo obligatur" denkbar, sondern ist bereits dessen Anwendung jedenfalls im staatsinternen Verhältnis[294] bedenklich, da allgemein die
rein wirtschaftliche Unmöglichkeit hiervon gar nicht erfasst wird[295].

---

[289] Vgl. Badura, DÖV 1998, 818 (823); Ehlers, DVBl. 1998, 497 (499); Heintzen, Rechtliche Grenzen und Vorgaben für eine wirtschaftliche Betätigung von Kommunen im Bereich der Gebäudereinigung, S. 40 f; Henneke, NdsVBl. 1998, 273 (279 f.)
[290] Vgl. Henneke, NdsVBl. 1998, 273 (280)
[291] Vgl. Heintzen, Rechtliche Grenzen und Vorgaben für eine wirtschaftliche Betätigung von Kommunen im Bereich der gewerblichen Gebäudereinigung, S. 41
[292] Vgl. Badura, DÖV 1998, 818 (823); Henneke, NdsVBl. 1998, 273 (280)
[293] Vgl. Badura, DÖV 1998, 818 (823)
[294] Im Verhältnis zur Gesellschaft gilt selbstverständlich der Vorbehalt des Möglichen als finanz-
staatliches Verhältnismäßigkeitsprinzip, vgl. Kirchhof, Mittel staatlichen Handelns, in: Isen-
see/Kirchhof, HBdStR Band III, § 59 Rn. 80
[295] Vgl. Heinrichs in: Palandt, BGB, § 275 Rn. 12

Darüber hinaus betrifft Art. 28 II GG als staatsorganisationsrechtliche Norm ausschließlich die Stellung der Gemeinden im Staat[296]. Anspruchsgegner ist grundsätzlich der Staat. Da die Verantwortung für die Finanzausstattung die Kehrseite der staatsorganisatorischen Zugehörigkeit ist[297], ist aufgrund des zweigliedrigen Staatsaufbaus, innerhalb dessen die Gemeinden zum Organisationsbereich der Länder gehören[298], primärer Anspruchsgegner des Finanzausstattungsanspruches der Gemeinden das Land[299]. Aber auch den Bund trifft aufgrund seiner Gewährleistungspflicht in Art. 28 III GG eine sekundäre Verantwortung, der er aber unmittelbar durch die entsprechende Ausgestaltung der Finanzverfassung und mittelbar durch die Einstellung des Finanzbedarfs der Gemeinden in die Landesbedarfsermittlung im Rahmen des horizontalen Finanzausgleichs genügt[300]. Schlechterdings verfehlt ist es jedoch, den Bürger als allgemeinen Rückgriffsschuldner zu betrachten und der Vorschrift darüber hinaus noch die Pflicht zu entnehmen, über eine erwerbswirtschaftliche Betätigung den zur angemessenen Aufgabenerfüllung erforderlichen Finanzbedarf der Gemeinde zu decken.

Darüber hinaus gewährleistet die grundgesetzliche Garantie gemeindlicher Finanzhoheit den Gemeinden weder ein originäres Steuerfindungsrecht, noch verpflichtet sie dazu, den Gemeinden durch Gesetz die eigene Steuerfindung zu gewährleisten oder aber eine bestimmte Einnahmequelle zu erschließen[301]. Sie kann deshalb erst Recht nicht als Grundlage für eine Erweiterung des gemeindlichen Finanzierungsspektrums insbesondere durch erwerbswirtschaftliche Betätigung dienen. Art. 28 II 3 GG steht vielmehr im Kontext der finanzverfassungsrechtlichen Vorschriften des 10. Abschnittes des Grundgesetztes und muss deshalb auch im Rahmen der Bestimmungen über das Finanzwesen ausgelegt werden. Seine isolierte Interpretation verbietet sich bereits im Hinblick auf den Grundsatz der Einheit der Verfassung[302]. Ziel der Ausgliederung der kommunalen Finanzhoheit in eine eigene Gewährleistung war auch lediglich die Verbesserung der Rechtsstellung der Gemeinden im System der bundesstaatlichen Finanzverfassung. Die Gewährleistung der Finanzhoheit in Art. 28 II 3 GG garantiert damit den Gemeinden nach wie

---

[296] Vgl. Nierhaus, in: Sachs, GG, Art. 28 Rn. 31

[297] so BVerfGE 86, 148 (218 f.)

[298] Absolut h.M., vgl. Nierhaus, in: Sachs, GG, Art. 28 Rn. 32; Schmidt-Aßmann, Kommunalrecht, in: ders., Besonderes Verwaltungsrecht, 1. Abschnitt, Rn. 8

[299] Vgl. Löwer, in: v. Münch/Kunig, Art. 28 Rn. 90; Nierhaus, in: Sachs, GG, Art. 28 Rn. 68; Scholz, in: Maunz/Dürig, GG, Art. 28 Rn. 84c; Stober, Kommunalrecht in der BRD § 21 II 1

[300] Vgl. Löwer, in: v. Münch/Kunig, GG, Art. 28 Rn. 90; Scholz, in: Maunz/Dürig, GG, Art. 28 Rn. 84c

[301] Vgl. Löwer, in: v. Münch/Kunig, GG, Art. 28 Rn. 91; Nierhaus, in: Sachs, GG, Art. 28 Rn. 70; Scholz, in: Maunz/Dürig, GG, Art. 28 Rn. 84b

[302] Vgl. Löwer, in: v. Münch/Kunig, GG, Art. 28 Rn. 91; Nierhaus, in: Sachs, GG, Art. 28 Rn. 69; Scholz, in: Maunz/Dürig, Art. 28 Rn. 84b; Stober, Kommunalrecht der BRD, § 21 II 1

vor lediglich ein unmittelbares Teilhaberecht am gesamtstaatlichen Finanzsystem mit teilweise eigener Einflussmöglichkeit (Art. 28 II 3 2. HS)[303].

Insbesondere vor diesem Hintergrund qualifiziert sich die Argumentation *Ottings* als geradezu „bewundernswert kühn[304]", käme doch wohl kaum jemand auf den Gedanken, allein aufgrund des in den Regelungen der bundesstaatlichen Finanzverfassung zum Ausdruck kommenden Bedarfs des Staates an finanzieller Mittelausstattung sowie seiner Befugnis zur selbständigen (!) Deckung, eine Befugnis zur erwerbswirtschaftlichen Finanzierung des Staates zu entwickeln. Vielmehr wird in der Literatur diskutiert, ob nicht die finanzverfassungsrechtliche Grundentscheidung für die Steuer[305] eine Grundentscheidung für die Steuerfinanzierung und gegen die Erwerbsfinanzierung der öffentlichen Hand trifft[306].

Letztenendes muss sich die gesamte Argumentationsführung *Ottings*, neben ihren inhaltlichen Defiziten, auch entgegenhalten lassen, dass ihr genaugenommen ein geradezu klassischer Zirkelschluss zugrunde liegt. So will *Otting* nämlich einerseits die erwerbswirtschaftliche Betätigung ausschließlich durch die Garantie der gemeindlichen Finanzhoheit gewährleistet wissen, geht aber wie selbstverständlich davon aus, dass diese bereits zum kommunalen Einnahmespektrum gehört[307]. Es ist in diesem Zusammenhang nicht entscheidend ob dem tatsächlich so ist[308], sondern ist alleine die konkrete Beweisführung auf ihre Schlüssigkeit hin zu überprüfen. In vorliegender Argumentation wird das letztendlich zu begründende Ergebnis der eigentlichen Begründung schlicht als gegeben vorausgesetzt. Damit mündet die gesamte Argumentationslinie in einen klassischen Zirkelschluss. Will *Otting* die Garantie erwerbswirtschaftlicher Betätigung der Garantie der Finanzautonomie entnehmen, so ist sie auch alleine hieraus zu entwickeln und kann nicht lapidar als gegeben vorausgesetzt werden.

(4)   Kein Ausschluss der Gewinnerzielung als Nebenzweck

Wurde vorliegend festgestellt, dass die primäre Absicht der Gewinnerzielung gemeindliche Wirtschaftsbetätigung nicht legitimieren kann, so ist damit noch keine Aussage dahingehend getroffen, dass die Erzielung von Gewinnen im Zusammenhang mit einer wirtschaftlichen Betätigung gänzlich ausgeschlossen wäre.

---

[303] Vgl. Scholz, in: Maunz/Dürig, GG, Art. 28 Rn. 84b
[304] So treffend Ehlers, DVBl. 1998, 497 (504); Henneke, NdsVBl. 1998, 273 (279)
[305] Vgl. Kirchhof, Staatliche Einnahmen, in: Isensee/Kirchhof, HBdStR Band IV, § 88 Rn. 45 ff.
[306] Vgl. Kirchhof, Staatliche Einnahmen, in: Isensee/Kirchhof, HBdStR Band IV, § 88 Rn. 298; Ossenbühl, Bestand und Erweiterung des Wirkungskreises der Deutschen Bundespost, S. 96 ff.; Siekmann, in: Sachs, GG, vor Art. 104a Rn. 102 ff.; ausführlich dazu unten
[307] Vgl. Otting, DVBl. 1997, 1258 (1262)
[308] Dagegen ausführlich oben (2); so auch die ganz h.M.; vgl. Ehlers, DVBl. 1998, 497 (499) m.w.N., der dies auch ausdrücklich als Konsens bezeichnet

Überwiegend wird auch eine sog. „Gewinnmitnahme" als zulässig erachtet[309]. So seien einerseits Gewinnmitnahmen in Ausübung einer sozialwirtschaftlichen – d.h. durch einen öffentlichen Zweck gerechtfertigten – Betätigung unbedenklich und wäre es andererseits auch zulässig, wenn die Gemeinde Erwerbswirtschaft betreibe, die eine nicht wirtschaftliche Hauptbetätigung unterstütze oder lediglich bei Gelegenheit der Erfüllung einer rechtlich legitimierten Sachaufgabe, insbesondere zur Nutzung sonst brachliegenden Wirtschaftspotentials, wahrgenommen würde. Es müsse sich hierbei auch nicht notwendigerweise um Erwerbswirtschaft von nur geringer wirtschaftlicher Bedeutung handeln[310].

Die gegenständliche Problematik kann zwar pauschal unter dem Stichwort „Gewinnmitnahme" zusammengefasst werden, aber die vorangegangene Darstellung lässt bereits erahnen, dass in diesem Zusammenhang zumindest ein differenzierendes Vorgehen erforderlich ist. So unterscheiden sich die grundsätzlich in Frage kommenden Möglichkeiten der Gewinnmitnahme dahingehend, dass im einen Fall unmittelbar mit der auf die Erfüllung eines öffentlichen Zweckes gerichteten wirtschaftlichen Betätigung, d.h. allein mit dem Austausch der Leistung, die zur Erfüllung eines öffentlichen Zwecks angeboten wird, ein Gewinn für den Gemeindehaushalt erwirtschaftet wird, während im anderen Fall, neben der im öffentlichen Zweck erbrachten Leistung eine zwar im Zusammenhang stehende, aber dennoch selbständige wirtschaftliche Leistung erbracht wird. Ausgehend von dem unabdingbaren Erfordernis der grundsätzlichen Rechtfertigung allen staatlichen Handelns durch den damit verfolgten Zweck, ist infolgedessen zwingend zwischen einer „Gewinnmitnahme" durch nur eine Handlung sowie durch zwei selbständige Handlungen zu unterscheiden. Dabei ist es gegenwärtig ohne Bedeutung, ob die in Frage stehende Agende inhaltlich legitime öffentliche Zwecke verfolgt. Entscheidend ist nur, ob und inwieweit nach der Struktur des Erfordernisses der öffentlichen Zwecksetzung eine Rechtfertigung überhaupt in Betracht kommt.

(a)   Leistungserbringung mit Gewinn

Nach allgemeiner Ansicht ist eine wirtschaftliche Betätigung mit Gewinn grundsätzlich dann möglich, wenn es sich nicht um primäre Erwerbswirtschaft, sondern um wirtschaftliche Betätigung zur Erfüllung (legitimer) öffentlicher Zwecke handelt und diese durch die erwerbswirtschaftliche Nebenzwecksetzung nicht beein-

---

[309] Vgl. Ehlers, Verwaltung in Privatrechtsform, S. 94; ders. DVBl 1998, 497, 500; Henneke, NdsVBl. 1999, 1 (3 ff.); Isensee, Gemeinwohl und Staatsaufgaben, in: Isensee/Kirchhof, HBdStR Band III, § 57 Rn. 172; Leisner, Werbefernsehen und öffentliches Recht, S. 37 ff.; Ossenbühl, Bestand und Erweiterung des Wirkungskreises der Deutschen Bundespost, S. 136 f; Pielow, NWVBl. 1999, 369 (377)
[310] Vgl. Ehlers, DVBl. 1998, 497 (500)

trächtigt werden[311]. Die verfassungsrechtliche Billigung einer derartigen Gewinnmitnahme ergibt sich nach allgemeiner Ansicht aus Art. 110 I GG, der unter anderem die „Ablieferung" von Bundesbetrieben und Sondervermögen regelt. Jedoch
müsse die legitimierende unmittelbare öffentliche Zwecksetzung vorrangig sein,
eine Gewinnmitnahme sei erst in zweiter Linie zulässig[312].

Tatsächlich ist eine Leistungserbringung mit Gewinn grundsätzlich legitimati-
onsfähig. Hier werden nicht verschiedene Zwecke mit verschiedenen Handlungen
verfolgt, sondern es liegen lediglich verschiedene Zwecke für ein und dieselbe
Handlung vor, die für sich logisch nicht teilbar ist. Die Entgelterhebung kann zwar
strenggenommen getrennt von der Leistungserbringung betrachtet werden, da sie in
ihrer Existenz zwangsläufig von der Leistungserbringung abhängig ist, zwingt ihre
synallagmatische Verknüpfung zu einer einheitlichen Betrachtung. Die Entgelterzielung nimmt damit ihrem konkreten Ausmaß nach vollumfänglich an der grundsätzlich durch einen legitimen öffentlichen Zweck gerechtfertigten Leistungserbringung teil[313]. Es kann nicht erforderlich sein, dass sämtliche Zwecke dieser
Handlung dem grundsätzlichen staatlichen Legitimationserfordernis gerecht werden, sondern es muss letztendlich genügen, wenn nur ein Zweck gegeben ist, der
prinzipiell in der Lage ist, die in Frage stehende wirtschaftliche Betätigung zu
rechtfertigen. Insbesondere können nicht legitimationsfähige Zwecke die Legitimationsfähigen nicht in einer Weise „infizieren", dass diese ihre grundsätzliche Legitimationsfähigkeit verlieren. Vielmehr sind die verschiedenen Zwecke in eine Gesamtbetrachtung einzustellen, aus der sich, insbesondere für eine Gewinnerzielungsabsicht als Nebenzweck, im wesentlichen folgende zwei Prämissen ergeben:

Da für die konkrete Legitimation ausschließlich die nicht erwerbswirtschaftlichen Zielsetzungen in Betracht kommen, ist die Rangfolge zwischen beiden Zielsetzungen dahingehend festgelegt, dass eine Gleichstufigkeit nicht in Betracht
kommt. So kann das Gewinnstreben zwar aufgrund der Unteilbarkeit der Handlung
von dem legitimationsfähigen öffentlichen Zweck partizipieren, dafür ist aber
selbstverständlich nur als nachgeordnete, sekundäre Zielsetzung denkbar[314].

---

[311] Vgl. Ehlers, DVBl. 1998, 497 (500); Henneke, NdsVBl. 1999, 1 (4); Auch die Gemeindeordnungen der Länder verpflichten weitestgehend die Gemeinden dazu, mit ihren wirtschaftlichen Unternehmen Gewinne zu erzielen, wenn und soweit dadurch der öffentliche Zweck nicht beeinträchtigt
wird; Vgl. z.B. § 109 I 2 GO NW

[312] So die herrschende Meinung vgl. Ehlers, DVBl. 1998, 497 (500); Isensee, Gemeinwohl und
Staatsaufgaben, in: Isensee/Kirchhof, HBdStR Band III; Rn. 172; Umfassende Nachweise zum
kommunalrechtlichen Begriff bei Hidien, Gemeindliche Betätigung rein erwerbswirtschaftlicher
Art, S. 73. Fn. 117

[313] Ähnlich: Kirchhof, Staatliche Einnahmen, in: Isensee/Kirchhof, HBdStR Band IV, § 88 Rn. 190;
Rengeling, Gesetzgebungszuständigkeit, in: Isensee/Kirchhof, HBdStR Band IV, § 100 Rn. 168;
Wendt, Finanzhoheit und Finanzausgleich, in: Isensee/Kirchhof, HBdStR Band IV, § 104 Rn. 44;
die mit der Sachkompetenz eine Annexkompetenz für die Einnahmenerzielung verbinden

[314] Vgl. Henneke, NdsVBl. 1999, 1 (4)

Vor diesem Hintergrund wird deutlich, dass es sich im Falle der Leistungs-erbringung mit Gewinn primär weniger um eine rechtliche als um eine tatsächliche Erschwernis im Sinne eines Ermittlungsproblems handelt. Schwierigkeiten ergeben sich insbesondere aus der Vielfalt der unterschiedlichsten Zielsetzungen, die Ge-meinden mit ihren Unternehmen offen stehen[315]. So ist durchaus denkbar, dass die ursprüngliche Zielsetzung vernachlässigt und andere Zwecksetzungen in den Mit-telpunkt kommunaler Betriebsamkeit rücken, oder aber dass von vornherein ver-schiedenste Zielsetzungen die wahre Erwerbsabsicht verschleiern[316].

Hiergegen bieten die Kommunalgesetze der Länder auch nur vordergründig eine gewisse Entschärfung, indem sie durchgängig eine Fixierung des öffentlichen Zwecks in den Unternehmensstatuten verlangen[317]. In diesem Zusammenhang zeigt sich aber, dass damit gerade auch das Gegenteil erreicht werden kann. Letztendlich darf deshalb nur das Ergebnis einer tatsächlichen Ermittlung entscheiden. Wer in-soweit den Schluss vom konkreten Gegenstand des wirtschaftlichen Unternehmens auf dessen Zielsetzung als unzulässig ablehnt[318], verkennt, dass eine andere Ermitt-lungsmöglichkeit als die indizielle nicht besteht und im freiheitlichen Rechtsstaat auch zweifellos nicht unterbleiben kann. Müssten die in den Unternehmensstatuten festgesetzten Zwecke als „bare Münze" genommen werden, so wäre Sinn und Zweck der Regelung, kommunalen Akteuren die Zweckgebundenheit gemeindli-chen Handelns ins Bewusstsein zu rücken und damit gleichzeitig auch die Ermitt-lungen zu erleichtern, gerade dahingehend konterkariert, den limitierenden öffentli-chen Zweck vollständig zu entwerten.

Ist die erwerbswirtschaftliche Zwecksetzung als ausschließlich subsidiäre Zwecksetzung festgelegt und damit das formelle Verhältnis der beiden Zweckset-zungen geklärt, stellt sich weiterhin die Frage ihrer materiellen Stellung zueinan-der, laufen sich doch Gewinnerzielungsabsicht und legitimierende Zielsetzung ty-pischer Weise entgegen[319]. Denkbar könnte sein, die Gewinnerzielung insoweit als zulässig zu erachten, als sie die öffentliche Zielsetzung nicht in der Weise beein-trächtigt, dass sie ihre Legitimationsfähigkeit im Hinblick auf die konkret in Frage stehende Agenda verliert. Da die Gewinnerzielung aber primär keine legitimations-fähige Zwecksetzung ist, kann sie auch sekundär keine Beeinträchtigung der unmit-telbar legitimierenden Zwecksetzung begründen.

---

[315] Vgl. Hidien, Die positive Konkretisierung der öffentlichen Zweckbindung, S. 98; Püttner, Die öffentlichen Unternehmen, S. 51 ff.

[316] Vgl. Berg, GewArch 1990, 225, (228); Püttner, Die öffentlichen Unternehmen, S. 53

[317] Vgl. z.B. Art. 91 I Nr. 2 BayGO und § 108 I 1 Nr. 7 GO NW

[318] so z.B. Hidien, Die positive Konkretisierung der öffentlichen Zweckbindung, S. 96, der jedoch eine „Plausibilitätskontrolle" für zulässig und erforderlich hält

[319] Vgl. Püttner, Die öffentlichen Unternehmen, S. 69

(b) Nebentätigkeiten

Anders verhält es sich bei den sog. Nebentätigkeiten. Hier werden die Gewinne nicht unmittelbar mit dem im öffentlichen Zweck stehenden Leistungsaustausch bzw. Leistungsangebot, sondern neben der unmittelbar öffentlichen Zwecken dienenden wirtschaftlichen oder sonstigen Betätigung erzielt. Es handelt sich hierbei um abgrenzbare Tätigkeiten, die jedoch in einem Sachzusammenhang mit der im öffentlichen Interesse erbrachten Leistung stehen[320].

(aa) Grundsätzliche Zulässigkeit nach allgemeiner Ansicht

Innerhalb des Bereichs der Nebentätigkeiten[321] wird typischerweise zwischen „Randnutzungen" und „Annextätigkeiten" unterschieden[322]. Während der Begriff der Randnutzungen die Fälle der Nutzung sonst brachliegenden Wirtschaftspotentials erfasst, handelt es sich bei den Annextätigkeiten um eine wirtschaftliche Betätigung, die unmittelbar einer hoheitlichen öffentlichen Aufgabe dienen[323]. Ihre Legitimation soll die Annextätigkeit bereits aufgrund der dienenden Funktion ihrer Sachleistung für die Haupttätigkeit unmittelbar und umfassend aus dem die Haupttätigkeit rechtfertigenden Zweck beziehen[324]. Die Randnutzung soll demgegenüber nur so lange vom öffentlichen Zweck der Haupttätigkeit umfasst sein, wie das Rentabilitätsgebot die Miteinbeziehung als sinnvoll erscheinen lässt[325]. Vereinzelt wird deren Zulässigkeit aber auch gänzlich bestritten[326].

Die Grenzen zulässiger Randnutzung sind trotz der Weite der Begrifflichkeit weitestgehend unumstritten. Überwiegend davon ausgegangen, Randnutzungen seien nur dann zulässig, wenn die Produktionsfaktoren eines vorhandenen Unternehmens in einem gegenüber seinem eingestifteten Hauptzweck unbedeutenden Umfang zum Einsatz kämen und ein im Verhältnis zur Unternehmens-

---

[320] Vgl. H.P. Ipsen, DÖV 1974, 721 (733)

[321] Nicht darunter fallen die sog. „Hilfstätigkeiten", die ausschließlich dem gemeindeinternen Bedarf dienen, vgl. Badura, DÖV 1998, 818 (821)

[322] Vgl. Badura, DÖV 1998, 818 (821); Schmidt-Jortzig, Die Zulässigkeit kommunaler wirtschaftlicher Unternehmen im einzelnen, in: Püttner, HBdkWP Band V, § 93 B S. 62 ff.; häufig wird aber auch in der Begrifflichkeit nicht sauber differenziert, vgl. Ehlers, DVBl. 1998, 497 (500 f.); Stober, Kommunalrecht der BRD, § 22 II 2

[323] Vgl. Schmidt-Jortzig, Die Zulässigkeit kommunaler wirtschaftlicher Unternehmen im einzelnen, in: Püttner, HBdkWP Band V, § 93 B S. 63 f.

[324] Vgl. Badura, DÖV 1998, 818 (821)

[325] Vgl. Hill, BB 1997, 425 (430); Schmidt-Jortzig, Die Zulässigkeit kommunaler wirtschaftlicher Unternehmen im einzelnen, in: Püttner, HBdkWP Band V, § 93 B S. 63

[326] Vgl. Beckmann/David, DVBl. 1999, 1041 (1045); Cosson, DVBl. 1999, 891 (895); Hösch, GewArch 2000, 1 (8); Otting, Neues Steuerungsmodell und rechtliche Betätigungsspielräume der Kommunen, S. 105 ff., der jedoch von einer generellen Zulässigkeit erwerbswirtschaftlich orientierter Kommunalwirtschaft ausgeht

Haupttätigkeit nur geringer wirtschaftlicher Effekt erzielt werde [327]. Darüber hinaus dürfe es sich ausschließlich um die Nutzung und Auslastung vorhandenen, sonst brachliegenden Wirtschaftspotentials handeln. Eine Erweiterung bestehender Kapazitäten sei unzulässig[328], denn allein in diesem Umfang könne das Rentabilitätsgebot eine Miteinbeziehung in den öffentlichen Hauptzweck rechtfertigen[329].

(bb) Fälle aus der Rechtsprechung

Vor dem Hintergrund der seit langem allgemein als unzulässig angesehenen erwerbswirtschaftlichen Betätigung[330] ist es nicht weiter verwunderlich, dass in der Praxis seit je her gerade im Bereich der weitgehend als zulässig erachteten Nebentätigkeiten erhebliche Betriebsamkeit zu verzeichnen ist[331]. Dementsprechend finden sich auch zahlreiche Beispiele in der Rechtsprechung. Da es sich dabei um kein spezifisch kommunalrechtliches Problem handelt, sollen im Folgenden die in diesem Zusammenhang bedeutsamen Entscheidungen dargestellt werden.

(aaa) Kommunales Bestattungswesen

Zur Zulässigkeit kommunalwirtschaftlicher Tätigkeit auf dem Gebiet des Bestattungswesens finden sich zahlreiche Entscheidungen[332]. Die den Urteilen zugrundeliegenden Sachverhalte gleichen sich in ihren wesentlichen Zügen. Regelmäßig wendeten sich die klagenden privaten Bestattungsunternehmer dagegen, dass kommunale Bestattungsunternehmen neben ihren dem Benutzungszwang unterliegenden Leistungen weitere, mit der Bestattung in Zusammenhang stehende Waren und Dienstleistungen, wie z.B. den Verkauf von Leichenartikeln und die Versorgung der Leichen, anboten. Während der *Bundesgerichtshof* es mit dem öffentli-

---

[327] Vgl. Hill, BB 1997, 425 (430); Püttner, Die öffentlichen Unternehmen, S. 40 f.; Rocke, Nebentätigkeiten kommunaler wirtschaftlicher Unternehmen, S. 65; Schmidt-Jortzig, Die Zulässigkeit kommunaler wirtschaftlicher Unternehmen im einzelnen, in: Püttner, HbdkWP Band V, § 93B S. 63; a.A. Ehlers, DVBl. 1998, 497 (500)

[328] Vgl. BVerwGE 82, 29 (34); Cronauge, AfK I/99, 24 (38); ders. Kommunale Unternehmen, Rn. 770p; Hill, BB 1997, 425 (430); Leisner, Werbefernsehen und öffentliches Recht, S. 19; Ossenbühl, Bestand und Erweiterung des Wirkungskreises der Deutschen Bundespost, S. 137; Püttner, Die öffentlichen Unternehmen, S. 41 f.

[329] Vgl. nur Henneke, NdsVBl. 1999, 1 (3 ff.); Hill, BB 1997, 425 (430); a.A. Ehlers, DVBl. 1998, 497 (501), der im Hinblick auf das Rentabilitätsgebot eine Erweiterung des vorhandenen „Bestandes" dann für zulässig erachtet, wenn sie „maßvoll" ausfällt

[330] Vgl. Ehlers, NWVBl. 2000, 1 (3); ders. DVBl. 1998, 497 (500), der dies als „Konsens" bezeichnet; Hidien, Gemeindliche Betätigung rein erwerbswirtschaftlicher Art, S. 71 mit umfassenden Nachweisen Fn. 111; BVerfGE 61, 82 (107); BVerwGE 39, 329 ff.

[331] Vgl. die Darstellung bei Rocke, Nebentätigkeiten kommunaler wirtschaftlicher Unternehmen, S. 11 f.

[332] Vgl. die Darstellung bei Hidien, Gemeindliche Betätigung rein erwerbswirtschaftlicher Art, S. 56 Fn. 18

chen Zweck für vereinbar hielt, wenn die erzielten Einnahmen vornehmlich[333] bzw. teilweise[334] für Friedhofszwecke verwendet wurden, sah das *Bundesverwaltungsgericht* für eine Rechtfertigung am öffentlichen Zweck nur die enge Verbindung der gewerblichen Betätigung mit der dem Benutzungszwang unterliegenden Leistung als ausreichend an[335]. Dagegen wendet sich ausdrücklich das LG München, das den Verkauf von Leichenartikeln nicht in so engem Zusammenhang sieht, dass er als bloße Hilfstätigkeit im Verhältnis zur hoheitlichen Tätigkeit eingestuft werden könne[336]. Als weitere Gesichtspunkte eines öffentlichen Zwecks wurde die Sicherung des geordneten und reibungslosen Ablaufes des Bestattungsbetriebes ins Felde geführt[337].

Auch in den beiden neueren Entscheidungen „kommunaler Bestattungswirtschaftsbetrieb I"[338] und II"[339], denen ein gleichartiger Sachverhalt zugrunde lag, folgte der *Bundesgerichtshof* seiner bisherigen Rechtsprechung und verneinte einen Verstoß gegen § 1 UWG. Unabhängig davon würdigte er die bestattungswirtschaftliche Tätigkeit, einerseits aus „der historischen Entwicklung" und andererseits aus „dem Bedürfnis der Allgemeinheit an gemeindlichen Dienstleistungen dieser Art", als im öffentlichen Interesse liegend[340].

(bbb) Kommunales Reisebüro

Ähnlich verhielt sich der Sachverhalt in diesem Fall, bei dem der *Bundesgerichtshof*[341] die wettbewerbsrechtliche Zulässigkeit eines stadteigenen Reisebüros, das zusammen mit dem städtischen Passamt in ein und demselben Raum untergebracht war, zu beurteilen hatte. Das Gericht stufte das Reisebüro als grundsätzlich unzulässige rein erwerbswirtschaftliche Tätigkeit ein und verwarf den Einwand des räumlichen und sachlichen Zusammenhangs mit dem Hinweis, dass die Tätigkeiten nicht zum „öffentlichrechtlichen Pflichtenkreis" der Stadt gehören würden.

---

[333] BGHZ 14, 294 (302)
[334] BGHZ 19, 130 (137)
[335] BVerwGE 39, 329 (334); es finden sich jedoch in der Urteilsbegründung auch längere Ausführungen dazu, dass das Unternehmen selbst einem öffentlichen Zweck dient
[336] LG München Urt. v. 4.4.1979, S. 13 (unveröffentlicht) zitiert nach Hidien, Gemeindliche Betätigung rein erwerbswirtschaftlicher Art, S. 57
[337] BayVGH, BayVBl. 1970, 72
[338] NJW 1987, 60 f.
[339] NJW 1987, 62 f.
[340] BGH, NJW 1987, 62 (63)
[341] BGH, GRUR 1956, 227 f.

(ccc) KFZ – Kennzeichenverkauf durch einen Landkreis

Vergleichbar ist auch der Sachverhalt im Fall des KFZ – Kennzeichenverkaufes, in dem der beklagte Landkreis durch seine Kraftfahrzeugzulassungsstelle den Verkauf von KFZ – Kennzeichenschildern in seinen Amtsräumen betrieb. Der *Bundesgerichtshof* sah den öffentlichen Zweck des Schilderverkaufes in der Vereinfachung und Beschleunigung des behördlichen Verfahrens. Er stehe mit der hoheitlichen Kraftfahrzeugzulassung in einem besonders engem Zusammenhang und könne daher kaum als eine erwerbswirtschaftliche Betätigung aufgefasst werden. Die bloße Hilfstätigkeit könne rechtlich nicht anders beurteilt werden als die Haupttätigkeit, der sie untergeordnet sei[342].

Auch das OLG Karlsruhe[343] beurteilte in einem identischen Fall den Vertrieb von KFZ – Kennzeichen im Rahmen einer dezentral organisierten Bürgerverwaltung als mit § 1 UWG vereinbar. In diesem Zusammenhang ist wesentlich, dass das Gericht das Ziel der Schaffung einer dezentralen Verwaltung und der Beschleunigung des Verwaltungsverfahrens als rechtfertigenden öffentlichen Zweck im Sinne der kommunalrechtlichen Vorschriften sah[344].

(ddd) Betrieb einer Saunaanlage

In diesem Fall hatte das OVG NW den Betrieb einer Saunaanlage im Rahmen eines städtischen Hallen- und Freibades in Gesellschaftsform als zulässig erachtet[345]. Ausschlaggebend sei dabei aber nicht, ob es sich vorliegend um einen Nebenbetrieb handele, der rechtlich nicht anders zu beurteilen sei wie der Hauptbetrieb. Bereits aufgrund einer isolierter Betrachtung ergebe sich nämlich eine Zulässigkeit nach den gemeinderechtlichen Vorschriften als sog. nicht wirtschaftlicher Betrieb. Die Verfolgung eines öffentlichen Zweckes sei in diesem Fall nicht erforderlich[346].

(eee) Kommunales Anzeigengeschäft

Diese Entscheidungen befassen sich mit dem Problemkreis der Aufnahme privater Werbeanzeigen in kommunalen Zeitschriften. So entschied das LG Wiesbaden in einer der ersten rechtskräftigen Entscheidungen zu diesem Problemkreis, dass mit dem betriebenen Anzeigengeschäft kein öffentlicher Zweck verfolgt würde. Die wirtschaftliche Arbeitsweise sei zwar anerkennenswert, aber es sei für die Gemeinde nicht zulässig, sich direkt oder indirekt auf den öffentlichen Aufgaben fernliegenden Gebieten zu betätigen[347].

---

[342] BGH, DÖV 1974, 785 (787)

[343] NJW-RR 1996, 231 ff.

[344] OLG Karlsruhe, NJW-RR 1996, 231 (233)

[345] DÖV 1986, 339 ff.

[346] OVG NW, DÖV 1986, 339 (340)

[347] LG Wiesbanden, NJW 1961, 2118 f.

Die gegenteilige Auffassung vertrat der *Bundesgerichtshof*[348] in Bestätigung der Entscheidung des OLG Stuttgart[349]. Er sah durch die Aufnahme von Werbeanzeigen und Werbeeinlagen neben dem amtlichen Teil eines „Stadtblattes" einen öffentlichen Zweck für gegeben, da die Absicht der Gewinnerzielung nur untergeordneter Nebenzweck wäre.

(fff) Blockeisverkauf

In den sog. „Blockeisfällen"[350] unterhielt die beklagte Gemeinde im Rahmen des städtischen Schlachthofes eine Eiserzeugungsanlage und gab das dort erzeugte Eis zu etwa 90 % an Privatkunden weiter. Der *Bundesgerichtshof* vertrat in „Blockeis II" die Auffassung, die Gemeinde hätte mit dem Verkauf des Eises an Private objektiv die ihr durch § 69 I GO NW gezogenen Grenzen privatrechtlicher Betätigung überschritten. In „Blockeis I" wurde die Klage wegen mangelnden Schutzcharakters der kommunalrechtlichen Vorschriften abgelehnt.

(ggg) Der Fall „Gelsengrün"

In neuerer Zeit hat vor allem die unter dem Stichwort „Gelsengrün" bekannt gewordene Entscheidung des OLG Hamm[351] Aufsehen erregt[352]. Das Gericht sah in der Durchführung landschaftsgärtnerischer Arbeiten für private Auftraggeber, die durch die rechtlich verselbständigte kommunale Eigengesellschaft „Gelsengrün", ehemals städtisches Grünflächen- und Friedhofsamt, neben dem normalen Geschäftsverkehr erbracht werden sollten, eine Überschreitung der Vorschriften des kommunalen Wirtschaftsrechtes und gleichzeitig einen die Sittenwidrigkeit der Fremdbedarfsdeckung begründenden Verstoß gegen § 1 UWG. Eine Leistungserbringung im Zusammenhang mit der Eigenbedarfsdeckung die als Randnutzung beurteilt werden könnte liege nicht vor, wenn von der Eigenbedarfsdeckung zur Fremdbedarfsdeckung gewechselt werde[353]. Insbesondere könne auch das kommunalrechtliche Rentabilitätsgebot die vollständige Ausnutzung vorhandener Kapazitäten nicht in einen „öffentlichen Zweck" verwandeln.

[348] BGH, GRUR 1973, 530 ff.
[349] OLG Stuttgart Urt. v. 31.3.1971 Az. 4 U 137/1970 (unveröffentlicht)
[350] BGH, DVBl. 1962, 102 ff. – Blockeis I; BGH, DVBl. 1965, 362 ff. – Blockeis II
[351] NJW 1998, 3504; Der BGH hat die dagegen geführte Revision durch Beschl. v. 8.10.1998 nicht zur Entscheidung angenommen
[352] Vgl. nur Cronauge, AfK I/99, 24 (37 f.); Tettinger, NJW 1998, 3473 f.
[353] OLG Hamm, NJW 1998, 3504 (3505)

Grundsätzliche Ablehnung der Figur der Nebentätigkeiten

Anders als der Fall der Gewinnmitnahme im Austausch gegen die im öffentlichen Interesse stehende Leistungserbringung zeichnet sich die Nebentätigkeit dadurch aus, dass nicht nur verschiedene Zwecke verfolgt werden, sondern auch verschiedene Handlungen bzw. zwar gleichartige Leistungshandlungen vorliegen, diese aber logisch teilbar sind[354]. Allen diesen Handlungen ist gemein, dass sie im Zusammenhang mit einer öffentliche Zwecke verfolgenden Haupthandlung stehen, die sie entweder unterstützen, deren gegebenes Potential sie wirtschaftlich verwerten oder deren wirtschaftlich realisierbares Potential sie ausnützen. Dennoch sind sie faktisch eigenständig und logisch teilbar, so dass es naheliegend wäre, eine von der Haupttätigkeit unabhängige Betrachtung vorzunehmen. Damit wäre eine eigenständige Rechtfertigung der Nebentätigkeit erforderlich[355], die jedoch in der Mehrzahl der Fälle fehlschlagen würde.

Sinn und Zweck der Figur der Nebentätigkeit ist es deshalb, diese primär erwerbswirtschaftlichen Tätigkeiten, die nicht mehr unmittelbar mit der Verfolgung des jeweiligen öffentlichen Zweckes zusammenfallen, als zum Funktionskreis des jeweiligen Aufgabenträgers gehörend zu rechtfertigen[356]. Damit wird weshalb zwangsläufig eine einheitliche Betrachtung beider Zwecke erforderlich.

So begreift sich die Figur der Nebentätigkeit als integraler Bestandteil der die Haupttätigkeit rechtfertigenden öffentlichen Zwecksetzung und bezieht sich so in die Rechtfertigung der im unmittelbaren öffentlichen Interesse erfüllten Aufgabe mit ein. Praktisch läuft das auf eine Ausdehnung der Anwendung des Merkmals öffentlicher Zweck hinaus[357].

Ausgehend von der fundamentalen Erkenntnis, dass im freiheitlichen Rechtsstaat des Grundgesetzes jegliches staatliches Handeln gegenüber der Gesellschaft einer grundsätzlichen Legitimation durch einen öffentlichen Zweck bedarf[358], kann diese Einheitsbetrachtung aber nicht voraussetzungslos erfolgen. Es stellt sich damit die Frage, wie sich das Abweichen von der Regel, d.h. die Miteinbeziehung der Nebentätigkeit in die öffentliche Zwecksetzung der Haupttätigkeit verfassungsrechtlich rechtfertigen lässt.

---

[354] So z.B. wenn kommunale Hilfsbetriebe Dienstleistungen nicht nur für die Gemeinde selbst, sondern auch an private Dritte erbringen.

[355] Vgl. zu der Unterscheidung auch Leisner, Werbefernsehen und öffentliches Recht, S. 69 ff.; Isensee, Subsidiaritätsprinzip und Verfassungsrecht, S. 308

[356] Vgl. Ossenbühl, Bestand und Erweiterung des Wirkungskreises der Deutschen Bundespost, S. 137

[357] In diesem Sinne Schmidt-Jortzig, Die Zulässigkeit kommunaler wirtschaftlicher Unternehmen im einzelnen, in: Püttner, HBdkWP Band V, § 93B S. 63

[358] Vgl. nochmals Kirchhof, Staatliche Einnahmen, in: Isensee/Kirchhof, HBdStR Band IV, § 88 Rn. 309

(aaa) Das Kriterium des Sachzusammenhangs

Literatur[359] und verwaltungsgerichtliche Rechtsprechung[360] rechtfertigen die Miteinbeziehung von Annextätigkeiten in die Rechtfertigung der Haupttätigkeit maßgeblich unter dem Gesichtspunkt des Sachzusammenhangs. So soll bereits allein mit der engen Verbindung der im öffentlichen Interesse verfolgten Haupttätigkeit die Rechtfertigung der untergeordneten gewerblichen Nebentätigkeit verbunden sein. Zwar wird auch bisweilen der Zivilrechtsprechung unter dem Stichwort „Einheitstheorie"[361] eine konsequente Handhabung des Gesichtspunkts des Sachzusammenhangs attestiert[362], bei genauer Betrachtung zeichnet sich jedoch ab, dass vielmehr eine isolierte Rechtfertigung nur unter Berücksichtigung des Zusammenhangs mit der Haupttätigkeit stattfindet. Das kommt insbesondere dann zum Ausdruck, wenn der die jeweils gegenständliche Nebentätigkeit rechtfertigende öffentliche Zweck „in der Vereinfachung und Beschleunigung des Verwaltungsverfahrens" lokalisiert wird[363].

Darüber hinaus stellt sich die Frage, ob der Gesichtspunkt des engen Sachzusammenhangs überhaupt entscheidendes Kriterium zur Abgrenzung von unselbständiger Nebentätigkeit zu selbständiger wirtschaftlicher Betätigung sein kann.

Der Gesichtspunkt des Sachzusammenhangs erlangt immer dann allgemeine Bedeutung, wenn nach natürlicher Betrachtung Zusammengehöriges Gefahr läuft, eine verschiedene rechtliche Würdigung zu erfahren[364]. So anerkennt das *Bundesverfassungsgericht* beispielsweise eine Gesetzgebungskompetenz kraft Sachzusammenhangs bzw. Annexkompetenz[365], *„wenn eine dem Bund ausdrücklich zugewiesene Materie verständigerweise nicht geregelt werden kann, ohne dass zugleich eine nicht ausdrücklich zugewiesene andere Materie mitgeregelt wird, wenn also ein Übergreifen in nicht ausdrücklich zugewiesene Materie unerlässliche Voraussetzung für die Regelung einer der Bundesgesetzgebung zugewiesenen*

---

[359] Vgl. Badura, DÖV 1998, 818 (821)

[360] Vgl. BVerwGE 39, 329 (334); BVerwGE 82, 19 (34)

[361] Der Begriff geht zurück auf Schricker, Wirtschaftliche Tätigkeit der öffentlichen Hand und unlauterer Wettbewerb, S. 62

[362] So Hidien, Gemeindliche Wirtschaftsbetätigung rein erwerbswirtschaftlicher Art, S. 61

[363] So z.B. BGH DÖV 1974, 785 (787)

[364] Vgl. Schricker, Wirtschaftliche Tätigkeit der öffentlichen Hand und unlauterer Wettbewerb, S. 61

[365] In der Sache ist nichts anderes gemeint, vgl. Rengeling, Gesetzgebungszuständigkeit, in: Isensee/Kirchhof, HBdStR Band IV, § 100 Rn. 57

64

Materie ist"[366]. Im Überschneidungsbereich ausdrücklich geregelter Kompetenzen gibt dahingegen der überwiegende Sachzusammenhang den Ausschlag[367].

Gilt diese Formel auch gleichermaßen für die Abgrenzung von Verwaltungskompetenzen[368], so ist bereits ihre Übertragbarkeit auf den Bereich der Nebentätigkeiten zweifelhaft. Hier geht es nicht um eine Abgrenzung von Zuständigkeiten innerhalb der der Verwaltung zur Wahrnehmung zugewiesenen öffentlichen Aufgaben, sondern um eine Erweiterung des Kreises der öffentlichen Aufgaben und damit um eine Erweiterung staatlicher Wahrnehmungszuständigkeiten gegenüber der Gesellschaft. Zumindest lässt sich aber festhalten, dass mangels einer ausdrücklichen gesetzlichen Regelung[369] die Nebentätigkeit jedenfalls nur dann durch die Zwecksetzung der Haupttätigkeit gerechtfertigt sein kann, wenn sie „unerlässliche Voraussetzung" für die Durchführung der Haupttätigkeit ist. Ihre nur dienende Funktion kann damit eine Annextätigkeit nicht aus der Hauptaufgabe heraus legitimieren.

Damit besteht zwar bei Haupt- und Nebentätigkeit tatsächlich die Möglichkeit einer unterschiedlichen rechtlichen Bewertung. Sollte das aber bei natürlicher Betrachtung eine Gefahr darstellen, dürfte die selbständige Rechtfertigung der jeweiligen Nebentätigkeit als Verfolgung eines eigenen öffentlichen Zweckes keine Schwierigkeiten bereiten.

Dies zeigt, dass die Figur der Annextätigkeit gänzlichst verfehlt ist. So wird bereits mit dem öffentlichen Zweck respektive dem Gemeinwohl als dessen Zieleinheit das Bedürfnis der Allgemeinheit an der betreffenden Leistung zum legitimierenden Umstand gemacht und der erforderliche Bereich staatlichen Tätigwerdens abgesteckt. Sollte eine konkrete Notwendigkeit zur Erweiterung des Handlungsbereiches der Verwaltung bestehen, setzt diese bereits das Erfordernis der öffentlichen Zwecksetzung um. Die Figur der Annextätigkeit greift damit, jedenfalls ihrer primären Funktion nach[370], vollständig ins Leere.

---

[366] BVerfGE 3, 407 (421); Vgl. auch BVerfGE 8, 143 (149); 12, 205 (238); 22, 180 (210); 26, 281 (300); zustimmend auch die Literatur vgl. nur Rengeling, Gesetzgebungszuständigkeit , in: Isensee/Kirchhof, HBdStR Band IV, § 100 Rn. 56 ff.

[367] Vgl. beispielsweise BVerfGE 7, 29 (38f., 43); so auch v. Arnim, Finanzzuständigkeit, in: Isensee/Kirchhof, HBdStR Band IV, § 103 Rn. 59; Rengeling, Gesetzgebungszuständigkeit, in: Isensee/Kirchhof, HBdStR Band IV, § 100 Rn. 58

[368] Vgl. v. Arnim, Finanzzuständigkeit, in: Isensee/Kirchhof, HBdStR Band IV, § 103 Rn. 59

[369] Unerheblich ist in diesem Zusammenhang, ob nicht etwa die Grundrechte insbesondere über Art. 14 GG das Produktivkapital privaten Grundrechtsträgern zuordnen (so beispielsweise Kirchhof, Staatliche Einnahmen, in: Isensee/Kirchhof, HBdStR Band IV, § 88 Rn. 289)

[370] Im Kommunalrecht geht es über den öffentlichen Zweck hinaus auch um eine Umgehung der weiteren Zulässigkeitsvoraussetzungen wirtschaftlicher Betätigung.

(bbb) Das Wirtschaftlichkeitskriterium

Während für den Bereich der Annextätigkeit allein der konkrete Sachzusammenhang die Miteinbeziehung in die Rechtfertigung der Haupttätigkeit begründen soll, wird demgegenüber der rechtfertigende Umstand für eine Miteinbeziehung von Randnutzungen im Wirtschaftlichkeitsgebot gesehen[371]. Eine grundsätzliche Gleichbehandlung beider Fallgruppen wäre auch nicht angebracht, dient doch die Annextätigkeit wenigstens unmittelbar durch ihre Sachleistung der Hauptleistung, während bei der Randnutzung ausschließlich die mit der Leistung erzielten Gewinne mittelbar die Haupttätigkeit unterstützen. Anders als im Fall der Annextätigkeit ist deshalb aber auch keine selbständige Rechtfertigung der konkreten Randnutzung möglich, sondern sie ist zwangsläufig auf eine Rechtfertigung aus der legitime öffentliche Zwecke verfolgenden Haupttätigkeit angewiesen.

Dennoch kann das Wirtschaftlichkeitsprinzip eine Miteinbeziehung nicht rechtfertigen, da Wirtschaftlichkeitserwägungen nur im Rahmen einer Gesamtbetrachtung von Haupttätigkeit und Nebentätigkeit für beide Agenden gemeinsam angestellt werden können. Soll die Nebentätigkeit von den Wirtschaftlichkeitserwägungen der Haupttätigkeit erfasst werden, so ist die Miteinbeziehung zwingende Voraussetzung, nicht aber Rechtsfolge von Wirtschaftlichkeitsgesichtspunkten. Würde dem Wirtschaftlichkeitsgebot die Legitimation der Miteinbeziehung der Randnutzung entnommen werden, so liefe dies auf eine grundsätzliche Zulässigerklärung einer primär erwerbswirtschaftlichen Zielsetzung hinaus.

(ccc) Die logische Untrennbarkeit

Können die allgemein zur Rechtfertigung erwerbswirtschaftlicher Nebenbetätigungen herangezogenen Argumenten einer verfassungsrechtlichen Überprüfung letztendlich nicht standhalten, so steht damit noch nicht die generelle Unzulässigkeit der Nebentätigkeit fest. Vielmehr ist für die Fälle der Randnutzung, die mangels eigenständiger Rechtfertigungsfähigkeit auf eine Rechtfertigung im Zusammenhang mit der Haupttätigkeit zwingend angewiesen sind, eine verfassungsrechtliche Grundlage zu suchen.

Dies hat von der Erkenntnis auszugehen, dass mit Haupt- und Nebentätigkeit, trotz des nicht von der Hand zu weisenden Sachzusammenhangs, primär verschiedene Zwecke verfolgt werden. Die Miteinbeziehung in die Rechtfertigung der Haupttätigkeit hätte zur Folge, dass Nebentätigkeit letztendlich als mittelbare Erfüllung öffentlicher Zwecke zu qualifizieren wäre. Die Nebentätigkeit nimmt damit zwar an der Rechtfertigung der unstreitig unmittelbar öffentliche Zwecke verfolgende Haupttätigkeit teil. Dies ändert jedoch nichts an dem Faktum, dass dann ge-

---

[371] Vgl. Ehlers, DVBl. 1998, 497 (501); Henneke, NdsVBl. 1999, 1 (3 ff.); Hill, BB 1997, 425 (430); Kirchhof, Staatliche Einnahmen, in: Isensee/Kirchhof, HBdStR Band IV, § 88 Rn. 300

rade die dem Hauptzweck dienende Funktion als mittelbar öffentliche Zwecksetzung die tatsächliche Rechtfertigung für die Nebentätigkeit abgeben würde.

Eine Gleichstellung mittelbarer mit unmittelbaren öffentlichen Zwecken ist jedoch aus dem oben dargestellten grundsätzlichen Erfordernis unmittelbarer staatlicher Legitimation nicht ohne zwingenden Grund zulässig. Allerdings ist deren grundsätzliche Rechtfertigungsfähigkeit auch nicht gänzlich ausgeschlossen. Soll der zwischen Haupttätigkeit und Randnutzung bestehende Zusammenhang eine Miteinbeziehung begründen können, muss dieser im konkreten Fall eine Qualität besitzen, die eine mittelbar öffentliche Zwecksetzung als dem grundsätzlich unmittelbaren staatlichen Legitimationserfordernis entsprechend rechtfertigt.

Für den Fall der wirtschaftlichen (Neben-)Betätigung kann diese besondere Qualität des Zusammenhangs nur dann gegeben sein, wenn die in Frage stehende Nebentätigkeit mit der rechtfertigenden Hauptaufgabe in logisch untrennbarem Zusammenhang steht. Ist eine logische Trennung denkbar, so sind keine Gründe ersichtlich, die eine einheitliche Behandlung als zwingend erforderlich erscheinen lassen, mag dies auch aus Wirtschaftlichkeitsgesichtspunkten noch so zweckmäßig erscheinen.

Eine logische Untrennbarkeit ist nur dann gegeben, wenn die Nebentätigkeit einerseits mit der Haupttätigkeit „steht und fällt", sowie andererseits nur in Verbindung mit dieser und lediglich vom Träger der Haupttätigkeit ausgeübt werden kann. Die Trennung der Nebentätigkeit von der Haupttätigkeit müsste ersterer das Betätigungssubstrat entziehen, mit der Folge, dass auch ihre Ausübbarkeit für jedermann entfiele. Das Kriterium der Untrennbarkeit zwingt deshalb zu einer differenzierenden Betrachtung der unter dem Topos Randnutzung zusammengefasster Nebentätigkeiten.

(aaaa) Randnutzungen zur wirtschaftlichen Verwertung bestehenden Potentials –
Typische Randnutzungen

Typische Randnutzungen, die bestehendes Potential lediglich wirtschaftlich verwerten, wie z.B. Werbeaufdrucke auf Verkehrsmitteln des öffentlichen Personennahverkehrs, Werbeanzeigen in kommunalen Zeitschriften oder die Vermietung von Werbeflächen an Gerüsten kommunaler Gebäude, sind in oben dargestellter Art und Weise untrennbar mit der jeweiligen Haupttätigkeit verbunden. Sie sind in ihrer Ausübung auf die Haupttätigkeit angewiesen. Eine Trennung entzieht der Randnutzung das Betätigungssubstrat. Sein Potential kann deshalb *nur* vom Träger der Hauptaufgabe verwirklicht werden.

Da mit diesen Randnutzungen lediglich ein in der Hauptbetätigung zwangsläufig enthaltenes und somit durch die Haupttätigkeit abgestecktes Potential genutzt wird, ist eine Miteinbeziehung in die Rechtfertigung der Haupttätigkeit zulässig. Es wird in diesem Fall tatsächlich ausschließlich sonst brachliegendes Potential genutzt. Gleichzeitig ergibt sich durch die abhängige Rechtfertigung auch die Begrenzung der Randnutzung insofern, als eine Erweiterung der Haupttätigkeit zum Zwecke der Erweiterung der Randnutzung ausscheidet. Entscheidend ist demnach, dass es sich lediglich um eine Verwertung handelt und nicht zusätzliches Potential zur Verwertung geschaffen wird.

Zwar werden die typischen Randnutzungen per se ausschließlich mit Gewinnerzielungsabsicht ausgeübt, weshalb die Gesamtbetrachtung zu einer Privilegierung tatsächlich rein erwerbswirtschaftlicher Betätigungen führt. Sie wären bei selbständiger Rechtfertigungsbedürftigkeit bereits mit dem Erfordernis unmittelbarer staatlicher Legitimation unvereinbar und deshalb unzulässig. Aufgrund ihrer Untrennbarkeit ist jedoch eine einheitliche Betrachtung geboten und scheidet die selbständige Behandlung aus.

Im wesentlichen gleicht der Fall der typischen Randnutzung deshalb auch dem der zulässigen Gewinnmitnahme. So ist zwar jeweils eine getrennte Betrachtung möglich, dennoch ist in beiden Fällen die Entgelterzielung logisch untrennbar mit der im öffentlichen Interesse erbrachten und gerechtfertigten Hauptleistung verbunden. Im Rahmen der zulässigen Einheitsbetrachtung ist es dementsprechend gleichermaßen erforderlich, dass die Erzielung von Gewinnen den öffentlichen Gesamtzweck nicht beeinträchtigt[372].

(bbbb) Randnutzungen zur Realisierung bestehenden wirtschaftlichen Potentials –
Randtätigkeit bzw. Nebentätigkeit im engeren Sinne

Anders die Fälle der Randnutzungen, die sich dadurch auszeichnen, dass vorwiegend Betriebe zur gemeindlichen Eigenversorgung[373] neben dem Angebot von Waren oder Dienstleistungen an die Gemeinde dieselben auch mit der Absicht der Gewinnerzielung gegenüber privaten Dritten erbringen, um das bestehende Wirtschaftspotential voll auszuschöpfen. In diesen Fällen wird nicht ausschließlich sonst brachliegendes Potential ausgeschöpft, sondern hier besteht einerseits die Möglichkeit das überschießende Potential abzubauen und andererseits ist dieses Potential strenggenommen nicht im bestehenden Betrieb, sondern alleine in der jeweiligen danebenstehenden Tätigkeit angelegt. Dass der Betrieb bereits die hierfür passende Infrastruktur bietet, ist letztendlich nicht mehr als eine im Betrieb angelegte Verbesserung der Marktchance, die jedoch ihren Wert erst und ausschließlich durch die diese Chance realisierende Tätigkeit erlangt.

Richtigerweise sind diese Tätigkeiten demnach nicht als Randnutzungen, sondern als Randtätigkeiten bzw. Nebentätigkeiten im engeren Sinne zu bezeichnen. Sie zeichnen sich zudem dadurch aus, dass die für eine Miteinbeziehung erforderliche logische Untrennbarkeit von Randnutzung und Haupttätigkeit im oben be-

---

[372] Vgl. oben
[373] Z.B. die gemeindliche Gärtnerei im Fall „Gelsengrün" oder aber etwa gemeindliche Gebäudereinigungsunternehmen

schriebenen Sinne nicht vorliegt. Zwar steht und fällt für die Gemeinde *selbst* die Randnutzung mit der eigenen Wahrnehmung der Hauptaufgabe. Dies gilt aber nicht wie im Fall der typischen Randnutzung uneingeschränkt für jedermann. Die beschriebenen Randnutzungen sind in ihrer Ausübung in keinster Weise an den Träger der Hauptaufgabe gebunden. Sie können nicht nur, sondern werden auch tatsächlich in wohl allen Fällen ebenso durch private Dritte angeboten. Der Sachzusammenhang zwischen Haupttätigkeit und Randnutzung ist demnach nicht von solcher Qualität, als dass er eine Miteinbeziehung des Nebenzwecks in eine Gesamtbetrachtung mit dem rechtfertigenden Hauptzweck begründen könnte. Entscheidender Unterschied zur typischen Randbetätigung ist, dass vorliegend die Wertschöpfung nicht innerhalb der durch den Hauptzweck gerechtfertigten Betätigung erfolgt, sondern eine tatsächliche Erweiterung des Geschäftskreises darüber hinaus erfolgt. Sie unterliegen deshalb einem selbständigen Rechtfertigungserfordernis.

Vor dem Hintergrund des grundsätzlichen Erfordernisses staatlicher Rechtfertigung aus der Verfolgung unmittelbarer öffentlicher Zwecke ergibt sich hieraus als zwingende Konsequenz die verfassungsrechtliche Unzulässigkeit von Randtätigkeiten.

c)   Das funktionale Element der Selbstverwaltung - Der gemeindliche Aufgabenkreis

Ist wirtschaftliche Betätigung nach zutreffender Ansicht zwar nicht Aufgabe sondern Mittel, so bildet gleichwohl durchweg der gemeindliche Aufgabenkreis als Gegenstand der eigenverantwortlichen Aufgabenerfüllung die Betätigungsgrenze[374]. Im Folgenden ist deshalb die Reichweite des gemeindlichen Aufgabenkreises zu bestimmen.

Bereits oben wurde die dem Begriff der „Angelegenheiten" immanente, in der Zugehörigkeit der Gemeinden zum Staat wurzelnden, gegenständlichen Begrenzung der gemeindlichen Verbandskompetenz auf die Erfüllung ausschließlich öffentlicher Aufgaben herausgearbeitet. Darüber hinaus weist Art. 28 II GG den Gemeinden nur die öffentlichen Aufgaben der „örtlichen Gemeinschaft" zur eigenverantwortlichen Aufgabenerfüllung zu.

(1)   Das „Örtlichkeitsprinzip" im materiellen Sinne

Selbstverständlich unterfallen nicht alle Angelegenheiten, die sich auf lokaler Ebene ereignen dem Selbstverwaltungsrecht. Vielmehr ist dem Art. 28 II GG ein „Örtlichkeitsprinzip im materiellen Sinne"[375] impliziert, das eine Trennung überörtli-

---

[374] Vgl. Grawert, Zuständigkeitsgrenzen der Kommunalwirtschaft, in: FS für Blümel, 119 (125)
[375] Vgl. Held, WiVerw 1998, 264 (266)

cher und örtlicher Belange verlangt und damit die gemeindliche Zuständigkeit vom Zuständigkeitsbereich der allgemeinen Politik abgrenzt[376].

Das *Bundesverfassungsgericht* versteht dementsprechend unter den Angelegenheiten der örtlichen Gemeinschaft *„diejenigen Bedürfnisse und Interessen (...), die in der örtlichen Gemeinschaft wurzeln oder auf sie einen spezifischen Bezug haben*[377]*, die also den Gemeindeeinwohnern gerade als solchen gemeinsam sind, indem sie das Zusammenleben und –wohnen der Menschen in der (politischen) Gemeinde betreffen*[378]. Die Literatur folgt nahezu geschlossen[379] dieser am unmittelbaren Wortlaut der Garantienorm angesielten – von einem „substantiellen" Selbstverwaltungsverständnis ausgehenden – Definition[380].

Die konkrete Bestimmung der damit den Gemeinden durch Art. 28 II GG zugewiesenen und garantierten Selbstverwaltungsaufgaben bereitet aber insbesondere deshalb Schwierigkeiten, da nach zutreffender Beurteilung die Angelegenheiten der örtlichen Gemeinschaft nicht ein für allemal fixierbar sind, sondern einerseits dem Wandel der Zeit, andererseits auch den wechselnden örtlichen Gegebenheiten unterliegen[381].

Begünstigt durch die frühere Rechtsprechung des Bundesverfassungsgerichtes zum Kernbereichsschutz der institutionellen Garantie[382] erschöpfen sich Inhaltsbestimmungen des Begriffes der *„Angelegenheiten der örtlichen Gemeinschaft"* vielfach in einer realanalytischen Betrachtung[383] des tatsächlich von den Gemeinden

---

[376] Vgl. Nierhaus, in: Sachs, GG, Art. 28 Rn. 40; Held, WiVerw 1998, 264 (266); Schmidt-Aßmann, Kommunalrecht, in: ders., Besonderes Verwaltungsrecht, 1. Abschnitt, Rn. 15

[377] Vgl. BVerfGE 8, 122 (134); 50 195 (201); 52, 95 (120)

[378] Vgl. BVerfGE 79, 127 (146 ff)

[379] Kritisch z.B. Schmidt-Jortzig, DÖV 1993, 973 (974), der den Beitrag des *Bundesverfassungsgerichts* zur Be-griffsbestimmung als kaum über eine Tautologie hinausgehend bezeichnet. Leider vermag aber die anschließend angebotene eigene Definition, Angelegenheiten der örtlichen Gemeinschaft seien *„diejenigen Vorhaben, deren bestmögliche Verwirklichung den Menschen in einem geschlossenen Siedlungsraum für ihre gemeinsamen Lebensbedürfnisse von konkretem Interesse sind"*, kaum weiterreichende Klarheit zu bringen. So auch Lissack, Bayerisches Kommunalrecht, Rn. 68

[380] Vgl. nur etwa Gern, Kommunalrecht, Rn. 58; Löwer, in v. Münch/Kunig, GG, Art. 28 Rn. 45; Maurer, Allgemeines Verwaltungsrecht, § 23 Rn. 6 a.E.; Nierhaus, in Sachs GG, Art. 28 Rn. 40; Schmidt-Aßmann, Kommunalrecht, in: ders. Besonderes Verwaltungsrecht, 1. Abschnitt Rn. 17; Schmidt-Jortzig, Kommunalrecht, Rn. 498 ff.; Stern, Staatsrecht I, § 12 III 1; a.A. Burmeister, Verfassungstheoretische Neukonzeption des kommunalen Selbstverwaltungsrechts, S. 1 ff.; Pappermann, JuS 1973, 689 (691f); Roters, Kommunale Mitwirkung an höherstufigen Entscheidungsprozessen, S. 5 ff.

[381] Vgl. BVerfGE 79, 127 (148); Lissack, Bayerisches Kommunalrecht, § 1 Rn. 69; Schmidt-Aßmann, Kommunalrecht, in: ders., Besonderes Verwaltungsrecht, 1. Abschnitt Rn. 16; Schmidt-Jortzig, Kommunalrecht, Rn. 491

[382] Vgl. dazu unten die Ausführungen zum „Gesetzesvorbehalt"

[383] So z.B. Püttner, Kommunale Selbstverwaltung, in: Isensee/Kirchhof, HBdStR Band IV, Rn. 57

wahrgenommenen Aufgabenspektrums[384]. Diese Sichtweise stößt jedoch aus insbesondere aus zwei Gründen auf Bedenken:

Zum einen verleitet die Betrachtung der nahezu unüberschaubaren Vielfalt gemeindlicher Agenden zur Kategorisierung mit der Folge, dass nur allzu leicht der unzulässige Schluss gezogen wird, die schlichte Zugehörigkeit zu einer Kategorie für sich qualifiziere bereits die Angelegenheit als Angelegenheit der örtlichen Gemeinschaft und berechtige damit zu ihrer Wahrnehmung. Anschauliches Beispiel hierfür ist der *Forsthoff'sche* Begriff der Daseinsvorsorge, der primär die Ausdehnung der öffentlichen Verwaltung im 20. Jahrhundert auf das Gebiet der Leistungsverwaltung bezeichnen sollte[385]. Aber bereits *Forsthoff* zieht daraus den unzulässigen Schluss[386]: *„Diese Feststellung ist auch der Umkehrung fähig: alle öffentliche Daseinsvorsorge ist öffentliche Verwaltung"*[387]. Dieser Ansatz zu Ende gedacht, mündet in einen klassischen Zirkelschluss, da allein schon der Umstand der tatsächlichen Aufgabenwahrnehmung bereits dessen Rechtfertigung bedeuten würde[388]. Heute ist deshalb allgemein anerkannt, dass dem Begriff Daseinsvorsorge kein über seinen deskriptiv-soziologischen Gehalt hinausgehender Wert zukommt[389].

Zum anderen ist auch die Bestimmung der Angelegenheiten der örtlichen Gemeinschaft allein aus dem aktuellen und historischen Erscheinungsbild heraus mit dem heutigen Selbstverwaltungsverständnis nicht vereinbar[390]. Diese Vorstellung wurzelt in einem aus der Geschichte überkommenen, vorstaatlichen, naturrechtlichen Existenz- und Grundrecht der Gemeinden, die auch vor dem Hintergrund der institutionellen Garantie als die verfassungsrechtliche Gewährleistung einer in der Regel im Laufe einer geschichtlichen Entwicklung entstandenen rechtlich gefassten und geordneten Einrichtung heute keinen Bestand haben kann.

Ob eine öffentliche Aufgabe in den Aufgaben- und Zuständigkeitsbereich der Gemeinden fällt, lässt sich demzufolge ausschließlich auf Grundlage einer konkreten Betrachtung ermitteln. Im Rahmen der hier vorzunehmenden abstrakten Ermittlung der Grenzen gemeindlicher Wirtschaftsbetätigung erlangt das „Örtlichkeitsprinzip im materiellen Sinne" damit lediglich klarstellende Funktion.

---

[384] Vgl. Löwer, in v. Münch/Kunig, GG, Art. 28 Rn. 46

[385] Vgl. Herzog, Ziele, Vorbehalte und Grenzen der Staatstätigkeit, in: Isensee/Kirchhof, HBdStR Band III, § 58 Rn. 71

[386] Vgl. Löwer, Energieversorgung, S. 109 f.

[387] Vgl. Forsthoff, Lehrbuch des Verwaltungsrechts (1. Auflage) 1950, S. 264 – unverändert in der letzten (10.) Auflage 1973, S. 370

[388] Vgl. Löwer, Energiewirtschaft, S. 139

[389] Vgl. ausführlich Löwer , Energiewirtschaft, S. 109 ff.; Tettinger, Besonderes Verwaltungsrecht, § 2 Rn. 34

[390] Vgl. Schmidt-Jortzig, DÖV 1989, 142 (145)

(2)   Das Örtlichkeitsprinzip im räumlichen Sinne

Umstritten ist demgegenüber die Frage, inwieweit der Vorschrift des Art. 28 II GG neben der vertikalen auch eine horizontale Zuständigkeitsgliederung im Sinne einer räumlichen Begrenzung gemeindlichen Tätigwerdens zu entnehmen ist. Hintergrund dieser Diskussion sind die in neuerer Zeit zu beobachtenden erheblichen Expansionstendenzen der Kommunalwirtschaft sowie die jüngsten landesgesetzgeberischen Initiativen zur Erweiterung des kommunalen Betätigungsfeldes im wirtschaftlichen Bereich[391].

Vorab muss festgestellt werden, dass eine Analyse der Rechtsprechung im Hinblick auf die Frage der verfassungsrechtlichen Zulässigkeit gebietsüberschreitender Gemeindetätigkeiten wenig ergiebig ist. Sie befasst sich, abgesehen von der Ausnahme der interkommunalen Abstimmung im Zusammenhang mit der kommunalen Planungshoheit[392], ausschließlich mit der Frage der vertikalen Abgrenzung der Zuständigkeiten[393]. Dementsprechend lebhaft ist auch die in der neueren Literatur unter dem Stichwort „Territorialitätsprinzip" geführte Diskussion mit sich zum Teil diametral widersprechenden Standpunkten.

(a)   Geltung des Örtlichkeitsprinzips im räumlichen Sinne

Weitgehend unumstritten ist, dass dem durch Art. 28 II GG formulierten „Örtlichkeitsprinzip" über seine vertikale Zuständigkeitsgliederung zwischen Staat, Landkreisen und Gemeinden hinaus auch horizontale Wirkung zukommt[394]. Die Örtlichkeit im räumlichen Sinne und damit die Grenzziehung zwischen den Gemeinden sei konstitutives Element im Gesamtsystem kommunaler Selbstverwaltung.

Dem ist vollumfänglich zuzustimmen. Die Garantie kommunaler Selbstverwaltung unter dem Grundgesetz beinhaltet primär ein verfassungsrechtliches Aufbauprinzip und bedeutet sekundär politisch-administrative Dezentralisation[395]. Ihrer Zielsetzung nach verfeinert sie als Teil organisierter Staatlichkeit die gegliederte Demokratie[396] und bereichert die als Gegengewicht zum Grundsatz der Einheit der Staatsgewalt verstandene horizontale Gewaltenteilung in vertikaler Dimension[397]. Dezentralisation staatlicher Aufgabenwahrnehmung beinhaltet aber bereits begriffsnotwendigerweise sowohl eine vertikale, zum Staat Distanz schaffende Tren-

---

[391] Vgl. insbesondere § 107 III GO NW; Art. 87 II BayGO

[392] Vgl. BVerwG, DVBl. 1990, 427 (429); NVwZ 1994, 285 (288)

[393] Vgl. BVerfGE 79, 127 – Rastede

[394] Ehlers, DVBl. 1998, 497, 504; Grawert, Zuständigkeitsprobleme der Kommunalwirtschaft, in FS für Blümel, 119 (128); Held, WiVerw 1998, 264 (266); Henneke, NdsVBl. 1998, 273 (278); Schulz, BayVBl. 1998, 449 (451)

[395] Vgl. Nierhaus, in: Sachs, GG, Art. 28 Rn. 31

[396] Nierhaus, in: Sachs, GG, Art. 28 Rn. 31

[397] Vgl. Lissack, Bayerisches Kommunalrecht, § 1 Rn. 54; Wolff/Bachof/Stober, Verwaltungsrecht II, § 24 Rn. 34

nung, als auch eine horizontale Trennung der in Distanz zum Staat wahrzunehmenden Aufgaben im Sinne einer räumlichen Abgrenzung der dezentral zuständigen Stellen. In dieser Eigenschaft muss das in Art. 28 II GG enthaltene Örtlichkeitsprinzip auch die Zuständigkeitsbereiche der einzelnen Gemeinden in räumlicher Hinsicht untereinander abgrenzen.

Die insbesondere auf *Joachim Wieland*[398] zurückgehende Gegenposition, derzufolge die wirtschaftliche Betätigung der Gemeinden nicht an Kompetenzgrenzen gebunden sei, bedarf an dieser Stelle keiner weitergehenden Erörterung. Bereits oben wurde ausführlich geklärt, dass die Grenzziehung der grundgesetzlichen Kompetenzordnung uneingeschränkt für jegliches staatliche Handeln, auch für die wirtschaftliche Betätigung der Gemeinden gilt[399].

(b)   Die räumliche Reichweite des gemeindlichen Handlungskreises

Umstritten ist demgegenüber, wie weit sich der räumliche Handlungskreis der Gemeinden erstreckt.

So wird verbreitet die Ansicht vertreten, der räumliche Wirkungskreis der Gemeinde würde durch die Gemeindegrenzen definiert. Kommunale Wirtschaftsbetätigung müsse sich deshalb ausschließlich auf das Gemeindegebiet beschränken[400]. *„Kommunale Verwaltungserfüllung"* vollziehe sich *„im geordneten Nebeneinander streng abgegrenzter Zuständigkeitsbereiche"*. Da eine Gemeinde nur innerhalb ihres räumlichen, durch das Gemeindegebiet festgelegten Wirkungskreises zu umfassender und eigenverantwortlicher Führung der Geschäfte befugt sei, wären Möglichkeiten zur Grenzüberschreitung ausschließlich im Rahmen zulässiger interkommunaler Zusammenarbeit gegeben.

In grundsätzlicher Übereinstimmung mit der dargestellten Ansicht wird teilweise auch die strenge kartographische Abgrenzung des Tätigkeitsbereiches kritisiert[401]. Angelegenheiten der örtlichen Gemeinschaft wären zwar auf das Gemeindegebiet bezogen und damit grundsätzlich auf das Gemeindegebiet beschränkt, der Örtlichkeitsgrundsatz bedeute aber nicht, dass kommunale Unternehmen in jedem

---

[398] Vgl. Wieland, Kommunalwirtschaftliche Betätigung unter veränderten Wettbewerbsbedingungen, in: Henneke, Optimale Aufgabenerfüllung im Kreisgebiet?, 193 (197)

[399] Vgl. oben: I., S. 17 ff.

[400] Vgl. Burmeister, in: Püttner, HBdkWP Band V, § 93 S. 42; Grawert, Zuständigkeitsgrenzen der Kommunalwirtschaft, in: FS für Blümel, 119 (129); Heintzen, Rechtliche Grenzen und Vorgaben für eine wirtschaftliche Betätigung von Kommunen im Bereich der gewerblichen Gebäudereinigung, S. 50 ff.; Held, WiVerw 1998, 264 (267); Henneke, NdsVBl. 1998, 273 (278); in diesem Sinne wohl auch Schmidt-Aßmann, in: Henneke, Organisation kommunaler Aufgabenerfüllung – Bericht über das Professorengespräch 1997 des Deutschen Landkreistages, DVBl. 1997, 1270 (1276); weiter, ders., Kommunalrecht, in: ders., Besonderes Verwaltungsrecht, 1. Abschnitt, Rn. 120

[401] Vgl. Schulz, BayVBl. 1998, 449 (451)

Fall ihre Tätigkeit mit Erreichen der Gemeindegrenze einstellen müssten[402]. Das Handeln „extra muros" könne dann gerechtfertigt sein, wenn es unmittelbar der örtlichen Gemeinschaft zugute komme. So sei insbesondere die Erhaltung oder Steigerung der Rentabilität vorhandener Anlagen durch bessere Auslastung nur Sekundärzweck, der eine Grenzüberschreitung nicht rechtfertigen könne. Anderes gelte jedoch für annexweise wahrgenommene erwerbswirtschaftliche Tätigkeiten, so dass z.b. keine Bedenken dagegen bestünden, wenn eine Gemeinde die für die eigene Verwaltung entwickelte Software an auswärtige Interessenten verkaufe, wenn und soweit nur hierdurch keine Kapazitäten aufgebaut würden[403].

Wesentlich weitergehender ist eine vereinzelt vertretene Ansicht, wonach bereits die Angelegenheiten der örtlichen Gemeinschaft nicht an der Gemeindegrenze enden sollen[404]. Eine Gebietsüberschreitung als solche bedeute nicht zwingend, dass der Bereich der örtlichen Angelegenheiten verlassen werde. Die Definition der Angelegenheiten der örtlichen Gemeinschaft durch das Bundesverfassungsgericht[405] mache mit den Worten „*wurzeln*" und „*Bezug haben*" zwar die zwingende Notwendigkeit einer örtlichen Radizierung im Sinne einer Rückführung auf die territorial definierte Gemeinschaft deutlich, stelle aber ersichtlich nicht auf eine schlichte kartographische Abgrenzung der örtlich begründeten Aktivitäten ab. Maßstab für die Radizierung sei eine differenzierte, an den Umständen des Einzelfalls orientierte Wertung, wie zum Beispiel die Anerkennung sozioökonomischer Verflechtungen über die Gemeindegrenzen hinaus. Es könnten deshalb auch regional wirksame Verkehrsprojekte für Ballungsräume noch zu den Angelegenheiten der örtlichen Gemeinschaft gehören. Die räumliche Beziehung gehe nicht verloren, solange die Aufgabe nur unmittelbar in die Ortsinstanz hineinrage[406], wofür aber nicht bereits ausreiche, dass die wirtschaftliche Tätigkeit ihrer Natur nach nur über den Kreis der Gemeindeeinwohner hinaus erbracht werden könnte[407]. Neben der Berücksichtigung der historischen Entwicklung, die insbesondere im Bereich der Versorgung mit Strom, Gas, Wasser und Fernwärme sowie im öffentlichen Personennahverkehr Gebietsüberschreitungen hervorgebracht habe, sei letztendlich ausschlaggebend, ob der öffentliche Zweck, dem jedes kommunale Handeln zu dienen habe, die Überschreitung rechtfertige oder erfordere. Als solcher wären beispielsweise die Erhaltung oder Steigerung der Rentabilität vorhandener kommunaler Anlagen durch bessere Auslastung, die bessere Ausnutzung der Bezugsverträge eines kommunalen Stromverteilerunternehmens durch Akquirierung von Kunden in Nachbargemein-

---

[402] Vgl. Ehlers, NWVBl. 2000, 1 (6); Enkler, ZG 1998, 328 (338); Heintzen, NVwZ 2000, 743 (744); Lux, NWVBl. 2000, 7 (9 f.); Pielow, NWVBl. 1999, 369 (373)

[403] Vgl. Ehlers, DVBl. 1998, 497 (504)

[404] Vgl. Schulz, BayVBl. 1998, 449 (451); Faber, Alternativkommentar zum GG, Art. 28 Rn. 34;

[405] Vgl. BVerfGE 79, 127 ff (Rastede)

[406] Vgl. Schulz, BayVBl. 1998, 449 (451); Moraing, WiVerw 1998, 233 (245)

[407] So aber Pünder, DVBl. 1997, 1353 (1359)

den sowie die Reduzierung des in die Kernstadt einfließenden Individualverkehrs durch den Betrieb „grenzüberschreitender" Verkehrslinien anzuerkennen. Gleiches gelte für die Beteiligung an Unternehmen anderer Kommunen, um durch Vergrößerung der Marktmacht verbesserte Bezugsbedingungen zu erreichen, nicht aber für die primäre Absicht der Gewinnerzielung[408].

(c)   Strikte Trennung von Aufgabe und wirtschaftlicher Betätigung als deren Modus der Erfüllung

Soll die Frage nach der räumlichen Reichweite des gemeindlichen Handlungsspielraums geklärt werden, ist ein systematisches Vorgehen erforderlich. Wurde vorliegend festgestellt, dass der gemeindliche Handlungskreis ausschließlich zur Erfüllung gemeindlicher Angelegenheiten eröffnet ist und demzufolge die wirtschaftliche Betätigung der Gemeinden als Modus eigenverantwortlicher Aufgabenwahrnehmung über das Kriterium des öffentlichen Zwecks letztendlich ihre Grenze im gemeindlichen Aufgabenkreis findet, so ist zur Klärung der Frage nach der räumlichen Reichweite des gemeindlichen Handlungsspielraums vorrangig die räumliche Reichweite des gemeindlichen Aufgabenkreises zu bestimmen. Der Vorschrift des Art. 28 II GG über das Örtlichkeitsprinzip eine unmittelbare Beschränkung des gemeindlichen Handlungskreises entnehmen zu wollen wäre verfehlt, kann dieses doch lediglich in der Funktion des Art. 28 II GG als Aufgaben- und Kompetenznorm[409] angelegt sein. Das Örtlichkeitsprinzip betrifft damit ausschließlich die Abgrenzung von Aufgabenbereichen und deren Wahrnehmungszuständigkeiten.

(aa)   Die örtliche Reichweite des gemeindlichen Aufgabenkreises

Selbstverständlich ist es naheliegend, zur Bestimmung der räumlichen Reichweite des gemeindlichen Aufgabenkreises die Definition des *Bundesverfassungsgerichts* hinsichtlich seiner materiellen Reichweite zum Ausgangspunkt zu nehmen. Demnach wäre entscheidend, ob die Aufgaben in der örtlichen Gemeinschaft *„wurzeln"* und sich durch einen *„spezifischen Bezug"* zur Örtlichkeit qualifizieren. Aber bereits in tatsächlicher Hinsicht vermag die unterschiedslose Anwendung nicht so recht zu überzeugen, wären doch auf diese Weise auch die Probleme der Bestimmung der materiellen Reichweite des örtlichen Wirkungskreises auf dessen räumliche Abgrenzung übertragen. Der räumliche Aufgabenkreis würde sich damit gleichermaßen durch seine abstrakte Unbestimmbarkeit auszeichnen.

Aber auch aus rechtlichen Gesichtspunkten stößt die unterschiedslose Anwendung auf Bedenken. So wurde die Definition des *Bundesverfassungsgerichts* speziell zur vertikalen Abgrenzung von örtlichen zu überörtlichen Angelegenheiten entwickelt. Damit verbietet sich eine pauschale Verwendung im Sinne einer unter-

---

[408] Vgl. Schulz, BayVBl. 1998, 449 (451 f.)
[409] Vgl. Waechter, Kommunalrecht, Rn. 63

schiedslosen Anwendung auch auf die Problematik der räumlichen Abgrenzung ohne rechtfertigenden Grund. Demgegenüber zeigt sich bei sorgfältiger Betrachtung, dass eine Gleichbehandlung vielmehr gänzlich ausgeschlossen ist, denn die Definition greift Spezifika gemeindlicher Selbstverwaltung auf, die ausschließlich im vertikalen Verhältnis zu übergeordneten Verwaltungsträgern Geltung erlangen.

Ausgangspunkt ist die Erkenntnis, dass die Gemeinden, als auf den Staat zurückzuführende Verwaltung, der Qualität nach staatliche Aufgaben wahrnehmen[410]. Der Staat (Bund und Länder) müsste ihre Aufgaben selbst wahrnehmen[411], würde nicht Art. 28 II GG eine vertikale Grenze durch den Fundus der staatlichen Aufgaben ziehen und diese als „eigene" den Gemeinden zur Ausführung zuweisen. Die Vorschrift verzichtet jedoch darauf, die gemeindlichen Aufgaben abschließend festzulegen, sondern begnügt sich damit, den Grenzverlauf mit dem Ziel gemeindlicher Selbstverwaltung, dem örtlich-bürgerschaftlichen Engagement zum Zwecke der Aktivierung für ihre eigenen Angelegenheiten[412] ein Betätigungsfeld an der öffentlichen Verwaltung einzuräumen[413], zu verknüpfen. Maßgebliches Abgrenzungskriterium ist die *qualifizierte Selbstbetroffenheit* der örtlichen Gemeinschaft[414]. Damit ist auch der konkrete Verlauf der Grenzlinie zwangsläufig sowohl rechtlichen als auch zeitlichen Veränderungen unterworfen (Stichwort: „Aufgabenwanderungsprozesse") und zudem maßgeblich durch unterschiedliche Einwohnerzahl, flächenmäßige Ausdehnung sowie Wirtschafts- und Sozialstruktur beeinflusst[415]. Die gegenständliche Definition des *Bundesverfassungsgerichts* trägt damit der spezifisch fließenden Dynamik des gemeindlichen Aufgabenkreises in vertikaler Richtung Rechnung. Sie kann deshalb keinesfalls auf die horizontale Abgrenzung übertragen werden.

In horizontaler Richtung erfordert der in vertikaler Hinsicht gerade die Dynamik begründende Gesichtspunkt der Partizipation aufgrund Selbstbetroffenheit eine trennscharfe Abgrenzung.

So existiert kommunale Selbstverwaltung nicht als indifferente Konstruktion, sondern als ein auf personaler Mitgliedschaft zu einem bestimmen Gebiet beruhen-

---

[410] Löwer, in v. Münch/Kunig, GG, Art. 28 Rn. 40; so auch Forsthoff, Lehrbuch des Verwaltungsrechts, S. 478, der jedoch den Partizipationsgedanken als Element der Selbstverwaltung ablehnt; Burmeister, Selbstverwaltungsgarantie u. wirtschaftliche Betätigung der Kommunen, in Püttner HdkWP Band V, § 93 S. 24

[411] Vgl. Schmidt-Jortzig, DÖV 1993, 973

[412] Vgl. BVerfGE, 11, 266 (275)

[413] Vgl. BVerfGE 79, 127 (151); Schmidt-Aßmann, Kommunale Selbstverwaltung nach „Rastede", in: FS für Sendler, 121 (123)

[414] Vgl. Hendler, Das Prinzip Selbstverwaltung, in: Isensee/Kirchhof, HBdStR Band IV, § 106 Rn. 29 ff.; Schmidt-Aßmann, Kommunale Selbstverwaltung nach „Rastede", in: FS für Sendler, 121 (125)

[415] Vgl. Nierhaus, in: Sachs, GG, Art. 28 Rn. 41

der Verband[416], der die Eigenschaft einer rechtsfähigen Körperschaft des öffentlichen Rechts besitzt[417]. Sie bezieht sich damit unmittelbar und ausschließlich auf die konkrete bestehende räumliche Gemeindestruktur. Die dem Bürger durch die grundgesetzliche Garantie kommunaler Selbstverwaltung eröffneten Partizipationschancen setzen mit dieser verfassungsrechtlichen Konzeption der Gemeinden als Gebietskörperschaften für ihre Ausübung zwingend die nach dem Gemeindegebiet zu bestimmende Mitgliedschaft voraus[418]. Ist aber die Ausübung der Selbstverwaltungsrechte primär durch die Mitgliedschaft begrenzt, so kommt eine aufgabenbegründende Selbstbetroffenheit nur im Rahmen *mitgliedschaftlicher Selbstbetroffenheit* in Betracht.

Mitgliedschaftliche Selbstbetroffenheit endet aber – anders als die bloße qualifizierte Selbstbetroffenheit – zwangsläufig an der Gemeindegrenze. Hier endet einerseits der die Mitgliedschaft begründende Bereich und beginnt andererseits an dieser Stelle der eigene Aufgaben hervorbringende Bereich mitgliedschaftlicher Selbstbetroffenheit der Einwohner der Nachbargemeinde.

Gerade hierin kommt auch das Spannungsverhältnis von Selbstverwaltung und Demokratie zum Ausdruck[419]. So sind zwar beide Prinzipien auf politische Beteiligung gerichtet, allerdings liegt dem Demokratieprinzip des Grundgesetzes ein streng formales Gleichheitsverständnis im Bezug auf alle Staatsbürger zugrunde, wohingegen Selbstverwaltung darauf ausgerichtet ist, bestimmten Bevölkerungsgruppen weiterreichende Partizipationsmöglichkeiten als den übrigen Bürgern einzuräumen[420]. Da das Grundgesetz aber einerseits die Selbstverwaltungsmaxime mit dem ihm zugrundeliegenden, an Betroffenheitsgesichtspunkten orientierten, differenzierenden Egalitätsdenken anerkennt[421], muss andererseits Selbstbestimmung vor dem Hintergrund des Demokratieprinzips zwangsläufig dann enden, wenn eine Selbstbetroffenheit als Qualifikation der Gemeindebürger nicht mehr gegeben ist. Sei es, dass die Bedürfnisse grundsätzlich nicht dem besonderen Status als Gemeindebürger entspringen und es sich infolgedessen um überörtliche Angelegenheiten handelt, sei es, dass die Bedürfnisse diesem speziellen Status zwar entsprin-

---

[416] Es ist dies die sog. Rechtssubjektsgarantie als erste Ebene der Selbstverwaltungsgarantie vgl. Stern, Staatsrecht I, § 12 II 4 b

[417] Vgl. Schmidt-Aßmann, Kommunalrecht, in: ders., Besonderes Verwaltungsrecht, 1. Abschnitt, Rn. 10; Stern, Staatsrecht I, § 12 II 4 b

[418] Vgl. Lissack, Bayerisches Kommunalrecht, § 1 Rn. 17; Wolff/Bachof/Stober, Verwaltungsrecht II, § 84 Rn. 29

[419] Vgl. v.Arnim, AöR 113 (1988), 1 ff.; Hendler, Das Prinzip Selbstverwaltung, in: Isensee/Kirchhof, HBdStR Band IV, § 106 Rn. 48 f; Schuppert, AöR 114 (1989), 127 ff.

[420] Vgl. Hendler, Das Prinzip Selbstverwaltung, in: Isensee/Kirchhof, HBdStR Band IV, § 106 Rn. 49; Schuppert, AöR 114 (1989) 127, 136 f.

[421] Vgl. Hendler, Das Prinzip Selbstverwaltung, in: Isensee/Kirchhof, HBdStR Band IV, § 106 Rn. 49

gen, sich aber nicht darauf beschränken, ohne zugleich unbedingt[422] als Bedürfnisse von Gemeindeeinwohnern anderer Gemeinden wiederum deren Selbstbestimmungsrecht aktivieren zu müssen.

Dementsprechend erstreckt sich der eigene gemeindliche Aufgabenkreis nicht über das Gemeindegebiet hinaus, denn nur in diesem Rahmen ist eine gemeindliches Tätigwerden legitimierende Sachverantwortung gegeben.

Sollten spezifische Bedürfnisse insbesondere aufgrund sozioökonomischer Verflechtungen über das Gemeindegebiet hinausreichen, eröffnet Art. 28 II GG den betroffenen Gemeinden die Möglichkeit der gemeinsamen „eigenverantwortlichen" einer Wahrnehmung im Wege interkommunaler Zusammenarbeit[423]. Die eigene Aufgabe, die sich durch eine qualifizierte, mitgliedschaftliche Selbstbetroffenheit definiert, endet jedoch an der Gemeindegrenze.

Darüber hinaus zeigt sich bei differenzierter Betrachtung der oben dargestellten Definition, dass auch das *Bundesverfassungsgericht* zwischen sachlicher und örtlicher Abgrenzung unterscheidet. Entsprechend der aus dem bürgerschaftlichen Element der kommunalen Selbstverwaltung zwingend folgenden Konsequenz einer primär räumlichen Begrenzung, steckt das Gericht mit den Worten „*Gemeindeeinwohnern*" und „*in der Gemeinde*" als Ausgangsgröße den räumlichen Rahmen ab und entwickelt davon ausgehend deren spezifischen Bezug zueinander zum entscheidenden Kriterium für eine sachliche Abgrenzung der örtlichen von den überörtlichen Angelegenheiten.

(bb)   Die Reichweite des räumlichen Handlungsbereiches

Da kommunale Wirtschaftsbetätigung als Mittel zur kommunalen Aufgabenerfüllung[424] primär den Bereich eigenverantwortlicher Aufgabenwahrnehmung und nicht den räumlich und sachlich begrenzten Kreis gemeindlicher Aufgaben[425] betrifft, kann aus der trennscharfen Abgrenzung kommunaler Aufgaben und Wahrnehmungszuständigkeiten per se noch keine räumliche Begrenzung gemeindlicher Wirtschaftätigkeit gefolgert werden. Wie oben dargestellt, muss aber jedes gemeindliche Handeln durch die Erfüllung öffentlicher Zwecke legitimiert sein, so dass die gemeindliche Wirtschaftsbetätigung mit der durch sie zu erfüllenden gemeindlichen Aufgabe als deren Zieleinheit untrennbar verknüpft ist.

---

[422] Dann aber selbstverständlich erst Recht.

[423] Vgl. BVerfGE 87, 237 (238); Ehlers, NWVBl. 2000, 1 (6); Rengeling, in: Püttner, HBdkWP Band II, 385 (394); Schmidt-Jortzig, Kommunalrecht, Rn. 389

[424] Vgl. Grawert, Zuständigkeitsgrenzen der Kommunalwirtschaft, in: FS für Blümel, 119 (125); Ehlers, NWVBl. 2000, 1 (6)

[425] anders Schulz, BayVBl. 1998, 449 (451), der zwischen Aufgabe und Mittel zu deren Erfüllung nicht unterscheidet.

Entscheidendes Kriterium für die Zulässigkeit einer Gebietsüberschreitung ist demnach das Vorliegen eines öffentlichen Zweckes[426]. Damit lässt sich zwar die Frage nach den räumlichen Grenzen gemeindlichen Wirtschaftens nicht trennscharf beantworten, aber es vereinfacht die Bestimmung der konkreten Zulässigkeit der Gebietsüberschreitung insoweit, als mit dem Befund, dass gemeindliche Aufgaben an Gemeindeeinwohner und Gemeindegebiet gebunden sind, nicht zwischen dem Handeln intra und extra muros unterschieden werden muss. Die Anforderungen an die Legitimation einer wirtschaftliche Betätigung außerhalb des Gemeindegebiets sind mit denen innerhalb des Gemeindegebiets identisch. Der Örtlichkeitsaspekt begrenzt lediglich allgemein die zum gemeindlichen Handeln legitimierenden Aufgaben und bestimmt damit zwingend und ganz entscheidend die Richtung der Zwecksetzung auf Gemeinde und Gemeindeeinwohner. Durch die Grenzüberschreitung wird nicht das Erfordernis der öffentlichen Zwecksetzung modifiziert, sondern das Örtlichkeitsprinzip geht vollständig darin auf. Es stellt sich demnach richtigerweise nicht die Frage nach der Rechtfertigung der Gebietsüberschreitung[427], sondern nach der Rechtfertigung der wirtschaftlichen Betätigung an sich.

Diese Feststellungen führen geradewegs zur Zentralproblematik innerhalb der öffentlichen Zwecksetzung, der grundsätzlichen Legitimation staatlichen Handelns, zurück. Auch ein Querschnitt durch die kommunalwirtschaftliche Praxis zeigt, dass der tatsächliche Schwerpunkt der Problematik nicht im Örtlichkeitsprinzip an sich verortet ist. Ziel grenzüberschreitender Wirtschaftstätigkeit ist nämlich regelmäßig nicht die Erfüllung gemeindefremder Aufgaben, sondern es besteht Einigkeit, dass die Marktteilnahme außerhalb des Gemeindegebiets tatsächlich fast immer nur erfolgt, um Gewinne zu erzielen[428]. Sie betrifft damit den Problemkreis unmittelbarer bzw. mittelbarer Erfüllung öffentlicher Zwecke.

Wie aber bereits oben entwickelt, ist gemeindliches Handeln verfassungsrechtlich grundsätzlich nur dann legitimiert, wenn mit ihm unmittelbar öffentliche Zwecke verfolgt werden, d.h. im Falle einer wirtschaftlichen Betätigung unter Berücksichtigung des Örtlichkeitsprinzips die Sachleistung selbst und nicht deren Früchte an die Gemeindeeinwohner erbracht werden[429]. Mittelbar öffentliche Zwecksetzungen rechtfertigen nur ganz ausnahmsweise staatliches wie auch kommunales Handeln. Deshalb kann die primäre Absicht der Gewinnerzielung als Verfolgung nur mittelbarer öffentlicher Zwecke weder die wirtschaftliche Betätigung an sich noch eine Gebietsüberschreitung rechtfertigen. Die Ansicht Ottings[430], die bundesstaatli-

[426] Vgl. Ehlers, NWVBl. 2000, 1 (6); Lux, NWVBl. 2000, 7 (10); Schulz, BayVBl. 1998, 449 (451);

[427] so Lux, NWVBl. 2000, 7 (10)

[428] Vgl. Ehlers, NWVBl. 2000, 1 (6); Schulz, BayVBl. 1998, 449 (451)

[429] so auch Ehlers, DVBl. 1998, 497 (504); Grawert, Zuständigkeitsgrenzen der Kommunalwirtschaft, in: FS für Blümel, 119 (125, 129)

[430] Vgl. Otting, Neues Steuerungsmodell und rechtliche Betätigungsspielräume der Kommunen, S. 198

che Kompetenzordnung gelte bei erwerbswirtschaftlicher Zielsetzung nicht, weshalb Gebietsüberschreitungen bis zur Grenze des für die konkrete Gemeinde erforderlichen zulässig wären, ist demnach zumindest in ihrer Schlussfolgerung verfehlt, da diese Zielsetzung bereits a priori ausscheidet.

Gleiches gilt für eine grenzüberschreitende Wirtschaftstätigkeit zur Erweiterung des Absatzmarktes um etwa die Erhaltung oder Steigerung der Rentabilität vorhandener kommunaler Anlagen durch bessere Auslastung zu erreichen[431]. Als Erfüllung lediglich mittelbar öffentlicher Zwecke kann sie eine gemeindliche Wirtschaftstätigkeit auch dann nicht legitimieren, wenn es sich lediglich um eine untergeordnete Tätigkeit im Sinne einer Randtätigkeit[432] handelt. Randtätigkeiten verfolgen gegenüber der Haupttätigkeit grundsätzlich unterschiedliche Zwecksetzungen. Ihre bloße Unterordnung oder bisweilen dienende Funktion kann eine gemeinsame Beurteilung der Zwecksetzung nicht rechtfertigen. Die Anerkennung von Wirtschaftlichkeitserwägungen als Rechtfertigung einzelner Annextätigkeiten würde vielmehr zur Anerkennung reiner Gewinnerzielungsabsicht als Legitimation kommunalen Handelns führen.

Anders liegt es lediglich im Rahmen grundsätzlich zulässiger Randnutzungen im Sinne bloßer Verwertung bestehenden Potentials. Deren Untrennbarkeitsbeziehungen mit der jeweiligen Zwecksetzung der Haupttätigkeit rechtfertigt zwar eine einheitliche Beurteilung, sie sind aber schon von Natur aus nur sehr eingeschränkt außerhalb der Gemeindegrenzen vorstellbar, da sie auf einer unmittelbaren Nutzung gemeindlichen Vermögens beruhen. Denkbar ist zum Beispiel die entgeltliche Überlassung von für die Gemeindeverwaltung spezifisch entwickelter Software, wenn und soweit nicht deren entgeltlicher Vertrieb tatsächlich zur primären Triebfeder der Entwicklung mutiert[433].

Faktisch löst sich damit, unabhängig von ihrer oben begründeten Unzulässigkeit, vor diesem Hintergrund auch die Ansicht *Joachim Wielands*[434], *Johannes Hellermanns*[435] und *Markus Moraings*[436], nach der die bundesstaatliche Kompetenzordnung für die wirtschaftliche Betätigung nicht gelten solle, in Wohlgefallen auf, kommen doch bereits die überwiegenden Zwecksetzungen einer grenzüberschreitenden Wirtschaftstätigkeit als Legitimation nicht in Betracht. Kommunale Wirtschaftsbetätigung außerhalb des Gemeindegebiets wird vor dem Hintergrund der

---

[431] Vgl. Ehlers, NWVBl. 2000, 1 (6); Hennecke, NdsVBl. 1998, 273 (278); Lux, NWVBl. 2000, 7 (10); Grawert, Zuständigkeitsgrenzen der Kommunalwirtschaft, in: FS für Blümel, 119 (125 f.); anders, Schulz, BayVBl. 1998, 449 (452)

[432] so aber Ehlers, DVBl. 1998, 497 (504)

[433] so auch Ehlers, DVBl. 1998, 497 (504)

[434] Vgl. Wieland, Kommunalwirtschaftliche Betätigung unter veränderten Wettbewerbsbedingungen, in : Henneke (Hrsg.), Optimale Aufgabenerfüllung im Kreisgebiet?, 193 (197)

[435] Vgl. Hellermann, Örtliche Daseinsvorsorge und gemeindliche Selbstverwaltung, S. 130

[436] Vgl. Moraing, WiVerw. 1998, 233 (243 ff)

verfassungsrechtlichen Gewährleistung kommunaler Selbstverwaltung eindeutig zur Ausnahme von der Regel. Andererseits lässt sich aber auch eine strikte Begrenzung auf das Gemeindegebiet verfassungsrechtlich nicht begründen.

3. Verfassungsrechtlicher Schutz des durch Art. 28 II GG gewährleisteten Aufgabenbereiches

Ist damit grundsätzlich der den Gemeinden durch Art. 28 II GG zugewiesene Aufgabenbereich abgesteckt, so wird innerhalb des hierdurch definierten gemeindlichen Funktionskreises der verfassungsrechtliche Schutz des Art. 28 II GG wirksam. Kommunale Wirtschaftsbetätigung ist demnach auch nur soweit von der Garantie der kommunalen Selbstverwaltung umfasst, als sie sich im Rahmen des verfassungsrechtlich abgesteckten Aufgabenbereiches bewegt. Keinesfalls ist kommunale Wirtschaftsbetätigung per se durch Art. 28 II GG garantiert.

Im weiteren stellt sich nun die Frage, in wieweit Art. 28 II GG den so definierten Aufgabenbereich schützt, ist doch die kommunale Selbstverwaltung dem Verfassungswortlaut nach nur „im Rahmen der Gesetze" gewährleistet. Den konkreten Problemkreis der kommunalen Wirtschaftsbetätigung betreffend zeichnen sich in diesem Zusammenhang unterschiedliche Schwerpunkte ab. Primär ist zu klären, in welchen Umfang und unter welchen Voraussetzungen der Gesetzgeber befugt ist, den gewährleisteten Aufgabenbereich als notwendiges „funktionales Element" der Selbstverwaltung[437] einzuschränken, d.h. den Gemeinden durch wirtschaftliche Betätigung konkret wahrgenommene Aufgaben zu entziehen, sowie die gewährleistete eigenverantwortliche Aufgabenwahrnehmung als „modales Element" [438] gemeindlicher Selbstverwaltung zu beschränken. Sekundär führt dies zu der in heutiger Zeit, vor dem Hintergrund vereinzelter landesgesetzgeberischer Initiativen zur Ausweitung kommunaler Wirtschaftstätigkeit an Relevanz gewinnender und im Schrifttum umstrittenen Fragestellung, ob und inwieweit Art. 28 II GG auch Gemeinden im horizontalen Verhältnis zueinander vor gesetzgeberisch veranlasster ausgreifender Wirtschaftstätigkeit schützt. Betrifft die Klärung dieser Frage zwar unmittelbar lediglich das Verhältnis staatlicher Institutionen zueinander, erlangt sie indes im Rahmen der vorliegenden Bearbeitung insoweit Bedeutung, als mit den Grenzen gesetzgeberischer Funktionszuweisung auch die grundsätzliche Legitimation zur wirtschaftlichen Betätigung bestimmt wird.

---

[437] Vgl. Lissack, Bayerisches Kommunalrecht, § 1 Rn. 65; Schmidt-Jortzig, Kommunalrecht, Rn. 455
[438] Vgl. Lissack, Bayerisches Kommunalrecht, § 1 Rn. 77

a)   Die Schutzrichtung des Art. 28 II GG

Einigkeit besteht, dass sich der in Art. 28 II GG enthaltene Gesetzesvorbehalt[439], nicht lediglich auf das Merkmal der Eigenverantwortlichkeit als modales Element der kommunalen Selbstverwaltung, sondern auch auf den gewährleisteten Aufgabenkreis als funktionales Element der gemeindlichen Selbstverwaltung erstreckt[440]. Bevor aber der Frage nachgegangen werden kann, in welchem Umfang in die verfassungsrechtlich gewährleistete Garantie gemeindlicher Selbstverwaltung eingegriffen werden darf, stellt sich zwangsläufig vorrangig die Frage nach dem „ob" eines Eingriffes und somit nach deren Schutzrichtung. Ist nämlich die Zielrichtung der kommunalen Selbstverwaltungsgarantie von der in Frage stehenden Regelung gar nicht betroffen, so kann die Frage nach deren Gewährleistungsinhalt offen bleiben. Die Vorschrift des Art. 28 II GG ist dann schlicht kein verfassungsrechtlicher Prüfungsmaßstab.

(1)   „Aufgabenhochzonung"

Mit der allgemein als „Aufgabenhochzonung" bezeichneten Aufgabenentziehung gemeindlicher Aufgaben zum Zwecke ihrer Übertragung an höherstufige Verwaltungsträger wie zum Beispiel Landkreise oder auch zur eigenen Wahrnehmung durch die unmittelbare Staatsverwaltung[441], ist die klassische Form staatlicher Ingerenz zu Lasten des kommunalen Aufgabenbestandes ausgemacht. Zahlreiche Entscheidungen, allen voran die richtungsweisende „Rastede" – Entscheidung des Bundesverfassungsgerichtes[442], behandeln Art. 28 II GG in seiner Funktion, das Verhältnis der Gemeinden zur unmittelbaren Staatsverwaltung zu regeln. Es besteht Einigkeit, dass die Garantie kommunaler Selbstverwaltung insoweit Schutz gegen staatliche Aufgabenzugriffe entfaltet, ist doch gerade Art. 28 II GG Ausdruck eines staatsorganisationsrechtlichen Aufgabenverteilungsprinzips[443].

---

[439] Nach h.M. handelt es sich hierbei auch um einen „Eingriffsvorbehalt". Vgl. BVerfGE 56, 298, 309 f.; 79, 127, 143; Maunz, in: Maunz/Dürig GG, Art. 28 Rn. 51; Schmidt-Aßmann, Kommunalrecht, in: ders., Besonderes Verwaltungsrecht, 1. Abschnitt, Rn. 20; Lissack, Bayerisches Kommunalrecht, Rn. 93; Gern, Deutsches Kommunalrecht, Rn. 78; a.A. Schmidt-Jortzig, DÖV 1993, 973 (975), der wegen der grundsätzlich nur im Rahmen der Gesetze bestehenden Garantie eine „Eingriff" ausschließt und den Gesetzesvorbehalt als „Begrenzungsvorbehalt" bezeichnet.

[440] Vgl. ausdrücklich BVerfGE 79, 127 (143 ff.); Schmidt-Jortzig, DÖV 1993, 973 (975); Schmidt-Aßmann, Kommunalrecht, in: ders., Besonderes Verwaltungsrecht, 1. Abschnitt, Rn. 20

[441] Vgl. Gern, Kommunalrecht, Rn. 82

[442] BVerfGE 79, 127 ff.

[443] Henneke, NdsVBl. 1998, 274 (282); Wieland/Hellermann, DVBl. 1996, 401 (407 f.)

(2) „Privatisierung"

Heftig umstritten ist dagegen die Frage, ob und inwieweit die Garantie der gemeindlichen Selbstverwaltung Schutz gegen staatliche Aufgabenentziehung gemeindlicher Aufgaben zugunsten Privater bietet. Diese Problematik hat im Zusammenhang mit der Privatisierungsdiskussion[444] insbesondere am Beispiel der kommunalen Sparkassen[445], aber auch neuerdings im Zuge der Liberalisierung des Energiewirtschaftsrechts[446] Eingang in das staatsrechtliche Schrifttum gefunden. Soweit ersichtlich liegen höchstrichterliche Entscheidungen diesbezüglich nicht vor. Die verfassungsrechtlichen Grundlagen und Grenzen gemeindlicher Wirtschaftstätigkeit betreffend stellt sich die Frage freilich in gleicher Weise[447], erfolgen doch allgemeine einfachgesetzliche Beschränkungen der wirtschaftlichen Betätigung nicht mit dem Ziel der Eigenvornahme durch die unmittelbare Staatsverwaltung oder zum Zwecke ihrer Übertragung, sondern zumindest unter anderem, um privater Initiative einen weiteren Spielraum am Markt zu überlassen.

Im wesentlichen stehen sich zwei Extrempositionen gegenüber. So vertreten in jüngerer Zeit insbesondere *Karl-Heinrich Friauf*[448], *Joachim Wieland*[449], *Johannes Hellermann*[450] und *Markus Moraing*[451], die Selbstverwaltungsgarantie schütze gleichermaßen vor einer staatlichen „Aufgabenhochzonung" wie vor Beschränkungen des gemeindlichen Aufgabenkreises zugunsten der Privatwirtschaft[452]. Die Entstaatlichung bestimmter Tätigkeiten durch den Gesetzgeber in die rein privatwirtschaftliche Wahrnehmung hindere ebenso wie die „Höherzonung" die Gemeinden an deren eigenverantwortlicher Aufgabenwahrnehmung. Gerade aber die Entscheidungsbefugnis, welche Angelegenheiten der örtlichen Gemeinschaft wie wahrgenommen werden sollen, mache aber die gemeindliche Selbstverwaltung aus. Aus dem Blickwinkel der Gemeinden wären die Verlagerung auf übergeordnete staatliche Stellen und der Vorbehalt zugunsten der Privatwirtschaft identisch. Es gehe auch hier um den gemeindlichen Aufgabenkreis, insbesondere um die Kompetenz der Gemeinden, bestimmte Interessen und Bedürfnisse der örtlichen Gemeinschaft aufzugreifen.

---

[444] Vgl. v. Arnim, Rechtsfragen der Privatisierung, S. 47 ff.

[445] Vgl. Stern/Burmeister, Die kommunalen Sparkassen

[446] Vgl. Ossenbühl, Energierechtsreform und kommunale Selbstverwaltung, S. 1 ff.

[447] Vgl. Henneke, NdsVBl. 1998, 274 (281 f.); Wieland/Hellermann, DVBl. 1996, 401 (407 f.)

[448] Vgl. Friauf, Energierechtsreform und kommunale Selbstverwaltung, in: Baur/Friauf, Energierechtsreform zwischen Europarecht und kommunaler Selbstverwaltung, 55 (73 ff.)

[449] Vgl. Wieland/Hellermann, DVBl. 1996, 401 (407 ff.)

[450] Vgl. Hellermann, Örtliche Daseinsvorsorge und gemeindliche Selbstverwaltung, S. 142 ff.

[451] Vgl. Moraing, NWVBl. 1997, 355 (356); ders. WiVerw 1998, 233 (250 f.)

[452] so auch Stern/Burmeister, Die kommunalen Sparkassen, S. 94; ebenso v.Arnim, Rechtsfragen der Privatisierung, S. 50 ff., der den Schutzbereich des Art. 28 II auf eine Aufgabenentziehung zugunsten Privater erstreckt, eine Gleichstellung aber ablehnt.

Die entgegengesetzte, herrschende Auffassung vertreten insbesondere *Hans-Günther Henneke*[453], *Markus Heintzen*[454] und *Fritz Ossenbühl*[455]. Sie können sich dabei auf die klassische Lehre[456] stützen, der zufolge es darauf ankomme, wem die Übertragung der Aufgaben zugute kommt. Die Selbstverwaltungsgarantie schütze nur gegenüber der Verstaatlichung, nicht auch gegenüber einer Privatisierung gemeindlicher Aufgaben. Art. 28 II GG enthalte als staatsorganisatorische Norm, die Kompetenzen der Gemeinden im Verhältnis zum Staat absichert, für die Aufgabenabgrenzung zur Privatwirtschaft keinerlei Maßgaben. Die Vorschrift betreffe ausschließlich den Staatsaufbau und die Grenze staatlicher Organisations- und Ordnungsvollmacht, vermittele aber keine Befugnisse zum Eingriff in den Aufgabenbestand Privater. Sie hindere den Gesetzgeber deshalb auch grundsätzlich nicht an einer Entkommunalisierung in Richtung einer Privatisierung von Aufgaben. Darüber hinaus sei die Umwandlung von Kommunal- in Privatwirtschaft schon deshalb gar kein Aufgabenentzug, weil die Privatwirtschaft kein anderer Aufgabenträger sei. Sie nehme keine Aufgaben wahr, sondern werde in Ausübung grundrechtlicher Freiheit tätig[457].

Richtigerweise ist einerseits zwischen der Schutzrichtung und andererseits der Reichweite des Schutzbereiches der Selbstverwaltungsgarantie zu differenzieren. Lassen sich nämlich verschiedene Schutzrichtungen der Garantienorm feststellen, so folgt daraus keinesfalls zwingend, Qualität und Reichweite des Schutzes seien in jedem Fall identisch. Vielmehr sind, lässt sich die vorliegende Frage nach der Schutzrichtung positiv beantworten, Überlegungen dahingehend anzustellen, inwieweit die Grundsätze zum klassischen Schutz der Garantienorm gegen die „Hochzonung" gemeindlicher Aufgaben auf die Problematik des Aufgabenentzuges zugunsten Privater übertragbar sind.

Die erforderliche Differenzierung erleichtert eine systematische Analyse auch insoweit, als die vorrangige Frage nach der Schutzrichtung nur positiv oder negativ beantwortet werden kann. Zutreffend ist sie, entsprechend der Ansicht *Friaufs*, *Wielands*, *Hellermanns* und *Moraings*, im ersten Sinne zu beantworten. Art. 28 II GG schützt grundsätzlich auch vor einem Aufgabenentzug durch den Gesetzgeber zugunsten Privater. Die dagegen stehende Auffassung vermag nicht zu überzeugen.

---

[453] Vgl. Henneke, NdsVBl. 1998, 273 (282)

[454] Vgl. Heintzen, Rechtliche Grenzen und Vorgaben für eine wirtschaftliche Betätigung von Kommunen im Bereich der gewerblichen Gebäudereinigung, Rechtsgutachten, S. 32 f.

[455] Vgl. Ossenbühl, Energieversorgung und kommunale Selbstverwaltung, S. 15 ff., mit umfangreichen weiteren Nachweisen

[456] Vgl. Isensee, Subsidiaritätsprinzip und Verfassungsrecht, S. 248 f. m.w.N.

[457] Vgl. Heintzen, Rechtliche Grenzen und Vorgaben für eine wirtschaftliche Betätigung von Kommunen im Bereich der gewerblichen Gebäudereinigung, Rechtsgutachten, S. 33

So vermittelt zwar Art. 28 II GG als Aufgabenzuweisungs- und Kompetenz-norm[458] nach zutreffender Ansicht keine Befugnis zu Eingriffen gegenüber Priva-ten[459]. Der Schluss, die Vorschrift würde deshalb nicht vor einem Aufgabenentzug zugunsten Privater schützen[460], lässt sich hieraus jedoch nicht entnehmen, will man zwischen Aufgaben, als dem Funktionskreis staatlicher Institutionen[461], und Be-fugnissen, als der Ermächtigung eben dieser Institutionen auf Individualrechtsposi-tionen einzelner einzuwirken[462], unterscheiden. Unerheblich ist in diesem Zusam-menhang, inwieweit Art. 28 II GG ohne weitere gesetzliche Grundlage zu ge-meindlicher Wirtschaftstätigkeit gegenüber Privaten berechtigt[463], da gemeindliche Wirtschaftstätigkeit jedenfalls dann grundsätzlich nicht mehr zulässig ist, wenn sie den gemeindlichen Funktionskreis verlässt. Gerade aber der den Gemeinden durch Art. 28 II GG eingeräumte Funktionskreis wird gleichermaßen durch eine „Aufga-benhochzonung" als einen Aufgabenentzug zugunsten Privater verkürzt[464]. Unver-ständlich ist in diesem Kontext auch, weshalb die Einschränkung des gemeindli-chen Aufgabenbereiches zugunsten Privater keinen Aufgabenentzug darstellen soll-te[465]. Zwar wird die Privatwirtschaft im Gegensatz zur Kommunalwirtschaft in Ausübung grundrechtlicher Freiheit tätig und nimmt deshalb bei genauer Betrach-tung keine Aufgaben wahr, sondern erfüllt diese vielmehr. Es lässt sich jedoch der Vorschrift des Art. 28 II GG gerade nicht entnehmen, dass eine den Schutz der Selbstverwaltungsgarantie auslösende Aufgabenentziehung notwendigerweise nur bei einer staatlichen Aufgabenübertragung vorliegen könne.

Die Bestimmung der Schutzrichtung der Garantie des Art. 28 II GG hat sich vielmehr an der Funktion der kommunalen Selbstverwaltung zu orientieren[466]. Das *Bundesverfassungsgericht* hat in diesem Zusammenhang ausdrücklich klargestellt:
„Indem der Verfassungsgeber die Institution gemeindliche Selbstverwaltung nicht nur in ihrer überkommenen Gestalt aufgegriffen hat, sondern mit eigenen Aufgaben in den Aufbau des politischen Gemeinwesens nach der grundgesetzlichen Ordnung eingefügt hat, hat er ihr eine spezifische Funktion beigemessen, die der Gesetzge-

---

[458] Vgl. Waechter, Kommunalrecht, Rn. 63

[459] Vgl. Löwer, Energieversorgung zwischen Staat, Gemeinde und Wirtschaft, S. 218; ders. in: v. Münch/Kunig, GG, Art. 28 Rn. 40; Schmidt-Aßmann, Kommunalrecht, in: ders., Besonderes Ver-waltungsrecht, 1. Abschnitt, Rn. 9; Wieland/Hellermann, DVBl. 1996, 401 (407)

[460] Vgl. Henneke, NdsVBl. 1998, 273 (282)

[461] Vgl. Kirchhof, Mittel staatlichen Handelns, in: Isensee/Kirchhof, HBdStR Band III, § 59 Rn. 17 f.

[462] Vgl. Kirchhof, Mittel staatlichen Handelns, in: Isensee/Kirchhof, HBdStR Band III, § 59 Rn. 24 ff.

[463] so aber Wieland/Hellermann, DVBl. 1996, 701 (707)

[464] Vgl. v. Arnim, Rechtsfragen der Privatisierung, S. 51

[465] Vgl. Heintzen, Rechtliche Grenzen und Vorgaben für eine wirtschaftliche Betätigung von Kom-munen im Bereich der gewerblichen Gebäudereinigung, Rechtsgutachten, S. 33

[466] Vgl. v. Arnim, AöR 113 (1988), 1 (14)

ber zu berücksichtigen hat"[467]. Die Ablehnung der gegenständlichen Schutzrichtung wäre folglich zutreffend, würde sich die der gemeindlichen Selbstverwaltung durch das Grundgesetz zugewiesenen Funktion, lediglich in ihrem dezentralen Element[468], also der Verteilung von Verwaltungsaufgaben auf Hoheitsträger mit eigener Rechtspersönlichkeit außerhalb der staatlichen, hierarchisch aufgebauten Staatsverwaltung[469], erschöpfen. In dieser Funktion dient die kommunale Selbstverwaltung einerseits einer sach- und ortsnäheren, damit bürgernäheren und u. U. effektiveren Erledigung von Aufgaben, andererseits der Verstärkung der horizontalen Gewaltenteilung im montesquieuschen Sinne in vertikaler Dimension[470]. Eine Beeinträchtigung der Garantie der kommunalen Selbstverwaltung in dieser Funktion ist nur durch staatliche „Aufgabenhochzonung", nicht aber durch grundsätzlichen Aufgabenverzicht denkbar. Dezentralisation besagt schließlich lediglich, dass Aufgaben prinzipiell dezentral wahrgenommen werden, nicht aber ob Aufgaben überhaupt wahrzunehmen sind.

Eine Reduzierung der kommunalen Selbstverwaltung auf ihre dezentrale Funktion greift jedoch zu kurz, da lediglich ihre organisatorische Komponente berührt ist, ihre inhaltliche, materielle Komponente aber unberücksichtigt bleibt[471]. Kommunalverwaltung ist eben gerade keine bloße Kopie der Staatsverwaltung[472], wie die traditionellen Doktrin in ihrer vorherrschende Ausrichtung auf den Begriff der sogenannten juristischen, allein auf den Körperschaftsstatus fixierten Selbstverwaltung[473] als Eindruck vermittelt haben. Zwar kann ihr als mittelbarer Staatsverwaltung, wie dies bisweilen geschieht[474], auch vor diesem Hintergrund kein für sich legitimierender Eigenwert zugestanden werden, da der Staat grundsätzlich nicht aus sich selbst heraus, sondern letztendlich nur aus seiner spezifischen Funktion für den Einzelnen legitimiert[475]. Es würde anderenfalls das Mittel zur Verwirklichung der Idee der gemeindlichen Selbstverwaltung mit deren Inhalt gleichgesetzt[476].

Der Garantie kommunaler Selbstverwaltung liegt aber neben dem juristischen ein, erst in jüngerer Zeit wieder ins Bewusstsein getretenes, politisches Element

---

[467] BVerfGE 79, 127 (143)

[468] Vgl. Schuppert, AöR 114 (1989), 127 (135 ff.;); Hendler, Das Prinzip der Sebstverwaltung, in: Isensee/Kirchhof, HBdStR Band IV, § 106 Rn. 51

[469] Vgl. Brohm, DVBl. 1984, 293 ff.

[470] Vgl. Lissack, Bayerisches Kommunalrecht, Rn. 54; Wolff/Bachof/Stober, Verwaltungsrecht II, § 84 Rn. 34 a.E.

[471] Vgl. Schuppert, AöR 114 (1989), 127 (130)

[472] Vgl. Kluth, DVBl. 1986, 716 (719); Schuppert, AöR 114, (1989), 127 (135)

[473] Vgl. Schmidt-Aßmann, Kommunale Selbstverwaltung nach „Rastede" in: FS für Sendler, 121 (126)

[474] Vgl. Moraing, WiVerw 1998, 233 (251)

[475] Vgl. v. Arnim, AöR 113 (1988) 1 (6); Zippelius, Allgemeine Staatslehre, S. 117, 121

[476] Vgl. Schmidt-Aßmann, Kommunale Selbstverwaltung nach „Rastede", in: FS für Sendler, 121 (126)

zugrunde[477], dessen spezifische Funktion als Inhalt der verfassungsrechtlichen Garantie deren Schutzrichtung bestimmt[478]. Als solche beruht die gemeindliche Selbstverwaltung maßgeblich auf dem Gedanken der Betroffenenpartizipation und dem Funktionselement bürgerschaftlicher Beteiligung[479]. Eben dieses bürgerschaftliche Element hebt auch das *Bundesverfassungsgericht* ausdrücklich hervor, wenn es Selbstverwaltung als *„Aktivierung der Beteiligten für ihre eigenen Angelegenheiten"*[480] charakterisiert und ausführt, die Selbstverwaltung der Gemeinden, *„im Spannungsverhältnis zwischen Verwaltungseffizienz und Bürgernähe"* angesiedelt, diene *„der grundgesetzlich gewollten Teilnahme der Bürger an der öffentlichen Verwaltung"*[481]. Selbstverwaltung sei demnach *„materielle Verwaltungsausübung durch eine verfasste Gemeinschaft Betroffener"*[482].

Entscheidend ist in diesem Zusammenhang, dass sich die in der Idee der gemeindlichen Selbstverwaltung angelegte Sicherung individueller Freiheit durch politische Selbstbestimmung[483] nicht in einer bloßen Beteiligung an der öffentlichen Verwaltung zum Zwecke der Integration der Bürger in die verfasste Staatlichkeit[484] einerseits und andererseits in der Gewährleistung einer Distanz zum Staat durch die Selbstverantwortlichkeit einer kleinen Gruppe von Betroffenen im Gegensatz zur Gesamtheit der Staatsbürger[485] erschöpft. Insoweit könnte sich auch aus dem politischen Element der Selbstverwaltung kein Schutz gegen einen Aufgabenentzug zugunsten Privater ergeben.

Das Grundgesetz überlässt den Gemeinden durch Art. 28 II GG eine unbestimmte Vielzahl öffentlicher Aufgaben zur eigenverantwortlichen Wahrnehmung.

---

[477] Vgl. Hendler, Das Prinzip der Selbstverwaltung, in: Isensee/Kirchhof, HBdStR Band IV, § 106 Rn 14; Schmidt-Aßmann, Kommunale Selbstverwaltung nach „Rastede", in: FS für Sendler, 121 (126)

[478] Vgl. Schmidt-Aßmann, Kommunale Selbstverwaltung nach „Rastede", in: FS für Sendler, 121 (122)

[479] Vgl. Schmidt-Aßmann, Zum staatsrechtlichen Prinzip der Selbstverwaltung, in: Gedächtnisschrift für Wolfgang Martens, 249 (252); ders., Kommunalrecht, Rn. 8; Sendler, Das Prinzip der Selbstverwaltung, in: Isensee/Kirchhof, HBdStR Band IV, § 106 Rn. 15 ff.; Stern, Staatsrecht der BRD, Band I, S. 400 ff.; Wolff/Bachof/Stober, Verwaltungsrecht II, § 84 Rn. 34; Hill, Die politisch demokratische Funktion der kommunalen Selbstverwaltung nach der Reform, S. 25; a. A. Forsthoff, Lehrbuch des Verwaltungsrechts, S. 747

[480] Vgl. BVerfGE 11, 266 (275)

[481] Vgl. BVerfGE 79, 127 (148)

[482] Vgl. Schmidt-Aßmann, Zum staatsrechtlichen Prinzip der Selbstverwaltung, in: Gedächtnisschrift für Wolfgang Martens, 249 (252)

[483] Vgl. Schmidt-Aßmann, Kommunale Selbstverwaltung nach „Rastede", in: FS für Sendler, 121 (124)

[484] Vgl. Hendler, Das Prinzip der Selbstverwaltung, in: Isensee/Kirchhof, HBdStR Band IV, § 106 Rn 68

[485] Vgl. Hendler, Das Prinzip der Selbstverwaltung, in: Isensee/Kirchhof, HBdStR Band IV, § 106 Rn 53

Es gewährleistet damit dem einzelnen Bürger einen „Bereich" eigener Einflussmöglichkeit auf die Gestaltung der Rahmenbedingungen seiner Freiheitsausübung[486] durch Ausübung von Staatsgewalt innerhalb der Grenze qualifizierter,
mitgliedschaftlicher Selbstbetroffenheit.

Entzieht nun der Gesetzgeber Angelegenheiten der örtlichen Gemeinschaft, um
sie ausschließlich Privaten zur Ausführung zu überlassen, wird das durch Art. 28 II
GG abgesteckte Betätigungsfeld der Bürger verkürzt. Zwar verbleibt den Betroffenen als Adressaten der grundgesetzlichen Garantie kommunaler Selbstverwaltung
die Möglichkeit einer nun ausschließlich individuellen Vornahme in Ausübung
grundrechtlicher Freiheit. Gerade aber die durch Art. 28 II GG vorgesehene und
garantierte Möglichkeit der Vornahme durch das Gemeinwesen, d.h. die Dienstbarmachung verfasster Staatlichkeit aufgrund kollektiver Betroffenheit in gemein-
schaftlicher Partizipation entfällt.

Kommunale Selbstverwaltung gewährleistet den Betroffenen, über die für den
Staatsbürger hinaus bestehende Möglichkeit politischer Teilnahme in einer zentra-
lisierten repräsentativen Demokratie durch Wahlakt zu den staatlichen Parlamen-
ten, die Möglichkeit der institutionalisierten unmittelbaren Gestaltung und Steuerung des örtlichen Geschehens[487]. Wird die Erfüllung einer Aufgabe vollständig
dem Markt überlassen, übernimmt grundsätzlich der Mechanismus von Angebot
und Nachfrage die Steuerung. Die gemeinschaftliche, unabhängig von persönli-
chem Gewinnstreben stehende, unmittelbare Steuerungsmöglichkeit der Betroffenen in Form der durch die gemeindliche Selbstverwaltung vorgesehenen Möglichkeit demokratisch-partizipativer Gestaltung wird aber zwangsläufig vereitelt.

(3)   „Erweiterung des Handlungskreises der Gemeinden"

Vor dem Hintergrund jüngster landesgesetzgeberischer Initiativen zur räumlichen
Ausdehnung gemeindlicher Wirtschaftstätigkeit über die Gemeindegrenzen hinaus
wird die Frage virulent, ob die Garantie der kommunalen Selbstverwaltung in Art.
28 II GG auch bei einer Erweiterung des Handlungskreises der Gemeinden Grenzen aufstellt. In diesem Zusammenhang ist logisch vorrangig der Frage nachzugehen, ob und inwieweit eine Ausdehnung des gemeindlichen Handlungskreises ü-
berhaupt verfassungsrechtlich zulässig ist. Da eine gesetzgeberische Steuerung des
gemeindlichen Tätigkeitskreises einerseits auf der Ebene des „modalen Elements"
kommunaler Selbstverwaltung als dem „wie" gemeindlicher Aufgabenerfüllung[488],
andererseits auf der Ebene des „funktionalen Elements" der Garantie gemeindlicher

---

[486] Vgl. Hendler, Das Prinzip der Selbstverwaltung, in: Isensee/Kirchhof, HBdStR Band IV, § 106
Rn 53
[487] Vgl. Hendler, Das Prinzip der Selbstverwaltung, in: Isensee/Kirchhof, HBdStR Band IV, §106
Rn. 67
[488] Vgl. Lissack, Bayerisches Kommunalrecht, § 1 Rn. 77

Selbstverwaltung als dem „was" gemeindlicher Aufgabenerfüllung[489] denkbar ist, erfordert eine systematische Erörterung der gegenständlichen Problematik eine strenge Differenzierung beider Ebenen, eine Prämisse, die die wissenschaftliche Diskussion in der erforderlichen Sauberkeit leider vermissen lässt[490].

(a)   Die räumliche Ausdehnung des Handlungsbereiches

Wie bereits dargestellt, ist gemeindliche Wirtschaftsbetätigung Mittel zum Zwecke der Erledigung gemeindlicher Aufgaben[491] und infolgedessen über das Erfordernis der Erfüllung öffentlicher Zwecke mit der zu erfüllenden Aufgabe verbunden[492]. Will der einfache Gesetzgeber den räumlichen Handlungsbereich der Gemeinden erweitern, so bildet deshalb letztendlich der gemeindliche Aufgabenkreis, der nach der verfassungsrechtlichen Konzeption gemeindlicher Selbstverwaltung unter dem Grundgesetz auf Gemeindeeinwohner und Gemeindegebiet in ihrer spezifischen Zusammengehörigkeit begrenzt ist, über die Verknüpfung mit dem öffentlichen Zweck die äußere Schranke gemeindlichen Handelns zur Erfüllung gemeindlicher Aufgaben[493]. Die Bindung wirtschaftlicher Betätigung an die Erfüllung öffentlicher Zwecke ist aber aufgrund des grundsätzlichen Legitimationserfordernisses staatlichen Tätigwerdens zwingende verfassungsrechtliche Notwendigkeit, die weder dem Grunde, noch ihrer Qualität nach, zur Disposition des einfachen Gesetzgebers steht. Nach zutreffender Ansicht[494] laufen deshalb landesgesetzgeberische Regelungen, die ein gemeindliches Tätigwerden außerhalb ihres Gebiets erlauben, weitgehend leer, kann doch der durch den öffentlichen Zweck in Verbindung mit den Angelegenheiten der örtlichen Gemeinschaft gesteckte Rahmen nicht verlassen werden.

Andererseits bewirkt gerade eben die verfassungsrechtliche Bindung gemeindlichen Handelns an die Erfüllung öffentlicher Zwecke, dass die wirtschaftliche Betätigung einer Gemeinde, anders als die durch Art. 28 II GG zugewiesenen gemeindlichen Aufgaben, nicht strikt auf das Gemeindegebiet begrenzt ist[495], sondern ausnahmsweise über die Gemeindegrenzen hinausgehen kann.

Entsprechend der herrschenden Meinung[496], derzufolge Art. 28 II GG auch im Verhältnis der Gemeinden zueinander Schutz vermittelt, wird deshalb vertreten,

---

[489] Vgl. Lissack, Bayerisches Kommunalrecht, § 1 Rn. 65

[490] Vgl. Lux, NWVBl. 2000, 7 (10); Ehlers, NWVBl. 2000, 1 (6); Henneke, NdsVBl. 1998, 273 (278)

[491] Vgl. Grawert, Zuständigkeitsgrenzen der Kommunalwirtschaft, in: FS für Blümel, 119 (125)

[492] Vgl. Ehlers, NWVBl. 2000, 1 (6)

[493] Vgl. Grawert, Zuständigkeitsgrenzen der Kommunalwirtschaft, in: FS für Blümel, 119 (125)

[494] Vgl. Ehlers, NWVBl. 2000, 1 (6)

[495] Vgl. nur Enkler, ZG 1998, 328 (338)

[496] Vgl. Nierhaus, in: Sachs GG, Art. 28 Rn. 34; Dreier, in: ders., GG, Art. 28 Rn. 99; Ehlers, NWVBl. 2000, 1 (6); ders. DVBl. 1998, 497 (504); Lux, NWVBl. 2000, 7 (10); Henneke, NdsVBl. 1998, 273 (278 f.); Held, WuV 1999, 264 (266, 280 ff.); Pielow, NWVBl. 1999, 369 (372); Bur-

Grenzüberschreitungen bedürften ausnahmslos einer verfassungsrechtlichen Rechtfertigung am Maßstab der gemeindlichen Selbstverwaltungsgarantie[497]. Inwieweit
diese Feststellung in ihrer Pauschalität zutreffend ist, kann erst im Rahmen der Bestimmung des inhaltlichen Schutzes der Garantie kommunaler Selbstverwaltung
beantwortet werden. Im Grundsatz kann dieser Ansicht jedoch gefolgt werden, da
im Falle einer ausnahmsweise zulässigen Grenzüberschreitung die Garantie der
kommunalen Selbstverwaltung Schutzwirkungen entfaltet und insoweit zu berücksichtigen ist. Wird auch in den Aufgabenkreis der Gemeinden und die dazu korrespondierende Befugnis der eigenverantwortlichen Wahrnehmung desselben durch
eine tätigkeitsausweitende gesetzliche Regelung nicht unmittelbar eingegriffen, so
kann sich durch eine Grenzüberschreitung dennoch eine Beeinträchtigung der Garantie kommunaler Selbstverwaltung ergeben. Nach der verfassungsrechtlichen
Konzeption stehen zwar die Aufgabenkreise der Gemeinden überschneidungslos
nebeneinander, doch gilt dies entsprechend obiger Darstellung nicht gleichermaßen
für den verfassungsrechtlich zulässigen Aktionsbereich der Gemeinden, der lediglich über den öffentlichen Zweck an den Aufgabenbereich gebunden ist. So ist
durchaus denkbar, dass sich die jeweiligen gemeindlichen Aktionskreise im Bereich der wirtschaftlichen Betätigung überschneiden und demzufolge die durch Art.
28 II GG gesicherte eigenverantwortliche Aufgabenwahrnehmung[498] der von der
Gebietsüberschreitung betroffene Gemeinde von berührt über beeinträchtigt bis
vereitelt werden kann.

In diesem Sinne hat auch die Rechtsprechung[499] für die interkommunale Abstimmung von Planungsentscheidungen unmittelbar aus der durch Art. 28 II GG
geschützten Planungshoheit[500] bzw. des „Selbstgestaltungsrechtes"[501] der Gemeinden eine subjektive Rechtsstellung der Gemeinden im horizontalen Verhältnis zueinander entwickelt. Da Art. 28 II GG gleichermaßen Grundlage für gemeindliche
Planungsentscheidungen wie auch wirtschaftliche Betätigungen ist, kann insoweit
nichts anderes gelten.

---

meister, Selbstverwaltungsgarantie und wirtschaftliche Betätigung der Kommunen, in: Püttner,
HBdkWP Band V, § 93 S. 42

[497] Vgl. Ehlers, NWVBl. 2000, 1 (6); Lux, NWVBl. 2000, 7 (10); Henneke, NdsVBl. 1998, 273
(278 f.)

[498] Vgl. Schmidt-Aßmann, Kommunalrecht, in: ders., Besonderes Verwaltungsrecht, 1. Abschnitt,
Rn. 19

[499] Vgl. BVerwGE 70, 323 (329); BVerwGE 80, 209 (214 ff.); BVerwG NVwZ 1994, 285 (288);

[500] Vgl. Schmidt-Aßmann, Kommunalrecht, in: ders., Besonderes Verwaltungsrecht, 1. Abschnitt,
Rn. 23

[501] Vgl. Langer, VerwArch 80 (1989), 352 (378); Knemeyer, in: ders. Staats- und Verwaltungsrecht
in Bayern, Teil C: Kommunalrecht, § 1 Rn. 6

Die entgegenstehende Ansicht *Wielands*[502], *Hellermanns*[503] und *Moraings*[504], die Art. 28 II mangels Hoheitlichkeit keinerlei Begrenzungen für eine wirtschaftliche Betätigung entnehmen, ist entsprechend den obigen Ausführungen mir der herrschenden Ansicht abzulehnen. Inkonsequent ist auch die von *Norbert Schulz*[505] vertretene Ansicht, der zwar von der Geltung der bundesstaatlichen Kompetenzordnung für die wirtschaftliche Betätigung ausgeht, dann aber einen Schutz aus Art. 28 II GG ablehnt, da nicht, wie im Falle der kommunalen Planungshoheit, hoheitliche Befugnisse, sondern konkurrierende Wirtschaftsunternehmen aufeinander treffen würden[506].

(b)   Die Erweiterung des Aufgabenkreises

Ausgehend von der Instrumentalfunktion wirtschaftlicher Betätigung zur Erfüllung eigener Aufgaben[507] besteht aber prinzipiell die Möglichkeit, will der Landesgesetzgeber den gemeindlichen Aktionsradius für eine wirtschaftliche Betätigung über den durch Art. 28 II GG vorgesehenen Rahmen erweitern, den der gemeindlichen Wahrnehmung zugänglichen Aufgabenkreis auszubauen. Problematisch wird dies im vorliegenden Fall, da nicht eine Aufgabenübertragung im klassischen vertikalen Staat - Gemeinde Verhältnis vorgenommen werden soll, sondern der eigene Aufgabenkreis der Gemeinden territorial, d.h. in horizontaler Richtung zwischen den Gemeinden erweitert werden soll. Zu klären ist deshalb, ob und inwieweit Art. 28 II GG einer territorialen Ausweitung des gemeindlicher Wahrnehmung zugänglichen Aufgabenkreises Grenzen setzt.

Über die Problematik der Schutzrichtung hinaus stellt sich in diesem Zusammenhang zunächst die Frage, ob eine Durchbrechung des Örtlichkeitsprinzips mit Blick auf die verfassungsrechtliche Konzeption kommunaler Selbstverwaltung überhaupt möglich ist. So vertreten insbesondere und *Rolf Grawert*[508], *Hermann Hill*[509] und Wolfgang Löwer[510] die Ansicht, die Begrenzung gemeindlicher Wirtschaftstätigkeit auf die Wahrnehmung von Angelegenheiten der örtlichen Gemeinschaft sei verfassungsrechtlich zwingend. Grenzüberschreitungen seien ausschließlich im Rahmen interkommunaler Zusammenarbeit zulässig.

---

[502] Vgl. Wieland, Kommunalwirtschaftliche Betätigung unter veränderten Wettbewerbsbedingungen, in : Henneke (Hrsg.), Optimale Aufgabenerfüllung im Kreisgebiet?, 193 (197)
[503] Vgl. Hellermann, Örtliche Daseinsvorsorge und gemeindliche Selbstverwaltung, S. 130
[504] Vgl. Moraing, WiVerw. 1998, 233 (243 ff)
[505] Vgl. Schulz, BayVBl. 1998, 449 (451)
[506] Vgl. Schulz, BayVBl. 1998, 449 (452)
[507] Vgl. Grawert, Zuständigkeitsgrenzen der Kommunalwirtschaft, in: FS für Blümel, 119 (125)
[508] Vgl. Grawert, Zuständigkeitsgrenzen der Kommunalwirtschaft, in: FS für Blümel, 119 (129)
[509] Vgl. Hill, BB 1997, 185 (187)
[510] Vgl. Löwer, NWVBl. 2000, 241 (244 f.)

Da aber Art. 28 II GG den Gemeinden die eigenverantwortliche Regelung aller Angelegenheiten der örtlichen Gemeinschaft nur im Rahmen der Gesetze gewährleistet, kommt, jedenfalls auf den ersten Blick, eine einschränkungslose Geltung des Örtlichkeitsprinzips nicht in Betracht. Vor diesem Hintergrund gehen auch insbesondere *Markus Heintzen*[511] und *Friedrich-Wilhelm Held*[512] von der grundsätzlichen Möglichkeit einer Durchbrechung des Örtlichkeitsprinzips aus. Skeptischer sehen dies *Dirk Ehlers*[513] *und Hans-Günther Henneke*[514]. Eine Gebietsüberschreitung ohne oder gegen den Willen der betroffenen kommunalen Körperschaft schmälere deren Selbstverwaltungsrecht, so dass eine Kompetenzerweiterung *über das Landesgebiet hinaus* mangels Gesetzgebungszuständigkeit des Landesgesetzgebers unzulässig sei. Die Kompetenzerweiterung *innerhalb des Landesgebiets* bedürfe der Rechtfertigung am Maßstab der Selbstverwaltungsgarantie. Eine bessere Kapazitätsauslastung oder höhere Rendite, ohne dass eine Versorgungsleistung für die eigene Bevölkerung erbracht werde, könne dafür nicht ausreichen. Es müssten in jedem Fall die berechtigten Interessen der Gebietskörperschaft gewahrt bleiben[515].

Diese Ansicht ist selbstverständlich insoweit zutreffend, als eine Durchbrechung des Örtlichkeitsprinzips eine Beeinträchtigung des Selbstverwaltungsrechtes darstellt, wird doch das den Gemeinden durch Art. 28 II GG grundsätzlich unbeschränkt gewährleistete Zugriffsrecht auf die durch die Angelegenheiten der örtlichen Gemeinschaft bestimmten eigenen Aufgaben[516] beschränkt. Zu kurz kommt lediglich die ganz entscheidende und logisch vorrangige Frage, ob eine Durchbrechung des Örtlichkeitsprinzips *überhaupt* verfassungsrechtlich zulässig ist.

Soweit diese Fragestellung ins Zentrum juristischer Diskussion rückt, wird ihr erheblicher verfassungsrechtlicher Klärungsbedarf attestiert[517]. Ansätze einer Lösungsmöglichkeit werden in einem engeren „*Genehmigungsmodell*"[518] und einem weitergehenderen „*Ermächtigungsmodell*"[519] gesehen. Während das Genehmigungsmodell eine Zustimmung der betroffenen Gemeinde grundsätzlich für erforderlich aber auch ausreichend hält und lediglich für den Fall ihrer Verweigerung, zumindest im Bereich pflichtiger Selbstverwaltungsaufgaben, begrenzt auf den jeweiligen Landesteil, durch ein Letztentscheidungsrecht der Rechtsaufsichtsbehörde ersetzen will, geht das Ermächtigungsmodell von einer grundsätzlichen

---

[511] Vgl. Heintzen, NVwZ 2000, 243, (244 f.)
[512] Vgl. Held, NWVBl. 2000, 201 (205)
[513] Vgl. Ehlers, NWVBl. 2000, 1 (6)
[514] Vgl. Henneke, NdsVBl. 1998, 273 (278 f.)
[515] Vgl. Ehlers, NWVBl. 2000, 1(6)
[516] Vgl. BVerfGE 79, 127 (143, 147)
[517] Vgl. Enkler, ZG 1998, 328 (349)
[518] Vgl. Enkler, ZG 1998, 328 (349 f.)
[519] Vgl. Enkler, ZG 1998, 328 (350 f.)

Einschränkbarkeit des Örtlichkeitsprinzips dahingehend aus, dass es dem jeweiligen Landesgesetzgeber gestattet ist, den Rahmen abzustecken, in dem ihm eine Beeinträchtigung des gemeindlichen Selbstverwaltungsrechtes als zulässig erscheint.

(aa) Das „Genehmigungsmodell"

Beide Modelle unterscheiden sich vordergründig lediglich im Hinblick auf eine Mitwirkungspflicht der betroffenen Gemeinde, tatsächlich zeigen sich mit Blick auf die verfassungsrechtliche Gewährleistung kommunaler Selbstverwaltung erhebliche Unterschiede. So handelt es sich nur im Falle des „Ermächtigungsmodells" auch tatsächlich um eine Durchbrechung des Örtlichkeitsgrundsatzes, da nur in diesem Fall von der örtlichen Gemeinschaft vollständig eigenverantwortlich fremde Angelegenheiten wahrgenommen werden[520]. Dahingegen handelt es sich bei dem Genehmigungsmodell nur nach dem äußeren Erscheinungsbild um eine Fremdvornahme. Bei eingehender Betrachtung qualifiziert sich das Genehmigungsmodell aber als eine besondere Spielart interkommunalen Zusammenwirkens im Sinne einer Zweckvereinbarung zur Übertragung fest umrissener Aufgaben auf einen Beteiligten[521]. Werden Grenzüberschreitungen im Rahmen interkommunaler Zusammenarbeit allgemein als zulässig erachtet[522], so gilt dies insbesondere auch für das Genehmigungsmodell, da mit dessen gesetzlicher Regelung schon gar nicht in den Aufgabenbestand der Gemeinden und damit in den funktionellen Gehalt[523] der gemeindlichen Selbstverwaltungsgarantie eingegriffen. Sämtliche Aufgaben verbleiben nach wie vor bei den Gemeinden. Das Genehmigungsmodell betrifft vielmehr lediglich das modale Element gemeindlicher Selbstverwaltung im Sinne einer eigenverantwortlichen Aufgabenwahrnehmung, lässt aber auch insoweit die damit verbundene freie Entscheidung der Gemeinde über das „Ob", „Wann" und „Wie" der Aufgabenwahrnehmung[524] vollständig in der Hand der Gemeinde. Da insoweit eine Verletzung des gemeindlichen Selbstverwaltungsrechts ausscheidet, kann das Genehmigungsmodell uneingeschränkte verfassungsrechtliche Zulässigkeit für sich beanspruchen[525]. Auch eine länderübergreifende Wirtschaftstätigkeit stößt vor diesem Hintergrund auf keinerlei kompetenzrechtliche Bedenken, trägt

---

[520] Anders Enkler, ZG 1998, 328 (350), der auch im Falle des Genehmigungsmodells von einem Aufgabenentzug ausgeht

[521] Vgl. nur Art. 7 II, 10 I BayKommZG; §§ 23 ff. nwGKG

[522] Vgl. Ehlers, NWVBl. 2000, 1 (6); Grawert, Zuständigkeitsgrenzen der Kommunalwirtschaft, in: FS für Blümel, 119 (127); Held, WiVerw 1999, 264 (266); Henneke, NdsVBl. 1998, 273 (278); Lux, NWVBl. 2000, 7 (10); Pielow, NWVBl. 1999, 369 (373); Schulz, BayVBl. 1998, 449

[523] Vgl. Lissack, Bayerisches Kommunalrecht, § 1 Rn. 65

[524] Vgl. Lissack, Bayerisches Kommunalrecht, § 1 Rn. 77

[525] So auch Ehlers, NWVBl. 2000, 1 (6), wenn er davon ausgeht, dass nur eine Gebietsüberschreitung ohne den Willen der betroffenen Gemeinde deren Selbstverwaltungsrecht schmälert. Anders Heintzen, NVwZ 2000, 243 (245), der eine Genehmigung nicht für ausreichend erachtet.

doch der Landesgesetzgeber mit Aufnahme des Genehmigungsmodells gerade dazu bei, dass eine Verletzung des Selbstverwaltungsrechtes der betroffenen Gemeinden nicht eintreten kann. Ein Rückgriff auf den Gesetzesvorbehalt des Art. 28 II GG ist deshalb nicht erforderlich, so dass sich kompetenzrechtliche Fragen nicht stellen[526]. Dagegen ist für die regelnde Ausgestaltung des Selbstverwaltungsrechtes der aktiv handelnden Gemeinde die Zuständigkeit des jeweiligen Landesgesetzgebers unproblematisch eröffnet.

Problematisch ist lediglich das im Rahmen des Genehmigungsmodells vorgesehene Letztentscheidungsrecht der zuständigen Rechtsaufsichtsbehörde. Da jedoch im Rahmen öffentlich-rechtlicher Zweckvereinbarung die Möglichkeit von Pflichtvereinbarungen gesetzlich vorgesehen ist[527], bestehen im Hinblick auf deren weitgehende Übereinstimmung keine Bedenken gegen eine Übertragung ihrer Voraussetzungen und Rechtsfolgen auf die Ausgestaltung des Genehmigungsmodells. Demnach ist das Letztentscheidungsrecht der Rechtsaufsichtsbehörden auf gemeindliche Pflichtaufgaben beschränkt und kann nur aus zwingenden Gründen des öffentlichen Wohls von der Aufsichtsbehörde bewirkt werden. Aufgrund des hierdurch vermittelten Eingriffs in das Selbstverwaltungsrecht der betroffenen Gemeinde ist jedoch insoweit eine gebietsüberschreitende Wirtschaftsbetätigung auf den Kompetenzbereich des jeweiligen Landesgesetzgeber begrenzt und damit nur innerhalb der Landesgrenzen zulässig.

(bb)   Das „Ermächtigungsmodell"

Anders das Ermächtigungsmodell, für das die Frage nach der verfassungsrechtlichen Zulässigkeit einer Durchbrechung des Örtlichkeitsprinzips weitergehender Überprüfung bedarf.

Auszugehen ist dabei zunächst von der Prämisse einer strikten Trennung der gemeindlichen Funktionsbereiche. So kann Dezentralisation als eines der Grundprinzipien kommunaler Selbstverwaltung bereits begrifflich nicht lediglich auf eine Funktionsabgrenzung von Trägern öffentlicher Gewalt im vertikalen Staat – Gemeinde Verhältnis reduziert sein, sondern erfordert zwingend eine Funktionsabgrenzung im horizontalen Verhältnis der Gemeinden untereinander. Darüber hinaus setzt der auf den Grundsatz der Einheitlichkeit der Staatsgewalt aufbauende

---

[526] Anders zutreffend Ehlers, NWVBl. 2000, 1 (6) der praktisch nur den Fall des Ermächtigungsmodells behandelt. Insoweit wäre selbstverständlich aufgrund einer regelnden Ausgestaltung des Selbstverwaltungsrechts der betroffenen Gemeinden ein Rückgriff auf den Gesetzesvorbehalt erforderlich mit der zwangsläufigen Folge, dass die Regelungskompetenz des jeweiligen Landesgesetzgebers gebietsübergreifende Wirtschaftsbetätigung jedenfalls auf das betreffende Bundesland begrenzt.

[527] Vgl. nur Art. 16 I baykommZG; § 26 I nwGKG

Rechtsstaat[528] voraus, dass diese gemeindlichen Funktionskreise überschneidungslos nebeneinander stehen[529]. Gemeindliche Aufgaben können nicht eine Mehrzahl gemeindlicher Zuständigkeiten begründen. Soweit demnach durch Gesetz eine Durchbrechung des Örtlichkeitsgrundsatzes zum Zwecke grenzüberschreitender Wirtschaftstätigkeit gestattet werden sollte, muss eine ausschließliche Zuständigkeitsregelung getroffen werden, ist doch auch gemeindliche Wirtschaftsbetätigung Ausübung von Staatsgewalt und vollzieht sich nicht im Wettbewerb, sondern im geordneten Nebeneinander streng abgegrenzter Zuständigkeitsbereiche[530].

Vor diesem Hintergrund qualifiziert sich eine Durchbrechung des Örtlichkeitsprinzips generell als Aufgabenentzug[531] und weist damit auf den ersten Blick eine ausgesprochene Affinität zur Problematik der Aufgabenhochzonung[532] auf übergeordnete Verwaltungsträger auf. Allein der Umstand, dass die Aufgabenerfüllung weiterhin auf Gemeindestufe vorgenommen wird, rechtfertigt keine andere Beurteilung, nimmt doch nicht die gemeindliche Aufgabenerfüllung an sich, sondern nur die Erfüllung *eigener* gemeindlicher Aufgaben an deren verfassungsrechtlicher Garantie teil. Auch im Hinblick auf die jeweils zugrunde liegende gesetzgeberische Motivation gleichen sich Aufgabenhochzonung und Durchbrechung des Örtlichkeitsprinzips, da es in beiden Fällen letztendlich Rentabilitätsgesichtspunkte sind, die eine Aufgabenverlagerung veranlassen.

In Anbetracht dessen könnte man geneigt sein, gleichermaßen deren grundsätzliche verfassungsrechtliche Zulässigkeit anzunehmen und dem Gesetzgeber ein Wahlrecht zuzugestehen, ob er die erforderliche Versorgungssicherheit durch eine Aufgabenübertragung nach oben oder in horizontaler Richtung gewährleisten will. Wer aber von einem solchen Wahlrecht ausgeht, verkennt die grundsätzliche Systematik kommunaler Selbstverwaltung in ihrer verfassungsrechtlichen Intention.

Für die Wahrnehmung von Verwaltungsaufgaben im kreisangehörigen Raum stehen dem Staat Gemeinden und Kreise grundsätzlich gleichermaßen zur Verfügung. Dabei geht es auch für die Kreise letztendlich um Selbstverwaltung von „Angelegenheiten der örtlichen Gemeinschaft" und nicht um Selbstverwaltung als bloßes Formprinzip, bei der lediglich die Handlungseigenverantwortlichkeit Bedeutung erlangt[533]. In ihrer verfassungsrechtlichen Gewährleistung unterscheiden sich beide nur, aber auch ganz entscheidend, im Hinblick auf die Allzuständigkeit,

---

[528] Vgl. nur Hesse, Grundzüge des Verfassungsrechts, 1995, Rn. 6 ff.; Schmidt-Jortzig, Kommunalrecht, 1982, Rn. 4; Zippelius, Allgemeine Staatslehre, 1999, S. 63

[529] Ehlers, Niedersächsischer Landkreistag, 1999, 17 (23); Löwer, NWVBl. 2000, 241 (244)

[530] Vgl. Burmeister, Selbstverwaltungsgarantie und wirtschaftliche Betätigung der Kommunen, in: Püttner, HBdkWP Band V, § 93 S. 42

[531] Vgl. Ehlers, NWVBl. 2000, 1 (6)

[532] Vgl. BVerfGE 79, 127 (145 ff.)

[533] Vgl. Schmidt-Jortzig, DöV 1993, 973 (979 f.); Schmidt-Aßmann, Kommunalrecht, in: ders., Besonderes Verwaltungsrecht, 1. Abschnitt, Rn. 138

die ausschließlich den Gemeinden konstitutionell zugeordnet ist[534]. Zwangsläufig gibt es deshalb keine Angelegenheiten der örtlichen Gemeinschaft, die den Gemeindeverbänden von vornherein zustünden, sondern nur solche, die für sie durch ausdrückliche gesetzliche Festlegung aus dem originär allumfassenden gemeindlichen Fächer herausgetrennt[535] und den Kreisen zur eigenen Ausführung überwiesen wurden. Unter Zugrundelegung der Funktion kommunaler Selbstverwaltung entnimmt das *Bundesverfassungsgericht* hieraus ein verfassungsrechtliches Aufgabenverteilungsprinzip im Sinne eines materiell verstandenen Prinzips dezentraler Aufgabenansiedlung[536], das zugunsten kreisangehöriger Gemeinden auch gegenüber den Kreisen gelten soll[537]. Gerade dieses vom *Bundesverfassungsgericht* entwickelte Aufgabenverteilungsprinzip zeigt besonders anschaulich, dass eine Wahrnehmung von Angelegenheiten der örtlichen Gemeinschaft im kreisangehörigen Raum nach der grundgesetzlichen Konzeption kommunaler Selbstverwaltung auf Gemeinden und Kreise verteilt ist und der einfache Gesetzgeber dazu berufen ist, eine sach- und funktionsgerechte Aufteilung zwischen beiden Einheiten vorzunehmen. Dagegen kann dem Aufgabenverteilungsprinzip nicht entnommen werden, dass einer Aufgabenerfüllung auf generell-gemeindlicher Ebene der Vorzug einzuräumen ist. Im Verhältnis von Gemeinde und Kreis ist es vielmehr nur Ausfluss der zweistufigen Konzeption kommunaler Selbstverwaltung, die entsprechend ihrer dezentral-integrierenden Intention folgerichtig der gemeindlichen Selbstverwaltung einen besonderen Stellenwert einräumt. Dies hat aber nicht zur Folge, dass gemeindliche Selbstverwaltung zum Kern kommunaler Selbstverwaltung wird, sondern bleibt dies nach wie vor deren spezifische Funktion.

Mit der spezifischen Funktion kommunaler Selbstverwaltung ist geradezu untrennbar das Örtlichkeitsprinzip verbunden. Seine Durchbrechung bewirkt eine Verschiebung der Machtbalance auf kommunaler Ebene und entfremdet die Verwaltung durch die räumliche Distanz von den Bürgern. Sie läuft damit bereits der im juristischen Element kommunaler Selbstverwaltung verwurzelten Idee der Schaffung dezentraler Verwaltungseinheiten[538] einerseits zur Verstärkung der horizontalen Gewaltenteilung und andererseits zur Gewährleistung einer bürgernahen Verwaltung[539] entgegen.

Mögen diese Beeinträchtigungen der Garantie kommunaler Selbstverwaltung noch weitgehend mit denen der Aufgabenhochzonung übereinstimmen, so gilt das nicht mehr für das die gemeindliche Selbstverwaltung maßgeblich prägende bür-

---

[534] Vgl. Schmidt-Aßmann, Kommunalrecht, in: ders., Besonderes Verwaltungsrecht, 1. Abschnitt, Rn. 138;

[535] Vgl. Schmidt-Jortzig, DöV 1993, 973 (980);

[536] Vgl. BVerfGE 79, 127 (149 f.);

[537] Vgl. BVerfGE 79, 127 (150);

[538] Vgl. BVerfGE 79, 127 (149);

[539] Vgl. Lissack, Bayerisches Kommunalrecht, § 1 Rn. 54;

gerschaftliche Element[540]. Gerade das darin zum Ausdruck kommende und für die Selbstverwaltung an sich konstitutive Prinzip der Betroffenenpartizipation[541], d.h. der Beteiligung an der öffentlichen Verwaltung aufgrund Selbstbetroffenheit[542], wird bei einer Fremdvornahme übergangen[543]. In diesem Sinne dient gemeindliche wie auch die Selbstverwaltung der Kreise der Intention des Art. 28 II GG, nicht aber die Durchbrechung des Örtlichkeitsprinzips, bei der ja gerade die die gemeindliche Aufgabe hervorbringende und von ihr betroffene raumgemeinschaftliche Einheit verlassen wird. Es handelt sich dabei nicht mehr um kommunale Selbstverwaltung, sondern um Fremdverwaltung.

Unabhängig von der Klärung der Frage, ob und wann bestimmte Aufgaben durch den regelnden Gesetzgeber an die Landkreise zur Ausführung zu überweisen sind[544], ist deshalb Art. 28 II GG eine system- und funktionsbestimmte Unvereinbarkeit mit einer Durchbrechung des Örtlichkeitsprinzips zu entnehmen. Ist der Gesetzgeber der Ansicht, dass eine Erfüllung von Angelegenheiten der örtlichen Gemeinschaft entsprechend der verfassungsrechtlichen Grundsatzentscheidung auf gemeindlicher Ebene funktionsgerecht nicht mehr gewährleistet ist, so belässt ihm Art. 28 II GG ausschließlich die Möglichkeit der Aufgabenhochzonung. Es verwirklicht dann die selbstbetroffene größere und die Gemeinde integrierende raumgemeinschaftliche Einheit die Intention kommunaler Selbstverwaltung. Damit läuft die Aufgabenhochzonung gerade nicht, wie eine Durchbrechung des Örtlichkeitsgrundsatzes, dem Prinzip kommunaler Selbstverwaltung entgegen. Vielmehr gewährleistet gerade sie die Kontinuität intentionsgerechter selbstverwaltender Wahrnehmung von Angelegenheiten der örtlichen Gemeinschaft.

Ebenso zeigt beim Wechsel von der Selbst- zur Fremdverwaltung das Demokratieprinzip Wirkung[545]. Kommunale Selbstverwaltung kann sich im Spannungsverhältnis zum Demokratieprinzip nur solange behaupten, als auch eine Selbstbetroffenheit als qualifizierender Umstand gegeben ist. Bei der Fremdverwaltung ist aber nicht einmal mehr eine Mitbetroffenheit gegeben, so dass eine horizontale Aufgabenverlagerung auch an der Schwelle des Demokratieprinzips scheitert.

Unerheblich ist in diesem Zusammenhang, ob es sich bei den für eine Fremdvornahme vorgesehenen Aufgaben um sog. „freie" oder „pflichtige" Selbstverwaltungsaufgaben[546] handelt, da beide Kategorien als eigene Aufgaben der Gemeinden

---

[540] vgl. BVerfGE 79, 127 (148)

[541] Vgl. BVerfGE 79, 127 (150 f.); Ehlers, DVBl. 1998, 497 (504 Fn. 59)

[542] Vgl. Schuppert, AöR 114 (1989), 127 (135)

[543] So auch Ehlers, Niedersächsischer Landkreistag 1999, 17 (23)

[544] Vgl. hierzu Schmidt-Jortzig, DÖV 1993, 973 (980 ff.)

[545] So auch Löwer, NWVBl. 2000, 241 (244)

[546] Zur Unterscheidung vgl. Schmidt-Jortzig, DÖV 1993, 973 (975 f.)

unter den verfassungsrechtlichen Schutz kommunaler Selbstverwaltung fallen[547]. Dies gilt zwar nicht für die sog. „übertragenen" Aufgaben, deren ausschließliche Zuweisung in den kommunalen Vollzug nur eine eigene „Wahrnehmungszuständigkeit" der Gemeinden entstehen lässt, sie aber, ihrer inhaltlichen Zurechnung nach, weiterhin dem Staat verbleiben[548], so dass sie als Gewährleistungsgegenstand des funktionalen Elements gemeindlicher Selbstverwaltung nicht in Betracht kommen. Die getroffenen Feststellungen gelten aber gleichermaßen für „Selbstverwaltungsaufgaben" wie „übertragene Aufgaben". Verbleiben letztere auch ihrer inhaltlichen Zurechnung nach beim „Staat", so ist dieser dennoch, soweit er sich die kommunale Selbstverwaltung zur Wahrnehmung staatlicher Aufgaben dienstbar macht, uneingeschränkt an deren verfassungsrechtliche Grundprinzipien gebunden.

b)   Der Schutzgehalt des Art. 28 II GG

Ist vorliegend die Schutzrichtung des Art. 28 II GG geklärt, stellt sich daran unmittelbar anschließend die Frage, inwieweit Art. 28 II GG jeweils vor gesetzgeberischer Beschränkung seines Garantiebereiches schützt. Verfassungsrechtlich weitgehend geklärt ist der Bereich des klassischen Eingriffs im Verhältnis Staat – Gemeinde zum Zwecke der Aufgabenhochzonung. Im Folgenden soll deshalb die Darstellung des inhaltlichen Schutzes der Garantie gemeindlicher Selbstverwaltung gegen Aufgabenhochzonungen zum Ausgangspunkt für eine Erörterung ihres verfassungsrechtlichen Schutzes im Hinblick auf einen Aufgabenentzug zugunsten Privater sowie einer gebietsüberschreitenden Wirtschaftstätigkeit genommen werden.

(1)   Der Schutz des Art. 28 II GG gegen Aufgabenhochzonungen

Da die Garantie gemeindlicher Selbstverwaltung als institutionelle Garantie in besonderem Maße auf Ausgestaltung und Formung durch den Gesetzgeber angewiesen ist[549], stellt sich seit je her die Frage nach den Schranken dieses umfassenden Gestaltungsauftrags an den Gesetzgeber. Nach überkommener Auffassung[550] hatte der Gesetzgeber mit absolut geschütztem Kernbereich und über das Verhältnismäßigkeitsprinzip relativ geschütztem Randbereich ein duales Schrankensystem zu beachten[551]. Diese Grundkonzeption beibehaltend hat das *Bundesverfassungsge-*

---

[547] Vgl. Schmidt-Aßmann, Kommunale Selbstverwaltung nach Rastede, in: FS für Sendler, 121 (130)

[548] Vgl. Schmidt-Jortzig, DÖV 1993, 973 (976)

[549] Vgl. BVerfGE 79, 127 (143)

[550] Vgl. BVerfGE 76, 107 (119, 122); 26, 228 (239, 241); BVerwGE 67, 321 (323); Schoch, VerwArch 1990, 18 (24 f. m.w.N.)

[551] Vgl. Schmidt-Aßmann, Kommunalrecht, in: ders., Besonderes Verwaltungsrecht, 1. Abschnitt, Rn. 20

richt in seiner Rastede-Entscheidung[552] eine im folgenden kurz zu skizzierende inhaltliche Neuorientierung[553] der Garantie kommunaler Selbstverwaltung vorgenommen.

(a)   Der Kernbereich - kein feststehender gemeindlicher Aufgabenbereich

Entsprechend der Wesensgehaltsgarantie im Bereich der Grundrechte, deren Gesetzesvorbehalte ähnliche dogmatische Schwierigkeiten in ihrer Grenzziehung aufwerfen, markiert die Kernbereichslehre im Rahmen der institutionellen Garantie kommunaler Selbstverwaltung die Grenze, an dem die Regelungsbefugnis des zuständigen Gesetzgebers absolut endet[554]. Demzufolge ist die Bestimmung dessen, was zum Kernbereich kommunaler Selbstverwaltung gehört, einer sich auf den Gesetzesvorbehalt des Art. 28 II GG stützenden einfach gesetzlichen Regelung entzogen und kann sich zwangsläufig ausschließlich aus einer Interpretation des Verfassungstextes ergeben.

In konsequenter Fortführung der Rechtsprechung des Staatsgerichtshofes zu Art. 127 WRV, der den Schutz der institutionellen Garantie dahingehend interpretierte, dass es dem Gesetzgeber verwehrt sei, die Selbstverwaltung derart einzuschränken, *„dass sie innerlich ausgehöhlt wird, die Gelegenheit zu kraftvoller Betätigung verliert und nur noch ein Schattendasein führen kann"*[555], sah die verfassungsrechtliche Rechtsprechung mit dem Wesensgehalt gemeindlicher Selbstverwaltung einen Bestand typischer, als essentiell erkannter Aufgaben sowie bestimmter Gemeindehoheiten als absolut gewährleisteten Kernbereich an[556]. Ebenso folgte die Literatur auf breiter Front und verband mit der Garantie gemeindlicher Selbstverwaltung einen kernbereichsfest und damit auf alle Zeit unantastbar garantierten, inhaltlich feststehenden Minimalbestand bestimmter Selbstverwaltungsaufgaben[557]. Mit der klassischen, auf *Klaus Stern* zurückgehenden Umschreibung sollte der im Kernbereich absolut geschützte Aufgabenbereich als das definiert sein, was *„man aus einer Institution nicht entfernen kann, ohne deren Struktur oder Typus zu verändern"*[558]. Der konkrete Aufgabenbestand ist indes immer unklar und umstritten

---

[552] BVerfGE 79, 127 (141 ff.); im wesentlichen bestätigt durch BVerfGE 83, 363 (381 ff.); 91, 228 (236 ff.); s.a. BayVGH, BayVBl. 1992, 628 ff.; VerfGH NW, NWVBl. 191, 187

[553] Vgl. Löwer, in: v. Münch/Kunig, GG, Art. 28 Rn. 48 ff.; Schmidt-Aßmann, Kommunale Selbstverwaltung nach Rastede, in: FS für Sendler, S. 121 ff.; Schoch, VerwArch 81 (1990), S. 18 ff.

[554] Vgl. Ossenbühl, Energierechtsreform und kommunale Selbstverwaltung, S. 26; Schmidt-Aßmann, Kommunalrecht, in: ders., Besonderes Verwaltungsrecht, 1. Abschnitt, Rn. 20

[555] Vgl. RGZ 126, Anh. S. 14 ff (22)

[556] Vgl. BVerfGE 1, 167 (174); Tettinger, Besonderes Verwaltungsrecht, Rn. 36 f; Löwer, in v. Münch/Kunig GG, Art. 28 Rn. 46

[557] Vgl. Maunz, in: Maunz/Dürig, GG, Art. 28 Rn. 53; Stern/Püttner, Die Gemeindewirtschaft; Recht und Realität, S. 160 ff.

[558] Vgl. Stern, HBdkWP Band 1, § 13 I

geblieben[559], sollte er doch anhand einer historischen Betrachtung mit Blick auf den traditionellen gemeindlichen Aufgabenbestand[560], sowie Größe und Struktur einer Gemeinde, nicht aber deren Verwaltungskraft bestimmt werden[561].

Vor diesem Hintergrund ist es nicht verwunderlich, dass die inhaltliche Bestimmung des Kernbereichs nach wie vor ein erhebliches Interesse auf sich zieht, erweist sich doch die klassische Kernbereichslehre ihrer überkommenen Konzeption nach geradezu als vorzügliches Instrument, kommunale Privilegien und Besitzstände verfassungsrechtlich zu zementieren und damit ein für alle Mal zu konservieren. So wird bisweilen auch heute noch ausdrücklich die gemeindliche Wirtschaftsbetätigung an sich[562], ebenso wie die gemeindliche Daseinsvorsorge[563], dem unantastbaren Kernbereich gemeindlicher Selbstverwaltung zugeordnet, um sie dem regelnden Zugriff des zuständigen Gesetzgebers zu entziehen.

Aber gerade dieser, auf einen bestimmten unantastbaren Bestand gemeindlicher Aufgaben aufbauenden Sichtweise, haben die zentralen Aussagen des *Bundesverfassungsgericht* im Rastede - Beschluss[564] gänzlich den Boden entzogen. Unverändert hält das Gericht an der Grundkonzeption seiner Kernbereichslehre fest. Demnach ist es dem Gesetzgeber absolut verwehrt, den Wesensgehalt gemeindlicher Selbstverwaltung innerlich auszuhöhlen. Auch der Wesensgehalt bestimmt sich, entsprechend der Konzeption gemeindlicher Selbstverwaltung als institutionelle Garantie, auch weiterhin nach ihrer geschichtlichen Entwicklung und den verschiedenen Erscheinungsformen der Selbstverwaltung. Im Rahmen der inhaltlichen Bestimmung des Kernbereichs distanziert sich das Gericht aber ausdrücklich von seiner früheren Konzeption des Wesensgehaltes als einem sachgegenständlich aufgeladenen unantastbaren Funktionskern. Ausgehend von der Erkenntnis, dass die Garantie kommunaler Selbstverwaltung gerade im Hinblick auf die einer realen Entwicklung entspringenden „Aufgabenwanderungsprozesse" keine „status-quo-" Garantie sein könne[565], bestimmt das *Bundesverfassungsgericht* den Kernbereichs-

---

[559] Vgl. Löwer, in: v. Münch/Kunig, GG, Art. 28 Rn. 50; Ossenbühl, Energierechtsreform und kommunale Selbstverwaltung, S. 27; Schoch, VerwArch 81 (1990), 18 (29)

[560] Vgl. BVerfGE 11, 266 (274); 38, 258 (278 f.); BVerwGE 6, 342 (345); Tettinger, Besonderes Verwaltungsrecht, Rn. 37; Löwer, in v. Münch/Kunig GG, Art. 28 Rn. 46; Gern, Kommunalrecht, Rn. 60

[561] Vgl. BVerfGE 79, 127 (153); 23, 350

[562] Vgl. Cronauge, Kommunale Unternehmen, Rn. 33 ff.

[563] Vgl. Erichsen, Kommunalrecht NW, § 16 B 2 d, S. 373; - Der Begriff Daseinsvorsorge besitzt rein soziologische Bedeutung, als er lediglich einen Bereich staatlicher Leistungserbringung bezeichnet. Es ist heute allgemein anerkannt, dass keinerlei Rechtsfolgen an den Begriff geknüpft sind (vgl. ausührlich, Löwer, Energieversorgung zwischen Staat, Gemeinde und Wirtschaft, S. 109 ff.; Rüfner, Daseinsvorsorge und soziale Sicherheit, in: Isensee/Kirchhof, HBdStR Band III, § 80; Hill, BB 1997, 425 (427))

[564] BVerfGE 79, 127 ff.

[565] Vgl. BVerfGE 23, 353 (365); 38, 259 (279); Stern, HBdkWP Band 1, § 13 I

schutz dahingehend neu, dass zum Wesensgehalt der Selbstverwaltungsgarantie gerade *„kein gegenständlich bestimmter oder nach feststehenden Aufgaben bestimmbarer Aufgabenkatalog, wohl aber die Befugnis, sich aller örtlichen Angelegenheiten, die nicht durch Gesetz zulässigerweise anderen Trägern öffentlicher Verwaltung übertragen sind, ohne besonderen Kompetenztitel anzunehmen"* [566] gehöre.

Ist das über den Kernbereich geschützte Essentiale der Garantie kommunaler Selbstverwaltung, neben einer möglichst umfassenden Eigenverantwortlichkeit als zweitem Eckpfeiler[567], ausschließlich die Universalität des eigenen Wirkungskreises als identitätsbestimmendes Merkmal, also lediglich die Befugnis, bislang unbesetzte Aufgaben an sich zu ziehen[568], so stellt sich im Fall eines Entzuges von Aufgaben, unabhängig von ihrer konkreten Wahrnehmung durch die Gemeinden, die Frage nach einer Kernbereichsverletzung grundsätzlich nicht. Dem einfachen Gesetzgeber ist damit über den Gesetzesvorbehalt des Art. 28 II GG ein weiter Gestaltungsspielraum im Hinblick auf die durch wirtschaftliche Betätigung wahrgenommenen Aufgaben an die Hand gegeben, dem gegenüber die Grenze des Kernbereichs praktisch keinerlei Wirkungen hat.

Freilich kann diese Feststellung nicht bis zur letzten Konsequenz Geltung beanspruchen, denn eine umfassender Aufgabenentzugs würde diese, auch bei einer weiterhin garantierten Universalität des gemeindlichen Wirkungskreises, als hohles Gebilde zurückgelassen. So stellt auch das Gericht an späterer Stelle im Rahmen der Rastede-Entscheidung[569] in Fortführung seiner bisherigen Rechtsprechung klar, dass es dem Gesetzgeber auch weiterhin verwehrt sei, die gemeindliche Selbstverwaltung faktisch zu beseitigen, indem er sie innerlich aushöhle, so dass sie die Gelegenheit zu kraftvoller Betätigung verlöre und nur noch ein Scheindasein führen könne[570]. Folglich greift die Kernbereichsschranke auch nach Rastede bereits vor einer Beseitigung der Allzuständigkeit[571]. Der Kernbereich lässt sich dementsprechend auch weiterhin nur anhand der Subtraktionsmethode ermitteln, die danach fragt, was nach dem Eingriff vom gemeindlichen Selbstverwaltungsrecht noch übrig bleibt[572].

---

[566] BVerfGE 79, 127 (146)
[567] Vgl. Schmidt-Aßmann, Kommunale Selbstverwaltung nach „Rastede", in: FS für Sendler, S. 121 (133); Pielow, NWVBl. 1999, 369 (373)
[568] Vgl. Schmidt-Aßmann, Kommunale Selbstverwaltung nach Rastede, in: FS für Sendler, 121 (134)
[569] BVerfGE 79, 127 (155)
[570] st. Rspr. des *Bundesverfassungsgerichts*, Vgl. BVerfGE 91, 228
[571] Vgl. Schmidt-Aßmann, Kommunale Selbstverwaltung nach Rastede, in: FS für Sendler, 121 (134)
[572] Vgl. Nierhaus, in: Sachs, GG, Art. 28 Rn. 50; Lissack, Bayerisches Kommunalrecht, § 1, Rn. 104

Demgegenüber ist jedoch ausdrücklich zu betonen, dass dieser, sicher auch Angelegenheiten des örtlichen Wirkungskreises umfassende Kernbereich, eben gerade nicht gegenständlich bestimmt ist. Unzutreffend ist der bisweilen ausdrücklich gezogene Schluss, ein harter Kern fest umrissener, insbesondere durch wirtschaftliche Betätigung wahrgenommene Aufgaben, sei aufgrund der historischen Entwicklung und des Gewichtes für eine kraftvolle gemeindliche Selbstverwaltung absolut garantiert[573]. Das *Bundesverfassungsgericht* stellt ausdrücklich klar, dass aufgrund einer historischen Betrachtung lediglich das gemeindliche Aufgabenzugriffsrecht dem Wesen der gemeindlichen Selbstverwaltung und damit dem absolut gewährleisteten Kernbereich zuzurechnen ist. Es trägt damit zum einen dem Umstand Rechnung, dass sich technische und gesellschaftliche Entwicklungen, die die Ebene der Aufgabenerfüllung bestimmen, nicht durch starre normative Aufgabenzuweisungen bändigen lassen[574]und zum anderen dem Faktum, dass im Verlauf der Verfassungsgeschichte der Bundesrepublik keine Kernaufgabe in Hand der Gemeinden „intakt" geblieben ist[575]. Soweit dagegen dem Kernbereich auch ein Schutz von Aufgaben zu entnehmen ist, handelt es sich definitiv um keinen bestimmten oder auch irgendwie bestimmbaren Aufgabenbereich, sondern gewissermaßen um einen Schutzbereich, der sich dynamisch im Spektrum der durch die Angelegenheiten der örtlichen Gemeinschaft bestimmten, sich ständig entwickelnden Aufgaben bewegt.

Eine Kernbereichsverletzung kann sich demnach nie durch den Entzug einer bestimmten Aufgabe, insbesondere der durch wirtschaftliche Betätigung wahrgenommenen Aufgaben, verwirklichen, sondern für jede beliebige Aufgabe, aber nur im Rahmen einer konkret saldierenden Betrachtung. Erst wenn der wahrnehmbare Aufgabenbereich in seiner Gesamtheit[576] unterhalb der durch den Kernbereich abgesteckten Grenze fällt, kann eine Kernbereichsverletzung vorliegen.

Damit kann im Hinblick auf die Ermittlung der verfassungsrechtlich zulässigen gesetzlichen Begrenzung der durch gemeindliche Wirtschaftätigkeit wahrgenommenen Aufgaben eine Verletzung des Kernbereichs gemeindlicher Selbstverwaltung ausgeschlossen werden. Insoweit kommt nur eine Sicherung im „Vorfeld des Kernbereiches", d.h. dem relativ geschützten Randbereich der Selbstverwaltungsgarantie in Betracht[577].

---

[573] So Erichsen, Kommunalrecht NW, § 16 B 2 d, S. 373; Moraing, WiVerw 1998, 233, 250 f.

[574] Vgl. Ossenbühl, Energierechtsreform und kommunale Selbstverwaltung, S. 27; Schoch, VerwArch 81 (1990), 18 (30)

[575] Vgl. Ossenbühl, Energierechtsreform und kommunale Selbstverwaltung, S. 28; Grawert, VVDStRL 36 (1978), 277 (281 ff.) m.w.N.

[576] Vgl. Schmidt-Aßmann, Kommunale Selbstverwaltung nach Rastede, in: FS für Sendler, 121 (135)

[577] Vgl. BVerfGE 79, 127 (147 f., 150 ff.)

(b)   Der Randbereich – gemeindespezifisches materielles Aufgabenverteilungs-
        prinzip

Nach der Rechtsprechung des *Bundesverfassungsgerichts* hat der Gesetzgeber, aufgrund der normativen Intention der Gewährleistung kommunaler Selbstverwaltung
unter dem Grundgesetz, außerhalb des Kernbereiches ein verfassungsrechtliches
Aufgabenverteilungsprinzip im Sinne eines „Regel-Ausnahme-Verhältnisses" hinsichtlich der Angelegenheiten der örtlichen Gemeinschaft zugunsten der Gemeinden zu berücksichtigen[578]. Dementsprechend dürfen Angelegenheiten mit örtlich
relevantem Charakter nur aus Gründen des Gemeininteresses entzogen und einem
anderen Träger zugewiesen werden, wenn anders die ordnungsgemäße Aufgabenerfüllung nicht sicherzustellen wäre[579]. Verwaltungspraktische Gründe oder allgemeine Wirtschaftlichkeitsüberlegungen reichen dazu allein nicht aus. Vielmehr
müssen die die Entscheidung tragenden Gründe, die das *Bundesverfassungsgericht*
im Streitfalle auf ihre Vertretbarkeit hin überprüfen will, das verfassungsrechtliche
Aufgabenverteilungsprinzip überwiegen. Ob das Gericht damit inhaltlich von seiner früheren Verhältnismäßigkeitsprüfung abgerückt ist[580], wird vielfach bezwei-
felt[581]. Vielmehr kann davon ausgegangen werden, dass mit der Begriffswahl eine
klare Zäsur zwischen Grundrechtsdogmatik und der institutionellen Garantie kommunaler Selbstverwaltung als staatsorganisationsrechtliches Prinzip angelegt werden sollte[582], inhaltlich aber weitgehend eine Prüfung der Verhältnismäßigkeit vorgenommen werden muss[583].

(2)   Der Schutz des Art. 28 II GG gegen einen Aufgabenentzug zugunsten Pri-
        vater

Da vorliegend festgestellt wurde, dass die Garantie kommunaler Selbstverwaltung
ihrer grundsätzlichen Zielrichtung nach auch gegen den Aufgabenentzug zugunsten
Privater Schutz bietet, stellt sich nun die Frage, inwieweit Art. 28 II GG inhaltlich
einen gesetzgeberischen Aufgabenentzug zugunsten Privater beschränkt.

Greift man die im Rahmen der Aufgabenhochzonung gewonnen Erkenntnisse
auf, so kann zunächst einmal die Feststellung getroffen werden, dass jedenfalls
auch bei einem Entzug von durch wirtschaftliche Betätigung wahrgenommenen
Aufgaben zugunsten Privater eine Verletzung des Kernbereichs grundsätzlich ausscheidet. Demnach kann im Rahmen der vorliegenden Erörterung offen bleiben,

---

[578] Vgl. BVerfGE 79, 127 (150); Schmidt-Aßmann, Kommunalrecht, in: ders., Besonderes Verwaltungsrecht, 1. Abschnitt, Rn. 22
[579] Vgl. BVerfGE 79, 127 (154)
[580] Vgl. Schmidt-Aßmann, Kommunalrecht, in: ders., Besonderes Verwaltungsrecht, 1. Abschnitt,
Rn. 22; ders., Kommunale Selbstverwaltung nach Rastede, in: FS für Sendler, 121 (135)
[581] Vgl. nur Maurer, DVBl. 1995, 1037 (1043); Lissack, Bayerisches Kommunalrecht, § 1 Rn. 107
[582] Vgl. Nierhaus, in: Sachs, GG, Art. 28 Rn. 56; Frenz, VerwArch 86 (1995), 378 (381)
[583] Vgl. Lissack, Bayerisches Kommunalrecht, § 1 Rn. 108

inwieweit die Konzeption des Kernbereichsschutzes im ausschließlich staatsbezogenen, die vertikale Aufteilung von Verwaltungszuständigkeiten regelnden Verhältnis, auch auf das Verhältnis Gemeinde – Bürger übertragbar ist. Auch in diesem Verhältnis kann die konkrete gemeindliche Aufgabenwahrnehmung in jedem Fall nur über den Randbereich und damit relativ gewährleistet sein. Fraglich ist nur, ob der vom *Bundesverfassungsgericht* speziell für den Fall der Aufgabenhochzonung entwickelte Randbereichsschutz ohne weiteres hierauf übertragen werden kann.

Soweit, entgegen der wohl herrschenden Meinung, überhaupt von einem Schutz des Art. 28 II GG im Hinblick auf einen Aufgabenentzug zugunsten Privater ausgegangen wird, wird dies in der Literatur weitgehend bejaht[584]. Zwar sei der Randbereichsschutz für das Problem der Höherzonung entwickelt worden und deshalb nicht ohne weiteres auf die Konstellation übertragbar, dass gemeindliche Aufgaben dem Markt überlassen werden sollen. Dennoch wären an derartige Vorhaben gleich hohe Rechtfertigungsanforderungen zu stellen, würden sie sich doch in ihren Wirkungen aus gemeindlicher Perspektive nicht unterscheiden.

Einen anderen Ansatz verfolgt *Hans Herbert v. Arnim*[585]. Demnach seien die Vor- und Nachteile einer Privatisierung für den Bürger sowie eventuelle Kostenvorteile für die kommunalen Haushalte zusammen mit dem formalen Eingriff des Gesetzgebers in die Entscheidungsfreiheit der Gemeinde bilanzierend in eine Gesamtabwägung einzustellen, deren jeweiliger Saldo dann die Zulässigkeit des Aufgabenentzugs bestimme.

Tatsächlich vermag die von *Joachim Wieland, Johannes Hellermann* und *Markus Moraing* vertretene Ansicht einer unterschiedslosen Anwendung des verfassungsrechtlichen Randbereichsschutzes gemeindlicher Selbstverwaltung auch auf den gesetzgeberischen Aufgabenentzug zugunsten des Marktes nicht zu überzeugen. Der vom *Bundesverfassungsgericht* entwickelte Randbereichsschutz gemeindlicher Selbstverwaltung wurzelt in einem ihrer normativen Intention entspringendem Aufgabenverteilungsprinzip ausschließlich zur Abgrenzung von Zuständigkeiten zwischen den verschiedenen Verwaltungsträgern. Dem gegenüber trifft Art. 28 II GG als staatsorganisationsrechtliche Norm gerade keine Entscheidung hinsichtlich einer Aufgabenverteilung im Verhältnis Gemeinde – Private[586]. Eine unterschiedslose Anwendung des Randbereichsschutzes widerspricht damit so fundamental der grundgesetzlichen Konzeption gemeindlicher Selbstverwaltung, dass

---

[584] Vgl. Wieland/Hellermann, DVBl. 1996, 401 (408); Moraing, WiVerw 1998, 233 (250 f.)

[585] Vgl. v. Arnim, Rechtsfragen der Privatisierung, S. 50 ff.

[586] ganz herrschende Meinung, vgl. nur Löwer, Energieversorgung zwischen Staat, Gemeinde und Wirtschaft, 218; Nierhaus, in: Sachs, GG, Art. 28 Rn. 40; Ossenbühl, Energierechtsreform und kommunale Selbstverwaltung, S. 16; Schmidt-Aßmann, Kommunale Selbstverwaltung nach Rastede, in: FS für Sendler, 121 (131)

auch allein eine Übertragung der Rechtsfolgen im Sinne einer analogen Anwendung des Randbereichsschutzes unterbleiben muss.

Darüber hinaus kann für die Frage der Beeinträchtigung des gemeindlichen Selbstverwaltungsrechts und der damit verbundenen Konzeption seines inhaltlichen Schutzes nicht, wie das *Wieland, Hellermann*[587] und *Moraing*[588] tun, auf die Perspektive der Gemeinde abgestellt werden, kommt doch gemeindlicher Tätigkeit per se gerade kein Eigenwert zu[589]. Die primäre Frage einer Beeinträchtigung sowie die sekundäre Frage nach einer diese begrenzenden Schutzkonzeption im Rahmen des Art. 28 II GG, kann sich, entsprechend der Vorgehensweise des *Bundesverfassungsgerichts* in der „Rastede"-Entscheidung, allein aus der Funktion gemeindlicher Selbstverwaltung nach ihrer grundgesetzlichen Intention[590] und nicht aus deren bloßer Existenz ergeben.

Kommunale Selbstverwaltung in ihrer grundgesetzlichen Konzeption erschöpft sich nicht allein in ihrer juristischen Funktion, sondern dient vielmehr inhaltlich, materiell und ganz wesentlich identitätsbestimmend einer politischen Funktion[591]. Als solche verwirklicht sie die dem Gedanken der Selbstbetroffenheit entspringende Idee der bürgerschaftlichen Beteiligung an der öffentlichen Verwaltung. Ganz entscheidend ist in diesem Zusammenhang, dass damit nicht nur eine schlichte Mitwirkung an der öffentlichen Verwaltung verbunden ist, dergegenüber eine Aufgabenverkürzung zugunsten Privater keine Beeinträchtigung vermitteln könnte, sondern die Möglichkeit partizipativer Selbstgestaltung der eigenen Angelegenheiten. Gemeindliche Selbstverwaltung eröffnet damit den Betroffenen einen Wirkungsrahmen, der im Hinblick auf seine umfassende Steuerungsmöglichkeit der individuellen Freiheitsverwirklichung in Ausübung grundrechtlicher Freiheit überlegen ist. Gleichwohl ist damit über Art. 28 II GG keinesfalls, entsprechend der verfassungsgerichtlichen Rechtsprechung zur Höherzonung, ein grundsätzlicher Vorrang gemeindlicher Aufgabenerfüllung gegenüber privater Initiative unmittelbar in der Verfassung angelegt[592]. Art. 28 II GG kann als staatsorganisationsrechtliche Norm lediglich eine Aufgabenabgrenzung und damit auch einen eventuellen Aufgabenvorrang im staatsinternen Aufgabenbereich festlegen. Die Grenzziehung staatlicher Aufgabenwahrnehmung im Verhältnis zur Privaten wird außerhalb des Art. 28 II GG durch das allgemeine Verfassungsrecht[593] und insbesondere die Grundrechte vorgenommen. Anderenfalls wäre damit auch das kuriose Ergebnis

---

[587] Vgl. Wieland/Hellermann, DVBl. 1996, 401 (408)

[588] Vgl. Moraing, WiVerw 1998, 233 (251)

[589] Vgl. v. Arnim, Rechtsfragen der Privatisierung, S. 52

[590] Vgl. BVerfGE 79, 127 (147)

[591] Vgl. oben: 3. a) (2), S. 94 ff.

[592] So aber ausdrücklich Moraing, WiVerw 1998, 233 (251); Wieland/Hellermann, DVBl. 1996, 401 (409)

[593] Vgl. Pielow, NWVBl. 1999, 369 (374)

erreicht, dass die Angelegenheiten der örtlichen Gemeinschaft einen Bereich abstecken, der private Initiative ausgrenzt, ein Ergebnis, das schon allein im Hinblick auf die Universalität des gemeindlichen Wirkungskreises mit der grundrechtlichen Freiheitsidee des Grundgesetzes kaum vereinbar wäre.

Vielmehr ermöglicht Art. 28 II GG erst das grundsätzliche *Nebeneinander* staatlicher und privater „Aufgabenwahrnehmung", indem er im Bereich der Angelegenheiten der örtlichen Gemeinschaft den gemeindlichen Aufgabenkreis eröffnet. Andererseits erlangt dieser Aspekt aber im Rahmen der gegenständlichen Betrachtung auch in entgegengesetzter Richtung besondere Bedeutung, wird doch gerade dieser Möglichkeit des Nebeneinanders durch die der gemeindlichen Selbstverwaltung zugrundeliegende Intention eine bestimmte Funktion und damit verfassungsunmittelbar ein hieraus resultierender spezifischer Wert zugemessen.

Eine Schutzkonzeption der Garantie gemeindlicher Selbstverwaltung im Hinblick auf einen Aufgabenentzug zugunsten Privater kann demnach nicht bereits, wie im Verhältnis der Höherzonung, in einem Regel-Ausnahme-Prinzip[594] im Sinne eines spezifischen Vorrangs gemeindlicher Aufgabenwahrnehmung als wertausfüllende und -verwirklichende Leitlinie aufgehen, sondern muss die grundsätzlich eröffnete Möglichkeit des Nebeneinanders zum Ausgangspunkt nehmen. Ausschlaggebend für die Zulässigkeit des Aufgabenentzuges kann dann nur sein, dass die den Aufgabenentzug tragenden Gründe das in Art. 28 II GG grundsätzlich ermöglichte Nebeneinander überwiegen.

Sicher kann auch in diesem Fall der Aufgabenentzug nur dann zulässig sein, wenn er aus Gründen des Gemeinwohls erforderlich ist[595]. Das Überwiegen der die Entscheidung tragenden Gründe müsste dann entsprechend der Konzeption *v. Arnims*[596] im Rahmen einer umfassenden Abwägung bestimmt werden, die wiederum, gleich dem Fall der Höherzonung, einer Vertretbarkeitsprüfung[597] standhalten muss.

Jedenfalls können insoweit die vom *Bundesverfassungsgericht* zur Höherzonung entwickelten Prämissen nicht gleichermaßen übertragen werden. So kann definitiv nicht ausschlaggebend sein, ob anders eine ordnungsgemäße Aufgabenerfüllung nicht sicherzustellen wäre[598], denn die Möglichkeit des Nebeneinanders der Aufgabenwahrnehmung erfordert nur, dass die ordnungsgemäße Aufgabenerfüllung an sich sichergestellt ist. Darüber hinaus sind bei einem Aufgabenentzug zugunsten Privater trotz des Verlustes kollektiver Steuerungsmöglichkeit, im Gegensatz zum Fall der Höherzonung, nicht unerhebliche Gewinne an individueller Freiheit zu

---

[594] Vgl. Schmidt-Aßmann, Kommunalrecht, in: ders., Besonderes Verwaltungsrecht, 1. Abschnitt, Rn. 22

[595] So BVerfGE 79, 127 (153) zum Fall der Höherzonung

[596] Vgl. v.Arnim, Rechtsfragen der Privatisierung, S. 53

[597] Vgl. BVerfGE 79, 127 (154)

[598] Vgl. BVerfGE 79, 127 (153)

verzeichnen[599], die selbstverständlich primär im Rahmen der anzustellenden Abwägung Berücksichtigung finden müssen[600]. So scheiden beispielsweise Gründe der Verwaltungsvereinfachung nicht von vornherein aus, insbesondere wenn und soweit sie auf Wirtschaftlichkeits- und Sparsamkeitsgesichtspunkten beruhen. Entscheidend kann nicht sein, dass ein Aufgabenentzug bei der Gemeinde nur im Falle eines unverhältnismäßig hohen Kostenanstieges zulässig ist, sondern nur, dass die durch die gemeindliche Aufgabenerfüllung entstehenden Kosten in einem angemessenen und vernünftigen Verhältnis zum Erhalt der kollektiv-partizipativen Steuerungsmöglichkeit auf der Ebene der örtlichen Gemeinschaft stehen.

(3)   Der Schutz des Art. 28 II GG gegen eine gebietsüberschreitende Wirtschaftstätigkeit

Konnte oben[601] festgestellt werden, dass Art. 28 II GG, unabhängig von einen gesetzgeberischen Eingriff, gleichermaßen einen „Rundumschutz" im Verhältnis der Gemeinden zueinander vermittelt, stellt sich an dieser Stelle die Frage, wann im Falle einer Gebietsüberschreitung ein „Eingriff" in das Selbstverwaltungsrecht der betroffenen Gemeinde vorliegt und wie Art. 28 II GG hiergegen Schutz vermittelt.

So vertreten insbesondere *Dirk Ehlers*[602], *Hans-Günter Henneke*[603] und *Christina Lux*[604] die Ansicht, Gebietsüberschreitungen würden generell einen Eingriff in das Selbstverwaltungsrecht der betroffenen Gemeinde darstellen und bedürften deshalb ausnahmslos der verfassungsrechtlichen Rechtfertigung am Maßstab der Selbstverwaltungsgarantie.

Richtigerweise liegt jedoch bei einer Gebietsüberschreitung im oben dargestellten Rahmen kein genereller „Eingriff" in das Selbstverwaltungsrecht der betroffenen Gemeinden vor. Die dargestellte abweichende Ansicht leidet an einer unsauberen Differenzierung zwischen Aufgaben und Mitteln staatlichen Handelns. Wirtschaftliche Betätigung ist Mittel zur Erfüllung staatlicher Aufgaben, nicht aber selbst Aufgabe. Sie besitzt ausschließlich Instrumentalfunktion zur Erfüllung gemeindlicher Aufgaben[605]. Durch eine gebietsüberschreitende Tätigkeit im hier vorausgesetzten Rahmen werden hingegen ausschließlich Angelegenheiten der ausgreifenden Gemeinde erfüllt. Eine Verkürzung des verfassungsrechtlich garantierten Funktionsbereiches wird nicht bewirkt. Somit stellt sich im Hinblick auf das

---

[599] Vgl. v. Arnim, Rechtsfragen der Privatisierung, S. 53

[600] Die individuellen Freiheitspositionen werden im folgenden noch ausführlich behandelt, so dass sich spezifische Maßgaben für die Abwägung erst gegen Ende der Bearbeitung ergeben.

[601] Vgl. oben: 3. a), S. 93 ff.

[602] Vgl. Ehlers, NWVBl. 2000, 1 (6)

[603] Vgl. Henneke, NdsVBl. 1998, 273 (278 f.)

[604] Vgl. Lux, NWVBl. 2000, 7 (10)

[605] Vgl. Grawert, Zuständigkeitsgrenzen der Kommunalwirtschaft, in: FS für Blümel, 119 (125)

funktionale Element[606] des Art. 28 II GG nicht die Frage nach einer Rechtfertigung am Maßstab der kommunalen Selbstverwaltungsgarantie.

Auch ein „Eingriff" in das modale Element[607] der Garantie kommunaler Selbstverwaltung als die Befugnis zu eigenverantwortlicher Regelung, mithin die *„selbständige, fachweisungsfreie Wahrnehmung ... eigener öffentlicher Angelegenheiten ... in eigenem Namen"*[608], wird durch eine landesgesetzgeberische Gestattung gebietsüberschreitender Wirtschaftstätigkeit nicht grundsätzlich vermittelt. Eigenverantwortliches Tätigwerden gewährleistet Art. 28 II GG nur im Rahmen der durch ihn an die Gemeinde zur Wahrnehmung überwiesenen Aufgaben[609]. Zwar ist der nur final durch den Aufgabenbereich bestimmte Handlungsbereich eigenverantwortlichen Tätigwerdens nicht auf das Gemeindegebiet beschränkt, so dass durchaus als „Eingriff" zu wertende Überschneidungen beider Garantiebereiche denkbar sind. Dennoch ist die insbesondere von *Ehlers*[610] vertretene These, eine Gebietsüberschreitung ohne oder gegen den Willen der betroffenen kommunalen Körperschaft schmälere deren Selbstverwaltung jedenfalls in dieser Pauschalität unzutreffend. Eine Schmälerung des Selbstverwaltungsrechtes könnte freilich nur dann vorliegen, wenn der durch Art. 28 II GG gewährleistete Handlungsbereich eröffnet ist. Außerhalb dieses Bereiches entfaltet die Vorschrift insoweit keine Wirkung[611]. Keinesfalls kann der Garantie kommunaler Selbstverwaltung grundsätzlich eine Ausschließlichkeit jeglichen staatlichen Tätigwerdens auf ihrem Gemeindegebiet entnommen werden. So ist es beispielsweise denkbar, dass eine Gemeinde ein Landschulheim auf dem Gebiet einer anderen Gemeinde betreibt.

Ist die Frage nach einer Verletzbarkeit des gemeindlichen Selbstverwaltungsrechtes positiv beantwortet, steht weiterhin die Frage offen, in wieweit Art. 28 II GG hiergegen Schutz bietet. Denkbar wäre insoweit einen Schutz aus Art. 28 II GG zu verneinen, ist doch die mögliche Verletzung bereits in der Konzeption des Selbstverwaltungsrechtes angelegt und resultiert lediglich aus einem in der Verfassung zwangsläufig angelegten Nebeneinander der Ausübung gemeindlicher Gewährleistungen. Dass dem nicht so sein kann, zeigt anschaulich die Rechtsprechung[612] zur interkommunalen Abstimmung von Bebauungsplänen. Auch hier handelt es sich lediglich um zwangsläufig aus dem Nebeneinander der Rechtsausübung resultierende Beeinträchtigungen, die, sofern sie von bestimmter Qualität sind von

---

[606] Vgl. Lissack, Bayerisches Kommunalrecht, § 1 Rn. 65

[607] Vgl. Lissack, Bayerisches Kommunalrecht, § 1 Rn. 77

[608] Vgl. Wolff/Bachof/Stober, Verwaltungsrecht II, § 84 Rn. 34

[609] Vgl. Lissack, Bayerisches Kommunalrecht, § 1 Rn. 65; Schmidt-Jortzig, Kommunalrecht, Rn. 455

[610] Vgl. Ehlers, NWVBl. 2000, 1 (6)

[611] Vgl. Schmidt-Aßmann, Kommunalrecht, in: ders., Besonderes Verwaltungsrecht, 1. Abschnitt, Rn. 15

[612] Vgl. grundlegend BVerwGE 40, 323 – Krabbenkamp; BVerwGE 84, 209 (214 ff.)

der betroffenen Gemeinde nicht hingenommen werden müssen. Art. 28 II GG vermittelt insoweit ein die Klagebefugnis begründendes subjektives Recht, wenn Entscheidungen durch eine benachbarte Gemeinde getroffen werden, die zu nachhaltigen und gewichtigen Auswirkungen in der betroffenen Gemeinde führen, die diese zu Konzeptänderungen oder Anpassung der eigenen Leitentscheidung zwingen[613].

Unwesentlich ist in diesem Zusammenhang, wie bereits bei der Untersuchung der Schutzrichtung festgestellt[614], dass es sich insoweit um eine Beeinträchtigung der kommunalen Planungshoheit handelt, denn diese ist, ebenso wie eine wirtschaftliche Betätigung, Ausfluss der über Art. 28 II GG garantierten eigenverantwortlichen Aufgabenwahrnehmung. Eine Differenzierung des durch Art. 28 II GG gewährten Schutzes im Hinblick auf die Qualität der Aufgabe sowie der Art und Weise der Aufgabenwahrnehmung findet im Gesetz keine Stütze.

Dementsprechend lassen sich auch die zur Problematik der interkommunalen Abstimmung entwickelten Grundsätze auf die grenzüberschreitende Wirtschaftsbetätigung übertragen. So ergibt sich aus Art. 28 II GG für die von der Grenzüberschreitung betroffene Gemeinde ein materieller Anspruch auf Abstimmung im Sinne eines „Abgestimmtseins als Zustand", der auf Rücksichtnahme und Vermeidung unzumutbarer Auswirkungen auf die eigene eigenverantwortliche Aufgabenerfüllung gerichtet ist[615].

Wird für eine gebietsüberschreitende Tätigkeit generell die Zustimmung der betroffenen Gemeinde gefordert[616], so ist dies vor dem Hintergrund des dargestellten Ergebnisses mit Sicherheit zu eng. Ausreichend muss sein, dass die ausgreifende Gemeinde der von der Gebietsüberschreitung betroffenen Gemeinde eine Möglichkeit zur Stellungnahme eröffnet und darüber hinaus ihr konkretes Vorhaben mit dem Recht zur eigenverantwortlichen Aufgabenwahrnehmung der betroffenen Gemeinde inhaltlich abstimmt. Entsprechend der Rechtsprechung zur Planungshoheit[617] ist es nicht erforderlich, dass in der betroffenen Gemeinde bereits konkrete Umsetzungen der eigenverantwortlichen Aufgabenwahrnehmung erfolgt sind, respektive eine vergleichbare wirtschaftliche Betätigung vorliegt. Die Problematik entschärft sich aber bereits dadurch, dass eine Gebietsüberschreitung überhaupt nur in den seltensten Fällen zulässig ist.

---

[613] Vgl. Löwer, in: v. Münch/Kunig, GG, Art. 28 II GG; Dreier, in: ders., GG, Art. 28 Rn. 131;
[614] siehe oben: 3. a) (3) (a), S. 100 ff.
[615] st. Rspr. Vgl. BVerwGE 84, 209 (215 f.)
[616] Vgl. Held, WiVerw 1998, 264 (267)
[617] Vgl. BVerwGE 84, 209 (215)

Kurzzusammenfassung:

Die Garantie kommunaler Selbstverwaltung in Art. 28 II GG ist gleichzeitig Grundlage und Grenze gemeindlicher Wirtschaftstätigkeit. Als solche ist die wirtschaftliche Betätigung im Rahmen öffentlicher Aufgaben zulässig und in ihrer räumlichen Ausdehnung auf Gemeindeeinwohner und Gemeindegebiet begrenzt. Gebietsüberschreitungen sind nur insoweit zulässig, als es der öffentliche Zweck gestattet. Eine darüber hinausgehende Wahrnehmung fremder Aufgaben kann auch der Gesetzgeber nicht einräumen.

B. Die Grundrechte

Wurde vorliegend Art. 28 II GG als notwendige kompetenzielle Grundlage gemeindlicher Wirtschaftstätigkeit identifiziert und damit auch gleichzeitig das kompetenzielle Entfaltungsspektrum der Gemeindewirtschaft abgesteckt, ist gleichwohl nur eine Seite der Medaille beleuchtet. Im freiheitlichen Rechtsstaat des Grundgesetzes steht die durch Aufgaben- und Kompetenznormen prinzipiell eröffnete Ausübung von Staatsgewalt im Spannungsverhältnis zur grundrechtlich gesicherten Freiheitsausübung[618]. So verpflichten die Grundrechte in ihrer „klassischen"[619] Funktion als „Abwehrrechte des Bürgers gegen den Staat"[620] die Staatsgewalt zur Unterlassung ungerechtfertigter Eingriffe in die durch grundrechtliche Gewährleistungen umschriebenen Schutzgüter, insbesondere die Freiheitssphäre des Einzelnen und verleihen diesen korrespondierende subjektive Abwehransprüche[621]. Damit erlangen sie bereits in ihrer subjektiv-rechtlichen Abwehrfunktion objektiv-rechtliche Dimensionen, als sie den Handlungs- und Entscheidungsspielraum des Staates begrenzen[622]. Die in diesem Zusammenhang häufig anzutreffende Bezeichnung der Grundrechte als sog. „negative Kompetenznormen"[623] bringt dieses Spannungsverhältnis anschaulich zum Ausdruck, wird bisweilen aber auch kritisiert, da sie eine weit über die Kernbereichsgarantie (Art. 19 II GG) hinausgehende Möglichkeit der Abwehr staatlicher Ingerenz suggeriere und deswegen zu falschen, weil statisch-räumlichen Vorstellungen verleite[624]. Entscheidend ist letztendlich nur die Funktion der Grundrechte, die bereits als subjektive Rechte des einzelnen gegenüber dem Staat als Anspruchsgegner ein Reservat individueller Entfaltungsfreiheit abstecken, in dem sich staatliche Kompetenzausübung jedenfalls nach den grundrechtlichen Modalitäten zu rechtfertigen hat und bisweilen sogar vollständig ausgegrenzt ist[625].

Es stellt sich nun die Frage, welche Grenzen die Grundrechte in ihrer klassischen Abwehrfunktion gemeindlicher Wirtschaftstätigkeit setzten. In Betracht

---

[618] Vgl. Isensee, Das Grundrecht als Abwehrrecht u. staatliche Schutzpflicht, in: Isensee/Kirchhof, HBdStR Band V, § 111 Rn. 33

[619] Vgl. Isensee, Das Grundrecht als Abwehrrecht u. staatliche Schutzpflicht, in: Isensee/Kirchhof, HBdStR Band V, § 111 Rn. 21

[620] Vgl. nur BVerfGE 7, 198 (204); 68, 193 (205); Pieroth/Schlink, Grundrechte, Rn. 58

[621] Vgl. Dreier, in: ders., GG, Vorb. Rn. 45; Pieroth/Schlink, Grundrechte, Rn. 58

[622] Vgl. Hesse, Grundzüge des Verfassungsrechts, § 9 Rn. 291 f.; Pieroth/Schlink, Grundrechte, Rn. 73, 75

[623] Vgl. nur Hesse, Grundzüge des Verfassungsrechts, § 9 Rn. 291; Pieroth/Schlink, Grundrechte, Rn. 73

[624] Vgl. Dreier, in: ders., GG, Vorb. Rn. 49

[625] Vgl. Bleckmann, Die Grundrechte, § 11 Rn. 20 f.; Dreier, in: ders., GG, Vorb. Rn. 49; Isensee, Das Grundrecht als Abwehrrecht und staatliche Schutzpflicht, in: Isensee/Kirchhof, HBdStR Band V, § 111 Rn. 2, 47; Sachs, in: ders., GG, Vor Art. 1 Rn 45

kommen insoweit die vielfach als sog. Wirtschaftsfreiheitsgrundrechte[626] bezeichneten Gewährleistungen der Art. 12 I, 14, 2 I, 9 I GG sowie Art. 3 I GG. Die Frage nach einer objektiv-rechtlichen Dimension der Grundrechte und deren Wirkungen, insbesondere auf die gemeindliche Eigenwirtschaft, sei an dieser Stelle vorerst zurückgestellt[627].

I. Grundrechtlicher Schutz vor gemeindlicher Wirtschaftstätigkeit in Rechtsprechung und Literatur – Ein Überblick

1. Die Rechtsprechung

In der Rechtsprechung finden sich - insbesondere in neuerer Zeit - zahlreiche Entscheidungen konkrete wirtschaftliche Betätigungen von Gemeinden betreffend, aber nur die wenigsten setzten sich mit dem Problemkreis des grundrechtlichen Schutzes vor gemeindlicher respektive staatlicher Wirtschaftstätigkeit auseinander. Insbesondere die Entscheidungen der Zivilgerichte, die seit je her das Gros in diesem Bereich ausmachen, beleuchten die Problematik, entsprechend ihrer Zuständigkeit[628], primär aus wettbewerbsrechtlicher Perspektive. Zentrale Norm ist folglich § 1 UWG, während verwaltungsrechtliche und verfassungsrechtliche Fragestellungen wenn überhaupt nur mittelbare Bedeutung erlangen. Zwar lässt sich neuerdings ein Trend dahingehend beobachten, dass die jeweiligen Normen der Landeskommunalgesetze zur wirtschaftlichen Betätigung der Gemeinden letztenendes Entscheidungserheblichkeit erlangen. Grundrechtliche Schutzgüter waren jedoch, soweit ersichtlich, erst einmal zentraler Gegenstand einer zivilgerichtlichen Entscheidung. Aber auch das *Bundesverwaltungsgericht* hatte bis dato erst in vier Fällen[629] über Klagen zu entscheiden, die im Schwerpunkt auf die Verletzung von Grundrechten gestützt waren. Eine Stellungnahme des *Bundesverfassungsgerichts* zur gegenständlichen Problematik steht bislang noch aus.

[626] Vgl. nur Hennecke, NdsVBl. 273 (277)

[627] Vgl. unten D, Die Wirtschaftsverfassung

[628] Es soll an dieser Stelle keine Aussage zur Rechtswegfrage getroffen werden. Gemeint ist lediglich die allgemeine Zuständigkeit der Zivilgerichte für wettbewerbsrechtliche Klagen.

[629] Vgl. aber auch BVerwGE 62, 224 – Kommunale Abfallbeseitigung, bei der allerdings nicht über den gemeindliche Wettbewerb, sondern die Rücknahme einer zum Zecke der Abfallbeseitigung einem privaten Unternehmer erteilten Genehmigung zu entscheiden war. Das Gericht sah einen Eingriff in das über Art. 14 GG geschützte Recht am eingerichteten und ausgeübten Gewerbebetrieb als nicht gegeben an, da der erworbene Kundenstamm durch die in § 8 Nr. 2 GO NW bzw. § 3 AbfG vorgesehene und selbst den Anforderungen des Art. 14 GG entsprechende Möglichkeit der Anordnung eines Anschluss- und Benutzungszwanges vorbelastet sei. Auch sei die mit der Übertragung der Abfallbeseitigung auf öffentlich-rechtliche Körperschaften in § 3 AbfG verbundene Errichtung eines „Quasi-Verwaltungsmonopols" als Eingriff in die Berufsfreiheit auch im Hinblick auf Art. 12 GG gerechtfertigt.

a)   Gebäude-Feuerversicherungsanstalt – BVerwGE 17, 306 ff.

Diese Entscheidung markiert den Grundstein der Rechtsprechung des *Bundesverwaltungsgerichts* zum Problemkreis des Grundrechtsschutzes im Hinblick auf die staatliche Eigenwirtschaft. Hat sich auch im weitern Verlauf der Prüfungsschwerpunkt verlagert, so weist ihre Begründung in eine Richtung, die auch alle späteren Entscheidungen des Gerichtes bestimmt.

Zu entscheiden war über die einer Gebäude-Feuerversicherungsanstalt mit öffentlich-rechtlichem Zwangscharakter erteilte Genehmigung zur Erweiterung ihres Geschäftsbetriebes auf Mobiliarfeuerversicherungen. Die Klägerin, ein privates Versicherungsunternehmen, rügte, dass die erteilte Genehmigung das Gleichgewicht zwischen Monopolversicherern und privaten Versicherern störe und dadurch die Existenz der privaten Versicherungsgesellschaften gefährde. Während das erstinstanzlich zur Entscheidung berufene Landesverwaltungsgericht Hannover der Klage stattgegeben hatte, wurde sie vom Berufungsgericht als unzulässig abgewiesen. Dem widersprach das *Bundesverwaltungsgericht* als Revisionsgericht. Die Revision blieb jedoch aus materiellen Gründen ohne Erfolg.

So sei dem Grundgesetz kein verfassungsmäßiges Bekenntnis für ein bestimmtes Wirtschaftssystem zu entnehmen. Vielmehr kämen als verfassungsrechtliche Maßstäbe ausschließlich Einzelnormen des Grundgesetzes und damit die Art. 2, 12, 3, 14 und 15 GG in Betracht. Der Prüfungsschwerpunkt wird dabei auf Art. 2 GG gelegt, durch den das Gericht die Vertragsfreiheit und insbesondere die Wettbewerbsfreiheit gesichert sehen will. Das Grundrecht sei aber nicht uneingeschränkt gewährleistet, sondern stehe unter der Schranke der verfassungsmäßigen Ordnung, zu der auch Gesetze gehörten, die den Wettbewerb regelten. Ein schrankenloser Wettbewerb sei zudem nicht mit den Staatsleitbild des sozialen Rechtsstaats zu vereinbaren. Entscheidend sei jedoch, dass durch die gesetzlich vorgesehene Möglichkeit der Zulassung nicht der Persönlichkeitskern[630] berührt sei, den allein die Verfassungsnorm sichern wolle[631]. Darüber hinaus sei zwar Art. 3 GG berührt, denn die Aufnahme der Mobiliarversicherung bedeute nicht nur das Auftreten eines neuen Konkurrenten, sondern könne zudem zu einer für die Klägerin nachteiligen Verschiebung der Wettbewerbslage führen. Dies könne jedoch keine Verletzung der Vorschrift darstellen, denn diese schütze nicht die Chancengleichheit schlechthin, sondern biete nur Schutz gegen willkürliche Ungleichbehandlungen. Eine solche scheide aufgrund des zweifelsfrei hinter der gesetzlichen Regelung stehenden öffentlichen Interesses aus[632]. Im Weiteren werde auch nicht das durch Art. 12 GG gewährleistete Grundrecht der Berufsfreiheit angetastet. So können nämlich die

---

[630] Die Argumentation, ersichtlich auf die sog. „Persönlichkeitskerntheorie" aufbauend, läßt sich demnach nicht ohne weiteres auf das heutige Verständnis von Art. 2 I GG als Schutz der allgemeinen Handlungsfreiheit (Vgl. nur BVerfGE 80, 137 (152 f.)) übertragen.

[631] Vgl. BVerwGE 17, 306 (309)

[632] Vgl. BVerwGE 17, 306 (312)

Freiheit der Berufsausübung durch den Gesetzgeber aufgrund vernünftiger Erwägungen des Gemeinwohls, wie sie vorliegend gegeben wären, beschränkt werden. Zudem sei im Rahmen der Zulassung nicht ersichtlich, dass die Verfolgung des zugelassenen Geschäftszweiges durch die Beklagte, in wettbewerbswidriger Weise die wirtschaftliche Situation der Klägerin beeinträchtige, was außerdem ausschließlich privatrechtliche Ansprüche aufgrund unlauterem Wettbewerbs begründe[633]. Auch ein Verstoß gegen Art. 14 GG liege nicht vor, da es an einem widerrechtlichen unmittelbaren Eingriff in den Gewerbebetrieb des Klägers fehle. Erst die Betätigung selbst wäre in der Lage, die wirtschaftliche Stellung der Klägerin unmittelbar zu beeinträchtigen, aber schütze Art. 14 GG nicht vor dem Auftreten eines neuen Konkurrenten, soweit diese nicht durch eine behördliche Maßnahme eine Monopolstellung erlange. Als Bestandsgarantie würde Art. 14 GG zur Erstarrung wirtschaftlicher Verhältnisse führen. Schließlich wäre auch Art. 15 GG nicht einschlägig, da die Vorschrift einen Zwangszugriff voraussetzte. Zumindest aber müsse die Veränderung der Wettbewerbsverhältnisse mit „sanfter Gewalt" und mit der Absicht herbeigeführt werden, gleichsam auf kaltem Wege der Gemeinwirtschaft Raum zu verschaffen[634].

b)   Kommunaler Bestattungsordner[635] – BVerwGE 39, 329 ff.

In der zweiten einschlägigen Entscheidung[636] rügt der Kläger als Betreiber eines privaten Bestattungsunternehmen die Vornahme gewisser, mit der Bestattung zusammenhängender privatrechtlicher Geschäfte durch die beklagte Stadt mit Hilfe ihrer Bestattungsordner. Die Klage hatte sowohl erst- als auch zweitinstanzlich Erfolg. Das *Bundesverwaltungsgericht* hingegen hob die Urteile auf und wies die Klage als unbegründet ab.

Nachdem die fehlende Schutznormqualität, des die wirtschaftliche Betätigung der Gemeinde betreffenden, § 85 GO BW aufgrund einer Gegenüberstellung mit den strengeren Parallelvorschriften anderer Bundesländer[637] sowie § 67 DGO herausgearbeitet worden ist, wendet sich das *Bundesverwaltungsgericht* der grundrechtlichen Problematik zu. Dabei greift es in den wesentlichen Punkten, insbesondere auch in der Frage der Wirtschaftsverfassung, dem Gleichbehandlungsgrundsatz sowie der Eigentumsgarantie, auf die vorangegangene Entscheidung zurück. Andererseits rückt jedoch statt Art. 2 I GG der Art. 12 I GG in den Mittelpunkt der Betrachtung. In diesem Zusammenhang trifft das Gericht dann auch jene bedeuten-

---

[633] Vgl. BVerwGE 17, 306 (313)

[634] Vgl. BVerwGE 17, 306 (314)

[635] Vgl. hierzu auch die beiden neueren Entscheidungen des BGH NJW 1987, 60 ff. und 62 – Bestattungsordner I und II

[636] Die Entscheidung wurde bereits im Zusammenhang mit der Problematik der Nebentätigkeit dargestellt.

[637] genannt sind Art. 75 I BayGO i.d.F.v. 14.12.1970 sowie § 69 I GO NW i.d.F.v. 11.8.69

de Aussage, die seither die Rechtsprechung bestimmt und auch in weiten Teilen der Literatur ob ihrer Griffigkeit geschätzt wird. So schütze Art. 12 I GG nicht vor Konkurrenz, auch nicht vor dem Wettbewerb der öffentlichen Hand; das Grundgesetz garantiere der Privatwirtschaft nicht die Ausschließlichkeit des wirtschaftlichen Handelns[638]. Unter Berufung auf das *Bundesverfassungsgericht* wird weiterhin ausgeführt, „ein subjektives verfassungskräftiges Recht eines Geschäftsmannes auf die Erhaltung des Geschäftsumfanges und die Sicherung weiterer Erwerbsmöglichkeiten besteht in der freien Wettbewerbswirtschaft nicht"[639]. Die Beklagte mache nicht bereits dadurch, dass sie ein Unternehmen betreibt, jede private Konkurrenz unmöglich, sondern vermindere durch ihrer Teilnahme am Wettbewerb – als natürliche Folge jeden Wettbewerbs – lediglich die Erwerbschancen anderer Unternehmer, was aber keinesfalls die Wettbewerbsfreiheit verletze[640]. Darüber hinaus lasse sich dem Grundgesetz kein Subsidiaritätsprinzip entnehmen, an dem die gemeindliche Betätigung zu messen wäre.

c)   Kommunale Wohnungsvermittlung – BVerwG NJW 1978, 1539

In diesem Verfahren rügte die Klägerin, eine private Wohnungsvermittlerin, die Verletzung ihrer Grundrechte durch eine von der Stadt München betriebenen kommunalen Wohnungsvermittlung. So wären ihre Erwerbschancen nicht zuletzt dadurch beeinträchtigt, dass die Stadt nicht nur Sozialwohnungen vermittle, sondern diese freien Wohnungen gegen eine Gebühr i.H. einer halben Monatsmiete vermittelt würden, während dies private Wohnungsvermittler aus Wirtschaftlichkeitsgesichtspunkten nicht unter zwei Monatsmieten anbieten könnten. Das *Bundesverwaltungsgericht* hat, ebenso wie die Vorinstanzen[641], eine Grundrechtsverletzung abgelehnt. Zuvor war außerdem festgestellt worden, dass auch die Vorschriften der bayerischen Gemeindeordnung, die wirtschaftliche Betätigung der Gemeinde betreffend, keinen Individualschutz bezwecken würden.

Interessant ist an der Entscheidung, dass das Gericht eine Parallelisierung mit der Problematik der Konkurrentenklage bei Subventionsbewilligungen vornimmt. So sei eine Verletzung des Art. 2 I GG zwar prinzipiell denkbar, denn könne schließlich die nicht den Marktpreisen entsprechende kommunale Wohnungsvermittlung als Subvention an sich selbst gewertet werden. Dies wäre aber nur dann der Fall, wenn die Wettbewerbsfreiheit des Handels in „unerträglichem Maße eingeschränkt" würde oder die Klägerin durch die Subventionierung ihrer Konkurrenten in ihren Wettbewerbsmöglichkeiten unzumutbar geschädigt worden wäre. Darüber hinaus sei anerkannt, dass Art. 12 I GG nicht vor Konkurrenz schütze, auch nicht vor dem Wettbewerb der öffentlichen Hand. Dies gelte um so mehr, als hier

---

[638] Vgl. BVerwGE 39, 329 (336)
[639] Vgl. BVerfGE 24, 236 (251) – „Lumpensammler"
[640] Vgl. BVerwGE 39, 329 (337)
[641] Vgl. BayVGH JZ 76, 641 ff.

die Tätigkeit der Gemeinde durch einen öffentlichen Zweck gerechtfertigt sei. Auch Art. 14 I GG schütze nicht vor dem Hinzutreten eines neuen Konkurrenten. Eine Verletzung des Art. 3 I GG, scheide aufgrund der verfolgten sozialpolitischen Belange aus[642].

d)   Wohnungsvermittlung einer städtischen Wirtschaftsförderungsgesellschaft – BVerwG NJW 1995, 2938

Die vorerst letzte und in erheblichem zeitlichen Abstand ergangene Entscheidung des *Bundesverwaltungsgerichts* betrifft ebenfalls den Bereich kommunaler Wohnungsvermittlung. Der Kläger, ein Unternehmensberater und Immobilienmakler rügte insbesondere die Maklertätigkeit einer städtischen Eigengesellschaft sowie die Beteiligung der Stadt an einer Wirtschaftsimmobilien GmbH&Co. KG, die unter anderem den Erwerb und die Veräußerung sowie die Vermittlung von Grundstücken und grundstücksgleicher Rechte zum Gegenstand hat. In den Vorinstanzen ebenso wie in der Nichtzulassungsbeschwerde war die Klage erfolglos.

So führt das Gericht aus, dass einerseits die kommunalrechtlichen Begrenzungen gemeindlicher Wirtschaftstätigkeit keinen Individualschutz entfalten würde. Darüber hinaus sei es in der eigenen Rechtsprechung geklärt, „dass im Grundsatz das Hinzutreten des Staates oder wie hier einer Gemeinde als Konkurrent lediglich eine weitgehend systemimmanente Verschärfung des marktwirtschaftlichen Konkurrenzdrucks" beinhalte. Hiervor bewahre Art. 12 GG nicht, solange dadurch nicht die private Konkurrenz unmöglich gemacht werde. Weder dürfe durch die Konkurrenz eines durch die Gemeinde gegründeten Betriebs die Wettbewerbsfreiheit in unerträglichem Maße eingeschränkt werden, noch dürfe der Privatunternehmer in seinen Wettbewerbsmöglichkeiten unzumutbar geschädigt werden. Auch Art. 14 GG schütze nicht vor dem Auftreten eines neuen, auch in öffentlicher Trägerschaft stehenden Konkurrenten, es sei denn, dass dieser durch eine behördliche Maßnahme eine Monopolstellung erlange[643].

e)   Selbstabgabe von Brillen durch gesetzliche Krankenkassen – BGHZ 82, 375

Im gegenständlichen Verfahren hatte der *Bundesgerichtshof* über eine Klage vorwiegend selbständiger Augenoptikermeister und Augenoptikerbetriebe gegen die unmittelbare Ausgabe von Brillen durch drei Geschäftsstellen der AOK sowie einer Betriebskrankenkasse an ihre Mitglieder in Konkurrenz zu den privaten Augenoptikern zu entscheiden. Während das Berufungsgericht noch die Ausgabe von „Kassenbrillen" im Gegensatz zu sog. „Feinbrillen" als zulässig erachtet hatte, sah der

---

[642] Vgl. BVerwG NJW 1978, 1539 (1540)
[643] Vgl. BVerwGE NJW 1995, 2938 (2939)

Bundesgerichtshof in der unmittelbaren Ausgabe generell einen Verstoß gegen § 1 UWG.

Grundlage der Entscheidung ist demnach § 1 UWG, während die grundrechtliche Problematik nur sekundäre Bedeutung erlangt[644]. So führt auch das Gericht in seiner Begründung aus, dass die Beklagte nicht der gleichen wettbewerbsrechtlichen Ausgangslage und den gleichen Wettbewerbsbedingungen unterworfen wäre, wie die Kläger. Bei einer solch ungleichen Wettbewerbslage bestehe „die Gefahr eines ruinösen Wettbewerbs mit der Möglichkeit ihrer Ausschaltung als selbständige Gewerbetreibende aus dem Wirtschaftsleben"[645]. Denn anders als die selbständigen Augenoptiker finanziere sich die Beklagte aus den ihr zufließenden Beiträgen. Ein solcher Wettbewerb rühre beträchtlich an den Grundlagen der Existenz eines vorhandenen und nach Herkommen und Gesetz anerkannten selbständigen Berufsstandes, führe in nicht unerheblichen Umfang zur Ausschaltung des Leistungswettbewerbs und damit zu einer ernstlichen Gefahr für dessen Bestand, was mit § 1 UWG unvereinbar sei[646]. Dies gelte insbesondere deshalb, weil die Selbstabgabe weder sozialversicherungsrechtlich besonders gestattet, noch geboten sei. Vielmehr sprächen die sozialversicherungsrechtlichen Vorschriften dafür, dass sich die Kassen zur Sachversorgung grundsätzlich der vorhandenen freien Berufe, insbesondere der Augenoptiker, zu bedienen hätten.[647] Erst an dieser Stelle greift dann das Gericht auf Art. 12 I GG zurück und führt im folgenden aus, dass nur so auch dem Grundrecht des Art. 12 I GG ausreichend Rechnung getragen wäre, denn es sei der öffentlichen Hand verwehrt, über das sachlich Gebotene und verfassungsrechtlich Zulässige hinaus in den Bereich der privaten beruflichen Betätigung Dritter zu deren Nachteil einzugreifen. Es wäre ein damit nicht in Einklang zu bringender Eingriff in die freie Betätigung selbständiger Berufe, wenn es den gesetzlichen Krankenkassen völlig freistünde, ihrer Verschaffungspflicht selbst zu genügen. Die schrankenlose Einrichtung von Selbstabgabestellen schließe die – zu Art. 12 I GG in Widerspruch stehende – Möglichkeit ein, vorhandene und nach Herkommen und Gesetz anerkannte, selbständige Berufe faktisch nur noch als Angestelltenberufe ausüben zu können.[648]

---

[644] Es ist demzufolge auch unverständlich, was an der Vorgehensweise des BGH unorthodox sein soll (so aber Kluth, Grenzen gemeindlicher Wettbewerbsanteilnahme, S. 54), wenn sich das Gericht nicht direkt auf die Prüfung der „Grundrechtsrelevanz" stürzt.

[645] BGHZ 82, 375 (396)

[646] BGHZ 82, 375 (397)

[647] BGHZ 82, 375 (398, 389 f.)

[648] BGHZ 82, 375 (390)

f) Resümee

Die Analyse der Rechtsprechung des *Bundesverwaltungsgerichts* zum Grundrechtsschutz gegenüber der Wirtschaftstätigkeit der öffentlichen Hand zeigt ein einheitliches Ergebnis. So sind zwar die Grundrechte in allen entschiedenen Fällen relevanter Prüfungsmaßstab[649], sie entfalten ihren Schutz aber generell nur in Ausnahmefällen. Ein Grundrechtseingriff durch bloße Konkurrenz scheide aus, da Konkurrenz ein immanentes Prinzip des Marktes sei. Auch das Hinzutreten der öffentlichen Hand als Konkurrent stelle lediglich eine systemimmanente Verschärfung des marktwirtschaftlichen Konkurrenzdrucks dar.

Ist die Botschaft im Ergebnis auch klar und unmissverständlich, bleibt demgegenüber deren grundrechtsdogmatisch fundierte Begründung doch weitestgehend im Dunkeln. So ist im Einzelnen nicht ersichtlich, ob die Aktivierung der grundrechtlichen Abwehransprüche bereits am „Schutzbereich" scheitert oder etwa aufgrund des besonderen Eingriffsmodus mangels (erheblichen) „Eingriffs". Spricht zwar insbesondere das Aufstellen einer Intensitätsschwelle[650] bereits dafür, dass sich das Gericht auf der Eingriffsebene bewegt, so lassen erst die Entscheidungen des Gerichts zur „staatlichen Informationspolitik"[651] erkennen, dass es sich um eine Frage des Beeinträchtigungsmodus handelt[652]. Eine rechtsdogmatisch schlüssige und überzeugende Grundrechtsprüfung erfordert jedoch eine saubere Trennung zwischen Schutzbereich eines Grundrechts, Eingriff in den Schutzbereich und gegebenenfalls verfassungsrechtlicher Rechtfertigung des Grundrechtseingriffs[653], nicht zuletzt auch gerade deshalb, weil dem grundrechtsdogmatischen Argumentationszusammenhang auch selektive Funktion zukommt und er den Stellenwert einer Argumentation zu präzisieren vermag[654]. Dies ignorieren die dargestellten Entscheidungen mehr noch, als die Entscheidungen zur „staatlichen Informationspolitik".

Kann deshalb die Rechtsprechung des *Bundesverwaltungsgerichts* bereits aufgrund ihrer dogmatischen Schwächen nicht überzeugen, so lassen sich darüber hinaus auch inhaltliche Widersprüchlichkeiten in der Argumentation erkennen, die im

---

[649] Es lässt sich aber damit keine Aussage dahingehend treffen, dass das jegliches wirtschaftliches Tätigwerden, insbesondere die erwerbswirtschaftlich-fiskalische Betätigung einer Grundrechtsbindung unterliegt. Vgl. sogleich unten.

[650] Ganz im Gegensatz zur These, Grundrechte schützten auch nicht vor staatlicher Konkurrenz, die für sich den Anschein erweckt, Wirtschaftstätigkeit der öffentlichen Hand könne schon nicht in den Schutzbereich der Grundrechte fallen.

[651] Vgl. BVerwGE 71, 183 – Arzneimittel Transparenzlisten; BVerfGE 82, 76 – Jugendsekten; BVerwGE 87, 37 – Diethylenglykol; Vgl. auch hierzu die vernichtende Kritik *Schochs* in DVBl. 1991, 667; BVerwG NJW 1996, 3161 – Warentest

[652] Ausdrücklich BVerwGE 71, 183 (193)

[653] Vgl. Schoch, DVBl. 1991, 667 (674)

[654] Vgl. Morlok, Selbstverständnis als Rechtskriterium, S. 406 f.

Rahmen der folgenden rechtsdogmatisch gebotenen Grundrechtsprüfung aufgearbeitet werden. Schließlich ist es aber auch unter Wertungsgesichtspunkten kaum verständlich, dass das *Bundesverfassungsgericht* in der bloßen Verpflichtung der Zigarettenhersteller, auf Packungen von Tabakerzeugnissen vor den Gesundheitsgefahren des Rauchens zu warnen, einen rechtfertigungsbedürftigen Eingriff in Art. 12 I GG erkennt[655], während demgegenüber nach der ständigen Rechtsprechung des *Bundesverwaltungsgerichts* die Selbstherstellung von Tabakerzeugnissen durch die öffentliche Hand, zum Zwecke der Verbreitung der Gesundheitswarnung, erst dann einen rechtfertigungsbedürftigen Eingriff darstellt, wenn der Exitus der privaten Tabakwirtschaft zu befürchten ist.

2. Die Literatur

Die Stellungnahmen in der Literatur folgen weitestgehend der Rechtsprechung des *Bundesverwaltungsgerichts* und minimieren den Grundrechtsschutz gegenüber einer wirtschaftlichen Betätigung der öffentlichen Hand auf die Extremfälle des Verdrängungswettbewerbs und der Begründung von Monopolstellungen bzw. die erhebliche Einschränkung der Möglichkeit des privaten Konkurrenten, sich als verantwortlicher Unternehmer wirtschaftlich zu betätigen[656]. Vielfach werden dabei aber lediglich die Thesen des Gerichts aufgegriffen ohne im einzelnen auf grundrechtsdogmatische Fragen einzugehen[657]. Aber vor allem in jüngerer Zeit lässt sich eine Tendenz dahingehend beobachten, auch die wirtschaftliche Betätigung generell grundrechtlichen Rechtfertigungserfordernissen zu unterstellen[658].

---

[655] Vgl. BVerfGE 95, 173 (183)

[656] Vgl. (in der Begründung teilweise erheblich abweichend) Dickersbach, WiVerw 1983, 187 (208 f.); Ehlers, DVBl. 1998, 497 (502); ders., JZ 1990, 1089 (1097); ders. Verwaltung in Privatrechtsform, S. 103; Gusy, JA 1995, 253; Held, WiVerw 1998, 264 (269 f.); Jarass, in: Jarass/Pieroth, GG, Art. 12 Rn. 14a; Kirchhof, Staatliche Einnahmen, in: Isensee/Kirchhof, HBdStR Band IV, § 88 Rn. 313; Ossenbühl, AöR 115 (1990), 1 (13); Pielow, NWVBl. 1999, 369 (376); Püttner, Die öffentlichen Unternehmen, S. 99; Tettinger, in: Sachs, GG, Art. 12 Rn. 75 f.; Wieland, in: Dreier, GG, Art. 12 Rn. 83

[657] Vgl. Gerke, Jura 1985, 349 (359); Moraing, WiVerw 1998, 233 (243); Otting, DVBl. 1997, 1258 (1260); ders., Neues Steuerungsmodell und rechtliche Betätigungsspielräume der Kommunen, S. 155 ff.; M. Pagenkopf, GewArch 2000, 177 (183)

[658] Vgl. v. Arnim, Rechtsfragen der Privatisierung, S. 64; Berg, Wirtschaft und Verwaltung 3/00 – Vierteljahresbeilage zum GewArch, 141 (154 ff.); Breuer, Die staatliche Berufsregelung und Wirtschaftslenkung, in: Isensee/Kirchhof, HBdStR Band VI, § 148 Rn. 58 ff. insbes. Rn. 60 f.; Burmeister, Selbstverwaltungsgarantie und wirtschaftliche Betätigung der Kommunen, in: Püttner, HBdkWP Band V, S. 42 f.; Dürig, in: Maunz/Dürig/Herzog/Scholz, GG, Art. 2 I Rn. 52 ff.; Erichsen, Kommunalrecht NW, § 11 D 2 b, S. 274 ff.; Hennecke, NdsVBl. 1998, 273 (277); Heintzen, Rechtliche Grenzen und Vorgaben für eine wirtschaftliche Betätigung von Kommunen im Bereich der gewerblichen Gebäudereinigung, S. 15 ff.; Hösch, DöV 2000, 393 (396 ff.); Ipsen, NdsVBl. 1999, 102 (104); Kluth, Grenzen kommunaler Wettbewerbsteilnahme, S. 59 ff.; Krölls, GewArch 1992, 281 (283 f.); Ronellenfitsch, Wirtschaftliche Betätigung des Staates, in: Isensee/Kirchhof,

Die Fülle der existierenden Ansichten und Argumente macht es jedoch erforderlich, auf eine vorweggenommene, über die grundsätzlichen Standpunkte hinausgehende Darstellung zu verzichten und diese vielmehr in den Rahmen der folgenden systematischen Erörterung der grundrechtsdogmatischen Fragestellungen einzuflechten.

II. Grundrechtsbindung gemeindlicher Wirtschaftstätigkeit

Spiegelbildlich zur Frage der Kompetenzgebundenheit gemeindlicher Wirtschaftstätigkeit im Rahmen der Ermittlung der kompetenziellen Grenzen, ist in diesem Zusammenhang zunächst zu klären, ob die wirtschaftliche Betätigung der Gemeinden überhaupt einer Grundrechtsbindung unterliegt.

Die Beantwortung dieser Frage muss an Art. 1 III GG anknüpfen, der seinem Wortlaut nach gleichermaßen Gesetzgebung, vollziehende Gewalt und Rechtsprechung an die Grundrechte als unmittelbar geltendes Recht bindet. Wirft dabei die prinzipielle Grundrechtsbindung von Gesetzgebung und Rechtsprechung keine weiteren Probleme auf[659], so ist die Grundrechtsbindung der Verwaltung im Hinblick auf die Vielgestaltigkeit ihrer Erscheinungsformen umstritten.

Im Gegensatz zum Problemkreis der Grundrechtsfähigkeit besteht jedoch Einigkeit, dass auch Einrichtungen der mittelbaren Staatsverwaltung und insbesondere die Gemeinden der Bindung an die Grundrechte unterliegen[660]. Unerheblich ist es in diesem Zusammenhang, ob und inwieweit diese Einheiten selbst partiell grundrechtsfähig sind[661].

Auch die Grundrechtsbindung der vollziehenden Gewalt ist kaum umstritten, soweit es um öffentlich-rechtliches Handeln geht[662]. Aber auch innerhalb des, im Hinblick auf eine wirtschaftliche Betätigung der Gemeinden besonders relevanten Bereichs privatrechtlichen Handelns der Verwaltung, ist die Frage nach der Grundrechtsbindung nicht gleichermaßen umstritten. So besteht weitgehend Einigkeit dahingehend, dass die privatrechtlich handelnde Verwaltung jedenfalls bei der Erfüllung von Verwaltungsaufgaben[663] (sog. Verwaltungsprivatrecht) uneinge-

---

HBdStR Band III, § 84 Rdnr. 34 ff.; Schliesky, DVBl. 1999, 78 (82 f.); Scholz, in: Maunz/Dürig/Herzog/Scholz, GG, Art. 12 Rn. 404 ff.; Stober, Wirtschaftsverwaltungsrecht, § 24 II 3; wohl auch Papier, Grundgesetz und Wirtschaftsordnung, in: Benda/Maihofer/Vogel, HBdVerfR, § 18 Rn. 46 f.; einschränkender: Tettinger, DVBl. 1999, 679 (686)

[659] Vgl. Jarass, in: Jarass/Pieroth, GG, Art. 1 Rn. 19

[660] Vgl. Dreier, in: ders., GG Art. 1 III Rn. 43; Stern, Staatsrecht III/1, § 74 I 6

[661] Vgl. Dreier, in: ders., GG, Art. 1 III Rn. 44; Jarass, in: Jarass/Pieroth, GG, Art. 1 Rn. 21

[662] Vgl. Rüfner, Grundrechtsadressaten, in: Isensee/Kirchhof, HBdStR Band V, § 117 Rn. 19

[663] Häufig werden diese Aufgaben auch als „öffentliche" im Gegensatz zu den sog. „fiskalischen" Aufgaben bezeichnet (vgl. nur Badura, Wirtschaftsverwaltungsrecht, in: Schmidt-Aßmann, Besonderes Verwaltungsrecht, 3. Abschnitt, Rn. 118;). Kurios ist die gegenständliche Differenzierung vor

schränkt den grundrechtlichen Bindungen unterliegt[664]. Demgegenüber ist die Geltung der Grundrechte im Bereich fiskalisch-erwerbswirtschaftlichen Handelns, wohl vor dem Hintergrund des klassischen Verständnisses des Verwaltungsprivatrechts, demzufolge zwischen verwaltungsprivatrechtlichen und fiskalischen Handeln zu unterscheiden war[665], nach wie vor umstritten.

1. Grundrechtsbindung im Bereich fiskalisch-erwerbswirtschaftlichen Handelns

So lehnt insbesondere die zivilgerichtliche Rechtsprechung, anknüpfend an die verwaltungsprivatrechtliche Differenzierung, eine Grundrechtsbindung von Trägern öffentlicher Gewalt ab, wenn und soweit sie in privatrechtlichen Handlungsformen fiskalisch-erwerbswirtschaftlich tätig werden und verneint damit die Frage nach der sog. „Fiskalgeltung der Grundrechte"[666].

Aber auch in der Literatur wird bisweilen[667] eine Grundrechtsbindung zumindest im Bereich fiskalischen Handelns abgelehnt[668]. So spreche bereits der Wortlaut von Art. 1 III GG (Staats-„gewalt") und dessen Entstehungsgeschichte[669] gegen eine generelle Bindung des am Wirtschaftsleben teilnehmenden Staates[670]. Auch ließe sich eine allgemeine und unmittelbare Geltung der Grundrechte im Privatrechtsverkehr nicht begründen[671]. Darüber hinaus wäre eine uneingeschränkte Bindung

---

dem Hintergrund, dass die gesamte Staatstätigkeit kompetenziell auf die Erfüllung öffentlicher Aufgaben beschränkt ist. Man darf aber davon ausgehen, dass damit die unmittelbare Erfüllung im Gegensatz zur nur mittelbaren Erfüllung öffentlicher Aufgaben bezeichnet werden soll (vgl. Rüfner, Grundrechtsadressaten, in: Isensee/Kirchhof, HBdStR Band V, § 117 Rn. 43).

[664] Vgl. Badura, Wirtschaftsverwaltungsrecht, in: Schmidt-Aßmann, Besonderes Verwaltungsrecht, 3. Abschnitt, Rn. 120; Bleckmann, Die Grundrechte, § 10 Rn 53; Dreier, in: ders., GG, Art. 1 III Rn. 48; Ehlers, Verwaltung und Verwaltungsrecht, in: Erichsen, Allgemeines Verwaltungsrecht, § 2 Rn. 75; Pieroth/Schlink, Grundrechte, Rn. 171

[665] Vgl. hierzu Siebert, Privatrecht im Bereich der öffentlichen Verwaltung, in: FS für Niedermeyer, 215 (219 ff.); Wolff/Bachof/Stober, VwR I, § 23 Rn. 1 ff.

[666] Vgl. BGHZ 36, 91(95); 97, 312 (316); a.A. OLG Düsseldorf DÖV 1981, 537 m. zust. Anm. Pietzcker

[667] Stern, Staatsrecht III/1 spricht noch davon, dass von kaum einem Autor eine Grundrechtsbindung von Hoheitsträgern bei der Teilnahme am wirtschaftlichen Wettbewerb angenommen wird.

[668] Vgl. Badura, Staatsrecht, I Rn. 115; Bettermann, Gewerbefreiheit der öffentlichen Hand, in: FS für Hirsch, 1 (19 f.); Emmerich, Das Wirtschaftsrecht der öffentlichen Unternehmen, 120 ff., 132 ff.; Püttner, Die öffentlichen Unternehmen, S. 93; Ronellenfitsch, Wirtschaftliche Betätigung des Staates, in: Isensee/Kirchhof, HBdStR Band III, § 84 Rn. 47 ff. (insbes. Rn. 49)

[669] Die im Zuge der Einführung der Bundeswehr vorgenommene Ersetzung des Ausdrucks „Verwaltung" durch „vollziehende Gewalt" belege einen von vornherein reduzierten Verwaltungsbegriff.

[670] Vgl. Ronellenfitsch, Wirtschaftliche Betätigung des Staates, in: Isensee/Kirchhof, HBdStR Band III, § 84 Rn. 46

[671] Vgl. Emmerich, Das Wirtschaftsrecht der öffentlichen Unternehmen, S. 129 ff.; Ronellenfitsch, Wirtschaftliche Betätigung des Staates, in: Isensee/Kirchhof, HBdStR Band III, § 84 Rn. 46

an die Grundrechte mit der staatlichen Teilnahme am Wettbewerb unvereinbar, da dies zu unzumutbaren Beeinträchtigungen führe. Es sei vielmehr Aufgabe der Wettbewerbsordnung und des Privatrechts selbst, die eigene Bedrohung durch staatliches Tätigwerden aus sich heraus zu lösen[672].

Demgegenüber erstreckt sich die Grundrechtsbindung nach heute überwiegender und zutreffender Ansicht auch auf die erwerbswirtschaftliche Betätigung der öffentlichen Hand[673]. So kann schon nicht vom Begriff „Gewalt" auf ein, für die Grundrechtsgeltung erforderliches, Handeln durch Befehl und Zwang geschlossen werden, wird doch auch die leistende Verwaltungstätigkeit als Aktualisierung von Staatsgewalt begriffen[674]. Dagegen deutet die Erwähnung der „vollziehenden Gewalt" im Zusammenhang mit der Gesetzgebung und Rechtsprechung eher darauf hin, dass der Grundgesetzgeber die Exekutive[675] in all ihren Erscheinungsformen und damit auch die gesamte Verwaltung in die Pflicht nehmen wollte[676]. Aber gerade auch die Entstehungsgeschichte der Norm spricht dafür, dass der Begriff „Gewalt" keine eigenständige, gleichgeordnetes staatliches Tätigwerden aus dem grundrechtlichen Geltungsanspruch herauslösende Funktion hat, da dieser erst nachträglich und ausschließlich zum Zwecke der Klarstellung eingeführt wurde[677], dass auch die Bundeswehr an die Grundrechte gebunden ist. Sollte vor diesem Hintergrund überhaupt von einem nur reduzierten Verwaltungsbegriff ausgegangen werden können, so lässt sich hieraus keinesfalls die Aussonderung fiskalisch-erwerbswirtschaftlicher Tätigkeiten begründen. Vielmehr lässt die systematische Verknüpfung von Art. 1 III GG mit Art. 1 I 2 GG einerseits und Art. 20 II 2, III GG andererseits den Willen des Verfassungsgebers zu einer verfassungsrechtlichen Einbindung des Staatshandelns in seiner Gesamtheit erkennen. Mit der darin zum Ausdruck kommenden außerordentlichen Bedeutung der Grundrechte ist ein Reservat staatlichen Wirkens, das dem Geltungsanspruch der Grundrechte nicht un-

---

[672] Vgl. Emmerich, Das Wirtschaftsrecht der öffentlichen Unternehmen, S. 133

[673] Vgl. v. Arnim, Rechtsfragen der Privatisierung, S. 60 f.; Bleckmann, Die Grundrechte, § 10 Rn. 53; Dreier, in: ders., GG, Art. 1 III Rn. 50; Ehlers, Verwaltung und Verwaltungsrecht, in: Erichsen, Allgemeines Verwaltungsrecht, § 2 Rn. 76; Erichsen, Kommunalrecht NW, § 11 D 2 b, S. 274 ff.; Hesse, Grundzüge des Verfassungsrechts, Rn. 347f.; Höfling, in: Sachs, GG, Art. 1 Rn. 96; Jarass, in: Jarass/Pieroth, GG, Art. 1 Rn. 23; Kluth, Grenzen kommunaler Wettbewerbsanteilnahme, S. 58 f.; Krölls, GewArch 1992, 281 (284); Maurer, Allgemeines Verwaltungsrecht, § 3 Rn. 10; Pieroth/Schlink, Grundrechte, Rn. 171; Otting, Neues Steuerungsmodell und rechtliche Betätigungsspielräume der Gemeinden, S. 154; Rüfner, Grundrechtsadressaten, in: Isensee/Kirchhof, HBdStR Band V, § 117 Rn. 45; Scholz, in: Maunz/Dürig/Herzog/Scholz, GG, Art. 12 Rn. 404 f; Starck, in: v. Mangoldt/Klein/Starck, GG, Art. 1 III Rn. 144; Stern, Staatsrecht III/1, § 74 IV 5 γ; Stober

[674] Vgl. Kluth, Grenzen kommunaler Wettbewerbsanteilnahme, S. 58

[675] So die Bezeichnung in der Gewaltenteilungslehre

[676] Vgl. Ehlers, Verwaltung und Verwaltungsrecht, in: Erichsen, Allgemeines Verwaltungsrecht, § 2 Rn. 76

[677] Gesetz v. 19.3.1956, BGBl. I, S. 111

tersteht, absolut unvereinbar[678]. Auch kann die Handlungsform letztendlich für die Frage der Grundrechtsbindung nicht ausschlaggebend sein. Wie bereits zum Problemkreis der Grundrechtsfähigkeit von Trägern öffentlicher Gewalt ausgeführt[679], soll die grundsätzliche Möglichkeit der Inanspruchnahme privatrechtlicher Handlungsformen ausschließlich zum Zwecke der sachgerechten Aufgabenerfüllung eröffnet werden. Sie erweitert damit nur das Handlungsinstrumentarium, keinesfalls wird damit aber eine Bindung an die Grundrechte abgestreift, noch der Verwaltung in irgend einer Weise privatautonome Gestaltungsmacht zuteil[680]. Ist auch eine allgemeine unmittelbare Geltung der Grundrechte für die gesamte Privatrechtsordnung aufgrund der daraus resultierenden nicht rechtfertigbaren Einschränkung der Privatautonomie abzulehnen und statt dessen lediglich von einer mittelbaren Bindung im Sinne einer Ausstrahlungswirkung auszugehen[681], so gilt dies selbstverständlich nicht gleichermaßen für das privatrechtliche Tätigwerden der Verwaltung, kommt ihr doch gerade keine Privatautonomie zu. Vielmehr kennt die Verfassung nur konstituierte Staatlichkeit, der nirgends wie einem Privaten das Recht zur Beliebigkeit zukommt[682]. Vor diesem Hintergrund erscheint es geradezu grotesk, den Staat dann von grundrechtlichen Bindungen befreien zu wollen, wenn er wie im Bereich erwerbswirtschaftlicher Betätigung faktisch Beliebigkeit in Anspruch nimmt und damit in Bereiche vorstößt, die bereits im Hinblick auf ihre verfassungsrechtliche Legitimation höchst umstritten und nach der hier vertretenen Ansicht gerade deshalb verschlossen sind.

Vielfach wird eine umfassende Grundrechtsbindung auch insbesondere mit der Begründung angenommen, sachgerechte Kriterien für eine überzeugende und trennscharfe Unterscheidung grundrechtsgebundener und „freier" Wirtschaftsbetätigung seien nicht zu finden[683]. Sind diese Bedenken dem Grunde nach sicherlich zutreffend, so läuft diese Begründung dennoch weitgehend leer, da für eine differenzierende Betrachtung, unabhängig von ihrer oben begründeten verfassungsrechtlichen Unzulässigkeit, kein Grund besteht. So kann angesichts der zwingenden Regelung des Art. 1 III GG ein Bedürfnis des Bürgers schlechterdings kein Maßstab für die Anwendbarkeit von grundrechtlichen Gewährleistungen

---

[678] Vgl. Stern, Staatsrecht III/1, § 74 IV 5 β

[679] Vgl. oben: A. I., S. 17 ff.

[680] Vgl. Bleckmann, Die Grundrechte, § 10 Rn. 53; Ehlers, Verwaltung und Verwaltungsrecht, in: Erichsen, Allgemeines Verwaltungsrecht, § 2 Rn. 77; Hesse, Grundzüge des Verfassungsrechts, Rn. 347; Rüfner, Grundrechtsadressaten, in: Isensee/Kirchhof, HBdStR Band V, § 117 Rn. 41

[681] Vgl. ausführlich Pieroth/Schlink, Grundrechte, Rn. 173 ff.; Jarass, in: Jarass/Pieroth, GG, Art. 1 Rn. 27

[682] Vgl. Dreier, in: ders., GG, Art. 1 III Rn. 49 f.; Hesse, Grundzüge des Verfassungsrechts, Rn. 348

[683] Vgl. Dreier, in: ders., GG, Art. 1 III Rn. 49; Rüfner, Grundrechtsadressaten, in: Isensee/Kirchhof, HBdStR Band V, § 117 Rn. 44

sein[684]. Damit wäre der normative Geltungsanspruch der Grundrechte zum bloßen Programmsatz degradiert. Zudem sind auch keine Gründe ersichtlich, weshalb eine umfassende und strikte Grundrechtsbindung der Verwaltung gerade für den Bereich wirtschaftlicher und insbesondere erwerbswirtschaftlicher Betätigung einschränkender Modifizierung bedürfte. Die grundrechtlichen Gesetzesvorbehalte eröffnen, vielmehr noch als die jeweiligen Schutzbereichsbestimmungen und insbesondere auch Art. 3 I GG, alle Möglichkeiten einer sachgerechten Differenzierung. Es ist völlig verfehlt, die Grundrechtsbindung auf Grundlage einer Abwägung legitimer grundrechtlich geschützter Interessen der Bürger sowie legitimer verfassungsrechtlich geschützter Interessen der öffentlichen Verwaltung zu bestimmen. Diese Gegenüberstellung findet im freiheitlichen Rechtsstaat des Grundgesetzes ausschließlich im Rahmen der eigentlichen Grundrechtsprüfung Platz[685].

2.   Grundrechtsbindung bei der Verwendung privatrechtlicher Organisationsformen

Spiegelbildlich zur Problematik der Grundrechtsfähigkeit ist im Rahmen der Ermittlung der Grundrechtsbindung der öffentlichen Hand bei der Verwendung privatrechtlicher Organisationsformen zwischen Eigengesellschaften und gemischt-öffentlichen Gesellschaften einerseits und gemischt-wirtschaftlichen Gesellschaften andererseits zu unterscheiden.

So wird eine Grundrechtsbindung der Eigengesellschaften und gemischt-öffentlichen Unternehmen teilweise mit der Begründung abgelehnt, die Gesellschaft besitze eine eigene Rechtspersönlichkeit und werde deshalb in ihrem rechtlichen Status durch die besonderen rechtlichen Verhältnisse ihrer Gesellschafter grundsätzlich nicht beeinflusst. Einer Grundrechtsbindung würde ausschließlich der öffentlich-rechtliche Träger unterliegen, der diese über seine Gesellschafterstellung umsetzten könne[686].

Demgegenüber hat die Rechtsprechung eine Grundrechtsbindung von Eigengesellschaften bejaht[687]. Auch die heute wohl vorherrschende Ansicht in der Literatur geht zutreffend von einer unmittelbaren Grundrechtsbindung der allein von der öffentlichen Hand getragenen privatrechtlichen Verwaltungsrechtsubjekte aus, denn es handelt sich nur um rechtstechnisch abgesonderte Erscheinungsformen der

---

[684] So aber beispielsweise Rüfner, Grundrechtsadressaten, in: Isensee/Kirchhof, HBdStR Band V, § 117 Rn. 42

[685] In diesem Sinne auch Rüfner, Grundrechtsadressaten, in: Isensee/Kirchhof, HBdStR Band V, § 117 Rn. 46

[686] Vgl. Püttner, Die öffentlichen Unternehmen, S. 119; weitergehender: Badura, Die Erfüllung öffentlichen Aufgaben und die Unternehmenszwecke bei der wirtschaftlichen Betätigung der öffentlichen Hand, in: FS für Schlochauer, 3 (11, 21); Dickersbach, WiVerw 1983, 187 (206)

[687] Vgl. BVerwG NVwZ 1991, 59; BGHZ 52, 325 (328)

Staatsgewalt[688]. Durch die Verwendung zivilrechtlicher Organisationsformen kann sich die Verwaltung ebenso wenig dem umfassenden grundrechtlichen Geltungsanspruch entziehen, wie durch die Verwendung zivilrechtlicher Handlungsformen. Entscheidend kann nämlich letztlich nicht die Rechtsform sein, sondern allein, ob es sich materiell um eine Erscheinungsform der Staatsgewalt handelt[689], was bei einer ausschließlich von der öffentlichen Hand getragenen Gesellschaft problemlos zu bejahen ist.

Da diese Überlegungen nicht in gleicher Weise auf die gleichzeitig von der öffentlichen Hand und Privaten getragenen, gemischt-wirtschaftlichen Unternehmen übertragen werden könnten und über dies eine Grundrechtsbindung der Gesellschaft selbst die Grundrechte der privaten Anteilseigner beschränken würde, wird überwiegend eine unmittelbare Grundrechtsbindung der gemischt-wirtschaftlichen Unternehmen abgelehnt[690]. Die Grundrechtsbindung erstrecke sich lediglich auf die öffentlichen Anteilseigner mit der gleichzeitigen Verpflichtung, die Gesellschafterrechte und Einflussmöglichkeiten entsprechend den grundrechtlichen Anforderungen auszuüben. Vereinzelt wird aber auch eine unmittelbare Grundrechtsbindung gemischt-wirtschaftlicher Gesellschaften für den Fall angenommen, dass diese vom öffentlichen Anteilseigner beherrscht werden, selbst wenn man diese gleichzeitig als Grundrechtsträger einstufte[691].

Unabhängig von der Klärung dieser Frage lässt sich an dieser Stelle auch aus dem Gesichtspunkt der Grundrechtsbindung[692] das verfassungsrechtlich zwingende Erfordernis ableiten, dass sich die öffentliche Hand im Rahmen des gesellschaftlichen Zusammenschlusses mit Privaten beherrschenden Einfluss sichern muss. Zwar bleibt nach allen Ansichten der öffentliche Träger auch als Minderheitsgesellschafter unmittelbar an die Grundrechte gebunden, jedoch läuft diese Bindung und damit der Steuerungsanspruch der Grundrechte de facto vollständig leer, da

---

[688] Vgl. v. Arnim, Rechtsfragen der Privatisierung, S. 61; Badura, DöV 1998, 818 (822); Dreier, in: ders., GG, Art. 1 III Rn. 52; Ehlers, Verwaltung und Verwaltungsrecht, in: Erichsen, Allgemeines Verwaltungsrecht, § 2 Rn. 80; Erichsen, Kommunalrecht NW, § 11 D 2 b, S. 274 ff.; Höfling, in: Sachs, GG, Art. 1 Rn. 96; Jarass, in: Jarass/Pieroth, GG, Art. 1 Rn. 24; Lissack, Bayerisches Kommunalrecht, § 2 Rn. 80; Pieroth/Schlink, Grundrechte, Rn. 169 ff.; wohl auch Rüfner, Grundrechtsadressaten, in: Isensee/Kirchhof, HBdStR Band V, Rn. 48; Starck, in: v. Mangoldt/Klein/Starck, GG, Art. 1 III Rn. 144; Stern, Staatsrecht III/1, IV 5 b γ) γγ)

[689] Ehlers, Verwaltung und Verwaltungsrecht, in: Erichsen, Allgemeines Verwaltungsrecht, § 2 Rn. 820; spricht anschaulich von privatrechtlichen „Trabanten"

[690] Vgl. Dreier, in: ders., GG, Art. 1 III Rn. 52; Erichsen, Kommunalrecht NW, § 11 D 2 b, S. 274 ff.; Ehlers, Verwaltung und Verwaltungsrecht, in: Erichsen, Allgemeines Verwaltungsrecht, § 2 Rn. 82; Höfling, in: Sachs, GG, Art. 1 Rn. 96; Rüfner, Grundrechtsadressaten, in: Isensee/Kirchhof, HBdStR Band V, § 117 Rn. 49; Starck, in: v. Mangoldt/Klein/Starck, GG, Art. 1 III Rn. 145

[691] Vgl. Jarass, in: Jarass/Pieroth, GG, Art. 1 Rn. 24; Stern, Staatsrecht III/1, § 74 IV 5 b γ) γγ)

[692] So schon bereits oben unter dem Gesichtspunkt der fehlenden Grundrechtsfähigkeit, vgl. oben: A. I. 1. c), S. 26 ff.

eine grundrechtsgemäße Einflussnahme auf die Gesellschaft keine, wenn auch sowieso nur mittelbare Steuerungswirkung besitzt. Vor dem Hintergrund des umfassenden grundrechtlichen Geltungsanspruch ist aber staatliches Engagement, das im Ergebnis keiner effektiven Bindung an die Grundrechte unterliegt, undenkbar. Denn ebenso wie sich die öffentliche Hand durch das privatrechtliche Handlungs- und Organisationsinstrumentarium nicht der Grundrechtsbindung entziehen kann, darf auch die spezifisch gesellschaftsrechtliche Gestaltung die zwingende Grundrechtsbindung der öffentlichen Hand, die in ihrer Zielrichtung auf den Bürger nur über das Unternehmen selbst vermittelt werden kann, unterminieren.

Führt man sich diesen zwingenden Verfassungsanspruch vor Augen, so erscheint, entsprechend der Ansicht von *Hans D. Jarass*[693] und *Klaus Stern*[694], eine generelle unmittelbare Grundrechtsbindung gemischt-wirtschaftlicher Unternehmen als sachgerecht. Wird demgegenüber die Vernachlässigung eigener Grundrechte der privaten Gesellschafter gerügt, sei darauf hingewiesen, dass sie die gesellschaftsrechtliche Bindung freiwillig eingehen[695]. Ist auch die Diskussion nach den Möglichkeiten und dem Umfang eines Grundrechtsverzichts differenziert und soll deshalb an dieser Stelle nicht weiter vertieft werden, so ist jedenfalls für den einzelnen durchweg anerkannt, bei prinzipiellem Fortbestand seiner Grundrechtsberechtigung, aus den Grundrechtsbestimmungen konkrete Einzelelemente des Grundrechtsschutzes in begrenztem Umfang aufgeben zu können[696]. Auch setzt ein Grundrechtseingriff in aller Regel den entgegenstehenden Willen des Grundrechtsträgers voraus[697].

Auf der anderen Seite kann im Falle der Grundrechtsbindung gemischt-wirtschaftlicher Unternehmen die Ausübung der Einflussmöglichkeiten des öffentlichen Trägers wohl schon schlechterdings nicht als Eingriff gewertet werden, denn können sich einzig und alleine die grundrechtlich gesicherten Freiheiten der Minderheitsgesellschafter keine Geltung verschaffen. Dies lässt sich jedoch nicht als Grundrechtsproblematik qualifizieren, sondern ist das Los jedes unterlegenen Anteilseigners, der dieses Risiko bereits mit der Beteiligung bewusst in Kauf nehmen muss[698]. Selbstverständlich gilt das gleichermaßen für das Risiko, dass sich die beherrschende öffentliche Hand entsprechend ihrer grundrechtlichen Bindung verhält.

---

[693] Vgl. Jarass, in: Jarass/Pieroth, GG, Art. 1 Rn. 24

[694] Stern, Staatsrecht III/1, § 74 IV 5 b γ) γγ)

[695] Vgl. zutreffend auch Kluth, Wirtschaft und Verwaltung 3/00 – Vierteljahresbeilage zum GewArch, 184 (194 f.)

[696] Vgl. Pieroth/Schlink, Grundrechte, Rn. 131 ff.; Sachs, in: ders., GG, Vor Art. 1 Rn 53

[697] Vgl. Dreier, in: ders., GG, Vorb. Rn. 83

[698] Vgl. dazu auch BVerfGE 50, 290 (345 f.) – Mitbestimmung

1. Die Schutzbereichs – Eingriffs Problematik

Stellungnahmen zum Problemkreis des Grundrechtsschutzes vor staatlicher bzw. gemeindlicher Konkurrenz bewegen sich, sofern sie sich überhaupt näher mit den grundrechtsdogmatischen Details befassen, vornehmlich auf der Eingriffsebene[699]. Sicherlich liegt hier ein Schwerpunkt der Grundrechtsexegese, handelt es sich doch bei der staatlichen Wettbewerbsteilnahme nicht um einen Eingriff im „klassischen" Sinne[700]. Da jedoch die Bestimmung eines Eingriffs streng logisch die Abgrenzung des jeweils gegenständlichen Schutzbereichs voraussetzt[701], soll im Folgenden an dem überkommen Aufbau, der eine saubere Trennung zwischen Schutzbereich, Eingriff und verfassungsrechtlicher Rechtfertigung vorsieht[702], festgehalten werden.

Schwierigkeiten können sich mitunter daraus ergeben, dass Schutzbereich und Eingriff aufeinander bezogen sind[703] und damit erst in ihrer Verbindung die effektive Reichweite des grundrechtlichen Schutzes bestimmen. Dies gilt nicht nur in der Weise, dass ein weiterer Schutzbereich einen Eingriff wahrscheinlicher werden lässt[704], sondern führt gleichermaßen eine „Verwässerung" des Eingriffsbegriffs in Gestalt des sog. mittelbaren und/oder faktischen Eingriffs[705] dazu, dass der Staat leichter mit grundrechtlichen Schutzgewährleistungen in Konflikt kommt. Instruktives Anschauungsobjekt dieser Problematik ist die sog. „Glykolwein-Entscheidung" des *Bundesverwaltungsgerichts*[706], in der das Gericht nach der Erweiterung des Eingriffsbegriffes versucht, den so gewonnenen und wohl als zu weit empfundenen Schutzumfang durch eine anschließende Verkürzung des Schutzbereiches (!) unter Gesichtspunkten der Einheit der Verfassung wieder zurückzunehmen[707].

Unabhängig von den dogmatischen Schwächen dieser Entscheidung zeigt sich gleichwohl eine gewisse Dynamik, respektive Wechselwirkung, zwischen Schutz-

---

[699] Vgl. Ehlers, JZ 1990, 1089 (1097); Tettinger, in: Sachs, GG, Art. 12 Rn. 9 ff., 72 ff.; Geradezu bezeichnend ist die zusammenfassende Darstellung von Schutzbereich und Eingriff unter dem Stichwort, „Grundrechtseingriff durch öffentliche Wirtschaftskonkurrenz", so beispielsweise: Krölls, GewArch 1992, 281 (283); vgl. auch Di Fabio, JZ 1993, 689 (694 ff.) zur Problematik der staatlichen Informationspolitik

[700] Vgl. hierzu ausführlich unten: III. 3. a), S. 152 ff.

[701] Vgl. Bethge, DVBl. 1997, 1366 (1367)

[702] Vgl. Pieroth/Schlink, Grundrechte, Rn. 320; Schoch, DVBl. 1991, 667 (671)

[703] Vgl. Pieroth/Schlink, Grundrechte, Rn. 226

[704] Vgl. Pieroth/Schlink, Grundrechte, Rn. 226 ff.

[705] Vgl. dazu ausführlich unten: III. 3. b), S. 154 ff.

[706] BVerwGE 87, 37 (insbes. 45 ff.)

[707] Vgl. hierzu die heftige Kritik Schochs, „rechtsdogmatisches Chaos bislang nicht für möglich gehaltenen Ausmaßes", in: DVBl. 1991, 667 (insbes. 671 ff.)

bereich und Eingriff, die auch als Chance begriffen werden kann. Besonders im Hinblick auf die mit der Auflösung des klassischen Eingriffsbegriffes einhergehende und weitgehend ungelöste Problematik der sachgerechten Begrenzung einer lähmenden Ausdehnung des Grundrechtsschutzes[708] drängt sich die Frage auf, ob nicht die Lösung eher in einer sorgfältigen Interpretation des Schutzbereiches des jeweiligen Grundrechts, als in einer Weiterentwicklung der durch Uneinigkeit gezeichneten Konturen des faktischen und/oder mittelbaren Eingriffes[709] zu suchen ist[710]. Richtigerweise ist auch der Schutzbereich als Einfallstor für den anschließenden grundrechtsdogmatischen Abwägungsvorgang der rechte Ort zur primären Bestimmung der materiellen Reichweite des Grundrechts, der vor dem Hintergrund der freiheitssichernden Funktion der Grundrechte sowie insbesondere auch der des grundrechtsdogmatischen Argumentationsprozesses eher weiter als zu eng gezogen werden darf[711]. Es geht dabei gerade nicht darum, den Schutzbereich nach den Eingriffsnotwendigkeiten zurechtzuschneiden, sondern um eine Schutzbereichsbestimmung mit Blick auf den Eingriff, die auch aufgrund der gegenseitigen Bezogenheit von Schutzbereich und Eingriff anerkannt ist[712]. Hiermit sind auch die Schwerpunkte der nachfolgenden Darstellung bezeichnet.

2.   Der Schutzbereich des Art. 12 I GG

Entgegen seinem unmittelbaren Verfassungswortlaut unterscheidet Art. 12 I GG nicht zwischen den vier Einzelgarantien der freien Wahl des Berufes, des Arbeitsplatzes und der Ausbildungsstätte sowie der freien Berufsausübung, sondern gewährleistet die Berufsfreiheit als einheitliches Grundrecht[713]. Hintergrund dieser Auslegung ist die zutreffende Erkenntnis, dass Ausbildung, Berufswahl und Berufsausübung Abschnitte eines einheitlichen Lebensvorganges[714] sind, die auch gerade über ihren inneren Zusammenhang besondere Bedeutung erlangen[715] und sich darüber hinaus auch einer praktikablen Abgrenzung verschließen[716]. Als solches schützt die Berufsfreiheit nach dem „individualrechtlich-personalen" An-

---

[708] Vgl. Morlok, Selbstverständnis als Rechtskriterium, S. 417; Sachs, in: ders., GG, Vor Art. 1 Rn. 60; Weber-Dürler, DVBl. 1997, 1366 (1368)

[709] Vgl. Dreier, in: ders., GG, Vorb. Rn. 82 a.E.

[710] Vgl. Bleckmann/Eckhoff, DVBl. 1988, 373 (377 ff.)

[711] Vgl. Morlok, Selbstverständnis als Rechtskriterium, S. 401

[712] Vgl. Pieroth/Schlink, Grundrechte, Rn. 236

[713] Std. Rspr. des Bundesverfassungsgerichts, vgl. nur: BVerfGE 7, 377; 95, 193 (214); auch in der Literatur allgemein anerkannt vgl. nur: Breuer, Freiheit des Berufes, in: Isensee/Kirchhof, HBdStR Band VI, § 147 Rn. 32 f; Jarass, in: Jarass/Pieroth, GG, Art. 12 Rn. 1; Pieroth/Schlink, Grundrechte, Rn. 808; Scholz, in: Maunz/Dürig/Herzog/Scholz, GG, Art. 12 Rn. 11 ff.

[714] Vgl. BVerfGE 33, 303 (329 f.), in Anlehnung an BVerfGE 7, 377 (401, 406); ebenso BVerfGE 59, 172 (205)

[715] Vgl. Breuer, Freiheit des Berufs, in: Isensee/Kirchhof, HBdStR Band VI, § 147 Rn. 32

[716] Vgl. BVerfGE 7, 377 (400 ff.)

satz[717] des *Bundesverfassungsgerichts* die Arbeit als Beruf, d.h. „in ihrer Beziehung zur Persönlichkeit des Menschen im ganzen, die sich erst darin voll ausformt und vollendet, dass der Einzelne sich einer Tätigkeit widmet, die für ihn Lebensaufgabe und Lebensgrundlage ist und durch die er zugleich seinen Beitrag zur gesellschaftlichen Gesamtleistung erbringt"[718].

a)　　Schutz der „Unternehmerfreiheit" – insbesondere der „Wettbewerbsfreiheit"

Versteht man aber - wie allgemein - unter dem Begriff des Berufes jede auf „gewisse Dauer angelegte"[719], der „Schaffung und Erhaltung einer Lebensgrundlage dienende Betätigung"[720], so sichert die Berufsfreiheit gleichermaßen[721] die freie wirtschaftliche Betätigung und damit zahlreiche, von der h.M. unter dem Stichwort „Unternehmerfreiheit" zusammengefasste Freiheiten[722], wie insbesondere die Freiheit der Gründung eines Unternehmens und die Freiheit des Marktzutritts, die Organisationsfreiheit des Unternehmers, die Freiheit der Unternehmensführung sowie die Freiheit der marktmäßigen Betätigung. Letztere umfasst die Preisfreiheit, die Vertriebs- und Absatzfreiheit, die Wettbewerbs- und Werbefreiheit sowie die Vertragsfreiheit.

Im Hinblick auf eine wirtschaftliche Betätigung der Gemeinden bzw. des Staates wird dann auch die Freiheit der marktmäßigen Betätigung und insbesondere die Wettbewerbsfreiheit als entscheidender Schutzgegenstand des Art. 12 I GG erörtert. Es ist in diesem Zusammenhang heute weitestgehend anerkannt, dass die (konkurrenz-)wirtschaftliche Betätigung der öffentlichen Hand diese Grundrechtsposition des einzelnen Unternehmers in einer Weise nachteilig beeinträchtigen kann, die einen Eingriff in Art. 12 I GG darstellt[723] und damit die wirtschaftliche

---

[717] Vgl. BVerfGE 50, 290 (263)

[718] Vgl. BVerfGE 7, 377 (397); 50, 290 (362 f.)

[719] Vgl. BVerfGE 32, 1 (28)

[720] Vgl. BVerfGE 7, 377 (397); Pieroth/Schlink, Grundrechte, Rn. 810 ff.

[721] In der Rechtsprechung des *Bundesverfassungsgerichts* zu Art. 12 I GG stehen tatsächlich die selbständigen Tätigkeiten im Mittelpunkt, was aber auf die Schutzrichtung der Gewährleistung zurückzuführen ist (vgl. auch Ossenbühl, AöR 115 (1990), 1 (6)).

[722] Vgl. BVerfGE 32, 311 (317); 46, 120 (137); 50, 290 (263); 75, 284 (292); 82, 209 (223); 85, 97 (104); BVerwGE 71, 183 (189); 87, 37 (39); 89, 281 (283); Breuer, Die staatliche Berufsregelung und Wirtschaftslenkung, in: Isensse/Kirchhof, HBdStR Band VI, § 148 Rn. 24 ff.; Hufen, NJW 1994, 2913 (2922); Ossenbühl, AöR 115 (1990), S. 1 ff.; Pieroth/Schlink, Grundrechte, Rn. 814; Rittstieg, in: AK GG, Art. 12 Rn. 65; Schmidt-Preuß, DVBl. 1993, 236 (239); Schoch, DVBl. 1990, 667 (669); Scholz, in: Maunz/Dürig/Herzog/Scholz, GG, Art. 12 Rn. 80, 124; Sodan, DöV 2000, 361 (363 f.); Tettinger, in: Sachs, GG, Art. 12 Rn. 57, 179

[723] Vgl. v. Arnim, Rechtsfragen der Privatisierung, S. 59 ff.; Breuer, Die staatliche Berufsregelung und Wirtschaftslenkung, in: Isensee/Kirchhof, HBdStR Band VI, § 148 Rn. 59 f.; Cosson, DVBl. 1999, 891 (896); Ehlers, Verwaltung in Privatrechtsform, S. 102 ff.; ders. JZ 1990, 1089 (1096);

Betätigung der öffentlichen Hand nicht bereits aufgrund fehlender Schutzbereichsrelevanz aus dem grundrechtlichen Schutzbereich herausfällt. Wie bereits dargestellt, ist auch die Rechtsprechung des *Bundesverwaltungsgerichts*, trotz der eher entgegenstehenden Wortaussage[724], in diesem Sinne zu verstehen.

b)   Keine Ausgrenzung gemeindlicher Wirtschaftstätigkeit aus dem Schutzbereich des Art. 12 I GG

(1)   Konkurrenz als systemimmanentes Prinzip der Wettbewerbsfreiheit?

Vereinzelt wird aber auch, unter Berufung auf die Rechtsprechung der Verwaltungsgerichte, die über Art. 12 I GG geschützte Wettbewerbsfreiheit zum Ausgangspunkt einer Ausgrenzung staatlicher Wirtschaftstätigkeit aus dem Schutzbereich der Berufsfreiheit genommen[725]. Demnach könne gerade aufgrund des Schutzes der Wettbewerbsfreiheit in Art. 12 I GG nicht gleichzeitig ein Schutz des am Markt agierenden privaten Unternehmers vor Konkurrenz verbunden sein, denn Konkurrenz sei schließlich Ausprägung der Wettbewerbsfreiheit und mutiere damit zum systemimmanenten Prinzip. Zwar würde sich durch den Eintritt eines staatlichen Konkurrenten der marktwirtschaftliche Konkurrenzdruck verschärfen, aber gelte dies gleichermaßen beim Eintritt eines privaten Mitbewerbers, so dass eine abweichende Beurteilung nicht geboten sei. Vielmehr sei sowohl private als auch staatliche Konkurrenz als systemimmanent hinzunehmen. Art. 12 I GG entfalte daher prinzipiell keinen Schutz gegenüber staatlicher Wirtschaftstätigkeit. Ausnahmen könnten nur dann gelten, wenn es sich bei der staatlichen Konkurrenz um „Vernichtungskonkurrenz" handele[726], wohingegen die Lauterkeit des staatlichen Wettbewerbs keine Frage der Grundrechte sei[727].

Unterscheidet sich diese Ansicht auch im Ergebnis nur wenig von der der herrschenden Meinung, so lassen sich doch erhebliche dogmatische Schwächen feststellen. Art. 12 I GG schützt, wie dies das *Bundesverfassungsgericht* auch mehr-

---

ders. DVBl. 1998, 497 (502); Erichsen, Kommunalrecht NW, § 11 D 2 b cc, S. 277 ff.; Henneke, NdsVBl. 1998, 274 (277); Jarass, in: Jarass/Pieroth, GG, Art. 12 Rn. 14a; Kluth, Grenzen kommunaler Wettbewerbsanteilnahme, S. 59 ff.; Krölls, GewArch. 1992, 281 (283); Pielow, NWVBl. 1999, 369 (376); Scholz, in: Maunz/Dürig/Herzog/Scholz, GG, Art. 12 Rn. 104 ff.; Stober, Wirtschaftsverwaltungsrecht, § 24 II 3; Tettinger, DVBl. 1999, 679 (685 f.)

[724] Vgl. insbes. BVerwGE 39, 329 (336 f.)

[725] Vgl. Dickersbach, WiVerw 1983, 187 (208 f.); H.H. Klein, Teilnahme des Staates am wirtschaftlichen Wettbewerb, S. 111 f.; Otting, Neues Steuerungsmodell und rechtliche Betätigungsspielräume der Kommunen, S. 156

[726] Vgl. Dickersbach, WiVerw 1983, 187 (209); ähnlich Otting, Neues Steuerungsmodell und rechtliche Betätigungsspielräume der Kommunen, S. 157 f.

[727] Vgl. Otting, Neues Steuerungsmodell und rechtliche Betätigungsspielräume der Kommunen, S. 158 f.

fach zutreffend festgestellt hat[728], tatsächlich nicht vor privater Konkurrenz. Eine Übertragung auf das Verhältnis der staatlichen Konkurrenz zur Privatwirtschaft verbietet sich jedoch.

Die Gegenauffassung verkennt insoweit zwei maßgebliche Gesichtspunkte - ein Mangel, der gleichermaßen der vom *Bundesverwaltungsgericht* aufgestellten These, Grundrechte schützten nicht vor Konkurrenz, auch nicht vor staatlicher, anhaftet. Entscheidend dafür, dass Art. 12 I GG nicht vor privater Konkurrenz schützt ist nämlich in erster Line, dass die Grundrechte im Verhältnis zu Privaten schon keine unmittelbare Geltung beanspruchen können, während die Grundrechte selbstverständlich uneingeschränkt gegenüber jeglicher Erscheinungsform staatlicher Wirtschaftsbetätigung[729] gelten. Eine unmittelbaren Drittwirkung der Grundrechte wird von der ganz h.M. mit Recht abgelehnt[730]. Verschiebt sich deshalb aufgrund einer abstrakt-generellen staatlichen Maßnahme die Konkurrenzsituation im Verhältnis der privaten Marktteilnehmer untereinander, so kann das Grundrecht schon allein von seiner Zielrichtung her keinen Schutz bieten, da letztendlich nur eine horizontale „Grundrechtsbeeinträchtigung" vorliegt. Anders ist dies selbstverständlich bei gezielter Förderung bestimmter Konkurrenten beispielsweise durch Subventionen[731], da hier die grundsätzlich voraussetzungseinheitliche Grundrechtsausübung gezielt unterminiert wird.

Überdies ist es auch gänzlich verfehlt, aus der privaten Wettbewerbsfreiheit ein systemimmanentes Prinzip der Konkurrenz zu entwickeln, insbesondere aber, dieses dann unterschiedslos auf private und staatliche Konkurrenz anzuwenden.

So ist Konkurrenz kein archetypisches Marktprinzip, das völlig unabhängige Geltung beanspruchen kann und in alle nur erdenklichen Richtungen wirkt, sondern ist Konkurrenz am Markt nur das Ergebnis der massenhaften und gleichförmigen Inanspruchnahme grundrechtlich geschützter Erwerbsfreiheiten[732]. Sie ist notwendige Folge der parallel-identischen Grundrechtsausübung und nicht Voraussetzung einer Teilnahme am Markt.

Konkurrenz im Sinne eines einheitlichen Prinzips reduziert sich demnach auf nichts anderes als die individuelle Grundrechtsausübung. Sie ist damit unlösbar mit dem Grundrecht der Berufsfreiheit verbunden und gewährt als Prinzip selbstverständlich keinen Schutz gegen Konkurrenz durch identische Grundrechtsausübung.

---

[728] Vgl. BVerfGE 24, 236 (251); 34, 252 (256); 55, 261 (269)

[729] Vgl. oben: II., S. 133 ff.

[730] Vgl. ausführlich Pieroth/Schlink, Grundrechte, Rn. 173 ff.; Dreier, in: ders, GG, Vorb. Rn. 59; Jarass, in: Jarass/Pieroth, GG, Vorb. Art. 1 Rn. 11

[731] Vgl. nur Breuer, Die staatliche Berufsregelung und Wirtschaftslenkung, in: Isensee/Kirchhof, HBdStR Band VI, § 148 Rn. 70 ff.

[732] Vgl. zum Begriff des Wettbewerbs: Hufen, NJW 1994, 2913 (2915); Scholz, in: Maunz/Dürig/Herzog/Scholz, GG, Art. 12 Rn. 80; so auch BVerfGE 87, 363 (388): „Freiheit der Berufsausübung führt notwendig zum Wettbewerb"

Gleiches gilt jedoch nicht für die konkurrierende staatliche bzw. gemeindliche Wirtschaftstätigkeit, da diese nicht als Ausübung grundrechtlicher Freiheiten, sondern Wahrnehmung staatlicher Kompetenzen zu qualifizieren ist[733]. Allein die rein äußerliche Vergleichbarkeit des Markteintritts eines staatlichen Wettbewerbers mit dem eines Privaten darf nicht über den fundamentalen Unterschied staatlicher und privater Wirtschaftstätigkeiten hinwegtäuschen[734]. Es wäre auch geradezu eine Verkehrung grundrechtlicher Gewährleistungen, die ihrer Zielrichtung nach staatlicher Kompetenzausübung Grenzen ziehen[735], hieraus eine „Gleichschaltung" staatlicher Kompetenzausübung mit grundrechtlichen Freiheiten zu entwickeln. Wenig Überzeugungskraft hat auch die in diesem Zusammenhang von *Otting*[736] vorgebrachte Argumentation, Konkurrenz gleich welcher Art könne ferner deshalb den Schutzbereich des Art. 12 I GG nicht berühren, weil durch Art. 12 I GG auch der alteingesessene Unternehmer gegenüber dem neu in den Markt eintretenden Unternehmer nicht bevorzugt werde. Auch hier trifft lediglich die Ausübung grundrechtlicher Freiheiten aufeinander und würde zudem das Postulat eines zeitlichen Geltungsvorrangs jegliche Grundrechtsgewährleistung im Keim ersticken.

Darüber hinaus wären die objektivrechtlichen bzw. institutionellen Dimensionen der Grundrechte, unabhängig von der Frage ob diese überhaupt positive Wirkungen im Hinblick auf die staatliche Wirtschaftsbetätigung entwickeln[737], auch nicht dazu geeignet, den primären individuellen Abwehranspruch des Art. 12 I GG zu begrenzen. Sie wollen ihrer Zielrichtung nach nur zusätzlichen Schutz bewirken und das subjektive Recht unterstützen, nicht aber einschränken[738].

(2)   Die „wirtschaftspolitische Neutralität" des Grundgesetzes

Verfehlt ist auch die vereinzelt anzutreffende Zurückweisung eines grundrechtlichen Schutzes privater Wirtschaftstätigkeit gegenüber staatlicher Wirtschaftsbetä-

---

[733] Vgl. Lerche/Pestalozza, Die Deutsche Bundespost als Wettbewerber, S. 107

[734] Vgl. Breuer, Die staatliche Berufsregelung und Wirtschaftslenkung, in: Isensee/Kirchhof, HBdStR Band VI, § 148 Rn. 59; Kluth, Grenzen kommunaler Wettbewerbsanteilnahme, S. 65; Krölls, GewArch 1992, 281 (283); Scholz, in: Maunz/Dürig/Herzog/Scholz, GG, Art. 12 Rn. 105

[735] Vgl. Hesse, Grundzüge des Verfassungsrechts, § 9 Rn. 291 f.; Pieroth/Schlink, Grundrechte, Rn. 73, 75

[736] Vgl. Otting, Neues Steuerungsmodell und rechtliche Betätigungsspielräume der Kommunen, S. 158

[737] Dies ist selbstverständlich nicht der Fall, denn entwickeln sich die objektiv-rechtlichen Gewährleistungen unmittelbar aus den Individual-Grundrechten und deshalb in ihrem Anwendungsbereich auch auf die Grundrechtsberechtigte beschränkt. Allein deren Objektivierbarkeit führt nicht zu einer Allgemeingültigkeit i.s.e. Miteinbeziehung von Staatsfunktionen. Vgl. BVerfGE 50, 290, 337 – Mitbestimmung; Zimmermann, Der grundrechtliche Schutzanspruch juristischer Personen des öffentlichen Rechts, S. 42 ff.

[738] Vgl. Stern, Staatsrecht III/1, § 68 III 4

tigung unter dem Gesichtspunkt der „wirtschaftspolitischen Neutralität des Grundgesetzes"[739]. Nach dieser Ansicht scheidet ein Grundrechtsschutz gegen staatliche Konkurrenz von vornherein aus, da das Grundgesetz kein Bekenntnis zu einem bestimmten Wirtschaftssystem enthält[740].

Hat das *Bundesverfassungsgericht* auch bereits mehrfach entschieden, dass das Grundgesetz keine unmittelbare Festlegung und Gewährleistung einer bestimmten Wirtschaftsordnung enthalte, insoweit also „wirtschaftspolitisch neutral" sei[741], so darf diese Offenheit nicht mit einer verfassungsrechtlichen „tabula rasa"[742] auf wirtschaftlichem Gebiet verwechselt werden. Geht man auch davon aus, dass sich aus den Grundrechten keine Strukturprinzipien entwickeln lassen, die sich zu einem bestimmten marktwirtschaftlichen System verdichten[743], so kann daraus nicht umgekehrt geschlossen werden, das Grundgesetz enthalte sich auf wirtschaftspolitischem und insbesondere wirtschaftlichem Gebiet jeglicher Aussage[744]. Ebenso wie die aus den individuellen Abwehrrechten entwickelbaren objektivrechtlichen Gewährleistungen[745], strukturellen Prinzipien und institutionellen Garantien[746] lediglich eine Stärkung des individuellen Grundrechtsschutzes bewirken[747], kann deren Fehlen keine Wirkung auf den individuellen Abwehranspruch haben. Es ist vollständig verfehlt, aufgrund einer „wirtschaftspolitischen Neutralität" des Grundgesetzes bereits den individuellen grundrechtlichen Abwehranspruch des Art. 12 I GG[748] als wirtschaftliches Hauptgrundrecht[749] sowie anderer einschlägiger Grundrechte in Richtung Wesensgehalt zu reduzieren[750]. Auch das *Bundesverfassungsgericht* weist ausdrücklich darauf hin, dass „Neutralität" auf wirtschaftspolitischen Gebiet nur als eine „relative Offenheit der Verfassung" zu verstehen ist. „Wirtschaftspolitische Neutralität des Grundgesetzes" bedeutet damit lediglich, dass es

---

[739] Vgl. M. Pagenkopf, GewArch 2000, 177 (183); ähnlich Püttner, Die öffentlichen Unternehmen, S. 91 ff.

[740] So Pagenkopf, GewArch 2000, 177 (183)

[741] Vgl. BVerfGE 7, 337 (397); 50, 290 (362)

[742] Vgl. Breuer, Freiheit des Berufs, in: Isensee/Kirchhof, HBdStR Band VI, § 147 Rn. 20

[743] So aber insbesondere Nipperdey, Soziale Marktwirtschaft und Grundgesetz, S. 21 ff.; vgl. auch Dürig, in: Maunz/Dürig/Herzog/Scholz, GG, Art. 2 Rn. 52; vgl. dazu ausführlich unten D, Die Wirtschaftsverfassung

[744] Vgl. nur Badura, Wirtschaftsverwaltungsrecht, in: Schmidt-Aßmann, Besonderes Verwaltungsrecht, Rn. 19

[745] Vgl. Dreier, in: ders., GG, Vorb. Rn. 55; Pieroth/Schlink, Grundrechte, Rn. 73 ff.

[746] Vgl. Dreier, in: ders., GG, Vorb. Rn. 68; Stern, Staatsrecht III/1, § 68 III

[747] Vgl. Pieroth/Schlink, Grundrechte, Rn. 84; Stern, Staatsrecht III/1, § 68 III 4

[748] Auf ev. darüber hinausgehenden Dimensionen des Art 12 I GG soll in diesem Zusammenhang noch nicht eingegangen werden.

[749] Vgl. Ossenbühl, AöR 115 (1990), 1 (5)

[750] Vgl. in diese Richtung ausdrücklich: BVerfGE 50, 290 (338) – Mitbestimmung; vgl. auch Papier, Grundgesetz und Wirtschaftsordnung, in: Benda/Maihofer/Vogel, HBdVerfR, § 18 Rn. 4; ders., in: Maunz/Dürig/Herzog/Scholz, GG, Art. 14 Rn. 32

dem Gesetzgeber überlassen ist, „jede ihm sachgemäß erscheinende Wirtschaftspolitik zu verfolgen, sofern er dabei das Grundgesetz, insbesondere die Grundrechte, beachtet"[751].

Kommt vor diesem Hintergrund bereits keine Reduzierung des subjektiv-abwehrrechtlichen Geltungsanspruchs der Grundrechte gegenüber der verfassungsrechtlich grundsätzlich möglichen zieloffenen gesetzgeberischen Ausgestaltung des Wirtschaftslebens[752] in Betracht[753], so kann sich noch wesentlich weniger aus einer wirtschaftspolitischen Neutralität des Grundgesetztes, die ihren Ursprung auch maßgeblich in der demokratischen Legitimation parlamentarischer Richtungsentscheidungen hat[754], ein Freibrief für die wirtschaftende Verwaltung ergeben[755].

c)   Miteinbeziehung von Marktanteilen bzw. Erwerbschancen in den Schutzbereich der Berufsfreiheit

Wie bereits dargestellt, wird die wirtschaftliche Betätigung der öffentlichen Hand zumeist an der über Art. 12 I GG geschützten Wettbewerbsfreiheit und damit letztendlich an ihren Auswirkungen für das Verhalten des Unternehmers[756] am Markt gemessen. Vereinzelt wird aber deren Grundrechtsrelevanz im Hinblick auf Art 12 I GG auch mit einem Entzug von Marktchancen[757] oder Marktanteilen[758] begründet[759].

Dies verwundert auf den ersten Blick, hat doch das *Bundesverfassungsgericht* bereits mehrfach festgestellt, dass es „*nach der freiheitlichen Ordnung des Grundgesetztes ... ein subjektives verfassungskräftiges Recht auf Erhaltung des Geschäftsumfanges und der Sicherung weiterer Erwerbsmöglichkeiten*" nicht gebe[760]. Auch der bereits erwähnte „individualrechtlich-personale" Ansatz des *Bundesverfassungsgerichts*, der die Berufsfreiheit in enge Beziehung zur Persönlichkeit des Menschen setzt und das Grundrecht geradezu als Konkretisierung der freien Entfal-

---

[751] BVerfGE 7, 377 (400); 50, 290 (338)

[752] Vgl. Breuer, Freiheit des Berufs, in: Isensee/Kirchhof, HBdStR Band VI, § 147 Rn. 19

[753] So ausdrücklich das *Bundesverfassungsgericht* in BVerfGE 50, 290 (338); ebenso BVerfGE 7, 377 (400); Vgl. auch Hufen, NJW 1994, 2913 (2918)

[754] Vgl. Hufen, NJW 1994, 2913 (2918)

[755] Auch wenn die Gemeinden über eine ähnliche demokratische Legitimation verfügen, vgl. unten: 4. b) (1) (c), S. 168 ff.

[756] Vgl. nochmals Pieroth/Schlink, Grundrechte, Rn. 814

[757] Vgl. J. Ipsen, NdsVBl. 1999, 102 (104)

[758] Vgl. v. Arnim, Rechtsfragen der Privatisierung, S. 59; Erichsen, Kommunalrecht NW, § 11 D 2 b cc, S. 277 ff.; Wohlfarth, Saarländisches Landesrecht - Kommunalrecht, Rn. 261; Schliesky, DVBl. 1999, 78 (82)

[759] Allerdings geht dies, vom jeweiligen Begründungsumfang her, nahezu in Richtung einer These

[760] BVerfGE 7, 377 (408); 11, 168 (189); 24, 236 (251); 31, 8 (31); 34, 252 (256); ebenso weitgehend die Literatur, vgl. nur: Lerche/Pestalozza, Die deutsche Bundespost als Wettbewerber, S. 117; Kluth, Grenzen kommunaler Wettbewerbsanteilnahme, S. 65

tung der Persönlichkeit im Bereich der individuellen Leistungs- und Existenzsicherung versteht[761], spricht ebenso wie der Verfassungswortlaut „Berufsausübung", der nach h.M. die gesamte Tätigkeit umfasst, in der ein gewählter Beruf seinen Niederschlag findet[762], für ein ausschließlich Erwerbs*verhalten* sicherndes Grundrecht.

Macht man an dieser Stelle der Schutzbereichsinterpretation halt, so wird die Problematik dieser Sichtweise dann deutlich, will man gemeindliche Wirtschaftstätigkeit an Art. 12 I GG als einem rein Erwerbsverhalten sichernden Grundrecht messen. Ohne den anschließenden Ausführungen zum „Eingriff" vorgreifen zu wollen, kann sich die wirtschaftliche Betätigung der öffentlichen Hand insoweit lediglich als mittelbare Beeinträchtigung der Berufsfreiheit qualifizieren[763]. Dies führt unmittelbar zu der weitgehend ungeklärten Fragestellung der jeweils im Hinblick auf eine Grundrechtsrelevanz erforderlichen Eingriffsintensität[764]. Es stellt sich deshalb die bereits oben aufgeworfene Frage, ob diesem Manko nicht durch eine sorgfältige Schutzbereichsinterpretation des Art. 12 I GG begegnet werden kann, gerade auch, um die Selektivität des Rechts zu erhalten.

Einen Vorstoß in diese Richtung hat insbesondere *Winfried Kluth*[765] unternommen, der dem Grundrecht in seiner klassischen Abwehrfunktion neben der dargestellten individuellen Dimension gleichzeitig auch eine soziale Dimension[766] entnehmen will. Demnach komme den Grundrechten als Abwehrrechten auch die Funktion zu, den Privaten Gestaltungsmöglichkeiten des „gesellschafts-staatlichen" Lebensraumes zu sichern. Art. 12 I GG schütze deshalb uneingeschränkt die mit der Berufsausübung gegebene Gestaltungsmacht Privater, gegenüber der sich die staatliche bzw. gemeindliche Wettbewerbsanteilnahme als unmittelbarer Eingriff darstelle[767]. Unabhängig von der Beantwortung der Frage, ob damit die Klippe der Eingriffsproblematik überhaupt umschifft ist[768], fallen die aus den Grundrechten

---

[761] BVerfGE 30, 292 (334); 54, 301 (313); 59, 302 (315); 75, 284 (292); Vgl. auch Hufen, NJW 1994, 2913 (2914); Scholz, in: Maunz/Dürig/Herzog/Scholz, GG, Art. 12 Rn. 9

[762] Vgl. Breuer, Freiheit des Berufs, in: Isensee/Kirchhof, HBdStR Band VI, § 147 Rn. 57

[763] So die h.M. vgl. nur Ehlers, Verwaltung in Privatrechtsform, S. 102 ff.; ders., JZ 1990, 1089 (1096); ders., DVBl. 1998, 497 (502); Erichsen, Kommunalrecht NW, § 11 D 2 b cc, S. 277 ff.

[764] Vgl. dazu unten: 3. b), S. 154 ff.

[765] Vgl. Kluth, Grenzen kommunaler Wettbewerbsanteilnahme, S. 60 f.

[766] Nicht zu verwechseln mit der sozialen Funktion der Berufsfreiheit als Instrument sozialer Statusbestimmung des Einzelnen und der Eingliederung des Bürgers in die moderne, hochgradig arbeitsteilige und komplexe Gegenwartsgesellschaft, vgl. Breuer, Die Freiheit des Berufs, in: Isensee/Kirchhof, HBdStR Band VI, § 147 Rn. 26 f.; Scholz, in: Maunz/Dürig/Herzog/Scholz, GG, Art. 12 Rn. 9

[767] Vgl. Kluth, Grenzen kommunaler Wettbewerbsanteilnahme, S. 62

[768] Dies wäre wohl aber auch nur für den Bereich wirtschaftlicher Betätigung gegeben, bei der sich die öffentliche Hand nicht marktkonform verhält, da nur in diesem Fall ein zielgerichteter Eingriff vorliegt (Vgl. dazu unten: 3. b), S. 154 ff.)

resultierenden Gestaltungsmöglichkeiten jedenfalls nicht in den Schutzbereich der Grundrechte als Abwehrrechte, da diese ihrer Zielrichtung nach lediglich den „status-negativus"[769] der Bürger gegenüber dem eingreifenden Staat verteidigen. Diese Gestaltungsmacht ist zwar nicht minder wichtiger positiver Teil der Grundrechte, sie ist aber eben gerade die Kehrseite der „status-negativus-Grundrechte"[770] und insoweit auch lediglich indirekt durch den negatorischen Anspruch der Grundrechte geschützt[771]. Sie fällt als solche deshalb zwangsläufig aus dem klassischen Schutzbereich des Art. 12 I GG heraus und findet sich positiv in den objektivrechtlichen Wert- und Steuerungsvorgaben des Grundrechts wieder[772].

Nun ist aber Berufsfreiheit nach ihrer grundgesetzlichen Konzeption primär[773] gerade nicht das Recht auf Arbeit[774]. Soll diese These ihrer zugedachten Zielrichtung nach zwar schlichtweg den Staat vor positiven Ansprüchen der Grundrechtsträger bewahren, kann sie auch - und dies sogar vorrangig - in ihrer umgekehrten Zielrichtung, d.h. mit Blick auf den Bürger, Geltung beanspruchen. Berufsfreiheit wäre nicht mehr Freiheit, würde sie auf Teilhabe an staatlichen oder staatlich bestimmten Leistungen reduziert. Darf man auch davon ausgehen, dass diese Erkenntnis wohl unbestritten ist, so weist sie auf die entscheidende Besonderheit der Berufsfreiheit hin, die bisweilen in Vergessenheit geraten scheint. So kann Berufsfreiheit nicht als bloße Ausprägung der Selbstverwirklichung ihre alleinigen Ursprung in der Persönlichkeit des Menschen haben und etwa wie andere Freiheitsrechte, beispielsweise die Kunst oder Meinungsfreiheit des Art. 5 III GG, ihren „Nährboden" letztendlich ausschließlich im inneren menschlichen Seins haben. Die Berufsfreiheit bedarf eines weiteren Substrats, dessen Auszehrung und Verwertung ihr erst den verfassungsrechtlich zugedachten Sinn ermöglichen lässt. So ist auch allgemein erkannt, dass sich Berufsfreiheit, auch ob ihrer persönlichen und sozialen Relevanz, weder in der Schwerelosigkeit reinen Verhaltens bewegt, noch auf bestimmte Verhaltensweisen beschränken kann. Sie umfasst vielmehr nach zutreffender Ansicht grundsätzlich jede Verhaltensweise, die auf gewisse Dauer angelegt,

---

[769] Vgl. Pieroth/Schlink, Grundrechte, Rn. 61

[770] Vgl. Hesse, Grundzüge des Verfassungsrechts, Rn. 288; Isensee, Gemeinwohl und Staatsaufgaben im Verfassungsstaat, in: Isensee/Kirchhof, HBdStR Band III, § 57 Rn. 82

[771] Vgl. Jarass, in Jarass/Pieroth, GG, Vorb. vor Art. 1 Rn. 7; ders., AöR 120 (1995), 345 (348)

[772] Vgl. Erichsen, Das Verwaltungshandeln, in: ders. (Hrsg.), Allgemeines Verwaltungsrecht, § 11 Rn. 33

[773] Etwas anderes ist der Befund, dass den gewährleisteten Freiheiten, sofern sie mangels hinreichender Ausübungsvoraussetzungen notleidend werden, nach allgemeinen Prinzipien positive (Teilhabe-) Ansprüche zu entnehmen sind. Vgl. Breuer, Freiheit des Berufs, in: Isensee/Kirchhof, HBdStR Band VI, § 147 Rn. 73; Art. 12 I GG vermittelt deshalb beispielsweise ein Teilhaberecht an faktisch allein in staatlicher Verantwortung betriebenen Ausbildungseinrichtungen wie z.B. Hochschulen oder der Referendarausbildung, vgl. nur BVerfGE 66, 155 (179); 39, 334 (372 ff.)

[774] Vgl. Breuer, Freiheit des Berufs, in: Isensee/Kirchhof, HBdStR Band VI, § 147 Rn. 73; Scholz, in: Maunz/Dürig/Herzog/Scholz, GG, Art. 12 Rn. 44; Tettinger, in: Sachs, GG, Art. 12 Rn. 66

der Schaffung und Erhaltung einer Lebensgrundlage dient oder zumindest dazu beiträgt[775]. Da dieses notwendige Substrat zur Schaffung und Erhaltung einer Existenzgrundlage aus Freiheitsgesichtpunkten nicht die Teilhabe an auf den Staat rückführbarer Leistungen sein kann, ist Berufsfreiheit, reduziert auf ihr Fundament, allein die freie und eigenverantwortliche Wahrnehmung bestehender Erwerbschancen. Dabei ist es unerheblich, ob dies in selbständiger oder unselbständiger Tätigkeit geschieht[776]. Die Unternehmerfreiheit schützt demnach als Teilaspekt der Berufsfreiheit den freien Zugriff auf bestehende Marktchancen.

In diesem Zusammenhang ist entscheidend, dass Art. 12 I GG nicht etwa individuelle Marktchancen schützt oder lediglich den freien Zugriff auf freie Marktchancen gewährleistet. Die Berufsfreiheit gewährleistet vielmehr den freien Zugriff auf *alle* bestehenden Marktchancen, denn sonst wären Wettbewerb und Konkurrenz nach der grundrechtlichen Konzeption bereits von vornherein ausgeschlossen. Das Grundrecht würde damit sein weitgehendes Leerlaufen bereits in sich tragen. Aus dem grundsätzlich gewährleisteten freien Zugriff aller Grundrechtsträger auf alle Marktchancen ergibt sich dann aber auch, dass Art. 12 I GG nicht vor Konkurrenz aufgrund bloßer Ausübung beruflicher Freiheiten schützen kann.

Mit diesen Feststellungen hat sich weitestgehend beantwortet, ob auch die bestehenden Erwerbschancen[777] in den Schutzbereich des Art. 12 I GG fallen. Zum einen steht die Erkenntnis, dass Berufsfreiheit ohne Erwerbschancen als deren notwendiges und einziges Substrat nicht nur zur leeren Hülle verkommt, sondern nach der grundgesetzlichen Konzeption existenziell auf bestehende Erwerbschancen angewiesen ist. Zum anderen lassen sich auch keinerlei Gründe finden, die gegen eine Miteinbeziehung der Erwerbschancen in den Schutzbereich des Art. 12 I GG sprechen könnten. Fest steht lediglich, dass die Erwerbschancen im freiheitlichen Markt einem ständigen Fluss unterliegen, der insbesondere in heutiger Zeit mehr denn je auch maßgeblich durch global-ökonomische Veränderungen bestimmt ist. Daraus folgt jedoch keine zwingende Verkürzung des grundrechtlichen Schutzbereiches, denn Art. 12 I GG soll gerade Freiheit gewährleisten und ist damit in jeder Hinsicht offen für marktwirtschaftliche Entwicklungen. Der grundrechtliche Schutz von Erwerbschancen stellt demgegenüber keinen Widerspruch dar, führt man sich nur vor Augen, dass die Berufsfreiheit als klassisches Abwehrrecht unmittelbare Wirkungen nur gegenüber dem Staat entfaltet und damit ein grundsätzlich ge-

---

[775] Vgl. BVerfGE 7, 377 (397); 84, 194 (197); Jarass, in. Jarass/Pieroth, GG, Art. 12 Rn. 4; Pieroth/Schlink, Grundrechte, Rn. 812

[776] Vgl. BVerfGE 54, 301 (322); Pieroth/Schlink, Grundrechte, Rn. 812

[777] Es sind damit selbstverständlich alle am Markt bestehenden Erwerbschancen gemeint und nicht lediglich die konkret wahrgenommenen. Eine institutionelle Überhöhung des individualrechtlichen Gehalts wird in Anbetracht dessen, dass Art. 12 I GG notwendigerweise bereits den freien Zugriff auf alle existierenden Erwerbschancen schützt, nicht bewirkt.

schütztes Reservat privaten Wirkens abstecken will[778]. In diesem Sinne muss Art. 12 I GG geradezu zwingend die Erwerbschancen vor staatlichem Zugriff schützen, um eine Aushöhlung des eigenen Schutzgutes effektiv zu sichern. Auf der anderen Seite hat die generelle Miteinbeziehung aller Erwerbschancen in den Schutzbereich des Art. 12 I GG zur Folge, dass sich die Grundrechtsträger untereinander nicht auf gegenseitige Verletzung berufen können. Das Grundrecht erlangt dadurch selbstverständlich eine gewisse objektive Dimension im Sinne eines Bereichsschutzes, die aber als Bestandteil des subjektiven Abwehranspruches unerlässliches Element der Gewährleistungs- und Schutzkonzeption der Berufsfreiheit ist.

Beleuchtet man nach diesen Überlegungen die These des *Bundesverfassungsgerichts*, nach der es in der freiheitlichen Ordnung des Grundgesetztes ein subjektives verfassungskräftiges Recht auf Erhaltung des Geschäftsumfanges und der Sicherung weiterer Erwerbsmöglichkeiten nicht gebe[779], so lässt sich eine Unvereinbarkeit mit der generellen Einbeziehung von Erwerbschancen in den Schutzbereich des Art. 12 I GG nicht erkennen. Der Standpunkt des *Bundesverfassungsgerichts* stützt vielmehr die hier getroffenen Erkenntnisse. Ein Schutz von Erwerbschancen kommt innerhalb, aber auch nur innerhalb der freiheitlichen Ordnung nicht in Betracht. Gegenüber dem Staat bzw. der Gemeinde, die auch als Wettbewerber an dieser freiheitlichen Ordnung keinen Anteil haben kann, ist demzufolge eine Berufung auf die Entziehung von Erwerbschancen als einem durch Art. 12 I GG geschützten Schutzgut jederzeit möglich[780].

3.   Gemeindliche Wirtschaftstätigkeit als Eingriff in den Schutzbereich des Art. 12 I GG

Wurde vorliegend der Schutzbereich des Art. 12 I GG mit Blick auf eine wirtschaftliche Betätigung des Staates bzw. der Gemeinden bestimmt, so ist damit in der Sache noch nichts entschieden. Es ist vielmehr weiter zu klären, ob und unter welchen Voraussetzungen diese auch tatsächlich einen Eingriff in den Schutzbereich der Berufsfreiheit darstellt, denn nur dann ist auch tatsächlich eine Grundrechtsrelevanz gemeindlicher Wirtschaftstätigkeit gegeben.

a)   Die Auflösung des „klassischen" Eingriffsbegriffs

Dem „klassischen" Eingriffsbegriff werden im allgemeinen vier[781], streng am Modus staatlichen Handelns anknüpfende Voraussetzungen zugeschrieben. Für einen Eingriff in grundrechtliche Schutzbereiche war erforderlich, dass es sich um

---

[778] Vgl. Dreier, JZ 1994, 741; Pieroth/Schlink, Grundrechte, Rn. 58
[779] BVerfGE 7, 377 (408); 11, 168 (189); 24, 236 (251); 31, 8 (31); 34, 252 (256)
[780] Zu ähnlichen Erwägungen vgl. Gallwas, Faktische Beeinträchtigungen im Bereich der Grundrechte, S. 104 f.
[781] Vgl. Bethge, VVDStRL 57 (1998), 7 (39); Bleckmann/Eckhoff, DVBl. 1988, 373; Morlok, Selbstverständnis als Rechtskriterium, S. 415; Pieroth/Schlink, Grundrechte, Rn. 238; Bleckmann,

- einen Rechtsakt mit rechtlicher und nicht bloß tatsächlicher Wirkung handelt,
- der hoheitlich, d.h. mit Befehl und Zwang angeordnet bzw. durchgesetzt wird (sog. „Imperativität"),
- unmittelbar an den jeweiligen Bürger adressiert ist (sog. „Unmittelbarkeit")
- und sich final, d.h. zielgerichtet und nicht als lediglich unbeabsichtigte Nebenfolge eines auf andere Ziele gerichteten Handelns, im jeweiligen Grundrechtsschutzbereich auswirkt.

Müssten diese Maßstäbe an die wirtschaftliche Betätigung des Staates bzw. der Gemeinden angelegt werden, dann wäre diese nicht nur als fiskalische sondern auch als schlicht-hoheitliche Verwaltungstätigkeit[782] von der Eingriffsqualität weit entfernt. Eine Verletzung grundrechtlicher Schutzbereiche wäre schlichtweg ausgeschlossen.

Nun lehnt aber das moderne Grundrechtsverständnis den „klassischen" Eingriffsbegriff durchweg als zu eng ab[783] und weicht – unter dem Stichwort faktischer und/oder mittelbarer Eingriff – alle vier klassischen Kriterien auf[784]. Die Ursache dieser Entwicklung wird häufig in der Evolution des liberalen zum sozialen Rechtstaat gesehen, im Zuge derer der Staat immer weiter in einzelne Lebensbereiche vordringt und der einzelne damit zwangsläufig den sozial handelnden Staat nicht nur als existenzsichernd, sondern auch gefährdend, nicht nur freiheitsfördernd, sondern auch beeinträchtigend erfährt[785]. Entscheidend ist aber, dass nach der bestehenden Grundrechtskonzeption des Grundgesetzes nur das Individuum als Inhaber und Mittelpunkt grundrechtlicher Gewährleistungen primär maßgeblicher Ausgangspunkt der Grundrechtsbetrachtung sein kann[786], so dass vornehmlich die

---

Die Grundrechte, § 12 Rn. 34 ff. verfeinert ohne nennenswerte Abweichung die Differenzierung hin zu einem 5. Kriterium

[782] Vgl. Maurer, Allgemeines Verwaltungsrecht, § 3 Rn. 11

[783] Vgl. nur Bleckmann, Die Grundrechte, § 12 Rn. 40 ff.; Bleckmann/Eckhoff, DVBl. 1988, 273 ff.; Dreier, in: GG, Vorb. Rn. 84 ff.; Eckhoff, Der Grundrechtseingriff, 236 ff.; Gallwas, Faktische Beeinträchtigung im Bereich der Grundrechte, S. 87 ff.; Jarass, in: Jarass/Pieroth, GG, Rn. 11; Lübbe-Wolff, Die Grundrechte als Eingriffsabwehrrechte, S. 42 ff.; dies., NJW 1997, 2705 ff.; Pieroth/Schlink, Grundrechte, Rn. 239; Papier, VerwArch 84 (1993) 417 (422 f.); Ramsauer, VerwArch 72 (1981), 89 (92 ff.); Sachs, in: ders., GG, Vor. Art. 1 Rn. 59 ff.; Stern, Staatsrecht III/2, 78 III 1

[784] Vgl. nur Bleckmann, Die Grundrechte Rn. 41 ff.; Pieroth/Schlink, Grundrechte, Rn. 240

[785] Vgl. Bleckmann, Die Grundrechte, Rn. 40; Pieroth/Schlink, Grundrechte, Rn. 239

[786] Vgl. Morlok, Selbstverständnis als Rechtskriterium, S. 415

tatsächlichen Wirkungen und nicht die Formen und Ziele des Staatshandelns staatliches Handeln als Eingriff qualifizieren können[787].

Es ist deshalb heute auch unumstritten, dass wirtschaftliche Betätigung einen Eingriff in grundrechtlich geschützte Freiheiten darstellen kann[788]. Streitig sind lediglich die Voraussetzungen des „modernen" Eingriffsbegriffs und - damit verknüpft - die für einen Eingriff erforderliche Qualität der wirtschaftlichen Betätigung. Sie gilt es im Folgenden herauszuarbeiten.

b)   Die Eingriffsqualität gemeindlicher Wirtschaftsbetätigung

Bei der Frage der Eingriffsqualität wirtschaftlicher Betätigung des Staates wird in der Literatur, soweit nicht nur kritiklos der Verwaltungsrechtsprechung gefolgt wird[789], häufig auf die Intensität der grundrechtlichen Beeinträchtigung abgestellt und ein Eingriff dann angenommen, wenn die Möglichkeit des privaten Konkurrenten, sich als verantwortlicher Unternehmer wirtschaftlich zu betätigen, in einem erheblichem Maße eingeschränkt wird[790]. Die Grundrechte laufen nach dieser Ansicht gegenüber staatlicher bzw. gemeindlicher Wirtschaftsbetätigung weitgehend leer[791]. Vor allem in neuerer Zeit lassen sich aber auch vermehrt Stellungnahmen finden, deren Verfasser in der staatlichen Wirtschaftsbetätigung generell einen Eingriff in den Schutzbereich des Art. 12 I GG sehen[792].

---

[787] Vgl. Bleckmann, Die Grundrechte, Rn. 40; Morlock, Selbstverständnis als Rechtskriterium, S. 415; Papier, VerwArch 84 (1993), 417 (423)

[788] Vgl. nur BVerwG, NJW 1995, 2938 sowie die oben, I. 1. (S. 124 ff.), dargestellten Entscheidungen; Ehlers, DVBl. 1998, 497 (502); Erichsen, Kommunalrecht NW, § 11 b 2 cc, S. 277 ff.; Kluth, Wirtschaft und Verwaltung 3/00 – Vierteljahresbeilage zum VerwArch, 184 (197 ff.); Pieroth/Schlink, Grundrechte, Rn. 815; Scholz, in: Maunz/Dürig/Herzog/Scholz, GG, Art. 12 Rn. 401 ff.

[789] Vgl. Moraing, WiVerw 1998, 233 (243); Wieland, in: Dreier, GG, Art. 12 Rn. 83

[790] Vgl. Ehlers, Verwaltung in Privatrechtsform, S. ; ders., JZ 1990, 1089 (1096); ders, DVBl. 1998, 497 (502); Held, WiVerw 1998, 264 (269 f.); Jarass, in: Jarass/Pieroth, GG, Art. 12 Rn. 14a; Pielow, NWVBl. 1999, 369 (376); ablehnend: Grawert, Zuständigkeitsgrenzen der Kommunalwirtschaft, in: FS für Blümel, 119 (135), der von einem generellen Eingriff in grundrechtliche Schutzbereiche ausgeht, während die Intensität nur eine Frage der verhältnismäßigen Rechtfertigung, nicht aber ihrer Schutzfunktion überhaupt sein könne.

[791] So auch Ehlers, DVBl. 1998, 497 (502)

[792] Vgl. v. Arnim, Rechtsfragen der Privatisierung, S. 64; Breuer, Die staatliche Berufsregelung und Wirtschaftslenkung, in: Isensee/Kirchhof, HBdStR Band VI, § 148 Rn. 58 ff. insbes. Rn. 60 f.; Burmeister, Selbstverwaltungsgarantie und wirtschaftliche Betätigung der Kommunen, in: Püttner, HBdkWP Band V, S. 42 f.; Dürig, in: Maunz/Dürig/Herzog/Scholz, GG, Art. 2 I Rn. 52 ff.; Hennecke, NdsVBl. 1998, 273 (277); Ipsen, NWVBl. 2000, 102 (104); Kluth, Grenzen kommunaler Wettbewerbsanteilnahme, S. 59 ff.; Krölls, GewArch 1992, 281 (283 f.); Schliesky, DVBl. 1999, 78 (82 f.); Scholz, in: Maunz/Dürig/Herzog/Scholz, GG, Art. 12 Rn. 404 ff.; Stober, Wirtschaftsverwaltungsrecht, § 24 II 3; Tettinger, DVBl. 1999, 679 (686) „spürbare Beeinträchtigung"; wohl auch Papier, Grundgesetz und Wirtschaftsordnung, in: Benda/Maihofer/Vogel, HBdVerfR, § 18 Rn. 46 f.

Ob und wann die wirtschaftliche Betätigung des Staates tatsächlich einen Eingriff in den Schutzbereich des Art. 12 I GG darstellt, hängt von der Beantwortung der Frage ab, welche zwingenden Voraussetzungen an einen Eingriff zu stellen sind. Die in Folge der Auflösung des „klassischen" Eingriffsbegriffs entstandene Diskussion hat bis dato noch nicht zu einem allgemein anerkannten Eingriffsbegriff geführt[793]. Auch die Entscheidungen des *Bundesverwaltungsgerichts* zur staatlichen Informationspolitik[794] und die daran anschließende Diskussion[795] vermochte zwar zusätzlichen Schub, eine abschließende Klärung – auch im speziellen[796] – aber nicht zu leisten[797]. Insbesondere die von der Literatur in diesem Zusammenhang verwendeten Begrifflichkeiten des faktischen bzw. mittelbaren Eingriffs lassen weder hinreichende inhaltliche Konturen feststellen, noch können sie in befriedigender Weise zu Klärung des Problems beitragen. Es erscheint deshalb auch angezeigt, sich bei der Bestimmung der Eingriffsqualität einer staatlichen Maßnahme von den zudem nur verwirrenden Begrifflichkeiten zu lösen[798] und die Bestimmung der Eingriffsqualität wirtschaftlicher Betätigung per se, ausgehend von der zugrundeliegenden Erkenntnis der Auflösung des Eingriffsbegriffs sowie dem Erfordernis der primären Bestimmung aus dem Blickwinkel des geschützten Grundrechtssubjekts[799], vorzunehmen.

Unter Berücksichtigung dieser beiden Gesichtspunkte kommt ein Eingriff grundsätzlich immer dann in Betracht, wenn eine Beeinträchtigung[800] des betreffenden Schutzgutes festgestellt werden kann[801]. Der Eingriff ist deshalb auch in jeder Beziehung von den Formen staatlichen Handelns unabhängig[802]. Wirtschaftliche Betätigung besitzt demnach grundsätzlich Eingriffsqualität, da sie sowohl unter Verhaltensgesichtspunkten, als auch unter dem Gesichtspunkt des Entzugs von Erwerbschancen eine Beeinträchtigung des Schutzbereiches der Berufsfreiheit bewirkt.

Allein die Beeinträchtigung vermag aber bereits aus Praktikabilitätsgründen eine grundrechtliche Rechtfertigungslast nicht zu erzeugen, würde doch sonst der handelnde Staat Gefahr laufen, an seiner Rechtfertigungslast praktisch „zu ersticken".

---

[793] Vgl. nur Sachs, in: ders., GG, Vor Art. 1 Rn. 59 ff.; umfassend: Stern, Staatsrecht III/2, § 78 III

[794] Vgl. BVerwGE 71, 183 – Arzneimittel Transparenzlisten; BVerfGE 82, 76 – Jugendsekten; BVerwGE 87, 37 – Diethylenglykol; BVerwG NJW 1996, 3161 – Warentest

[795] Vgl. nur Di Fabio, JZ 1993, 689 ff.; Heintzen, VerwArch 81 (1990), 532 ff.; Lübbe-Wolff, NJW 1997, 2705 ff.; Schoch, DVBl. 1991, 667 ff.

[796] Vgl. Lege, DVBl. 1999, 569

[797] Vgl. Weber-Dürler, VVDStRL 57 (1998), 53 (59)

[798] Vgl. Dreier, in: ders., GG, Vorb. Rn. 82 a.E.

[799] Vgl. Morlok, Selbstverständnis als Rechtsprinzip, S. 415

[800] Beeinträchtigung ist hier im Sinne eines Berührens zu verstehen.

[801] Vgl. Morlok, Selbstverständnis als Rechtsprinzip, S. 416

[802] Allg. Ansicht, vgl. nur Jarass, in: Jarass/Pieroth, GG, Art. 12 Rn. 12 ff.; Papier, in: Maunz/Dürig/Herzog/Scholz, GG, Art. 14 Rn. 29

Der grundrechtsdogmatisch entscheidende Gesichtspunkt ist jedoch letztlich, dass dem handelnden Staat nur dann die grundrechtliche Rechtfertigungslast aufgebürdet werden kann, wenn ihm die Beeinträchtigung auch zugerechnet werden kann[803]. Als notwendige Mindestvoraussetzung eines Grundrechtseingriff ist infolgedessen die Kausalität des staatlichen Handelns für die Grundrechtsbeeinträchtigung im Sinne einer „conditio sine qua non" erforderlich[804]. Dass dies allein nicht ausreichend sein dürfte, zeigt die verwandte Problematik aus dem Zivilrecht. Sie hat wohl bisweilen – allerdings ohne nennenswerten Erfolg – auch dazu veranlasst, deren Lehren auf die grundrechtliche Konstellation zu übertragen[805]. Gleichwohl wird häufig, anders als im Zivilrecht, in den Fällen staatlicher Alleinverursachung eine umfassende Verantwortung des Staates für die bewirkte Beeinträchtigung angenommen[806]. Da im vorliegenden Fall jedoch bereits die Rolle der Abnehmer ungewiss ist, soll hierauf erst dann eingegangen werden, wenn sich andere geeignete Zurechnungskriterien nicht finden lassen. Vor dem Hintergrund der grundrechtlichen Schutzkonzeption, die das Individuum in seinen Mittelpunkt stellt, lässt sich an dieser Stelle aber definitiv feststellen, dass im Falle grundsätzlicher kausaler Zurechenbarkeit dann ein rechtfertigungsbedürftiger Eingriff in den Schutzbereich gegeben sein muss, wenn beim Betroffenen eine bestimmte Belastungsgrenze überschritten ist[807]. In diese Richtung hat sich auch die Rechtsprechung des *Bundesverfassungsgerichts* zu Art. 12 I GG entwickelt, die einen Eingriff in die Berufsfreiheit auch dann als gegeben sieht, wenn sie ihren mittelbaren Auswirkungen nach von einigem Gewicht ist[808]. Mit der individuellen Freiheit als Inbegriff grundrechtlichen Schutzes ist die persönliche Belastung nicht nur Basis freiheitsgrundrechtlicher Abwehransprüche, sondern auch deren letzte Verteidigungslinie. Rechtsprechung und Literatur rücken also im Falle des Fehlens weiterer Zurechnungskrite-

---

[803] Vgl. BVerfGE 66, 39 (60); Pieroth/Schlink, Grundrechte, Rn. 240; Richter/Schuppert, Casebook Verfassungsrecht, S. 14; Sachs, in: ders., GG, Vor Art. 1 Rn. 59

[804] BVerfGE 66, 39 (60 ff.); Sachs, in: ders, GG, Vor Art. 1 Rn. 59

[805] Vgl. beispielsweise Kirchhof, Verwalten durch mittelbares einwirken, S. 77 ff. – Lehre vom Handlungsunrecht; Ramsauer, AöR 72 (1981), 89 (99 ff.) – Schutzzweck der Norm

[806] vgl. Richter/Schuppert, Casebook Verfassungsrecht, S. 14; Sachs, in: ders., GG, Vor Art. 1 Rn. 63; des. JuS 1995, 303 (305)

[807] Ist heute nahezu unumstritten: Vgl. Bleckmann/Eckhoff, DVBl. 1988, 373 (377); di Fabio, JZ 1993, 689 (695); Ehlers, JZ 1990, 1089 (1096); ders., DVBl. 1998, 497 (502); Erichsen, Das Verwaltungshandeln, in: ders. (Hrsg.), Allgemeines Verwaltungsrecht, § 11 Rn. 33 f; Grawert, Zuständigkeitsgrenzen der Kommunalwirtschaft, in: FS für Blümel, 199 (135); Jarass, in: Jarass/Pieroth, GG, Vorb. vor Art. 1, Rn. 27; Lege, DVBl. 1999, 569 (571); Pieroth/Schlink, Grundrechte, Rn. 240 ff.; anders: Tettinger, in: Sachs, GG, Art. 12 Rn. 75 f.; neuerdings aber entsprechend der h.M. in DVBl. 1999, 679 (686); Vgl. auch BVerwGE 94, 100 (103)

[808] Vgl. nur BVerfGE 97, 228 (253); 86, 28 (37); 61, 291 (308)

rien zutreffend die Intensität der staatlichen Maßnahme in den Mittelpunkt der Betrachtung[809].

Ein Eingriff durch wirtschaftliche Betätigung in den Schutzbereich des Art. 12 I GG ist demnach – entsprechend einem Teil der Lehre und der Rechtsprechung des *Bundesverwaltungsgerichts* – jedenfalls immer dann gegeben, wenn sie ihrer Intensität nach eine bestimmte Schwelle überschreitet. Die häufig inkongruenten Ergebnisse in Literatur und Rechtsprechung machen aber auch das Manko des Kriteriums der Eingriffsintensität deutlich. Eine saubere Grenze zwischen einer der Intensität nach beachtlichen und unbeachtlichen Beeinträchtigung, die sich nicht dem Vorwurf der Willkür ausgesetzt sehen müsste, lässt sich wohl schwerlich ziehen. Mit dem grundrechtlichen Geltungsanspruch lässt sich das Kriterium der Intensität deshalb nur schwer vereinen.

Andererseits ist es aber auch gerechtfertigt. Es soll seiner Funktion nach verhindern, dass das System des Grundrechtsschutzes insbesondere für die staatlichen Akteure unvorhersehbar ausufert[810]. Unter diesem Gesichtspunkt wäre es naheliegend, einer kausalen Beeinträchtigung jedenfalls immer dann Eingriffsqualität zuzusprechen, wenn sie für die staatlichen Akteure auch vorhersehbar ist[811]. Die Eingriffsqualität staatlicher bzw. gemeindlicher Wirtschaftsbetätigung ist nach diesem Ansatz unproblematisch gegeben. Es ist geradezu offenkundig, dass die öffentliche Eigenwirtschaft zu Lasten der Privatwirtschaft geht[812].

Will man aber am Intensitätskriterium festhalten, so ist in jedem Fall eine restriktive Auslegung geboten. Die Ansicht der Rechtsprechung und weiter Teile der Literatur, die einen Eingriff erst dann annimmt, wenn die Möglichkeit privater Wirtschaftsbetätigung in erheblichem Maße eingeschränkt wird, ist bei weitem zu eng. Mit *Peter Tettinger*[813] dürfte die Eingriffsschwelle vielmehr bereits bei einer „*spürbaren Beeinträchtigung*", d.h. dort zu ziehen sein, wo die wirtschaftliche Betätigung der öffentlichen Hand den privaten Konkurrenten zu Verhaltensänderungen veranlasst[814]. Darüber hinaus dürfte vor diesem Hintergrund auch die allgemeine Intensitätsschwelle, unterhalb derer die Eingriffqualität staatlicher Handlun-

---

[809] Vgl. BVerwGE 86, 28 (38 f.); 87, 37 (39 f.); Bleckmann/Eckhoff, DVBl. 1988, 373 (380); di Fabio, JZ 1993, 689 (695); Schoch, DVBl. 1991, 667 (670)

[810] Vgl. di Fabio, JZ 1990, 689 (695)

[811] So beispielsweise Weber-Dürler, VVDStRL 57 (1998), 57 (89ff.)

[812] Nicht überzeugend ist in diesem Zusammenhang die Argumentation Ehlers in: DVBl. 1998, 497 (502 Fn. 43), der gerade aus diesem Grund das Kriterium der Vorhersehbarkeit ablehnt, denn es ist schlechterdings unzulässig, die Relevanz eines gewissen Kriteriums von dem gewünschten Ergebnis abhängig zu machen.

[813] Vgl. Tettinger, DVBl. 1999, 679 (686); in Abweichung zur eigenen Auffassung in: Sachs, GG, Art. 12 Rn. 75 f.

[814] Vgl. auch BVerfGE 86, 28 (37), wo es nach Ansicht des Gerichts für einen Eingriff genügen soll, dass durch staatliche Maßnahmen der Wettbewerb beeinflusst wird

gen stets zu verneinen ist, kaum[815] und wenn nur bei minimalsten Bagatellen anzusetzen sein[816].

Nun ist aber, wie bereits dargestellt, die Eingriffsintensität nur die letzte Verteidigungslinie und deshalb für logisch vorgelagerte Eingriffskriterien nicht bestimmend[817]. Vielmehr hat die Ermittlung der Zurechenbarkeit einer Belastung im Sinne einer Verhaltensverantwortlichkeit primär beim Handelnden und damit bei der sich wirtschaftlich betätigenden öffentlichen Hand anzusetzen[818]. Dies wird häufig übergangen, wenn die wirtschaftliche Betätigung vorschnell als faktische und/oder mittelbare Beeinträchtigung qualifiziert wird und der Betroffene damit bedenkenlos ins gleichzeitig tief gespannte Netz der Eingriffsintensität gestoßen wird[819].

Als primäres Zurechnungskriterium kommt dementsprechend die Absicht des wirtschaftenden Staates, d.h. die „Finalität" staatlichen Handelns in Betracht. Wie bereits geklärt wurde, ist die Finalität keinesfalls notwendige Eingriffsvoraussetzung. Es ist aber schlechterdings nicht denkbar, die Eingriffsqualität staatlichen Handelns, gleich welcher Art, unter Zurechnungsgesichtspunkten zu verneinen, wenn damit Ingerenzen in grundrechtliche Schutzbereiche beabsichtigt sind[820]. Ein Dazwischentreten Dritter hat, soweit es wie hier von der Zielsetzung umfasst ist, keinerlei Auswirkungen[821]. Auch das *Bundesverfassungsgericht* unterscheidet bekanntlich zwischen einer bewusst berufsregelnden Maßnahme[822] des Staates als subjektivem Anknüpfungspunkt, sowie der Schwere ihrer der Auswirkung[823] als objektivem Anknüpfungspunkt für die Bestimmung der Eingriffsqualität im Sinne zweier idealtypischer Komplementärmerkmale[824]. Ausreichend ist demnach immer, wenn die betreffende staatliche Maßnahme auf eine Berufsregelung zielt. Allerdings ist es vollständig verfehlt, dem Begriff der Berufsregelung in irgend einer

---

[815] Vgl. Sachs, in: ders., GG, Vor Art. 1 Rn. 69 f.; Stern, Staatsrecht III/2, § 78 IV

[816] Weiter die wohl h.M.: Vgl. Morlok, Selbstverständnis als Rechtskriterium, S. 417; Pieroth/Schlink, Grundrechte, Rn. 248

[817] Inwieweit demgegenüber eine Kumulation mehrerer per se nicht ausreichender erfüllter Eingriffsvoraussetzung die Eingriffsqualität begründen können, kann an dieser Stelle unbeantwortet bleiben.

[818] Vgl. Erichsen, Das Verwaltungshandeln, in: ders. (Hrsg.), Allgemeines Verwaltungsrecht, § 11 Rn. 34

[819] Vgl. nur Otting, Neues Steuerungsmodell und rechtliche Betätigungsspielräume der Kommunen, S. 155 ff.

[820] So die herrschende Meinung, vgl. Bleckmann/Eckhoff, DVBl. 1988, 373 (377); di Fabio, JZ 1993, 689 (695); Heintzen, VerwArch 81 (1990), 532, 541 ff.; Jarass, in: Jarass/Pieroth, GG, Vorb. vor Art. 1 Rn. 27; Sachs, JuS 1995, 303 (305); Tettinger, DVBl. 1999, 679 (686); Weber-Dürler, VVDStRL 57 (1998), 57 (90)

[821] Vgl. Sachs, JuS 1995, 303 (305 f.)

[822] Sog. „subjektiv berufsregelnde Tendenz"

[823] Sog. „objektiv berufsregelnde Tendenz"

[824] Vgl. BVerfGE 97, 228 (253); 82, 209 (223 f.); 46, 120 (137 f.)

Weise ausgrenzende Funktion beizulegen. So gestattet Art. 12 I GG seiner verfassungsrechtlichen Konzeption nach nur eine regelnde Ausgestaltung des grundrechtlich geschützten Lebensbereiches, nicht aber seine Veränderung oder Verkürzung[825]. Dieser Umstand vermag aber allein und vielmehr in die Richtung Wirkung zu erzeugen, dass die über eine regelnde Ausgestaltung hinausgehende Beeinträchtigungen bereits per se verfassungsrechtlich unzulässig sind. Keinesfalls kann dies in der Weise in entgegengesetzter Richtung wirken, als lediglich regelnde Beeinträchtigungen einen „Eingriff" in das Grundrecht der Berufsfreiheit darstellen können. Dies würde bedeuten den Regelungsvorbehalt des Art. 12 I GG, der seiner Schutzrichtung nach den staatlichen Zugriff begrenzen soll, in einer Weise zu verwenden, Vorraussetzungen für die grundrechtliche Rechtfertigungsbedürftigkeit einer staatlichen Maßnahme aufzustellen, was auf eine glatte Verkehrung grundrechtlicher Schutzkonzeptionen hinausläuft. Darüber hinaus darf auch nicht vergessen werden, dass der als Regelungsvorbehalt konzipierte Gesetzesvorbehalt des Art. 12 I GG bereits frühzeitig als Eingriffsvorbehalt interpretiert worden ist[826], so dass auch gerade deshalb dem Kriterium der Berufsregelung keinerlei Bedeutung beigemessen werden kann.

Entscheidend ist also lediglich, ob die wirtschaftliche Betätigung der öffentlichen Hand eine zielgerichtete Beeinträchtigung des grundrechtlichen Schutzbereiches feststellen lässt[827].

Unproblematisch ist das für die Fälle, in denen die öffentliche Hand steuernd in das marktwirtschaftliche Geschehen eingreift und die wirtschaftliche Betätigung zum Zwecke der politischen Steuerung der Angebotsseite auf dem Markt einsetzt[828]. In all diesen Fällen ist die Steuerung durch Art. 12 I GG geschützter Verhaltensweisen, insbesondere der freie Zugriff auf die am Markt bestehenden Erwerbschancen, Ziel der wirtschaftlichen Betätigung der öffentlichen Hand. Anders ist dies aber in den Fällen, in denen mit Hilfe der wirtschaftlichen Betätigung lediglich auf eine Angebotsschwäche des Marktes reagiert werden soll und die Zielrichtung der Maßnahme damit ausschließlich in Richtung der Nachfrageseite weist[829]. Eine zielgerichtete Verhaltensbeeinträchtigung scheidet in diesen Fällen bereits deshalb aus, weil kein steuerbares Verhalten privater Anbieter vorliegt. Anders beurteilt sich das selbstverständlich dann, wenn private Anbieter nachfolgen und auf den von der öffentlichen Hand versorgten Markt drängen. Als Ziel der wirtschaftlichen Betätigung kommt dann entweder die bereits oben als Eingriff in Art.

[825] Vgl. Pieroth/Schlink, Grundrechte, Rn. 219

[826] Vgl. grundlegend BVerfGE7, 377 (404); Kritisch dazu Hufen, NJW 1994, 2913 ff.

[827] Vgl. allg. zu den faktischen Beeinträchtigungen: Bleckmann/Eckhoff, DVBl. 1988, 373 (377)

[828] Vgl. Janson, Rechtsformen öffentlicher Unternehmen in der europäischen Gemeinschaft, S. 42 ff.; Der Verdrängungswettbewerb ist dabei die krasseste Form

[829] Anders Kluth, Grenzen kommunaler Wettbewerbsanteilnahme, S. 65 f. unter dem Gesichtspunkt der Marktgestaltungsmacht Privater.

12 I GG charakterisierte Marktbeeinflussung in Betracht oder der bislang noch nicht behandelte Bereich konkurrenzwirtschaftlicher Tätigkeit ohne besonderen (öffentlichen) Zweck, d.h. die primär erwerbswirtschaftliche Betätigung. Aber auch letzterer Bereich stellt im Hinblick auf das Kriterium der Finalität ein Problem dar. Zwar kann marktkonforme staatliche Konkurrenz das durch Art. 12 I GG geschützte Verhalten Privater beeinflussen. Dies ist aber keinesfalls das Ziel der staatlichen bzw. gemeindlichen Wirtschaftsbetätigung. Für die Fälle der wirtschaftlichen Betätigung aufgrund einer Versorgungsschwäche sowie der erwerbswirtschaftlichen Betätigung wäre dementsprechend ein Eingriff unter Verhaltensgesichtspunkten – nach dem bisherigen Stand der Erörterung der Eingriffsproblematik – nur aufgrund ihrer jeweiligen Intensität denkbar.

Nun schützt aber die Berufsfreiheit, wie oben festgestellt, nicht nur das Verhalten der privaten Marktteilnehmer, sondern auch deren am Markt bestehenden Erwerbschancen gegenüber staatlichem Zugriff[830]. Für den Bereich der erwerbswirtschaftlichen Betätigung, die ihrerseits – in Kongruenz zur wirtschaftlichen Betätigung Privater – nur die Realisierung bestehender Marktchancen zum Gegenstand hat, lässt sich die Eingriffsqualität staatlicher bzw. gemeindlicher Wirtschaftstätigkeit damit ohne Rückgriff auf Intensitätsgesichtspunkte, d.h. allein aufgrund des zielgerichteten Zugriffs auf Erwerbschancen, unproblematisch bejahen. Jede erwerbswirtschaftliche Betätigung stellt demnach einen Eingriff in Art. 12 I GG dar.

Zweifelhaft bleibt aber weiterhin der Bereich der wirtschaftlichen Betätigung aufgrund einer Angebotsschwäche, denn der Zugriff und damit die Besetzung privater Erwerbschancen ist in diesem Fall zumindest nicht primäres Ziel der Tätigkeit. Geht man auch davon aus, dass der mit dieser Form der wirtschaftlichen Betätigung regelmäßig verbundenen Nebenzweck der Realisierung von Marktchancen die „Finalität" der Beeinträchtigung noch nicht zu begründen vermag, so befindet sich die Beeinträchtigung durch die öffentliche Wirtschaftstätigkeit im Bereich zwischen den beiden Grenzfällen „Finalität" und „Intensität"[831]. In diesem Zwischenbereich, d.h. wenn das signifikante Kriterium der „Finalität" fehlt oder zweifelhaft ist, wird allgemein auf das Kriterium der Unmittelbarkeit als „Surrogat"[832] für die Finalität zurückgegriffen[833]. Dies ist auch sachgerecht, da es sich vorliegend um eine Frage der Zurechenbarkeit handelt. Sie ist in jedem Fall auch dann gegeben, wenn die staatliche Maßnahme unmittelbar das grundrechtliche Schutzgut beeinträchtigt. Berücksichtigt man, dass es sich bei der Unmittelbarkeit um ein

---

[830] Siehe oben: 2. c), S. 148 ff.

[831] Das Intensitätskriterium dürfte nämlich in einem unbesetzten Markt kaum Wirkungen haben.

[832] So ausdrücklich BVerfGE 46, 120 (137)

[833] Vgl. nur BVerfGE 13, 181 (185); 97, 228 (253 f.); Bleckmann/Eckhoff, DVBl. 1988, 373 (377); Breuer, Die staatliche Berufsregelung und Wirtschaftslenkung, in: Isensee/Kirchhof, HBdStR Band VI, § 148 Rn. 30 f.; di Fabio, JZ 1993, 689 (695); Pieroth/Schlink, Grundrechte, Rn. 823

wertendes Kriterium handelt[834], so stellt auch die wirtschaftliche Betätigung aufgrund fehlenden Angebots einen Eingriff in den Schutzbereich des Art. 12 I GG dar. Unerheblich ist unter dem Aspekt der Unmittelbarkeit die zwischen Beeinträchtigung und staatliche Maßnahme tretende Verbraucherentscheidung. Sie vermag eine Unterbrechung des Zurechnungszusammenhangs schon deshalb nicht zu begründen, weil für den Verbraucher keine Wahl besteht, wenn die öffentliche Hand einziger Anbieter ist. Aber auch wenn eine Wahlmöglichkeit besteht, ist die Verbraucherentscheidung nicht dazu geeignet die Unterbrechung der Unmittelbarkeit als mögliches Zurechnungskriterium zu begründen, denn Erwerbschancen werden bereits mit dem Angebot und nicht erst aufgrund der Nachfrage wahrgenommen. Diese ist zwar für den Erfolg des Angebots erforderlich, der aber allein von der Gestaltung des jeweiligen Angebots abhängt, das ausschließlich beim jeweiligen Anbieter (auch der öffentlichen Hand) liegt. Darüber hinaus ist zumindest die Verbraucherentscheidung Ziel gemeindlichen Handelns, so dass eine Durchbrechung des Zurechnungszusammenhangs unter wertenden Gesichtspunkten nicht gerechtfertigt ist.

c) Fazit

Wirtschaftliche Betätigung der öffentlichen Hand stellt generell[835] einen Eingriff in Art. 12 I GG dar. Allerdings ist damit noch keine Aussage über die Zulässigkeit gemeindlicher Wirtschaftsbetätigungen getroffen. Gemeindliche Wirtschaftsbetätigung ist vielmehr nur dann unzulässig, wenn sie verfassungsrechtlich nicht gerechtfertigt ist.[836]. Entscheidend ist aber die Erkenntnis, dass die wirtschaftliche Betätigung der öffentlichen Hand – unabhängig von der jeweiligen Eingriffsintensität – generell dem grundrechtlichen Rechtfertigungsdruck unterliegt.

4. Verfassungsrechtliche Rechtfertigung

Im Folgenden gilt es zu klären, ob und inwieweit gemeindliche Wirtschaftsbetätigung den durch ihren Eingriff in Art. 12 I GG ausgelösten, verfassungsrechtlichen Rechtfertigungsanforderungen genügt. Grundsätzlich ist eine Eingriffsrechtfertigung aufgrund Gesetzesvorbehalts oder kollidierenden Verfassungsrechts möglich[837]. Im Rahmen der hier vorzunehmenden abstrakten Überprüfung der Rechtfertigungsfähigkeit gemeindlicher Wirtschaftsbetätigung ist eine eventuelle allgemeine Rechtfertigung aufgrund kollidierenden Verfassungsrechts und gegebenenfalls deren weitere Voraussetzungen vorrangig zu überprüfen.

---

[834] Vgl. Maurer, Allgemeines Verwaltungsrecht, § 26 Rn. 93

[835] Will man der hier vorgenommenen Schutzbereichskonzeption nicht folgen, so ist dann ein Eingriff gegeben, wenn sich die wirtschaftliche Betätigung der öffentlichen Hand als „spürbare Beeinträchtigung" für den konkurrierenden Grundrechtsträger qualifizieren lässt.

[836] Vgl. nur Pieroth/Schlink, Grundrechte, Rn. 224

[837] Vgl. Jarass, in: Jarass/Pieroth, GG, Vorb. vor Art. 1 Rn. 37

a) Kollidierendes Verfassungsrecht als Eingriffsrechtfertigung

In der Literatur vertritt insbesondere *Hans-Uwe Erichsen*[838] die Auffassung, wirtschaftliche Betätigung der Gemeinden könne weitestgehend keine Verletzung grundrechtlicher Freiheiten darstellen, soweit sie sich innerhalb des durch Art. 28 II GG abgesteckten Gewährleistungsbereichs bewege. So seien die Grundrechte privater Konkurrenten schon durch das in Art. 28 II GG gewährleistete kommunale Selbstverwaltungsrecht, das den Gemeinden auch die wirtschaftliche Betätigung ermögliche, begrenzt. Es gehe vielmehr um den Ausgleich gegenläufiger Interessen auf der Ebene der als Einheit zu verstehenden Verfassung, zu dessen Verwirklichung der Gesetzgeber auf den Plan gerufen sei. Ziel sei eine optimale Realisierung beider Verfassungsrechtsgüter, was durch den Erlass der kommunalrechtlichen Vorschriften zur gemeindlichen Wirtschaftsbetätigung verwirklicht wäre.

Die Ansicht wirft erhebliche verfassungsrechtliche Probleme auf. Es ist im Folgenden insbesondere primär zu klären, ob und in welcher Weise kollidierendes Verfassungsrecht überhaupt einen Einfluss auf den Grundrechtsschutz des Art. 12 I GG hat. Darüber hinaus stellt sich die Frage, welche Stellung der Garantie kommunaler Selbstverwaltung im Rahmen grundrechtlicher Gewährleistungen zukommt.

(1) Keine Schutzbereichsbegrenzung[839] durch kollidierendes Verfassungsrecht

Heute wird kollidierendes Verfassungsrecht nur vereinzelt als Schutzbereichsbegrenzung anerkannt[840]. Die überwiegende Ansicht versteht kollidierendes Verfassungsrecht vielmehr zutreffend als Eingriffsrechtfertigung, die als sog. immanente Schranken einen Eingriff dann verfassungsrechtlich rechtfertigen, wenn er Kollisionen mit anderen Grundrechten oder Verfassungsgütern im Sinne praktischer Konkordanz ausgleicht[841]. Dies ist Ausdruck eines Wandels in der Grundrechtsdogmatik, die eine Grundrechtsprüfung nicht mehr nach dem Schema „Schutzbereich – Schranke"[842], sondern nach der bekannten Dreiteilung „Schutzbereich – Eingriff –

---

[838] Vgl. Erichsen, Kommunalrecht NW, § 11 D 2 b, S. 274 ff.

[839] Diese Fragestellung ist zwar systematisch im Rahmen der Schutzbereichsbestimmung zu klären, wird aber aus Übersichtlichkeitsgründen im Zusammenhang mit dem Problemkreis des „kollidierenden Verfassungsrechts" erörtert.

[840] Vgl. Hesse, Grundzüge des Verfassungsrechts, Rn. 312, 71f.; Maunz/Zippelius, Deutsches Staatsrecht, § 20 I 1

[841] Vgl. Badura, Staatsrecht, C Rn. 26; Dreier, in: ders., GG, Vorb. Rn. 90; Jarass, in: Jarass/Pieroth, GG, Vorb. vor Art. 1, Rn. 45; Lege, DVBl. 1999, 569 (570 f.); Pieroth/Schlink, Grundrechte, Rn. 325; Sachs, in: ders, GG, Vor Art. 1 Rn. 99; Schoch, DVBl. 1991, 667 (671); In diesem Sinne jetzt auch die Rechtsprechung des *Bundesverwaltungsgerichts*, vgl. BVerwGE 90, 112 (122 f.) und demgegenüber BVerwGE 87, 37 (45), während der Rechtsprechung des *Bundesverfassungsgerichts* keine eindeutige Festlegung zu entnehmen ist

[842] Vgl. beispielsweise Maunz, Deutsches Staatsrecht, 20. Auflage 1975, § 14 I 2

148

Rechtfertigung"[843] vornimmt. Hintergrund dieses geänderten Verständnisses ist die Erkenntnis, dass die Zuteilung grundrechtlichen Schutzes im freiheitlichen Staat einerseits keine Frage vorheriger Abwägung sein kann und damit andererseits auch ein nicht hinnehmbarer Verlust der Bestimmtheit grundrechtlicher Schutzbereiche verbunden wäre[844].

(2)   Kommunale Selbstverwaltung als immanente Grundrechtsschranke?

Kollidierendes Verfassungsrecht kommt demnach nur als verfassungsrechtliche Eingriffsrechtfertigung in Betracht. Umstritten ist jedoch die Frage, ob kollidierendes Verfassungsrecht nur Eingriffen in schrankenlos gewährleistete Grundrechte rechtfertigen kann[845] oder schlichtweg gleichbedeutend neben den ausdrücklichen grundrechtlichen Gesetzesvorbehalten steht[846].

Bei der Beantwortung dieser Frage muss von der allgemein anerkannten grundlegenden Erkenntnis ausgegangen werden, dass es zwischen einzelnen Verfassungsbestimmungen[847] zu Normkonflikten kommen kann, die einer Auflösung im Rahmen der Verfassungsordnung bedürfen[848]. Entscheidend ist aber, dass das Grundgesetz diese Kollisionsgefahr für bestimmte Grundrechte bereits erkannt und deshalb in unterschiedlicher Ausprägung Gesetzesvorbehalte eben zur Auflösung dieser Konflikte bereitgestellt hat[849]. Sucht man nach einem Ausgleich innerhalb der Verfassungsordnung, so kann dieser freilich nicht an den grundrechtlichen Gesetzesvorbehalten vorbeiführen. Deshalb kommt jedenfalls insoweit, als im konkreten Fall ein Ausgleich über den im Grundgesetz ausdrücklich vorgesehenen Modus möglich ist, eine Eingriffsrechtfertigung durch kollidierendes Verfassungsrecht nicht in Betracht[850]. Aber auch darüber hinaus ist eine Eingriffsrechtfertigung durch kollidierendes Verfassungsrecht abzulehnen. Die grundrechtlichen Gesetzesvorbehalte zeichnen gerade für den Fall der Kollision die Grenzen staatlicher Begrenzungsmöglichkeiten nach[851], so dass eine weitergehende Begrenzungsmöglichkeit geradewegs in einen Widerspruch der Verfassung führt.

---

[843] Vgl. Pieroth/Schlink, Grundrechte, Rn. 346 f.

[844] Vgl. Lege, DVBl. 1999, 569 (571); Pieroth/Schlink, Grundrechte, Rn. 323 f.

[845] Vgl. Dreier, in: ders., GG, Vorb. Rn. 88; Pieroth/Schlink, Grundrechte, Rn. 331 f.; Richter/Schuppert, Casebook Verfassungsrecht, S. 21; Schoch, DVBl. 1991, 667 (671 f.)

[846] Vgl. Jarass, in: Jarass/Pieroth, GG, Vorb. vor Art. 1 Rn. 47; Lerche, Grundrechtsschranken, in: Isensee/Kirchhof, HBdStR Band V, § 122 Rn. 46 f.; BVerwGE 90, 112 (122 f.); 87, 37 (45)

[847] Grundrechte und sonstige verfassungsrechtlich geschützte Güter - st. Rspr. des *Bundesverfassungsgerichts*, vgl. BVerfGE 28, 243 (261); 83, 130 (138 f.)

[848] Pieroth/Schlink, Grundrechte, Rn. 314; Richter/Schuppert, Casebook Verfassungsrecht, S. 19;

[849] Vgl. Pieroth/Schlink, Grundrechte, Rn. 331; Schoch, DVBl. 1991, 667 (672)

[850] Unhaltbar ist deshalb die Ansicht des *Bundesverwaltungsgerichts*, „Grundrechtsbegrenzungen, die sich aus der Verfassung selbst ergeben, gehen notwendig einer dem einfachen Gesetzgeber überlassenen Begrenzungsmöglichkeit vor" - BVerwGE 87, 37 (46)

[851] Vgl. Pieroth/Schlink, Grundrechte, Rn. 274

Keine Abweichung ergibt sich diesbezüglich für das Grundrecht aus Art. 12 I GG, das seinem unmittelbaren Verfassungswortlaut nach lediglich einen Regelungsvorbehalt[852] und diesen nur für die Berufsausübung vorsieht. Das *Bundesverfassungsgericht* versteht seit dem Apothekenurteil[853], in weitgehender Übereinstimmung mit der Literatur[854], die Gewährleistungen des Art. 12 I GG als einheitliches Grundrecht der Berufsfreiheit und weitet den Regelungsvorbehalt zum Gesetzesvorbehalt auf.

Dementsprechend kommt die gemeindliche Selbstverwaltungsgarantie, unabhängig von ihrer eventuellen Qualifikation als begrenzungsfähiges „sonstiges verfassungsrechtlich geschütztes Gut", als selbständige Eingriffsrechtfertigung in Bezug auf Art. 12 I GG nicht in Betracht.

Darüber hinaus ist Art. 28 II GG als Aufgabenzuweisungs- und Kompetenznorm grundsätzlich auch nicht dazu geeignet, vor dem Hintergrund der Einheit der Verfassung auflösungsbedürftige verfassungsrechtliche Spannungen mit grundrechtlichen Freiheiten zu erzeugen. Die Garantie kommunaler Selbstverwaltung ist nicht materielle Aufgabenzuweisungsnorm und damit in Bezug auf die zur Wahrnehmung überwiesenen Aufgaben gegen die Grundrechtsträger gerichtet[855], sondern grenzt lediglich innerstaatliche Handlungszuständigkeiten voneinander ab[856]. Unerheblich ist in diesem Zusammenhang ebenfalls, dass die Garantie kommunaler Selbstverwaltung auch Funktionen gegenüber den Bürgern beinhaltet[857]. Dies führt weder zu einer Umpolung, sprich Bipolarisation, der Gewährleistungsrichtung[858], noch in irgend einer Weise zu einer Gleichstufigkeit mit grundrechtlichen Gewährleistungen.

b)   Der Gesetzesvorbehalt des Art. 12 I 2 GG als Eingriffsrechtfertigung

Die verfassungsrechtliche Rechtfertigung gemeindlicher Wirtschaftätigkeit kann demnach nur auf der Grundlage des Gesetzesvorbehalts des Art. 12 I GG erfolgen, der eine Einschränkung des Grundrechts der Berufsfreiheit durch oder aufgrund

---

[852] Vgl. zum Begriff Pieroth/Schlink, Grundrechte, Rn. 219 ff.

[853] BVerfGE 7, 377

[854] Vgl. nur Jarass, in: Jarass/Pieroth, GG, Art. 12 Rn. 1; Pieroth/Schlink, Grundrechte, Rn. 808; Tettinger, in: Sachs, GG, Art. 12 Rn. 8; ablehnend Hufen, NJW 1994, 2913 (2917)

[855] Vgl. oben: A. II. 3., S. 42 f.

[856] Vgl. allgemein für Kompetenznormen: Sondervotum Böckenförde und Mahrenholz, BVerfGE 69, 1 (57, 59 ff.); sowie die wohl h.M. in der Literatur: Bethge, VDDStRL 57 (1998), 7 (48 f.); Heintzen, VerwArch 81 (1990), 532 (549 ff.); Jarass, in: Jarass/Pieroth, GG, Vorb. vor Art. 1 Rn. 46; Pieroth/Schlink, Grundrechte, Rn. 328 f.; Sachs, in: ders., GG, Vor Art. 1 Rn. 106; anders die Rechtsprechung: vgl. BVerfGE 69, 1 (21 ff.); 77, 170 (221); BVerwGE 87, 37 (46 ff.); zustimmend Tettinger, DVBl. 1999, 679 (685)

[857] Vgl. oben: A. III. 3. a) (2), S. 94 ff.

[858] Anspruchsgegner der Gewährleistung ist und bleibt der Staat

eines Gesetzes ermöglicht[859]. Prinzipielle Voraussetzung hierfür ist, dass einerseits der Eingriff auf einer den Anforderungen des einfachen Gesetzesvorbehalts genügenden gesetzlichen Grundlage erfolgt und andererseits die allgemeinen Grenzen (sog. Schranken-Schranken) im Hinblick auf die Einschränkung grundrechtlicher Gewährleistungen beachtet sind[860].

(1) Rechtsgrundlage gemeindlicher Wirtschaftsbetätigung

Wurde vorliegend festgestellt, dass ein Eingriff in Art. 12 I GG prinzipiell einer gesetzlichen Grundlage bedarf, so stellt sich nun die Frage, ob dies gleichermaßen auch für die gemeindliche Wirtschaftstätigkeit gilt. Weiterhin ist dann zu klären, was tatsächlich als Rechtsgrundlage in Betracht kommt und ob diese den grundrechtlichen Rechtsfertigungsanforderungen genügt. Es handelt sich bei dieser Fragestellung streng genommen nicht um die verfassungsrechtlichen Grundlagen und Grenzen gemeindlicher Wirtschaftstätigkeit. Vielmehr wäre diese Frage im anschließenden kommunalrechtlichen Teil zu klären. Aufgrund der engen Verknüpfung mit dem Verfassungsrecht und zur Wahrung der Übersichtlichkeit wird jedoch eine einheitliche Darstellung an dieser Stelle vorgenommen.

(a) Erforderlichkeit einer Rechtsgrundlage

Denkbar ist, im Bereich mittelbarer und/oder faktischer Eingriffe, zur Vermeidung eines „Totalvorbehalts", bestimmte grundrechtliche Rechtfertigungsanforderungen zu relativieren, insbesondere den Gesetzesvorbehalt in Abrede zu stellen[861]. Allerdings dürfte dies wohl nur für den Gesetzesvorbehalt gelten und nur so weit gehen. wie der Grundrechtseingriff für den handelnden Staat nicht vorhersehbar ist[862]. Darüber hinaus kann vernünftigerweise nicht verlangt werden, die erforderlichen Eingriffsvoraussetzungen zu schaffen, soll nicht gleich jedes Handeln dem grundrechtlichen Gesetzesvorbehalt genügen müssen. Anders ist es allerdings, wenn, wie im vorliegenden Fall, die Grundrechtsbeeinträchtigung zumindest vorhersehbar[863] ist[864]. Hier wäre es mit dem umfassenden grundrechtlichen Schutzanspruch, der

---

[859] Vgl. BVerfGE 7, 377 (400 ff.); Pieroth/Schlink, Grundrechte, Rn. 808

[860] Vgl. Jarass, in: Jarass/Pieroth, GG, Vorb. vor Art. 1 Rn. 40 ff.; Pieroth/Schlink, Grundrechte, Rn. 347

[861] Vgl. Bleckmann/Eckhoff, DVBl. 1988, 373 (380 f.); Gallwas, Faktische Beeinträchtigungen im Bereich der Grundrechte, S. 95; Jarass, in: Jarass/Pieroth, GG, Art. 20 Rn. 48 ff.; Schoch, DVBl. 1991, 667 (673)

[862] Vgl. Jarass, in: Jarass/Pieroth, GG, Art. 20 Rn. 48; enger: Isensee, Das Grundrecht als Abwehrrecht und staatliche Schutzpflicht, in: Isensee/Kirchhof, HBdStR Band V, § 111 Rn. 68, der den Gesetzesvorbehalt nur auf finale Eingriffe verlangt

[863] Freilich zeichnet sich gerade dieser Begriff durch eine erhebliche Unschärfe aus, die vorliegend jedoch kein Problem aufwirft.

[864] Vgl. Bleckmann/Eckhoff, DVBl. 1988, 373 (381); Gallwas, Faktische Beeinträchtigungen im Bereich der Grundrechte, S. 94 ff., 120

seine vorverlagerte Verteidigungslinie im Gesetzesvorbehalt findet[865], schlechterdings unvereinbar, dem Staat für von ihm vorhersehbare Grundrechtseingriffe nicht die volle Rechtfertigungslast aufzuerlegen[866].

(b)   Rechtsgrundlage

Als Rechtsgrundlage gemeindlicher Wirtschaftstätigkeit könnte wegen ihres unmittelbaren verfassungsrechtlichen Geltungsanspruches in erster Line an die Garantie kommunaler Selbstverwaltung in Art. 28 II GG zu denken sein. Als Aufgabenzuweisungs- und Kompetenznorm vermittelt die Vorschrift – entsprechend obiger Darstellung[867] – jedoch keine Befugnis zum Eingriff in private Rechtspositionen[868].

Dementsprechend sieht die wohl herrschende Meinung die Rechtsgrundlage für die gemeindliche Wirtschaftsbetätigung in den Nachfolgebestimmungen des § 67 DGO[869]. Unzutreffend sind jedoch die Ausführungen *Peter Lerches* und *Christian Graf v. Pestalozzas*[870], auch das *Bundesverwaltungsgericht* suche im Rahmen seiner Entscheidungen zur wirtschaftlichen Betätigung von Gemeinden nach einer rechtfertigenden gesetzlichen Grundlage und erblicke diese in den Nachfolgevorschriften der Gemeindeordnungen zu § 67 DGO. So prüft zwar das Gericht tatsächlich vorab die gemeinderechtlichen Vorschriften des kommunalen Wirtschaftsrechts, dies aber nur unter abwehrrechtlichen Gesichtspunkten[871]. Prüfungsgegenstand ist lediglich die Frage nach einer individualschützenden Wirkung der betreffenden Vorschriften, nicht aber die Suche nach einer Rechtsgrundlage für einen eventuellen Eingriff in grundrechtliche Freiheiten, der anschließend ohnehin abgelehnt wird. Das Gericht macht vielmehr deutlich, dass der grundrechtliche Ab-

---

[865] Vgl. di Fabio, JZ 1993, 689 (691); ebenso Bethge, VVDStRL 57 (1998), 7 (46); Sachs, JuS 1995, 303 (304)

[866] Für die Erforderlichkeit einer Rechtsgrundlage für wirtschaftliche Betätigung vgl. auch: v. Arnim, Rechtsfragen der Privatisierung, S. 55 ff.; Brohm, NJW 1994, 281 (283); Hill, BB 1997, 425 (428); Krölls, GewArch 1992, 281 (284); Stober, Allg. Wirtschaftsverwaltungsrecht, § 24 III;

[867] Siehe oben: a) (2), S. 163 ff.

[868] Vgl. BVerfG, NVwZ 1997, 573 – Vergnügungssteuer; v. Arnim, Rechtsfragen der Privatisierung, S. 70; Burgi, VerwArch 90 (1999), 70 (92); Hösch, Wirtschaft und Verwaltung 3/00 – Vierteljahresbeilage zum GewArch, 159 (169 ff.); Kluth, Grenzen kommunaler Wettbewerbsanteilnahme, S. 46 ff.; Papier, VerwArch 84 (1993), 417 (429); Löwer, in: v.Münch/Kunig, GG, Art. 28 Rn. 40; ders. ausführlich, Energieversorgung zwischen Staat, Gemeinde und Wirtschaft, S. 217 ff.; Schmidt-Aßmann, Kommunalrecht, in: ders., Besonderes Verwaltungsrecht, 1. Abschnitt, Fn. 9; a.A. Schmidt-Jortzig, Kommunalrecht, Rn. 523

[869] Vgl. v. Arnim, Rechtsfragen der Privatisierung, S. 64 f.; Ehlers, Verwaltung in Privatrechtsform, S. 156 f.; Gallwas, Faktische Beeinträchtigungen im Bereich der Grundrechte, S. 106 f. (insbes. Fn. 203); Hübschle, DöV 2000, 393 (399 ff.); Krölls, GewArch 1992, 281 (284 f.); Lerche/v. Pestalozza, Die Deutsche Bundespost als Wettbewerber, S. 113

[870] Vgl. Lerche/Pestalozza, Die Deutsche Bundespost als Wettbewerber, S. 111 ff. (insbes. 113)

[871] Vgl. BVerwGE 39, 329 (332 ff.); BVerwG NJW 1978, 1539; NJW 1995, 2938

wehraspekt als *weiterer* Abwehraspekt in Betracht kommt. Dies stellt auch den systematisch gebotenen Gang der Rechtsanwendung dar.

Nun ist aber schon im Hinblick auf den Wortlaut der Vorschriften[872] – „*...darf nur errichten, wenn...*" – bedenklich, diese Vorschriften isoliert als Rechtsgrundlage gemeindlicher Wirtschaftstätigkeit zu qualifizieren. Seine Struktur spricht eher dafür, dass die grundsätzliche Ermächtigung bereits als gegeben vorausgesetzt ist. Insbesondere zeigt auch der Blick auf die Historie, dass die Normen lediglich reine Begrenzungsvorschriften darstellen und nicht gleichzeitig als Grundlage gemeindlicher Wirtschaftstätigkeit fungieren. Es lässt sich vielmehr ein unmittelbarer systematischer Zusammenhang mit den allgemeinen Vorschriften der Gemeindeordnungen, die den Gemeinden die Erfüllung der Angelegenheiten der örtlichen Gemeinschaft und insbesondere die Pflicht zur Schaffung der für die wirtschaftliche, soziale und kulturelle Betreuung ihrer Einwohner erforderlichen öffentlichen Einrichtungen übertragen[873], erkennen. Der grundsätzlichen Überlegung nach zutreffend werden deshalb auch teilweise die gemeinderechtlichen Vorschriften über die Errichtung öffentlicher Einrichtungen als Rechtsgrundlage gemeindlicher Wirtschaftstätigkeit benannt[874]. Dabei werden freilich zwei entscheidende Gesichtspunkte vernachlässigt.

So kann zwar wirtschaftliche Betätigung in Gestalt einer öffentlichen Einrichtung erfolgen, dies ist jedoch nicht zwingend. Vielmehr bilden wirtschaftliche Betätigung (insbesondere Unternehmen) und öffentliche Einrichtungen nur eine Schnittmenge. Eine Kongruenz, die eine vollständige Gleichbehandlung im Hinblick auf die rechtlichen Grundlagen rechtfertigen könnte, besteht aber nicht[875]. Darüber hinaus wird auch der unmittelbare systematische Zusammenhang zwischen den Vorschriften übergangen, der die Regelungen der Gemeindeordnungen zur wirtschaftlichen Betätigung nicht nur als Grenze, sondern vielmehr als Modifikation bzw. partielle inhaltliche Ausgestaltung ihrer gesetzlichen Grundlage im Hinblick auf die wirtschaftliche Betätigung qualifiziert. Richtigerweise können deshalb nur die allgemeinen Regelungen der Gemeindeordnung im Hinblick auf eine gemeindliche Aufgabenerfüllung i.V.m. den Vorschriften des kommunalen Wirtschaftsrechts[876] Rechtsgrundlage gemeindlicher Wirtschaftsbetätigung sein,

---

[872] Vgl. § 67 I DGO, Art. 87 I BayGO; §§ 107 I GO NW; 108 I NdsGO; 102 I GO BW; 121 I HessGO; 100 II BbgGO; 97 I SächsGO; 71 I ThürKO; 108 I KSVG; 68 I KV M-V; 116 I GO LSA

[873] Vgl. Art. 6, 7 I BayGO i.V.m. Art. 57 BayGO, Art. 83 I BV; §§ 2, 8 I GO NW; 2 I, 4 NdsGO; 2 GO BW; 2 HessGO; 3 I, II BbgGO; 2 SächsGO; 1 III, IV, 2 ThürKO; 5 KSVG; 2 KV M-V; 2 I, 4 GO LSA

[874] Vgl. Kluth, Grenzen kommunaler Wettbewerbsanteilnahme, S. 43 f.; Stober, Kommunalrecht der BRD, § 22 I 1

[875] Vgl. Schmidt-Aßmann, Kommunalrecht, in: ders., Besonderes Verwaltungsrecht, 1. Abschnitt, Rn. 118

[876] Vgl. Art. 86 ff. BayGO; §§ 107 ff. GO NW; 108 ff. NdsGO; 102 ff. GO BW; 121 ff. HessGO; 100 ff. BbgGO; 97 ff. SächsGO; 71 ff. ThürKO; 108 ff. KSVG; 68 ff. KV M-V; 116 ff. GO LSA

wobei der Schwerpunkt selbstverständlich auf den erheblich spezielleren Normen des kommunalen Wirtschaftsrechts liegt.

(2) Verfassungsmäßigkeit der Rechtsgrundlage

Die Verfassungsmäßigkeit der Rechtsgrundlage gemeindlicher Wirtschaftsbetätigung ist vorwiegend unter Bestimmtheitsgesichtspunkten bedenklich[877], lässt sich doch deren - insbesondere durch das Merkmal des „öffentlichen Zwecks" erzeugte - tatbestandliche Weite kaum mit dem für den Gesetzesvorbehalt entwickelten verfassungsrechtlichen Bestimmtheitspostulat[878] auf eine Linie bringen. Wäre der entsprechend der Vorschrift des Art. 80 I 1 GG normierte Maßstab, demzufolge Ermächtigungsgrundlagen nach Inhalt, Zweck und Ausmaß hinreichend bestimmt sein müssen, an die gegenständliche Rechtsgrundlage anzulegen, so wäre eine Rechtfertigung gemeindlicher Wirtschaftätigkeit ausgeschlossen. Darüber hinaus präsentiert sich auch der vom *Bundesverfassungsgericht* aus dem Gesetzesvorbehalt weiterentwickelte Parlamentsvorbehalt[879], wonach alle wesentlichen Entscheidungen losgelöst vom Merkmal des Eingriffs vom parlamentarischen Gesetzgeber selbst zu treffen sind[880], als schier unüberwindbare Hürde.

Nun ist aber für den Bereich kommunaler Normsetzung[881] zutreffend allgemein anerkannt, dass der Maßstab des Art. 80 I 1 GG auch keine analoge Anwendung auf gemeindliche Ermächtigungsgrundlagen findet[882]. Dies wäre bereits mit der in Art. 28 II GG gewährleisteten Eigenverantwortlichkeitsgarantie schwerlich unter einen Hut zu bringen. Auch die Anforderungen des Parlamentsvorbehalts sind mit dieser Erkenntnis zwangsläufig relativiert[883]. Gleichzeitig wird aber auch gesicher-

---

[877] Da es sich um die abstrakte Ermittlung der Grenzen kommunaler Wirtschaftätigkeit handelt, soll (mit Ausnahme des Bestimmtheitsgrundsatzes) im verfassungsrechtlichen Teil nicht geklärt werden, inwieweit die Ermächtigungsgrundlage selbst den materiellen Anforderungen des Art. 12 I GG genügt, sondern dies - zur Ermittlung eines Maßstabes - ausschließlich für die wirtschaftliche Betätigung als eingreifende Maßnahme geklärt werden.

[878] Vgl. BVerfGE, 2, 307 (334); 23, 62 (72); 56, 1 (12)

[879] Vgl. Pieroth/Schlink, Grundrechte, Rn. 264 ff.

[880] Vgl. BVerfGE 61, 260 (275); 88, 103 (116); 98, 218 (251)

[881] Dies gilt aber gleichermaßen für alle gemeindlichen Entscheidungen, da es im Hinblick auf die Rechtsgrundlage nicht auf die Handlungsform (Rechtssetzungs- oder Einzelakt) ankommen kann. Vgl. auch Bethge, NVWZ 1983, 577 (578)

[882] Vgl. BVerfGE 21, 54 (62 f); 32, 346 (360); 65, 283 (289); Bleckmann, DVBl. 1987, 1085 (1086); Burgi, VerwArch 90 (1999), 70 (94); Kluth, Grenzen kommunaler Wettbewerbsanteilnahme, S. 71; Schmidt-Aßmann, Kommunalrecht, in: ders., Besonderes Verwaltungsrecht, 1. Abschnitt, Rn. 95; Waechter, Kommunalrecht, Rn. 473

[883] Vgl. BVerfGE 65, 283 (290 f.); Burgi, VerwArch 90 (1999), 70 (95 f.); Schmidt-Aßmann, Kommunalrecht, in: ders., Besonderes Verwaltungsrecht, 1. Abschnitt, Rn. 96

tes Terrain verlassen, sind doch die verfassungsrechtlichen Bestimmtheitsanforderungen an gemeindliche Ermächtigungsgrundlagen weitgehend ungeklärt[884].

So hat beispielsweise das *Bundesverfassungsgericht* in der sog. Facharztentscheidung[885] dem Demokratiegebot und dem Rechtsstaatsprinzip die Verpflichtung des parlamentarischen Gesetzgebers entnommen, seine Befugnisse nicht den Selbstverwaltungsträgern[886] zur freien Verfügung zu überlassen, sondern in weitgehender Übereinstimmung mit den Grundsätzen des Art. 80 I 2 GG alle wesentlichen grundrechtsrelevanten Fragen selbst zu bestimmen[887]. Ob eben diese Erkenntnisse auf die gemeindliche Selbstverwaltung übertragbar sind, hat das Gericht aber ausdrücklich offen gelassen[888]. Dem Grundsatz nach müssen diese aber auch gegenüber der gemeindlichen Selbstverwaltung gelten, da auch sie die strukturellen Defizite jeder nicht-parlamentarischen Rechtsetzung, mithin die schwächere demokratische Legitimation und die geringere Distanz zu den berührten Partikularinteressen, nicht gänzlich abstreifen kann[889].

Fest steht damit lediglich, dass das im Hinblick auf gemeindliche Ermächtigungsgrundlagen erforderliche Maß an Bestimmtheit zwar unterhalb der Schwelle des Art. 80 I 1 GG liegt, aber keinesfalls eine vernachlässigbare Größe darstellt. Mangels eines gesicherten positiven Maßstabs ist die Frage, inwieweit die verfassungsrechtlichen Anforderungen des Gesetzes- und Parlamentsvorbehalts im vorliegenden Fall erfüllt sind, im Rahmen einer konkreten Einzelfallabwägung zu bestimmen. Maßgebliche Kriterien hierfür sind einerseits die Funktion des in den Gesetzes- bzw. Parlamentsvorbehalt integrierten Bestimmtheitsgrundsatzes, dessen Gewicht sich letztendlich abhängig von der Intensität der Wirkungen[890] gemeindlicher Wirtschaftsbetätigung für die Grundrechtsausübung bemisst[891], und andererseits die unmittelbare demokratische Legitimation durch die Gemeindebürger - Art. 28 I GG - sowie die Eigenverantwortlichkeitsgarantie - Art. 28 II GG.

Aus der Funktion des Gesetzes- bzw. Parlamentsvorbehalts als vorverlagerte Verteidigungslinie der Grundrechte als Abwehrrechte[892] ergibt sich, dass das vor-

---

[884] Vgl. nur Burgi, VerwArch 90 (1999), 70 (92 ff.); Schmidt-Aßmann, Kommunalrecht, in: ders., Besonderes Verwaltungsrecht, 1. Abschnitt, Rn. 95 f.

[885] BVerfGE 33, 125 (157 ff.)

[886] Im konkreten Fall den Ärztekammern

[887] Vgl. BVerfGE 33, 125 (158)

[888] Vgl. BVerfGE 33, 125 (157); ebenso, BVerfGE 94, 372 (390)

[889] Vgl. v. Arnim, AöR 113 (1988), 1 (8 f.); Burgi, VerwArch 90 (1999), 70 (93); Hendler, Das Prinzip Selbstverwaltung, in: Isensee/Kirchhof, HBdStR Band IV, § 106 Rn. 59; Schmidt-Aßmann, Kommunalrecht, in: ders., Besonderes Verwaltungsrecht, 1. Abschnitt, Rn. 95; a.A. Bleckmann, DVBl. 1987, 1085 (1088)

[890] Insbesondere die „Wesentlichkeit" bestimmt sich nach der Intensität

[891] Allg. Ansicht vgl. BVerfGE 49, 89 (127); Bethge, NVWZ 1983, 577 (578); Jarass, in: Jarass/Pieroth, GG, Art. 20 Rn. 46; Pieroth/Schlink, Grundrechte, Rn. 266

[892] Vgl. Bethge, VVDStRL 57 (1998), 7 (47); di Fabio, JZ 1993, 689 (691)

behaltene Gesetz nicht lediglich den Eingriff ermöglichen kann, sondern diesen auch gleichzeitig begrenzen muss[893]. Dem Bestimmtheitspostulat kommt insoweit erhebliche Bedeutung zu, als es die gebotene Grenzziehung in freiheitsmaximierender Weise einem den Eingriffsbereich minimierenden Druck aussetzt und damit allgemein dem grundrechtlichen Schutzanspruch eine effektivere Verwirklichung sichert. Mit Zielrichtung auf den Grundrechtsträger gewährleistet sie die notwendige weitgehende Erkenn- und Berechenbarkeit des Eingriffsaktes, die dem Betroffenen ermöglicht, sein Verhalten bereits ex ante darauf einzurichten[894]. Freilich kann die Funktion des Bestimmtheitsgrundsatzes nicht abstrakt, sondern mit Blick auf den Gesetzes- bzw. Parlamentsvorbehalt als seine Grundlage bewertet werden. Seine besondere Berechtigung findet er in der besonderen Legitimation des parlamentarischen Gesetzgebers und der besonderen Legitimationswirkung des parlamentarischen Gesetzgebungsverfahrens. So garantiert einerseits die allgemeine demokratische Legitimation des parlamentarischen Gesetzgebers eine rechtssichernde Distanz, die in besonderem Maße Gewähr dafür bietet, dass die Zielrichtung des freiheitsverkürzenden Eingriffs bzw. der wesentlichen Belastung auf Gemeinwohlinteressen ausgerichtet ist und dadurch die bestmöglichste Domestizierung von Partikularinteressen sicherstellt[895]. Andererseits wird für die fragliche Entscheidung ein Verfahren sichergestellt, *„das sich durch Transparenz auszeichnet, die Beteiligung der parlamentarischen Opposition gewährleistet und ... den Betroffenen und dem Publikum Gelegenheit bietet, ihre Auffassung aus...*[896]

Die demokratische Konzeption gemeindlicher Selbstverwaltung (Art. 28 I GG) unter dem Grundgesetz trägt in weiten Teilen diesem Anspruch der demokratisch-rechtsstaatlichen Ordnung der Verfassung Rechnung[897]. Insbesondere hat sie ihre personale Grundlage nicht in der Zugehörigkeit zu einem bestimmten Beruf, sondern in der Gebietszugehörigkeit, die *„von einer offenen und in diesem Sinne unbestimmten Allgemeinheit geprägt"* ist[898]. Der Gemeinderat ist damit zwar kein Parlament[899], zumindest aber verkleinertes Abbild[900] und zeichnet sich im Hinblick auf

---

[893] Vgl. Heintzen, VerwArch 81 (1990), 523 (554)

[894] Vgl. BVerfGE 52, 1 (41); 62, 169 (182 f.); 64, 261 (286); 87, 234 (263); BVerwG, NVWZ 90, 868; NVWZ 1994, 1099 m.w.N.; Bleckmann, DVBl. 1997, 1085 (1089); Jarass, in: Jarass/Pieroth, GG, Art. 20 Rn. 54; Sachs, in: ders., GG, Art. 20 Rn. 79

[895] Vgl. Hesse, Grundzüge des Verfassungsrechts, Rn. 135 f., 139; Hufen, NJW 1994, 2913 (2916 f.); Kluth, Grenzen kommunaler Wettbewerbsanteilnahme, S. 66 ff.

[896] Vgl. BVerfGE 95, 267 (307 f;); 85, 386 (403)

[897] Vgl. Burgi, VerwArch 80 (1999), 70 (94 ff.); Kluth, Grenzen kommunaler Wettbewerbsanteilnahme, S. 71 f.

[898] Vgl. BVerfGE 83, 37 (54 f.)

[899] Vgl. Bethge, NVWZ 1983, 577 (579); Schmidt-Aßmann, Kommunalrecht, in: ders., Besonderes Verwaltungsrecht, 1. Abschnitt, Rn. 95

[900] Vgl. Starck, Grundrechtliche und demokratische Freiheitsidee, in: Isensee/Kirchhof, HBdStR Band II, § 29 Rn. 35

den Gesetzes- bzw. Parlamentsvorbehalt durch - wenn auch erheblich relativierte[901] - Konvergenz aus[902]. Entscheidend ist zudem, dass das Grundgesetz über die Eigenverantwortlichkeitsgarantie in Art. 28 II GG den Gemeinden gerade auch einen Bereich eigenverantwortlicher Selbstgestaltung einräumt, der wesensmäßig eine Durchnormierung des den Selbstverwaltungsträgern zugeordneten Wirkungsbereiches widerspricht[903]. Im Vergleich zum Parlament ist aber wiederum die rechtssichernde Distanz wesentlich geringer.

Führt man diese verschiedenen Gesichtspunkte zusammen, so ergibt sich, dass für gemeindliche Wirtschaftsbetätigung in jedem Fall eine spezialgesetzliche Rechtsgrundlage im Sinne einer spezifischen Grundentscheidung zur wirtschaftlichen Betätigung unentbehrlich ist. Im Hinblick auf das Mindestmaß an inhaltlicher Bestimmtheit sind in jedem Falle, durch die Verbindung der allgemeinen Aufgabennormen mit den speziellen Regelungen der Gemeindeordnungen die wirtschaftliche Betätigung betreffend, die notwendigen Anforderungen des Gesetzes- und Parlamentsvorbehalts erfüllt. Aber auch unter dem Aspekt der bestimmten Begrenzung des Ausmaßes dürfte die relative Begrenzung durch die sog. „Subsidiaritätsklauseln"[904] der Gemeindeordnungen sowie die zwingende Verknüpfung mit den „Angelegenheiten der örtlichen Gemeinschaft" genügen. Problematisch ist lediglich das „Zweck-Kriterium" als wichtigstes Merkmal des Bestimmtheitsgrundsatzes[905], denn die Begrenzung auf den öffentlichen Zweck als allgemeinstes und fundamentalstes Legitimationskriterium staatlichen Handelns[906] eröffnet ein nahezu uneingeschränktes Handlungsfeld. Unerheblich wäre dies, würde gemeindliche Wirtschaftsbetätigung unabhängig von ihrer konkreten Zwecksetzung in weitgehend vergleichbarer Intensität in grundrechtliche Freiheiten eingreifen. In diesem Fall würde schon allein die gesetzgeberische Grundentscheidung für die gemeindliche Wirtschaftsbetätigung in verfassungsrechtlich unbedenklicher Weise den gemeindlichen Handlungsspielraum eröffnen. Nun kann sich aber gemeindliche Wirtschaftsbetätigung prinzipiell vom Ausgleich eines Angebotsdefizits bis hin zum Verdrängungswettbewerb in erheblich unterschiedlicher Eingriffsintensität präsentieren[907]. Eröffnet Eigenverantwortlichkeit und demokratische Legitimation der Gemeinde insoweit sicher einen gewissen Spielraum, so kann sie dennoch nicht die ganze Bandbreite grundrechtlicher Eingriffsintensität kompensieren. Insbesondere

---

[901] Vgl. v.Arnim, AöR 113 (1988), 1 (8 ff.)

[902] Auf die Problematik der ausreichenden demokratischen Legitimation im Hinblick auf gemeindliche Eigengesellschaften soll an dieser Stelle nicht weiter eingegangen werden.

[903] Vgl. Ossenbühl, Vorrang und Vorbehalt des Gesetzes, in: Isensee/Kirchhof, HBdStR Band III, § 62 Rn.57

[904] Vgl. Erichsen, Kommunalrecht NW, § 11 D 2 c, S. 277 ff.

[905] Vgl. Pieroth, in: Jarass/Pieroth, GG, Art. 80 Rn. 12

[906] Vgl. ausführlich oben: A. III. 2. b) (1), S. 47 ff.

[907] Vgl. Kluth, Grenzen kommunaler Wettbewerbsanteilnahme, S. 70 f.

der Verdrängungswettbewerb mit monopolistischer Zielsetzung, der für den einzelnen Grundrechtsträger unbeeinflussbar die Grundrechtsausübung vereitelt, stellt die intensivste Form eines Eingriffes in die Berufsfreiheit dar und muss deshalb in seiner konkreten Zielsetzung auf das allgemein demokratisch legitimierte Parlament rückführbar sein. Soweit demnach wirtschaftliche Betätigung auf die Beseitigung bestehender Marktstrukturen gerichtet ist, ist jedenfalls eine gesonderte, dem Parlamentsvorbehalt entsprechende, spezielle Eingriffsgrundlage erforderlich[908].

Allerdings führen die hier gewonnenen Erkenntnisse nicht geradewegs zur Nichtigkeit[909] der gegenständlichen Rechtsgrundlage. Es ist vielmehr primär zu überprüfen, ob diese nicht etwa in einer dem Bestimmtheitsgrundsatz genügender Weise[910] die benannten „grundrechtsintensiven" Zwecksetzungen aus ihrem Ermächtigungsbereich ausschließt.

Rechtsgrundlage sind die speziellen Vorschriften zur wirtschaftlichen Betätigung i.V.m. den allgemeinen Aufgabenzuweisungen der Gemeindeordnung. Sie stellen die Versorgung der Einwohner in den Mittelpunkt stellen[911]. Es dürfte deshalb – für den betroffenen Grundrechtsträger in erkennbarer Weise und gleichzeitig in ausreichender Bestimmtheit im Hinblick auf die demokratische Legitimation der Gemeinden sowie die Eigenverantwortlichkeitsgarantie – eine zielgerichtete Veränderung der Marktstrukturen, insbesondere der Verdrängungswettbewerb nicht in den Ermächtigungsbereich der Vorschrift fallen. Eine klarstellende Erwähnung im Gesetzestext wäre jedoch unter dem Gesichtspunkt des Gesetzes- und Parlamentsvorbehalts selbstverständlich wünschenswert.

Darüber hinaus kommt aufgrund des unmittelbaren Zusammenhangs von eigener demokratischer Legitimation und Eigenverantwortlichkeit mit der vorliegenden Zweckoffenheit der Ermächtigungsgrundlage eine generelle gesetzliche Ermächtigung der Gemeinde zur wirtschaftlichen Betätigung außerhalb des Gemeindegebiets nicht in Betracht.

c)   Verfassungsmäßigkeit der wirtschaftlichen Betätigung per se

Wurden vorliegend die allgemeinen Aufgabenzuweisungsnormen der Gemeindeordnungen i.V.m. den speziellen Normen des kommunalen Wirtschaftsrechts als Rechtsgrundlage gemeindlicher Wirtschaftstätigkeit ermittelt und deren Verfassungsmäßigkeit bestätigt[912], so stellt sich im Weiteren die Frage nach der Verfas-

---

[908] So auch Kluth, Grenzen kommunaler Wettbewerbsanteilnahme, S. 73; ohne jedoch auf die Konsequenzen für die bestehende Ermächtigungsgrundlage einzugehen.

[909] Vgl. Pieroth, in: Jarass/Pieroth, GG, Art. 80 Rn. 20

[910] Alleine eine verfassungskonforme Auslegung wird dem selbstverständlich nicht gerecht.

[911] Vgl. Art. 6, 7 I, 57 BayGO i.V.m. Art. 83 BV

[912] Insbesondere ist auch der Landesgesetzgeber zuständig, da es sich nicht um eine das allgemeine Wirtschaftsleben regelnde Norm handelt – Art. 74 Nr. 11 GG – (vgl. Pieroth, in: Pieroth/Schlink, GG, Art. 74 Rn. 22), sondern um einen kommunalspezifischen Regelungsgegenstand.

sungsmäßigkeit der gemeindlichen Wirtschaftsbetätigung selbst. Hierfür ist einerseits maßgeblich, ob sie die Grenzen der Ermächtigungsgrundlage einhält und andererseits, ob sie die grundgesetzlichen Anforderungen und Begrenzungen einer Grundrechtseinschränkung (vorliegend insbesondere des Übermaßverbotes) erfüllt[913].

(1)   Einhaltung der Grenzen der Ermächtigungsgrundlage

Da wirtschaftliche Betätigung einer einfachgesetzlichen Ermächtigung bedarf, ist die Verfassungsmäßigkeit der konkreten wirtschaftlichen Betätigung nur innerhalb der Grenzen der Ermächtigungsgrundlage gegeben. Sind die (erforderlichen) Grenzen auch noch nicht geklärt, so ist doch der Wert dieser grundsätzlichen Erkenntnis beträchtlich. Überschreitungen der Regelungen des kommunalen Wirtschaftsrechts stellen damit, im Gegensatz zur ständigen Rechtssprechung der Verwaltungsgerichte, eine Verletzung der in Art. 12 I GG geschützten Berufsfreiheit dar, die grundsätzlich mit der Verfassungsbeschwerde gerügt werden kann[914].

(2)   Schranken - Schranken

Eröffnet der Gesetzesvorbehalt die Möglichkeit einer Einschränkung grundrechtlicher Gewährleistungsbereiche, so kann dies im freiheitlichen Rechtsstaat des Grundgesetzes selbstverständlich nicht unbeschränkt gelten. Dementsprechend zieht die Verfassung der Beschränkung von Grundrechten Grenzen, die allgemein als sog. „Schranken-Schranken" bezeichnet werden und das eingreifende Gesetz einer Vielzahl verfassungsrechtlicher Anforderungen unterwerfen[915]. Für die aufgrund Gesetzes eingreifende Maßnahme stellt sich insoweit nur die Frage der Verhältnismäßigkeit des konkreten Eingriffs[916]. Im Rahmen der vorliegenden abstrakten Erörterung ist jedoch auch die Grenze der Wesensgehaltsgarantie des Art. 19 II GG zu klären.

(a)   Die Wesensgehaltsgarantie des Art. 19 II GG

Die Wesensgehaltsgarantie des Art. 19 II GG ist die weiteste, dafür aber unüberwindbare Grenze einer Einschränkung grundrechtlicher Gewährleistungen. Einigkeit besteht dahingehend, dass der Wesensgehalt spezifisch für jedes einzelne Grundrecht zu ermitteln ist[917], seine konkrete Bestimmung ist jedoch umstritten[918].

---

[913] Vgl. Pieroth/Schlink, Grundrechte, Rn. 347

[914] Vgl. Burmeister, Selbstverwaltungsgarantie und wirtschaftliche Betätigung der Kommunen, in: Püttner, HBdkWP Band V, § 93 A S. 43

[915] Vgl. die Darstellung bei Pieroth/Schlink, Grundrechte, Rn. 274 ff.

[916] Vgl. Pieroth/Schlink, Grundrechte, Rn. 347

[917] Vgl. Jarass, in: Jarass/Pieroth, GG, Art. 19 Rn. 7; Pieroth/Schlink, Grundrechte, Rn. 298; Stern, Staatsrecht III/2, § 85 III 3, S. 876

[918] Vgl. Krüger, in: Sachs, GG, Art. 19 Rn. 27 ff.

Falsch ist es allerdings, der Vorschrift nur eine unter Verhältnismäßigkeitsgesichtspunkten zu bestimmende relative Grenzziehung zu entnehmen[919]. Die Wesensgehaltsgrenze steht selbständig neben dem Grundsatz der Verhältnismäßigkeit und will als letzte Grenze ihrer Intention nach einen engsten Bereich absoluten grundrechtlichen Schutzes sichern, demgegenüber keine höherrangigen bzw. relativierungsgeeigneten Interessen bestehen[920]. Der Wesensgehalt bezieht sich dabei primär auf die abstrakt generelle Grundrechtsgewährleistung[921]. Im Sinne eines Identitätsschutzes[922] müssen die im Grundrecht enthaltenen Wertentscheidungen und Prinzipien Bestand haben.

Speziell für die in Art. 12 I GG geschützte Berufsfreiheit hat diese Erkenntnis die Bedeutung, dass das Recht der privaten Grundrechtsträger nicht beseitigt werden darf, sich durch freie, vom Staat unmittelbar unabhängige Teilnahme am Markt, eine Lebensgrundlage schaffen und erhalten zu können[923]. Dass die wirtschaftliche Betätigung des Staates aber eine gerade in diese Richtung gehende Wirkung besitzt, wurde bereits geklärt[924]. Fraglich ist lediglich, bei welchem Ausmaß - im Sinne einer marktmäßigen Ausdehnung - die staatliche Eigenwirtschaft durch die Wesensgehaltsgarantie des Art. 12 I GG ihre endgültige Grenze findet. Eine absolute quotenmäßige Grenze wird sich tatsächlich kaum ermitteln lassen[925]. Dies dürfte auch verfehlt sein, kommt es doch allein darauf an, dass den Grundrechtsträgern schlicht die Möglichkeit verbleibt, sich auch vollständig eigenverantwortlich am Markt zu betätigen. Das bedeutet nicht, dass den Grundrechtsträgern der Markt vollständig überlassen werden müsste, sondern lediglich, dass auf dem Markt ein vom Staat nicht besetztes Potential verbleiben muss, das den Privaten die freie Grundrechtsausübung ermöglicht[926]. Auch aus Art. 15 GG lässt sich

---

[919] So z.B. die sog. relative Theorie vgl. Maunz, in: Maunz/Dürig/Herzog/Scholz, GG, Art. 19 Rn. 29; mit gleicher Wirkung: Alexy, Theorie der Grundrechte, S. 75 ff., der Grundrechte nicht als Regeln, sondern optimierungsbedürftige Prinzipien versteht, die als solche aber abwägungsoffen und überwindbar sind und deshalb nur relativen Schutz gewährleisten können; ebenso Morlok, Selbstverständnis als Rechtskriterium, S. 396

[920] Vgl. Jarass, in: Jarass/Pieroth, GG, Art. 19 Rn. 7; Krüger, in: Sachs, GG, Art. 19 Rn. 30; Pieroth/Schlink, Grundrechte, Rn. 299 ff.; Stern, Staatsrecht III/2, § 85 III 2 S. 865 ff.

[921] Vgl. Krüger, in: Sachs, GG, Art. 19 Rn. 34 m.w.N.

[922] Stern, Staatsrecht III/2, § 85 III 3, S. 876

[923] Vgl. oben: III. 2. c), S. 148 ff.

[924] Vgl. oben: III. 3. b), S. 154 ff.

[925] So aber Püttner, Die öffentlichen Unternehmen, S. 98, der die Grenze bei etwa ¾ des gesamten Wirtschaftsumsatzes verortet. In ähnliche Richtung geht die Ansicht, die auf Grundlage sog. Einheitswert-Beschlusses des *Bundesverfassungsgerichts* zur Vermögensteuer (E 93, 121 (137 f.);) einen über den Steuerbereich hinauswirkenden Hälftigkeitsgrundsatz als Konkretisierung der Wesensgehaltsgarantie ableitet, vgl. Leisner, NJW 1995, 2591 (2594); Sodan, DöV 2000, 361 (363)

[926] Eine andere, von dieser Feststellung gänzlich unabhängige Frage ist, ob den Staat auf der anderen Seite auch die Pflicht trifft, den freien Zugang zum Markt herzustellen und zu sichern. Hier vollzieht sich ein Wechsel von der negativen abwehrrechtlichen Seite der Grundrechte hin zu den

insoweit nichts gegenteiliges entnehmen. Als verfassungsrechtliche Sozialisierungsermächtigung ist er Konträrvorschrift zu Art. 14 I GG, kann aber bereits dessen Grundentscheidung für Individualeigentum auch an Produktionsmitteln nicht gänzlich relativieren[927]. Den Schutzgehalt von Art. 12 I GG hingegen vermag die Vorschrift überhaupt nicht zu verwässern. Zwar mag die Berufsfreiheit durch Maßnahmen nach Art. 15 GG betroffen sein, sie steht der Vorschrift in ihrem Schutzgehalt aber selbständig und unbelastet gegenüber[928]. Insbesondere der unmittelbare Verfassungswortlaut des Art. 12 I 2 GG zeigt, dass der Verfassungsgeber, der trotz erkannter Kollisionsmöglichkeiten lediglich eine regelnde Ausgestaltung der Berufsausübung vorgesehen hat und nicht ebenso wie bei der Eigentumsgarantie in Art. 14 GG auch den „Eingriff" zulässt, den Schutz der Berufsfreiheit gegenüber Art. 15 I GG gerade nicht preisgeben wollte.

Unter dem Gesichtspunkt des Wesensgehalts ist deshalb auch erheblich interessanter, auf welche Weise der zur wirtschaftlichen Betätigung ermächtigende Gesetzgeber die Einhaltung dieser nicht genau bestimmbaren aber dennoch zwingend einzuhaltenden absoluten Begrenzung sicher stellen kann. Ließe der Gesetzgeber nämlich wirtschaftliche Betätigung in umfänglicher Schrankenlosigkeit zu, wäre damit – unabhängig von der Frage, wo die Grenze tatsächlich zu verorten ist – der Wesentlichkeitsgarantie im Hinblick auf Art. 12 I GG keinerlei Rechnung getragen.

(b)   Das Verhältnismäßigkeitsprinzip

Ziel des Verhältnismäßigkeitsprinzips ist, Zweck und Mittel staatlichen Handelns sowie die grundrechtlich geschützte Position zueinander in Relation zu setzen, um eine optimale Verwirklichung grundrechtlicher Gewährleistungen unter dem unerlässlichen Erfordernis ihrer Einschränkung zu erreichen[929]. Nach heute allgemein anerkannter Ansicht erfordert der Verhältnismäßigkeitsgrundsatz mit den Elementen *Geeignetheit*, *Erforderlichkeit* und *Verhältnismäßigkeit im engeren Sinne* eine dreistufige Prüfung, innerhalb derer der verfolgte Zweck sowohl das Handlungsmittel als auch die dadurch verursachte Beeinträchtigung grundrechtlicher Freihei-

---

positiven Gewährleistungsdimensionen der Grundrechte, die ihrerseits nur die klassischen Grundrechtsfunktionen unterstützen, aber nicht dazu geeignet sind, diese zu verkürzen (so aber Püttner, Die öffentlichen Unternehmen, S. 98).

[927] Vgl. Bryde, in: v.Münch/Kunig, GG, Art. 15 Rn. 18; Papier, Grundgesetz und Wirtschaftsordnung, in: Benda/Maihofer/Vogel, HBdVerfR, § 18 Rn. 17; Wendt, in: Sachs, GG, Art. 15 Rn. 20

[928] Vgl. Bettermann, WiR 1973, 184 (249 f.); Papier, Grundgesetz und Wirtschaftsordnung, in: Benda/Maihofer/Vogel, HBdVerfR, § 18 Rn. 18; Wendt, in: Sachs, GG, Art. 15 Rn. 21 ff.; a.A. Wieland, in: Dreier, GG, Art. 15 Rn. 29, der von einem Vorrang von Art. 15 GG ausgeht.

[929] Vgl. BVerfGE 19, 342 (348 f.); Stern, Staatsrecht III/2, § 84 III 3, S. 790

ten rechtfertigen muss[930]. Logisch vorrangig, aber in unmittelbaren Zusammenhang steht die Frage, ob der zur Rechtfertigung der Grundrechtsbeeinträchtigung herangezogene Zweck selbst überhaupt verfassungsrechtlichen Anforderungen entspricht[931].

Dagegen musste die seinerzeit im „Apothekenurteil"[932] aus dem Verhältnismäßigkeitsgrundsatz speziell zu Art. 12 I GG entwickelte, stark typisierende „Stufentheorie"[933] weitgehend der wesentlich flexibleren und gerechteren Dogmatik des verfeinerten Verhältnismäßigkeitsprinzips weichen[934] und hat insoweit heute ihre Bedeutung verloren[935].

(aa)   Verfolgung eines (legitimen) öffentlichen Zwecks

Eine Rechtfertigung gemeindlicher Wirtschaftstätigkeit gegenüber dem Grundrecht der Berufsfreiheit kommt nur dann in Betracht, wenn die Gemeinde damit legitime öffentliche Zwecke verfolgt, da nur diese überhaupt geeignet sind, staatliches Tätigwerden zu rechtfertigen[936]. Das Kriterium des öffentlichen Zwecks erfährt damit insoweit einen erheblichen Bedeutungsgewinn, als es für den Einzelnen grundrechtliche Abwehransprüche auslösen kann.

Was im einzelnen legitime öffentliche Zwecksetzungen sind, lässt sich, wie bereits im Rahmen der kompetenziellen Legitimation gemeindlicher Wirtschaftstätigkeit festgestellt, zwar nicht positiv bestimmen. Seinen Wert verliert das Kriterium aber dadurch nicht, lässt sich doch vielfach ohne weitere Schwierigkeit eine negative Ausgrenzung dahingehend vornehmen, was definitiv nicht unter das Erfordernis öffentlicher Zwecksetzung fällt[937]. So kommt beispielsweise eine grundrechtliche Rechtfertigung gemeindlicher *Erwerbs*wirtschaft mangels (legitimer) öffentlicher Zwecksetzung unter keinen Umständen in Betracht. Der private Konkurrent kann dies jederzeit als Verletzung seiner Berufsfreiheit rügen[938].

Auf der anderen Seite ist die Weite und positive Unbestimmtheit des Kriteriums öffentlicher Zweck nicht Mangel, sondern geradezu erforderlich, um die Zieloffen-

---

[930] Vgl. ausführlich BVerfGE 81, 156 (188 ff.), 91, 207 (222 ff.); Dreier, in: ders, GG, Vorb. Rn. 91 ff.; Jarass, in: Jarass/Pieroth, GG, Art. 12 Rn. 27; Pieroth/Schlink, Grundrechte, Rn. 279 ff.; Stern, Staatsrecht III/2, § 84 II, S. 775

[931] Vgl. Breuer, Die staatliche Berufsregelung und Wirtschaftslenkung, in: Isensee/Kirchhof, HBdStR Band VI, § 148 Rn. 13; Dreier, in: ders., GG, Vorb. Rn. 91; Ossenbühl, Jura 1997, 617 (618); Pieroth/Schlink, Grundrechte, Rn. 279; Stern, Staatsrecht III/2, § 84 II 4, S. 777

[932] Vgl. BVerfGE 7, 377

[933] Vgl. BVerfGE 13, 97 (104)

[934] Vgl. nur BVerfGE 95, 173 (183)

[935] Vgl. Hufen, NJW 1994, 2913 (2918); Tettinger, DVBl. 1999, 679 (686); ders, in: Sachs, GG, Art. 12 Rn. 109 ff.

[936] Vgl. oben: A. III. 2. b) (1), S. 47 ff.

[937] Vgl. oben: A. III. 2. b) (1) (c), S. 51 ff.

[938] Vgl. Krölls, GewArch 1992, 281 (286)

heit demokratisch legitimierter parlamentarischer Richtungsentscheidungen zu gewährleisten[939]. Was als Ziel staatlichen Handelns gewählt wird, kann nämlich im demokratischen Rechtsstaat grundsätzlich nur Ergebnis des pluralen Entscheidungsbildungsprozesses und nicht eines gerichtlichen Verfahrens sein. Das Kriterium des öffentlichen Zwecks darf deshalb im Rahmen der gerichtlichen Kontrolle gesetzgeberischer Entscheidungen geradezu notwendig nur von negativer Seite her, d.h. dahingehend beleuchtet werden, ob es den dem parlamentarischen Gesetzgeber gesteckten Rahmen verlässt. Es wäre eine unzulässige Durchbrechung des Gewaltenteilungsgrundsatzes, würde das Gericht seine Wertung an die Stelle des Gesetzgebers setzen[940].

Gerade im Rahmen der „offenen" Wirtschaftsverfassung[941] kommt damit dem Gesetzgeber ein weiter Gestaltungsspielraum zu[942], den die Judikative zu respektieren hat. In eingeschränkter aber ähnlicher Weise gilt das auch für gemeindliches Handeln, das sich seinerseits ebenso auf eine, wenn auch schwächere, demokratische Legitimation – Art. 28 I GG - stützen kann[943]. Allerdings besteht eine gemeindliche Zwecksetzungskompetenz selbstverständlich nur im Rahmen der gemeindlichen Verbandskompetenz[944]. Was als Aufgabe nicht zu den Angelegenheiten der örtlichen Gemeinschaft gehört – Art. 28 II GG – kann nicht legitimierender öffentlicher Zweck gemeindlichen Agierens werden. Als Überschreitung der Zwecksetzungskompetenz ist dies auch vom Gericht zwingend und ohne Einräumung einer Einschätzungsprärogative zu überprüfen.

Darüber hinaus obliegt dem Gericht nach zutreffender Rechtsprechung des *Bundesverfassungsgerichts* auch die Überprüfung[945], ob es sich bei der Zwecksetzung nicht um sachfremde und nicht einsehbare Erwägungen des Gemeinwohls handelt[946]. Dazu gehört insbesondere aber auch die Ermittlung der tatsächlichen Zwecksetzung. Es kann dem Gericht vor dem Hintergrund eines Eingriffs in grundrechtliche Gewährleistungen schlechterdings nicht verwehrt sein, die benannte Zwecksetzung umfassend auf ihre Plausibilität zu überprüfen[947].

---

[939] Vgl. Breuer, Staatliche Berufsregelung und Wirtschaftslenkung, in: Isensee/Kirchhof, HBdStR Band VI, § 148 Rn. 13; Hufen, NJW 1994, 2913 (2918)

[940] Vgl. Ossenbühl, Jura 1997, 617 (621)

[941] Vgl. oben: III. 2. b) (2), S. 146 ff.; Breuer, Freiheit des Berufs, in: Isensee/Kirchhof, HBdStR Band VI, § 147 Rn. 19

[942] Vgl. BVerfGE 53, 135 (145); Breuer, Die staatliche Berufsregelung und Wirtschaftslenkung in Isensee/Kirchhof, HBdStR Band VI, § 148 Rn. 17; Hufen, NJW 1994, 2913 (2918)

[943] Vgl. oben: b) (1) (c), S. 168 ff.

[944] Vgl. Papier, VerwArch 84 (1993), 417 (424 f.)

[945] Im Sinne einer groben Inhaltskontrolle unter Berücksichtigung der oben dargestellten Wertung

[946] Vgl. BVerfGE 7, 377 (400 ff.); 81, 156 (188 f.); Breuer, Staatliche Berufsregelung und Wirtschaftslenkung, in: Isensee/Kirchhof, HBdStR Band VI, § 148 Rn. 13; Dreier, in: ders., GG, Vorb. Rn. 91

[947] Vgl. oben: A. III. 2. b) (4) (a), S. 64 ff.

(bb) Geeignetheit

Über das Gebot der Geeignetheit verlangt der Grundsatz der Verhältnismäßigkeit den Einsatz solcher Mittel, mit deren Hilfe der gewünschte Erfolg gefördert werden kann[948]. Der Wert dieses Kriteriums ist damit selbstverständlich bereits per se begrenzt, fallen doch schon prinzipiell nur solche Mittel durch das Raster, die zur Zweckförderung untauglich sind[949].

Darüber hinaus variiert das *Bundesverfassungsgericht* allgemein im Rahmen des Verhältnismäßigkeitsmaßstabes die gerichtliche Kontrolldichte nach dem Rang und der Bedeutung des betroffenen Grundrechtsguts sowie der Eigenart des betroffenen Sachbereichs[950]. Besonders im wirtschaftlichen Bereich wird demzufolge dem Gesetzgeber ein erheblicher Einschätzungs- und Prognosespielraum eingeräumt[951]. Richtiger Ausgangspunkt hierfür ist, neben der bereits genannten demokratischen Legitimation, die Umstrittenheit und Ungewissheit wirtschaftspolitischer Maßnahmen[952]. Dem Gericht ist es demnach verwehrt, die eigenen Vorstellungen an die Stelle derjenigen des Gesetzgebers zu setzen. Es ist vielmehr auf eine Grenzkontrolle beschränkt.

Eröffnet damit insbesondere das Kriterium der Geeignetheit einen erheblichen Spielraum[953], so kann eine gerichtliche Kontrolle vor dem Hintergrund des Geltungsanspruches der Grundrechte nicht spurlos daran vorüber gehen. Hieraus ergeben sich allgemein, aber insbesondere für eine wirtschaftliche Betätigung der Gemeinden, zwei Konsequenzen.

Zum einen vermittelt die Einräumung einer Einschätzungsprärogative lediglich einen zwingend erforderlichen Argumentationsvorsprung, der aber selbstverständlich nicht von zeitlicher Unbegrenztheit sein kann[954]. Es ist deshalb auch anerkannt, dass, sollte sich die Prognose später als unzutreffend herausstellen, die Entscheidung für die Zukunft korrigiert werden muss[955]. Entscheidend kann nur sein, ob sich die tatsächlichen Bedingungen trotz des Eingriffs in Richtung auf den verfolg-

---

[948] BVerfGE 96, 10 (23); BVerfGE 67, 157 (173); Jarass, in: Jarass/Pieroth, Art. 20 Rn. 84; ebend. Art. 12 Rn. 29; Pieroth/Schlink, Grundrechte, Rn. 283 f.

[949] Vgl. BVerfGE 17, 306 (315 ff.); 19, 330 (348); 55, 159 (165 ff.); Dreier, in: ders., GG, Vorb. Rn. 92; Papier, VerwArch 84 (1993), 417 (431); Schulze-Fielitz, in: Dreier, GG, Art. 20 (R) Rn. 170

[950] Vgl. BVerfGE 76, 1 (51); Jarass, in Jarass/Pieroth, GG, Art. 20 Rn. 87; Sachs, in: ders., GG, Art. 20 Rn. 98

[951] Vgl. BVerfGE 53, 135 (145); 87, 363 (383); 94, 315 (326); Jarass, in: Jarass/Pieroth, GG, Art. 20 Rn. 87; Schulze-Fielitz, in: Dreier, GG, Art. 20 Rn. 170; Tettinger, in: Sachs, GG, Art. 12 Rn. 117 ff.

[952] Vgl. Hufen, NJW 1994, 2913 (2918); Papier, Grundgesetz und Wirtschaftsordnung, in: Benda, Maihofer, Vogel, HBdVerfR, § 18 Rn. 80

[953] Vgl. Jarass, in: Jarass/Pieroth, GG, Art. 20 Rn. 87

[954] Vgl. Hufen, NJW 1994, 2913 (2919); Jarass, in: Jarass/Pieroth, GG, Art. 20 Rn. 87

[955] Vgl. BVerfGE 95, 267 (314 f.); 57, 139 (162); Jarass, in: Jarass/Pieroth, GG, Art. 20 Rn. 87; a.A. Papier, Grundgesetz und Wirtschaftsordnung, in: Benda, Maihofer, Vogel, HBdVerfR, § 18 Rn. 81

ten Zweck verschoben haben oder nicht[956]. Allein die ex ante Geeignetheit einer Maßnahme kann einen dauerhaften Eingriff nicht rechtfertigen. Gleichermaßen muss auch eine Verschiebung der wirtschaftlichen und sozialen Bedingungen wirken[957].

Zum anderen darf selbstverständlich nicht aus den Augen verloren werden, dass sich auf dieser Stufe der Verhältnismäßigkeit nicht nur die Tauglichkeit eines Mittels zur Zweckerreichung im Sinne einer Ungeeignetheit mehr oder weniger streng bewahrheiten muss, sondern ist damit auch untrennbar die Fragestellung verbunden, ob der Zweck überhaupt eines Handlungsmittels bedarf. Weder die Erforderlichkeit, bei der nur zwischen mehreren gleich geeigneten Mitteln entschieden wird, noch der öffentliche Zweck, der lediglich die Gemeinwohlorientiertheit der Zielsetzung fordert, aber noch in keinem Bezug zum Handlungsmittel steht, behandeln diese fundamentale Frage und machen diese Überprüfung entbehrlich. Die Tauglichkeit eines Handlungsmittels im Verhältnis zum verfolgten Zweck kann nur dann gegeben sein, wenn der Zweck überhaupt durch ein Tätigwerden gefördert werden kann. Zwar ist auch insoweit dem Gesetzgeber – ebenso wie in begrenzterem Umfang der wirtschaftenden Gemeinde – ein Prognosespielraum zuzugestehen. Dieser muss aber, ausgehend vom oben dargestellten weiten Maßstab, erheblich enger sein, denn die Frage ob ein Zweck überhaupt gefördert werden kann, hängt in wesentlich geringerem Maße von einer notwendigerweise ungewissen Prognose ab. Aber selbstverständlich erwachsen auch hier wieder Einschätzungsspielräume, die eine generelle Zweckförderungsfähigkeit nur im Grenzbereich justiziabel machen.

Für die wirtschaftliche Betätigung der Gemeinden, die in ihrer Zielrichtung auf die Versorgung der Gemeindeeinwohner ausgerichtet ist, ergibt sich hieraus aber zwangsläufig die Konsequenz der offensichtlichen Ungeeignetheit, sollte die Versorgung bereits durch privates Angebot in einer der Zwecksetzung gemeindlichen Tätigwerdens entsprechenden Weise sichergestellt sein. Das Geeignetheitskriterium postuliert damit eine Subsidiarität für den gesättigten Markt. Reine Konkurrenzwirtschaft ist der öffentlichen Hand demnach untersagt.

(cc)   Erforderlichkeit

Das Erforderlichkeitskriterium wird weitgehend als das zentrale Kriterium des Verhältnismäßigkeitsgrundsatzes bezeichnet[958]. Es verlangt nach allgemeiner Ansicht, dass nicht ein anderer Eingriff, der den Bürger weniger belastet, zur Erreichung des konkreten Zwecks gleichermaßen geeignet ist[959]. Unter dem Einfluss der „Stufentheorie“, die staatliche Eingriffe entsprechend ihrer Eingriffsintensität kate-

---

[956] Vgl. Hufen, NJW 1994, 2913 (2919)
[957] In diesem Sinne BVerfGE 87, 363 (382)
[958] Vgl. Ossenbühl, Jura 1997, 617 (618); Schulze-Fielitz, in: Dreier, GG, Art. 20 (R) Rn. 171
[959] Vgl. Jarass, in: Jarass/Pieroth, GG, Art. 20 Rn. 85; Pieroth/Schlink, Grundrechte, Rn. 850

gorisierte, entwickelte sich deshalb insbesondere für den speziellen Fall der Berufs-freiheit das Erforderlichkeitskriterium zum Kern der Verhältnismäßigkeitsprüfung[960]. Die weitgehende Aufgabe der „Stufentheorie" durch das *Bundesverfassungsgericht* hat aber den Wert dieses Kriteriums nicht etwa gemindert, sondern vielmehr eine differenziertere Abwägung ermöglicht und damit dessen Schutzge-halt verstärkt[961]. Im Folgenden soll deshalb auch keine Qualifizierung wirtschaftli-cher Betätigung innerhalb des Stufenschemas vorgenommen werden[962], sondern vielmehr speziell die Eingriffsintensität staatlicher respektiver gemeindlicher Wirt-schaftsbetätigung im Verhältnis zu anderen Möglichkeiten staatlicher Aufgaben-wahrnehmung ermittelt werden.

Als Grundlage dafür kann eine auf *Hans Peters*[963] zurückgehende und allgemein anerkannte[964] Unterscheidung möglicher Erfüllungsstadien öffentlicher Aufgaben dienen, die im Hinblick auf eine staatliche Teilnahme an der Aufgabenerfüllung, entsprechend dem Grad staatlichen Einsatzes, in folgende fünf Klassen unterteilt werden kann[965]:

1. die Anregung und Förderung privater Tätigkeiten;
2. die Aufgabenerfüllung durch Private innerhalb der durch das allgemeine Gesetz geschaffenen Rahmenordnung als die klassische rechtsstaatliche Lö-sung für die private Gemeinwohlhervorbringung auf der Grundlage grund-rechtlicher Freiheit;
3. die Steuerung der Tätigkeit Privater durch Interventionen;
4. die Teilnahme des Staates an der Aufgabenerfüllung in Kooperation oder Konkurrenz zu freien Leistungsträgern;
5. die vollständige Wahrnehmung durch die Staatsverwaltung.

Es darf in diesem Zusammenhang jedoch nicht der entscheidende Fehler der „Stu-fentheorie" wiederholt werden und die jeweilige Eingriffsintensität pauschal den verschiedenen Stufen entsprechend ihrer Rangordnung zugeordnet werden, sondern kann und soll die Darstellung – unabhängig ob damit im konkreten Fall überhaupt ein Eingriff verbunden ist – vielmehr die Bandbreite staatlicher Regelungsinstru-

---

[960] Vgl. Pieroth/Schlink, Grundrechte, Rn. 858
[961] Vgl. Tettinger, in: Sachs, GG, Art. 12 Rn. 109 ff.
[962] Üblicherweise wird die konkurrenzwirtschaftliche Betätigung als „bloße" Berufsausübungsregel eingestuft - vgl. beispielsweise Ehlers, DVBl. 1998, 497 (502)
[963] Vgl. Peters, Öffentliche und staatliche Aufgaben, in: FS für Nipperdey, 877 (878 f.)
[964] Vgl. Gallwas, Faktische Beeinträchtigung im Bereich der Grundrechte, S. 107; Isensee, Ge-meinwohl und Staatsaufgaben im Verfassungsstaat, in: Isensee/Kirchhof, HBdStR Band III, § 57 Rn. 139; vgl. auch BVerfGE 17, 371 (377); 68, 193, (213)
[965] Vgl. Isensee, Gemeinwohl und Staatsaufgaben im Verfassungsstaat, in: Isensee/Kirchhof, HBdStR Band III, § 57 Rn. 139

metarian vor Augen führen. Mit Blick auf die wirtschaftliche Betätigung des Staates bzw. der Gemeinden lässt sich hieraus die entscheidende Erkenntnis gewinnen, dass nicht allein aufgrund der fehlenden Qualifizierbarkeit als Eingriff „im klassischen Sinne" pauschal von einer geringeren Beeinträchtigungsintensität wirtschaftlicher Betätigung ausgegangen werden kann. Auf der anderen Seite lässt sich selbstverständlich auch keinesfalls prinzipiell eine erhöhte Eingriffsintensität behaupten, auch wenn der Gesichtspunkt des Substanzentzuges[966] in diese Richtung weist. Die Erforderlichkeit des Eingriffs kann sich davon völlig unabhängig nur durch einen Vergleich der im Hinblick auf den verfolgten Zweck gleichermaßen geeigneten Steuerungsinstrumente nach ihrer jeweiligen Belastung im konkreten Einzelfall ergeben. Der regelnde Gesetzgeber und insbesondere auch die handelnde Gemeinde ist damit zu einer umfassenden Abwägung gezwungen, ob nicht neben der wirtschaftlichen Eigenbetätigung andere staatliche Steuerungsinstrumente mit gleicher Eignung aber geringerer Belastung zur Verfolgung des konkreten Zweckes gegeben sind. Insbesondere müssen in diese Bewertung auch finanzielle Aspekte einfließen[967], denn höhere Ausgaben qualifizieren sich zumindest auf mittelbaren Weg wiederum als Belastung. Damit würde die Belastung nur verschoben, ohne sie sachgerecht an der unmittelbaren Quelle ihrer Entstehung zu berücksichtigen.

Auch in diesem Fall muss dem Gesetzgeber ebenso wie der handelnden Gemeinde ein gewisser Entscheidungsfreiraum gegeben sein[968]. Er reicht aber an den Einschätzungs- und Prognosespielraum im Zusammenhang mit dem Kriterium der Geeignetheit nicht heran[969]. Maßgeblich ist, dass der Umstand gleicher Eignung im wirtschaftlichen Bereich einer der Geeignetheitsbestimmung entsprechenden Prognose bedarf, die das Gericht nicht ohne weiteres ersetzen darf. Andererseits würde das zwingende Postulat des geringst möglichen Eingriffs[970] ohne eigene Wertung des Gerichts zur vollständigen Bedeutungslosigkeit verkommen.

Für die wirtschaftliche Betätigung der Gemeinde bedeutet das eine weitgehende gerichtliche Überprüfbarkeit des Erforderlichkeitskriteriums, dem jedoch abstrakt für das Verhältnis privater und öffentlicher Wirtschaft keinerlei Wertungen zu entnehmen sind.

---

[966] Vgl. oben: III. 2. c), S. 148 ff.

[967] Vgl. Kluth, Grenzen kommunaler Wettbewerbsanteilnahme, S. 76; Schulze-Fielitz, in: Dreier, GG, Art. 20 (R) Rn. 171

[968] Die Rechtsprechung ist auch insoweit großzügig vgl. BVerfGE 13, 237 (241)

[969] Wesentlich enger: Hufen, NJW 1994, 2913 (2919)

[970] Vgl. Ossenbühl, Jura 1997, 617 (618)

(dd) Die Verhältnismäßigkeit im engeren Sinne (Proportionalität)

Dieses letzte Kriterium setzt nun endlich verfolgten Zweck und die Belastung des Grundrechtsträgers als die Antipoden der gesamten Verhältnismäßigkeitsprüfung zueinander in Bezug. Insoweit wird heute allgemein verlangt, dass bei einer Gesamtabwägung zwischen der Intensität des Eingriffs sowie dem Gewicht und der Dringlichkeit der ihn rechtfertigenden Gründe, die Grenze des Zumutbaren gewahrt bleibt[971]. Zweck und Beeinträchtigung der grundrechtlichen Gewährleistung müssen in einem recht gewichteten und wohl abgewogenen Verhältnis zueinander stehen[972].

Das Prinzip der Proportionalität besitzt im Rahmen der Rechtfertigung grundrechtlicher Eingriffe entscheidende Bedeutung, setzt es doch als einziges Kriterium des Verhältnismäßigkeitsgrundsatzes den eigentlichen Auslöser staatlichen Handelns mit dem dagegen errichteten grundrechtlichen Schutz in unmittelbare Beziehung. Es bringt damit als unverzichtbares Erfordernis effektiven Grundrechtsschutzes sowohl das eigene Gewicht dem Eingriff in den eigenen Schutzbereich entgegen, als auch die im Grundrechtssystem angelegte Erkenntnis zum Ausdruck, dass staatliches Handeln nicht um jeden Preis zulässig ist[973]. Gerade im Hinblick auf die wirtschaftliche Betätigung der Gemeinden respektive des Staates trifft der Grundsatz der Proportionalität damit eine ganz fundamentale Weichenstellung.

Auszugehen ist von der Erkenntnis, dass die Erfüllung und Erreichung öffentlicher Zwecke weder ausschließlich staatlicher Wahrnehmung vorbehalten ist, noch in irgend einer Weise ein Vorrang der öffentlichen Hand bei Zugriff auf öffentliche Aufgaben besteht[974], sondern vielmehr die private „Aufgabenerfüllung" zumindest gleichberechtigt neben öffentlicher Aufgabenerfüllung steht. Kann ein öffentlicher Zweck also grundsätzlich staatliches Tätigwerden legitimieren, so verlangt grundrechtsrelevantes staatliches Tätigwerden demgegenüber unter dem Gesichtspunkt der Proportionalität eine besondere Qualität des öffentlichen Zweckes. Dem grundrechtlichen Schutzanspruch läuft es diametral entgegen, wenn ein Eingriff erst dann korrekturbedürftig wird, wenn die betroffenen grundrechtlich geschützten Interessen „*ersichtlich wesentlich schwerer wiegen*"[975], als der verfolgte Zweck und die

---

[971] Vgl. BVerfGE 83, 1 (19); ähnlich 68, 193 (219); 90, 145 (173)

[972] Vgl. Jarass, in Jarass/Pieroth, GG, Art. 20 Rn. 86; Ossenbühl, Jura 1997, 617 (619); Sachs, in: ders., GG, Art. 20 Rn. 102 ff.; Schulze-Fierlitz, in: Dreier, GG, Art. 20 (R) Rn. 172; das Kriterium ablehnend: Pieroth/Schlink, Grundrechte, Rn. 289

[973] Vgl. Ossenbühl, Jura 1997, 617 (619)

[974] Vgl. oben: A. III. 2. b) (1) (b), S. 50 f.; Die öffentliche Hand ist andererseits auf die Erfüllung öffentlicher Aufgaben beschränkt

[975] Vgl. BVerfGE 44, 353 (373); Jarass, in: Jarass/Pieroth, GG, Art. 20 Rn. 86

damit der Allgemeinheit erwachsenden Vorteile[976]. Die Grundrechtspositionen vermitteln besonderen individuellen verfassungsrechtlichen Schutz, demgegenüber die Wahrnehmung von Allgemeininteressen als Ziel der Verfassung und der Staatstätigkeit die Einschränkung rechtfertigen kann. Es müssen aber vielmehr gerade letztere sein, die bereits bestehende und unter besonderen verfassungsrechtlichen Schutz gestellte individuelle Rechtsposition überwiegen, will man den Grundrechtsschutz der Verfassung ernst nehmen. Dementsprechend vermag, unberührt von den damit im Einzelfall verbundenen und häufig kritisierten Gewichtungs- und Abwägungsproblemen zwischen öffentlichen Zweck und grundrechtlichem Schutzgut[977], ein öffentlicher Zweck selbstverständlich keinesfalls dann das Gewicht zur Rechtfertigung einer Grundrechtsbeeinträchtigung zu erlangen, wenn er gleichermaßen ohne Grundrechtsbeeinträchtigung erreicht werden könnte. Für gemeindliche Wirtschaftsbetätigung bedeutet das, dass sie zur Erreichung öffentlicher Zwecke nur dann verhältnismäßig im engeren Sinne sein kann, wenn sie im konkreten Fall privater „Aufgabenerfüllung" überlegen ist.

Auch in diesem Zusammenhang muss der handelnden Gemeinde, nicht zuletzt aufgrund des damit gleichzeitig verbundenen Ermittlungsproblems, eine gewisse Beurteilungs- und Einschätzungsprärogative zugestanden werden, die sich aber wiederum kehrseitig in einer verstärkten ex post – Kontrolle relativiert. Eine ex ante – aufgrund der Ungewissheit insbesondere im wirtschaftlichen Bereich – vertretbare Einschätzung kann ihre rechtfertigende Wirkung nicht auf Dauer behalten, sollte sich im Nachhinein deren Unterlegenheit herauskristallisiert haben. Staatliches Handeln hätte nicht einmal die erste Sprosse sozialer Verhaltenslehren erklommen, müsste auf den fehlerhaften bzw. fehlgeschlagenen Versuch im grundrechtsrelevanten Bereich nicht die Korrektur des Irrtums erfolgen. Gleiches gilt selbstverständlich auch, wenn sich die maßgeblichen Verhältnisse geändert haben[978].

Kurzzusammenfassung:

Gemeindliche Wirtschaftsbetätigung ist prinzipiell als Eingriff in das Grundrecht der Berufsfreiheit des Art. 12 I GG zu qualifizieren. Als solcher findet sie ihre erforderliche Rechtsgrundlage in den allgemeinen Aufgabenzuweisungsnormen der Gemeindeordnungen verbunden mit den jeweiligen Vorschriften des kommunalen Wirtschaftsrechts. Sie ist nur dann verfassungsrechtlich gerechtfertigt, wenn sie förderungsbedürftige öffentliche Zwecke in förderungsgeeigneter Weise verfolgt und insoweit privater Wirtschaftsbetätigung überlegen ist.

---

[976] So wohl auch Breuer, Die staatliche Berufsregelung und Wirtschaftslenkung, in: Isensee/Kirchhof, HBdStR Band VI, § 148 Rn. 13; siehe ausführlich unten E, Das Subsidiaritätsprinzip;
[977] Vgl. Pieroth/Schlink, Grundrechte, Rn. 293
[978] Insoweit kann von einem Druck zur Privatisierung gesprochen werden

Neben Art. 12 I GG wird allgemein auch Art. 14 I GG als grundrechtlicher Maßstab für die Zulässigkeit und den Umfang gemeindlicher Wirtschaftsbetätigung in Betracht gezogen[979], ohne bis dato gesicherte Erkenntnisse hervorgebracht zu haben. Jedenfalls kann vorab festgestellt werden, dass Art. 14 I GG nicht bereits in seinem grundsätzlichen Anwendungsbereich durch Art. 12 I GG ausgeschlossen ist[980], denn beide Grundrechte beinhalten verschiedene Gewährleistungen, deren zahlreiche mögliche Überlagerungen[981] – insbesondere im Bereich der wirtschaftlichen Betätigung – vielmehr durch eine sorgfältigen Interpretation des Schutzbereichs von Art. 14 I GG aufzulösen sind[982]. Außerhalb ihres Überschneidungsbereichs besteht in jedem Falle ein Nebeneinander beider Grundrechtsgarantien, was dann gegeben ist, wenn eine Beeinträchtigung nicht nur tätigkeits- bzw. erwerbsbezogen, sondern auch objektbezogen wirkt[983].

1. Schutzbereich

Gemeindliche Wirtschaftsbetätigung könnte unter zweie Gesichtspunkten den Schutzbereich des Art. 14 I GG beeinträchtigen, die im Folgenden zu klären sind.

a) Das Recht am eingerichteten und ausgeübten Gewerbebetrieb

In erster Line kommt eine Beeinträchtigung privater Wirtschaftstätigkeit unter dem Blickwinkel des Rechts am eingerichteten und ausgeübten Gewerbebetrieb (ReaG) in Betracht. Allerdings ist bereits nicht unumstritten, ob der Gewerbebetrieb in seiner konkreten Ausprägung überhaupt dem verfassungsrechtlichen Eigentumsbegriff unterfällt. Während *Bundesgerichtshof*[984], *Bundesverwaltungsgericht*[985] und herrschende Lehre[986] das ReaG im Eigentumsbegriff des Art. 14 GG verorten, hat

---

[979] Vgl. Kluth, Grenzen kommunaler Wettbewerbsanteilnahme, S. 77 ff.; Papier, Grundgesetz und Wirtschaftsordnung, in: Benda, Maihofer, Vogel, HBdVerfR, § 18 Rn. 59 ff.

[980] Vgl. Papier, VerwArch 84 (1993), 417 (437); vgl. auch BVerfGE 50, 290 (339 ff., 362 ff.)

[981] Diese resultieren aus dem engen inneren Zusammenhang von Eigentumsgarantie und den Freiheitsrechten (vgl. BVerfGE 50, 290 (339) – Mitbestimmung)

[982] Jarass, in: Jarass/Pieroth, GG, Art. 14 Rn. 5; Pieroth/Schlink, Grundrechte, Rn. 915; Wendt, in: Sachs, GG, Art. 14 Rn. 49; a.A. Breuer, Freiheit des Berufs, in: Isensee/Kirchhof, HBdStR Band VI, § 147 Rn. 100

[983] Papier, VerwArch 84 (1993), 417 (437)

[984] Vgl. BGHZ 23, 157 (162 f.); 76, 387 (394); 92, 34 (37)

[985] Vgl. BVerwGE 56, 186; 62, 224 (226)

[986] Vgl. Bryde, in: v.Münch/Kunig, GG, Art. 15 Rn. 19 ff.; Ehlers, Verwaltung in Privatrechtsform, S. 104; Jarass, in: Jarass/Pieroth, GG, Art. 14 Rn. 10, 23; Leisner, Eigentum, in: Isensee, Eigentum, Rn. 109; Maurer, Allgemeines Verwaltungsrecht, § 26 Rn. 43; Ossenbühl, AöR 115 (1990), 1 (28); Papier, in: Maunz/Dürig/Herzog/Scholz, GG, Art. 14 Rn. 98; ders. VerwArch 84 (1993), 417 (436); Pieroth/Schlink, Grundrechte, Rn. 905 f.; Richter/Schuppert, Casebook Verfassungsrecht, S. 344;

das *Bundesverfassungsgericht* die Frage des Eigentumsschutzes des Gewerbebetriebes in seiner neueren Rechtssprechung ausdrücklich offengelassen[987]. Der Schutz des Gewerbebetriebs soll jedenfalls „nicht weitergehen als der Schutz, den seine wirtschaftliche Grundlage genießt"[988]. In der Literatur wird deshalb auch vereinzelt die Konstruktion des ReaG vollständig abgelehnt[989].

Dem kann gleichwohl nicht gefolgt werden, bleibt doch damit der Umstand gänzlich unberücksichtigt, dass der Gewerbebetrieb mehr ist, als die Summe seiner einzelnen Bestandteile[990]. Würde allein die sachenrechtliche Beurteilung auf den verfassungsrechtlichen Eigentumsbegriff übertragen[991], so führte dies zu einer unverhältnismäßigen Schutzabschwächung, da hierdurch die Interessen und Bedürfnisse der Grundrechtsträger vollständig aus der Betrachtung ausgegrenzt wären. So erlangt der Gewerbebetrieb seinen spezifischen Wert nur durch die innere Verbindung seiner einzelnen Elemente, die sie insoweit in ein unter Schutzaspekten unauflösbares Abhängigkeitsverhältnis zueinander rückt, als sie ausschließlich in ihrer funktionalen Verbindung zum Betrieb überhaupt ihre Zugehörigkeit zum Vermögen des Betriebsinhabers realisieren können. Aufschluss über den Umfang des grundrechtlichen Schutzes des Gewerbebetriebs in seiner konkreten Ausprägung kann deshalb letztendlich nur eine wertende Betrachtung liefern, die maßgeblich den Sinn und Zweck des grundrechtlichen Eigentumsschutzes zum Ausgangspunkt nehmen muss, dem Einzelnen einen Freiheitsraum im vermögensrechtlichen Bereich zu sichern und ihm dadurch eine eigenverantwortliche Gestaltung seines Lebens zu ermöglichen[992]. Dementsprechend muss keinesfalls jeder mit dem Betrieb eines Unternehmens verbundene Wert in den grundrechtlichen Schutz miteinbezogen werden. Soll aber der grundrechtliche Schutz für den einzelnen Träger seine Effektivität behalten, muss das aufgrund eigenverantwortlicher Betätigung rechtmäßig zu einer umfassenden Gesamtheit Geformte, zumindest soweit es unmittelbares Ergebnis eigener Betätigung ist, umfassend dem durch Art. 14 I GG inten-

---

Schmidt-Preuß, DVBl. 1993, 236 (239); Scholz, in: Maunz/Dürig/Herzog/Scholz, GG, Art. 12 Rn. 122; Wendt, in: Sachs, GG, Art. 14 Rn. 47 ff.

[987] Vgl. BVerfGE 51, 193 (221 f.); 66, 116 (145); 68, 198 (222 f.); 81, 208 (228); anders noch BVerfGE 1, 264 (277 f.)

[988] Vgl. BVerfGE 58, 300 (353)

[989] Vgl. Kluth, Grenzen kommunaler Wettbewerbsanteilnahme, S. 78 f.; Rittstieg, in: AK GG, Art. 14/15 Rn. 97 ff.; Wieland, in: Dreier, GG, Art. 14 Rn. 44

[990] Vgl. Bryde, in: v.Münch/Kunig, GG, Art. 14 Rn. 19; Leisner, Eigentum, in: Isensee, Eigentum, Rn. 109; Papier, in: Maunz/Dürig/Herzog/Scholz, GG, Art. 14 Rn. 95

[991] Ablehnend auch Schoch, Jura 1989, 113 (115 f.); ebenso Papier, in: Maunz/Dürig/Herzog/Scholz, GG, Art. 14 Rn. 35; auch das BVerfG hat sich dahingehend geäußert, dass der Umfang der Gewährleistung aus der Verfassung zu bestimmen ist (vgl. BVerfGE 58, 300 (335), was allerdings nur mit geringer Konsequenz verfolgt wurde

[992] Vgl. BVerfGE 50, 290 (339)

dierten Schutz des Erworbenen[993] unterfallen. Nicht geschützt sind deshalb – unabhängig von ihrer Bedeutung – allgemeine Gegebenheiten, die keinen Bezug zu einem bestimmten einzelnen Gewerbebetrieb haben, wie zum Beispiel bloße Erwerbs- bzw. Gewinnchancen[994] oder ein eventueller Standortvorteil des Betriebes[995]. Demgegenüber müssen bestehende Geschäftsbeziehungen, der erworbene Kundenstamm oder die Marktstellung des Unternehmens als unmittelbare Früchte individueller und eigenverantwortlicher Betätigung im vermögensrechtlichen Bereich über das Recht am eingerichteten und ausgeübten Gewerbebetrieb in den Schutzbereich des Art. 14 I GG fallen[996].

b) Die Nutzung der konkreten Eigentumsposition

Geschützt ist nach ganz herrschender Meinung nicht bloß der Bestand der Eigentumsposition, sondern auch deren konkrete Nutzung sowie die Verfügung über die konkrete Position[997]. Dennoch fällt die wirtschaftliche Betätigung als Nutzung des Gewerbebetriebs bzw. konkreter vermögensrechtlicher Positionen bzw. Verfügung über diese nicht in den Schutzbereich des Art. 14 I GG. Hier gilt es eine Überschneidung mit den freiheitlichen Grundrechtsgewährleistungen aufzulösen. Soll die Eigentumsgarantie der Ausübung der Freiheitsrechte die vermögensrechtliche Grundlage sichern, so fallen auf und mit dieser Grundlage vorgenommene Handlungen nur in den Schutzbereich der Grundrechte, denen sie ihrer sozialen Funktion nach angehören[998]. Der Schutzbereich des Art. 14 I GG ist dementsprechend nur dann berührt, wenn die soziale Funktion der Handlung der Eigentums- und Vermögenssphäre zuzuordnen ist, während hingegen die Nutzung des sowie die Verfügung über das Eigentum zum Zwecke des Erwerbs vollumfänglich durch Art. 12 I GG geschützt ist[999]. Das *Bundesverfassungsgericht* bringt diese Abgrenzung an-

---

[993] Vgl. BVerfGE 88, 366 (377); Pieroth/Schlink, Grundrechte, Rn. 912

[994] Vgl. Jarass, in: Jarass/Pieroth, GG, Art. 14 Rn. 23; Papier, VerwArch 84 (1993), 417 (437); Pieroth/Schlink, Grundrechte, Rn. 906

[995] Vgl. BGHZ 48, 58 (60)

[996] Vgl. Bryde, in: v.Münch/Kunig, GG, Art. 14 Rn. 21; Papier, in: Maunz/Dürig/Herzog/Scholz, GG, Art. 14 Rn. 95 ff.; ders. VerwArch 84 (1993), 417 (437); Wendt, in: Sachs, GG, Art. 14 Rn. 21; a.A. die wohl herrschende Meinung: BVerfGE 77, 84 (118); Jarass, in: Jarass/Pieroth, GG, Art. 14 Rn. 23; Pieroth/Schlink, Grundrechte, Rn. 906

[997] Vgl. BVerfGE 52, 1 (30); 88, 366 (377); Jarass, in: Jarass/Pieroth, GG, Art. 14 Rn. 17; Pieroth/Schlink, Grundrechte, Rn. 914; Wendt, in: Sachs, GG, Art. 14 Rn. 41

[998] Vgl. Jarass, in: Jarass/Pieroth, GG, Art. 14 Rn. 5; Papier, Grundgesetz und Wirtschaftsordnung, in: Benda/Maihofer/Vogel, HBdVerfR, § 18 Rn. 59; ders. VerwArch 84 (1993) 417 (437 f.); Pieroth/Schlink, Grundrechte, Rn. 915; Rittstieg, in: AK GG, Art. 14/15 Rn. 79 ff.) Wieland, in: Sachs, GG, Art. 14 Rn. 150

[999] Vgl. Bryde, in: v.Münch/Kunig, GG, Art. 14 Rn. 21; Gubelt, in: v.Münch/Kunig, GG, Art. 12 Rn. 93; Jarass, in: Jarass/Pieroth, GG, Art. 14 Rn. 5, 10; Ossenbühl, AöR 115 (1990), 1 (3, 25 ff.); Papier, VerwArch 84 (1993), 417 (437 f.); Pieroth/Schlink, Grundrechte, Rn. 915; Wendt, in: Sachs,

schaulich zum Ausdruck, wenn es ausführt, dass Art. 14 GG das Erworbene als Ergebnis einer Betätigung schützt, der Erwerb bzw. die Betätigung selbst aber durch Art. 12 I GG geschützt ist[1000].

Art. 14 GG entfaltet demnach im Hinblick auf die wirtschaftliche Betätigung Komplementärschutz zu Art. 12 I GG. Ein Eingriff in den Schutzbereich der Vorschrift ist damit prinzipiell nur unter dem Gesichtspunkt der Beeinträchtigung der bestehenden Geschäftsverbindungen, des Kundenstamms oder der Marktstellung denkbar.

2. Eingriff

Als „Eingriff" in Art. 14 GG kommen primär Enteignung sowie Inhalts- und Schrankenbestimmung in Betracht[1001]. Wirtschaftliche Betätigung der öffentlichen Hand ist aber weder Enteignung (Art. 14 III GG) als die vollständige oder teilweise Entziehung vermögenswerter Rechtspositionen durch gezielt hoheitlichen Rechtsakt zur Erfüllung einer öffentlichen Aufgabe[1002], noch Inhalts- und Schrankenbestimmung im Sinne einer generellen und abstrakten Festlegung von Rechten und Pflichten durch den Gesetzgeber oder die ermächtigte Verwaltung hinsichtlich solcher Rechtsgüter, die als Eigentum zu verstehen sind[1003].

Aber auch im Rahmen des Art. 14 GG ist die Möglichkeit faktischer und/oder mittelbarer Eingriffe allgemein anerkannt[1004], ungeklärt[1005] ist aber wiederum, wann die konkrete Beeinträchtigung die Eingriffsqualität erreicht[1006].

Im wesentlichen kann in diesem Zusammenhang auf die Ergebnisse der Eingriffsanalyse im Rahmen der Berufsfreiheit zurückgegriffen werden[1007]. Demnach liegt ein Eingriff letztendlich immer dann vor, wenn die Beeinträchtigung ihrer

---

GG, Art. 14 Rn. 49; Wieland, in: Sachs, GG, Art. 14 Rn. 152; a.A. Breuer, Freiheit des Berufs, in: Isensee/Kirchhof, HBdStR Band VI, § 147 Rn. 100; Scholz, in: Maunz/Dürig/Herzog/Scholz, GG, Art. 12 Rn. 130, 138

[1000] Vgl. BVerfGE 30, 292 (334 f.); 88, 366 (377); andererseits geht auch das BVerfG vereinzelt von einer Idealkonkurrenz beider Gewährleistungen aus (vgl. BVerfGE 8, 71 (79 ff.); 50, 290 (339 ff., 361 ff., 365)

[1001] Vgl. Jarass, in: Jarass/Pieroth, GG, Art. 14 Rn. 26; Die Inhalts- und Schrankenbestimmung ist selbstverständlich kein Eingriff im regulären Sinne

[1002] Vgl. ausführlich Maurer, Allgemeines Verwaltungsrecht, § 26 Rn. 41 ff.; Jarass, in: Jarass/Pieroth, GG, Art. 14 Rn. 63; Papier, NWVBl. 1990, 396 f.

[1003] Vgl. BVerfGE 58, 300 (330); 72, 66 (76); Jarass, in: Jarass/Pieroth, GG, Art. 14 Rn. 33; Pieroth/Schlink, Grundrechte, Rn. 921, 928; Wieland, in: Dreier, GG, Art. 14 Rn. 78

[1004] Vgl. Jarass, in: Jarass/Pieroth, GG, Art. 14 Rn. 22, 37; Wendt, in: Sachs, GG, Art. 14 Rn. 52

[1005] Anders für hier nicht gegebene direkte Beeinträchtigungen, die stets einen Eingriff darstellen (vgl. BVerwGE 50, 282 (287); Jarass, in: Jarass/Pieroth, GG, Art. 14 Rn. 28; Wendt, in: Sachs, GG, Art. 14 Rn. 53)

[1006] Vgl. Wendt, in: Sachs, GG, Art. 14 Rn. 53

[1007] Vgl. oben: III. 3. b), S. 154 ff.

Intensität nach eine gewisse Schwelle überschreitet[1008]. Diese Eingriffsschwelle ist aber erheblich vor einer schweren und unerträglichen Belastung[1009] anzusetzen, da die Voraussetzungen des Bestandsschutzes und des Abwehrrechts aus Art. 14 I GG von der Frage zu trennen sind, wann ein Eingriff zu entschädigen ist. Der Schutz des Grundrechts kann nicht erst da ansetzen, wo sich Bestandsschutz und Abwehrrecht (zwangsläufig) zu bloßem Wertschutz relativieren[1010]. Die Entschädigung soll die Verletzung des Grundrechts, d.h. den nicht rechtfertigungsfähigen Eingriff[1011], in gewissem Maße kompensieren[1012] und kann deshalb logisch zwingend nicht in ihren Voraussetzungen mit denen des bloßen Eingriffs identisch sein. Vielmehr dürfte die Eingriffsgrenze in Kongruenz zu Art. 12 I GG bei einer spürbaren Beeinträchtigung anzusetzen sein[1013].

Über die Eingriffsintensität hinaus stehen selbstverständlich auch die weiteren Eingriffskriterien zur Verfügung. Im Unterschied zur Berufsfreiheit liegt jedoch im Rahmen des Art. 14 I GG kein finaler Eingriff vor, denn der wirtschaftenden Gemeinde kann schlechterdings nicht die zielgerichtete Beeinträchtigung von Geschäftsbeziehungen, Kundenstamm und Marktstellung privater Konkurrenten unterstellt werden. Allenfalls bei einem gezielten Verdrängungswettbewerb wäre dieses Eingriffskriterium diskutabel. Subsidiär kann aber vorliegend auf das Kriterium der Unmittelbarkeit zurückgegriffen werden und die wirtschaftliche Betätigung – unabhängig von der Eingriffsintensität – prinzipiell als Eingriff in Art. 14 I GG gewertet werden. Führt man sich vor Augen, dass das Kriterium der Unmittelbarkeit nicht im absoluten Sinne, sondern als wertendes Kriterium verstanden werden darf[1014], kann das Dazwischentreten der Verbraucherentscheidung keine andere Beurteilung rechtfertigen. Die Beeinträchtigung grundrechtlich geschützter Eigentumspositionen ist in jedem Fall von der öffentlichen Hand vorhergesehen und billigend in Kauf genommen[1015]. Auch der *Bundesgerichtshof* betont in neueren Entscheidungen, dass die Unmittelbarkeit[1016] dann vorliege, wenn der Eingriff zu schädigenden Auswirkungen führe, die für die konkrete Betätigung der Hoheitsge-

---

[1008] Vgl. auch Jarass, in Jarass/Pieroth, GG, Art. 14 Rn. 28

[1009] Diese Grenze entwickelte das BVerwG einerseits um einen baurechtlichen Nachbarschutz direkt aus Art. 14 I GG zu entnehmen (vgl. BVerwGE 32, 173 (179); 50, 282 (287); anders BVerwGE 89, 69 (78);) und andererseits um die Entschädigungsschwelle für den sog. „enteignungsgleichen Eingriff" festzulegen (vgl. BVerwGE 5, 143 (145 f.); 19, 94 (98 f.)).

[1010] Vgl. Papier, in: Maunz/Dürig/Herzog/Scholz, GG, Art. 14 Rn. 29

[1011] Vgl. Pieroth/Schlink, Grundrechte, Rn. 224

[1012] Unter Beachtung des Vorrangs des Primärrechtsschutzes vgl. grundlegend BVerfGE 58, 300 - Naßauskiesung; ausführlich Maurer, Allgemeines Verwaltungsrecht, § 26 Rn. 26 ff., 33 ff., 95 ff.

[1013] Vgl. oben: III. 3. b), S. 154 ff.

[1014] Vgl. Maurer, Allgemeines Verwaltungsrecht, § 26 Rn. 92

[1015] Vgl. hierzu BVerwGE 82, 76 (78); Heintzen, VerwArch 81 (1990), 523 (545 ff.); Papier, VerwArch 84 (1993) 417, (422 ff.)

[1016] Im Zusammenhang mit dem sog. „enteignungsgleichem Eingriff"

walt typisch seien und aus der Eigenart der hoheitlichen Maßnahme folge[1017]. Für die wirtschaftliche Betätigung der öffentlichen Hand wird dies kaum zu bestreiten sein.

Bei der Bestimmung eines Abwehranspruches aus Art. 14 I GG darf aber nicht übergangen werden, dass der Gewährleistungsgehalt des Grundrechts einer Normprägung unterliegt, da die inhaltliche Ausgestaltung des Gewährleistungsgegenstands dem Gesetzgeber überantwortet ist. Es wird deshalb heute zutreffend davon ausgegangen, dass innerhalb des Bereiches, der durch eine den Anforderungen des Art. 14 I 2 GG entsprechende Regelung eröffnet ist, Inhalt und Schranken der Eigentumsgarantie dergestalt konstituiert sind, dass eine Verletzung eigentumsrechtlicher Positionen und insoweit ein Anspruch aus Art. 14 I 1 GG ausscheidet[1018]. Der grundrechtliche Eigentumsschutz wird vielmehr durch die Norm des einfachen Rechts vermittelt[1019].

Da die wirtschaftliche Betätigung der Gemeinden, wie vorliegend dargestellt, prinzipiell einen Eingriff in grundrechtlich geschützte Eigentumspositionen bewirkt, handelt es sich bei der gesetzlichen Ermächtigung der Gemeinde zu wirtschaftlicher Betätigung gleichzeitig um eine Schrankenbestimmung des Eigentums, da sie der grundsätzlich freien Verfügbarkeit des Eigentums unter dem Gesichtspunkt der Sozialpflichtigkeit des Eigentums (Art. 14 II GG) Grenzen setzt[1020]. Entscheidend kommt es aber darauf an, ob die Schrankenziehung der gemeinderechtlichen Vorschriften[1021] den Anforderungen des Art. 14 I GG entsprechen, d.h. die Interessen des Eigentümers und die eine Beschränkung rechtfertigenden Gemeinwohlinteressen in einen verhältnismäßigen Ausgleich gebracht sind[1022]. Die Schrankenziehung und damit die Beeinträchtigung des Eigentums muss unter Gesichtspunkten der Sozialbindung einerseits und der Bedeutung und Eigenart des vermögenswerten Guts oder Rechts andererseits, geeignet, erforderlich und verhältnismäßig im engeren Sinne sein[1023]. Im einzelnen dürften sich aber gegenüber Art. 12 I GG weitgehend keine verschärften Anforderungen ergeben[1024]. Ob die in Frage stehenden Normen dabei subjektive Rechte begründen, kann sich nur durch deren Auslegung ergeben, denn allein der Gesetzgeber entscheidet, ob und inwie-

---

[1017] Vgl. BGHZ 92, 34 (41 f.); 102, 350 (358); 131, 163, (166 f.)

[1018] Vgl. BVerfGE 58, 300 (336); 70, 191 (201); BVerwGE 89, 69 (78); Jarass, in: Jarass/Pieroth, GG, Art. 14 Rn. 28; Schulze-Fielitz, in: Dreier, GG, Art.19 IV Rn. 50; Wahl, Abschied von den Ansprüchen aus Art. 14 GG, in: FS für Redeker, 245 ff.; Wendt, in: Sachs, GG, Art. 14 Rn. 53

[1019] Vgl. Wahl, Abschied von den „Ansprüchen aus Art. 14 GG", in: FS für Redeker, 245 (255 ff.)

[1020] Vgl. Wendt, in: Sachs, GG, Art. 14 Rn. 71 ff.; ders. DVBl. 1996, 641 (644 f.)

[1021] Zur Ermächtigungsgrundlage vgl. oben: III. 4. b) (1), S. 165 ff.

[1022] Vgl. Bryde, in: v.Münch/Kunig, GG, Art. 14 Rn. 62; Papier, in: Maunz/Dürig/Herzog/Scholz, GG, Art.14 Rn. 307; Pieroth/Schlink, Grundrechte, Rn. 929; Wendt, in: Sachs, GG, Art. 14 Rn. 929

[1023] Vgl. Jarass, in Jarass/Pieroth, GG, Art. 14 Rn. 33; Pieroth/Schlink, Grundrechte, 930 ff.

[1024] Vgl. BVerfGE 17, 232 (248); 21, 150 (163); 50, 290 (365); Bryde, in: v.Münch/Kunig, GG, Art. 14 Rn. 21; Gubelt, in: v.Münch/Kunig, GG, Art. 12 Rn. 93

weit einfachgesetzlich subjektive Rechte bestehen[1025]. Allerdings kann der Gesetzgeber selbstverständlich die subjektiven Grundrechtspositionen nicht beliebig relativieren, sondern hat seinem verfassungsrechtlichen Regelungs- und Ausgleichungsauftrag zwischen kollidierenden öffentlichen und privaten Interessen gerecht zu werden[1026]. Vor dem Hintergrund der obigen Erkenntnisse kommt ein gewisser verfassungsrechtlicher Spielraum nur im Hinblick auf das *wie*, d.h. der Ausgestaltung der subjektiven Rechte, keinesfalls aber im Hinblick auf das *ob*, d.h. ob die betreffenden Vorschriften überhaupt subjektive Rechte beinhalten müssen, in Betracht, da es sich vorliegend um einen Eingriff von staatlicher Seite und nicht, wie im Rahmen der sog. „Drittschutzproblematik"[1027], um einen gerechten Ausgleich zwischen grundrechtsgeschützten Individualinteressen handelt. Ein lediglich allgemeiner, nur im öffentlichen Interesse stehender Schutz privater Eigentumspositionen wäre mit dem subjektiv-abwehrrechtlichen Anspruch des Art. 14 I GG nicht zu vereinbaren. Ob und inwieweit die geltenden Vorschriften des kommunalen Wirtschaftsrechts dieser verfassungsrechtlichen Direktive gerecht werden, ist durch die konkrete Auslegung der Vorschriften zu ermitteln[1028].

V. Art. 2 I GG – Allgemeine Handlungsfreiheit (insb. Wirtschaftsfreiheit)

Wirtschaftliche Freiheiten werden bisweilen in der Literatur[1029], aber auch häufig in der Rechtssprechung[1030] pauschal unter den Gewährleistungsgehalt des Art. 2 I GG rubriziert. Dies wird indes dem Verhältnis von Art. 2 I GG als Auffanggrundrecht[1031] und den speziellen Grundrechten nicht gerecht. So konkretisiert Art. 12 I GG nach der Rechtssprechung des *Bundesverfassungsgerichts* das Grundrecht auf freie Entfaltung der Persönlichkeit im Bereich der individuellen Leistungs- und Existenzentfaltung[1032] und sichert Art. 14 I GG daneben, in engem Zusammenhang mit der persönlichen Freiheit[1033], den Grundrechtsträgern einen Freiheitsraum im

---

[1025] Vgl. BVerfGE 78, 214 (226); 83, 184 (194 f.) 84, 34 (49); Jarass, in: Jarass/Pieroth, GG, Art 19 Rn. 25

[1026] Vgl. Wahl, Abschied von den „Ansprüchen aus Art. 14 GG", in: FS für Redeker, 245 (256); ders. DVBl. 1996, 641 (642, 645 ff.)

[1027] Vgl. hierzu Wahl, DVBl. 1996, 641 ff.

[1028] Vgl. unten: 3. Teil B., S. 238 ff.

[1029] Vgl. Dürig, in: Maunz/Dürig/Herzog/Scholz, GG, Art. 2 I Rn. 43, 46, 48 ff., 53 ff.; Gubelt, in: v.Münch/Kunig, GG, Art. 12 Rn. 18

[1030] Vgl. BVerfGE 12, 341 (347); 27, 375 (384); 29, 260 (366); 65, 196 (210 f.); BVerwGE 17, 306 (309); 60, 154 (159); 65, 167 (174); anders: BVerfGE 32, 311 (317); 86, 28 (37 ff.)

[1031] Vgl. Pieroth/Schlink, Grundrechte, Rn. 369

[1032] Vgl. BVerfGE 54, 303 (313); 97, 12 (25)

[1033] Vgl. BVerfGE 24, 367 (389)

vermögensrechtlichen Bereich[1034]. Die ganz überwiegende Literatur verortet deshalb die wirtschaftlichen Freiheiten der Grundrechtsträger, insbesondere die Freiheit der wirtschaftlichen Betätigung, die Wettbewerbsfreiheit sowie die Vertragsfreiheit[1035], aufgrund ihres berufs- und vermögensspezifischen Zusammenhangs zutreffend umfassend und ausschließlich in Art. 12 I GG und Art. 14 I GG, die als leges speciales der allgemeinen Gewährleistung des Art. 2 I GG vorgehen[1036]. Unrichtig ist die von *Hans D. Jarass*[1037] vertretene Ansicht, Art. 2 I GG komme dann zur Anwendung, wenn und soweit einer Maßnahme keine berufsregelnde Tendenz zukomme, denn Art. 12 GG schützt prinzipiell umfassend gegen jegliche Beeinträchtigungen[1038]. Art. 2 I GG erfüllt damit weiter seine Auffangfunktion, ist jedoch unter dem Blickpunkt der wirtschaftlichen Betätigung der Gemeinde unbeachtlich[1039].

VI. Art. 3 I GG – Der allgemeine Gleichheitssatz

Im Rahmen der vorliegenden Bestimmung verfassungsrechtlicher Grenzen gemeindlicher Wirtschaftstätigkeit sind im Folgenden die Anforderungen des allgemeinen Gleichheitssatzes ausschließlich im Verhältnis von wirtschaftender Gemeinde zu ihren Konkurrenten zu behandeln, während das Verhältnis zu den Abnehmern unberücksichtigt bleiben muss. Insoweit kommt einerseits der Gesichtspunkt der gesetzgeberischen Ermächtigung zu gemeindlicher Wirtschaftstätigkeit und andererseits die konkrete wirtschaftliche Betätigung selbst in Betracht.

[1034] Vgl. BVerfGE 68, 193 (222); 79, 292 (303 f.); 83, 201 (208); 97, 350 (371)

[1035] Ausführlich zu den wirtschaftlichen Freiheiten Ossenbühl, AöR 115 (1990) 1 (12 ff.); ebenso Breuer, Die staatliche Berufsregelung und Wirtschaftslenkung, in: Isensee/Kirchhof, HBdStR Band VI, § 148 Rn. 24 f.

[1036] Vgl. Breuer, Freiheit des Berufs, in: Isensee/Kirchhof, HBdStR Band VI, § 147 Rn. 97; di Fabio, JZ 1993, 689 (694); Dreier, in: ders. GG, Art. 2 I Rn. 24; Erichsen, Allgemeine Handlungsfreiheit, in: Isensee/Kirchhof, HBdStR Band VI, § 152 Rn. 60 ff.; Jarass, in: Jarass/Pieroth, GG, Art. 2 Rn. 4; Murswiek, in: Sachs, GG, Art. 2 Rn. 54; Ossenbühl, AöR 115 (1990), 1 (12 ff.); Papier, Grundgesetz und Wirtschaftsordnung, in: Benda/Maihofer/Vogel, HBdVerfR, § 18 Rn. 78; Schmidt-Preuß, DVBl. 1993, 236 (239); Scholz, in: Maunz/Dürig/Herzog/Scholz, GG, Art. 12 Rn. 115; Stark, in: v.Mangoldt/Klein/Stark, GG, Art. 2 I Rn. 55; Tettinger, in: Sachs, GG, Art. 12 Rn. 162; Wieland, in: Dreier, GG, Art. 12 Rn. 61

[1037] Vgl. Jarass, in: Jarass/Pieroth, GG, Art. 2 Rn. 4, Art. 12 Rn. 15

[1038] Vgl. hierzu ausführlich oben: III., S. 140 ff.

[1039] Anderes dürfte für den Fall gelten, dass Art. 12 I aufgrund fehlender Trägerschaft (nicht EU-Ausländern und Staatenlose) nicht zur Anwendung gelangt, worauf aber hier nicht näher eingegangen werden soll.

1. Die Ermächtigung der Gemeinden zur wirtschaftlichen Betätigung

Grundsätzlich stehen grundrechtliche Verbürgungen von Freiheit und Gleichheit konfliktfrei nebeneinander[1040]. Die Frage nach dem Konkurrenzverhältnis der individuellen Schutzansprüche aus dem allgemeinen Gleichheitssatz und den speziellen Freiheitsgewährleistungen ist jedoch umstritten. So stellt das *Bundesverfassungsgericht* ebenso wie ein Teil der Literatur maßgeblich darauf ab, welches Grundrecht „*nach seinem Sinngehalt die stärkere sachliche Beziehung zu dem zu prüfenden Sachverhalt*" aufweist[1041] und berücksichtigt im Rahmen dieses Grundrechts die spezifischen Gehalte des verdrängten Grundrechts mit[1042].

Da hier prinzipiell nicht eine Ungleichheit von Wettbewerbspositionen im Vordergrund steht, sondern die gemeindliche Wirtschaftstätigkeit per se, würde Art. 3 I GG nach dieser Ansicht hinter die Grundrechte der Art. 12 I, 14 I GG zurücktreten und lediglich eventuelle Wertungen in die jeweilige Eingriffsrechtfertigung einfließen lassen.

Aber unabhängig davon ist im vorliegenden Fall der allgemeine Gleichheitssatz des Art. 3 I GG nicht einschlägig, denn die Vorschrift verbietet nach allgemeiner Ansicht nur die willkürliche Ungleichbehandlung von wesentlich Gleichem sowie die willkürliche Gleichbehandlung von wesentlich Ungleichem[1043]. Die Ermächtigung zur wirtschaftlichen Betätigung fällt damit nicht unter den Gleichheitssatz, da sie erst die Grundlage schafft, aus der sich unter Umständen eine vergleichbare Situation ergeben kann[1044]. Nicht vergleichbar sind nämlich gemeindliche und private Wirtschaftstätigkeit per se[1045]. Darüber hinaus ist auch die Ungleichheit der Wettbewerbspositionen[1046] keine Folge einer Ungleichbehandlung, sondern ausschließlich unmittelbare und zwingende Folge einer Ermächtigung der Gemeinden als Teil des Staates zu wirtschaftlicher Betätigung. Insoweit ist nicht Art. 3 I GG maßgebliche Norm, sondern ausschließlich die zuvor dargestellten Freiheitsrechte, insbesondere Art. 12 I GG, in dessen Rahmen die strukturelle Ungleichheit ge-

---

[1040] Vgl. Heun, in: Dreier, GG, Art. 3 Rn. 14; Pieroth/Schlink, Grundrechte, Rn. 430

[1041] Vgl. BVerfGE 13, 290 (296); 64, 229 (238 f.); 65, 104 (112 f.); 67, 186 (195); 75, 348 (357); ebenso Jarass, in: Jarass/Pieroth, GG, Art. 3 Rn. 4; a.A. Gubelt, in: v.Münch/Kunig, GG, Art. 12 Rn. 89; Heun, in: Dreier, GG, Art. 3 Rn. 124

[1042] Vgl. BVerfGE 65, 104 (112 f.); 75, 382 (393); 82, 60 (86); ebenso Heun, in: Dreier, GG, Art. 3 Rn. 124; Jarass, in: Jarass/Pieroth, GG, Art. 3 Rn. 1; Stark, in: v.Mangoldt/Klein/Stark, GG, Art. 3 I Rn. 290

[1043] Vgl. nur BVerfGE 49, 148 (165); 95, 319 (348); 98, 365 (385); Pieroth/Schlink, Grundrechte, Rn. 431 ff.

[1044] Vgl. hierzu beispielsweise BVerfGE 64, 229 (238 ff.) zur Ungleichbehandlung von Banken und Sparkassen.

[1045] Vgl. oben: A. I. 2. a), S. 29 ff.

[1046] Vgl. hierzu Breuer, Die staatliche Berufsregelung und Wirtschaftslenkung, in: Isensee/Kirchhof, HBdStR Band VI, § 148 Rn. 57

meindlicher und privater Wirtschaftstätigkeit abschließend Berücksichtigung findet.

2. Die konkrete wirtschaftliche Betätigung der Gemeinde

Da das kommunale Wirtschaftsrecht den Gemeinen für die wirtschaftliche Betätigung einen erheblichen Handlungsspielraum zugesteht, sind diese insoweit uneingeschränkt an den allgemeinen Gleichheitssatz gebunden[1047]. Eine Ungleichbehandlung durch die konkrete wirtschaftliche Betätigung kommt wiederum unter zwei möglichen Gesichtspunkten in Betracht:

Zum einen die generelle Ungleichbehandlung durch die Belastung der *Konkurrenten im Gegensatz zu den übrigen Teilnehmern* am Markt. Aber auch insoweit ist Art. 12 I GG ausschließlicher Prüfungsmaßstab, da es sich lediglich um die Frage des *ob* oder *ob nicht* dreht und diesbezüglich gerade Art. 12 I GG die sachgerechten Wertungskriterien bereitstellt.

Zum anderen die individuelle Ungleichbehandlung von *Konkurrenten* durch unterschiedlich starke Belastung. Insoweit vermag der allgemeine Gleichheitssatz zur Geltung zu gelangen, als er objektiv-rechtlich[1048] einen Druck in Richtung einer ausgewogenen Belastung tatsächlicher und potentieller Konkurrenten erzeugt. Als subjektives Abwehrrecht[1049] bietet er individuellen Schutz gegen, je nach Eingriffsintensität[1050], willkürliche oder unverhältnismäßige Eingriffe. Objektive Kriterien lassen sich insoweit nicht aufstellen, maßgeblich bleibt eine Abwägung im Einzelfall.

VII.   Art. 9 I GG - Vereinigungsfreiheit

Wird auch bisweilen die allgemeine Vereinigungsfreiheit des Art. 9 I GG den sog. „Kommunikationsgrundrechten" und die spezielle Koalitionsfreiheit des Art. 9 III GG den sog. „Wirtschaftsgrundrechten" zugerechnet[1051], so hat diese Differenzierung einerseits schon gar keine Wirkungen und ist andererseits sogar falsch, da Art. 9 I GG mit der erfassten „wirtschaftlichen Vereinigungsfreiheit"[1052], die in der kol-

---

[1047] Vgl. Jarass, in: Jarass/Pieroth, GG, Art. 3 Rn. 34; Osterloh, in: Sachs, GG, Art. 116

[1048] Vgl. Osterloh, in: Sachs, GG, Art. 3 Rn. 65 ff.

[1049] Vgl. Heun, in: Dreier, GG, Art. 3 Rn. 15; Jarass, in: Jarass/Pieroth, GG, Art. 3 Rn. 1; Stark, in: v.Mangoldt/Klein/Stark, GG, Art. 3 I Rn. 150

[1050] Vgl. BVerfGE 88, 87 (96); 91, 389 (401); 95, 267 (316 f.); Pieroth/Schlink, Grundrechte, Rn. 438 ff.

[1051] Vgl. Stein, Staatsrecht, S. 326; a.A. Scholz, in: Maunz/Dürig/Herzog/Scholz, GG, Art. 9 Rn. 8, der beides den Kommunikationsgrundrechten zurechnet.

[1052] Vgl. Bauer, in: Dreier, GG, Art. 9 Rn. 18; Scholz, in: Maunz/Dürig/Herzog/Scholz, GG, Art. 9 Rn. 14, 38

lektiven wirtschaftlichen Betätigung in Erscheinung tritt, erhebliches Gewicht im wirtschaftlichen Bereich zukommt. Auch im vorliegenden Fall ist nicht Art. 9 III GG, sondern grundsätzlich die allgemeine Vereinigungsfreiheit des Art. 9 I GG einschlägige Vorschrift im Hinblick auf die Begrenzung gemeindlicher Wirtschaftstätigkeit. Bei aller Offenheit hinsichtlich der Art und Weise der Förderung von Arbeits- und Wirtschaftsbedingungen der Mitglieder[1053], ist die eigene wirtschaftliche Initiative im Sinne eines eigenen Wirtschaftens als Zweck selbstverständlich nicht erfasst[1054]. Offenbleiben kann aber, ob Art. 9 I auch die kollektive[1055] oder richtigerweise nur die individuelle Vereinigungsfreiheit[1056] erfasst. Einerseits ergeben sich im materiellen Schutzgehalt insoweit keinerlei Unterschiede und andererseits kommt ein Schutz der Vorschrift gegenüber gemeindlicher Wirtschaftsbetätigung nicht in Betracht, ist doch die Verfolgung des Vereinszwecks selbst, d.h. die konkrete wirtschaftliche Betätigung selbst, ausschließlich über die speziellen materiellen grundrechtlichen Gewährleistungen, insbesondere Art. 12 I GG, geschützt[1057]. Soweit nämlich die Vereinigungsfreiheit auch die externe Betätigungsfreiheit umfasst, ist damit nach ganz herrschender Meinung nur das im Zusammenhang mit der Gründung und Existenzsicherung der Vereinigung unmittelbar zusammenhängende Verhalten, nicht aber das vereinszweckrealisierende Verhalten geschützt[1058]. Wird eine Vereinigung wie jedermann im Wirtschaftsverkehr tätig[1059], können insoweit nur die materiellen Individualgrundrechte und nicht Art. 9 I GG einschlägige Schutzvorschriften sein. Es wäre mit dem System grundrechtlicher Gewährleistungen und insbesondere mit Art. 3 I GG nicht vereinbar, würde Art. 9 I GG einem gemeinschaftlich - d.h. insbesondere der wirtschaftlichen Betätigung in der Form von Handels- und Kapitalgesellschaften - verfolgten Zweck größeren Schutz vermitteln, als die Grundrechte einem individuell verfolgten Zweck bieten[1060].

[1053] Vgl. BVerfGE 42, 133 (138)

[1054] Vgl. Scholz, in: Maunz/Dürig/Herzog/Scholz, GG, Art. 9 Rn. 257

[1055] Vgl. BVerfGE 13, 174 (175); 30, 227 (241); 50, 290 (354); 62, 354 (373); 80, 244 (253), 84, 372 (378); 92, 26 (38); Jarass, in: Jarass/Pieroth, GG, Art. 9 Rn. 8; Löwer, in: v.Münch/Kunig, GG, Art. 9 Rn. 32

[1056] Vgl. Bauer, in: Dreier, GG, Art. 9 Rn. 29; Höfling, in: Sachs, GG, Art. 9 Rn. 26; Pieroth/Schlink, Grundrechte, Rn. 731 f.; Scholz, in: Maunz/Dürig/Herzog/Scholz, GG, Art. 9 Rn. 21 ff.; unter Berufung auf Art. 19 III GG

[1057] So deutlich BVerfGE 70, 1 (25)

[1058] Vgl. Bauer, in: Dreier, GG, Art. 9 Rn. 40; Höfling, in: Sachs, GG, Art. 9 Rn. 17 ff.; Jarass, in: Jarass/Pieroth, GG, Art. 9 Rn. 10; Pieroth/Schlink, Grundrechte, Rn. 732; Scholz, in: Maunz/Dürig/Herzog/Scholz, GG, Art. 9 Rn. 86 f.

[1059] Dies gilt gleichermaßen generell

[1060] Vgl. BVerfGE 30, 227/243; 54, 237 (251); BVerwGE 88, 9 (11); Bauer, in: Dreier, GG, Art. 9 Rn. 40; Jarass, in: Jarass/Pieroth, GG, Art. 9 Rn. 10; Höfling, in: Sachs, GG, Art. 3 Rn. 20; Pieroth/Schlink, Grundrechte, Rn. 732; Scholz, in: Maunz/Dürig/Herzog/Scholz, GG, Art. 9 Rn. 111

VIII. Zwischenergebnis

Anders als die Aussagen der Rechtsprechung des *Bundesverwaltungsgerichts* und eines großen Teils der Literatur vermuten lassen, bewegt sich gemeindliche Wirtschaftstätigkeit nicht größtenteils im „grundrechtsfreien" Raum, sondern setzen die Grundrechte als negative Kompetenznormen gemeindlicher Wirtschaftstätigkeit bereits a priori Grenzen. Keinesfalls ist damit der Privatwirtschaft die Ausschließlichkeit wirtschaftlichen Handelns garantiert, sondern steht gemeindliche Wirtschaftstätigkeit als Eingriff in grundrechtliche Gewährleistungen vielmehr lediglich unter einem generellen grundrechtlichen Rechtfertigungserfordernis, dessen Maßstäbe insbesondere Art. 12 I und Art. 14 I GG setzen. Gemeindliche Wirtschaftstätigkeit bedarf demzufolge prinzipiell einer gesetzlichen Grundlage, die den verfassungsrechtlichen Anforderungen, insbesondere des Gesetzes- und Parlamentsvorbehalts sowie des Verhältnismäßigkeitsprinzips, entspricht. Inwieweit diesen verfassungsrechtlichen Direktiven über den Bestimmtheitsgrundsatz hinaus Rechnung getragen ist, wird im kommunalrechtlichen Teil zu ermitteln sein. Die wirtschaftliche Betätigung selbst, muss sich jedenfalls innerhalb der Grenzen der Ermächtigungsgrundlage bewegen und per se ebenfalls die Anforderungen des Verhältnismäßigkeitsgrundsatzes wahren. Die Verfolgung nicht öffentlicher Zwecke, insbesondere einer erwerbswirtschaftlichen Betätigung[1061], ist damit generell von einer verfassungsrechtlichen Rechtfertigung ausgeschlossen.

[1061] Vgl. zum vorliegen eines öffentlichen Zwecks oben: A. III. 2. b) (1), S. 47 ff.

C. Die finanzverfassungsrechtliche Ordnung

Als Finanzverfassung werden gemeinhin die Vorschriften Art. 104a bis 109 des X. Abschnitts des Grundgesetzes bezeichnet[1062]. Sie ordnen die Finanzzuständigkeiten im Bundesstaat und treffen ausschließlich für Steuern detaillierte Regelungen zur Verteilung der Ausgabenzuständigkeit, der Gesetzgebungs-, Ertrags- und Verwaltungszuständigkeiten sowie den sekundären Finanzausgleich und die Verteilung der Haushaltszuständigkeit im Verhältnis zwischen Bund, Ländern und teilweise auch den Gemeinden. Vor dem Hintergrund der prinzipiellen Zuordnung des Produktiv- und Erwerbskapitals in die Hand von Grundrechtsträgern wird darin allgemein eine Grundentscheidung der Verfassung für eine Steuerfinanzierung der öffentlichen Hand gesehen[1063]. Umstritten ist jedoch, inwieweit sich hieraus Kautelen für die wirtschaftliche Betätigung des Staates, respektive der Gemeinden ergeben.

So wird bisweilen eine Relevanz der Finanzverfassung auch mit Blick auf eine erwerbswirtschaftliche Betätigung des Staates nahezu vollständig abgelehnt. Laut *Günter Püttner*[1064] kann den Regelungen bereits kein Vorrang der Steuerfinanzierung gegenüber anderen Finanzierungsarten entnommen werden, vielmehr ergäben sich insbesondere aus Art. 110 I GG, der die Ablieferungspflicht von Bundesbetrieben regelt, sowie Art. 135 VI GG, der den Vermögensübergang an ehemaligen Beteilungen des Landes Preußen an Unternehmen des privaten Rechts bestimmt, indirekte Hinweise, dass die Gewinnfinanzierung aus erwerbswirtschaftlicher Betätigung unabhängig von der Steuerfinanzierung sei. Auch *Alfred Dickersbach* und *Olaf Otting* wollen der prinzipiellen Grundentscheidung für die Steuerfinanzierung keinen Ausschluss weiterer staatlicher Finanzierungsmöglichkeiten entnehmen[1065]. Das steuerstaatliche Argument würde erst dann greifen, wenn sich die öffentliche Hand auf die Gewinnerzielung durch Unternehmertätigkeit konzentriere und die Finanzverfassung dadurch auf den Kopf stelle[1066]. Darüber hinaus will Otting im kommunalen Bereich sogar eine Subsidiarität der Steuerfinanzierung gegenüber sonstigen nichtsteuerlichen Einnahmemöglichkeiten anerkennen[1067]. Vereinzelt

---

[1062] Vgl. Vogel, Grundzüge des Finanzrechts des Grundgesetzes, in: Isensee/Kirchhof, HBdStR Band IV, § 87 Rn. 11

[1063] Vgl. Kirchhof, Staatliche Einnahmen, in: Isensee/Kirchhof, HBdStR Band IV, § 88 Rn. 298; Vogel, Grundzüge des Finanzrechts des Grundgesetzes, in: Isensee/Kirchhof, HBdStR Band IV, § 87 Rn. 34

[1064] Vgl. Püttner, Die öffentlichen Unternehmen, S. 198

[1065] Vgl. Dickersbach, WiVerw 1983, 187 (202 f.); Otting, Neues Steuerungsmodell und rechtliche Betätigungsspielräume der Kommunen, S. 151 ff.; ebenso H.H. Klein, Die Teilnahme des Staates am wirtschaftlichen Wettbewerb, S. 16

[1066] So Dickersbach, WiVerw 1983, 189 (202)

[1067] Vgl. Otting, Neues Steuerungsmodell und rechtliche Betätigungsspielräume der Kommunen, S. 152 ff.

wird auch, wohl unter dem Druck der faktischen Gegebenheiten, trotz erheblicher ordnungspolitischer Bedenken, der Gesamtheit der grundgesetzlichen Regelungen eine grundsätzliche (begrenzte) Billigung gewinnorientierter staatlicher Erwerbswirtschaft entnommen[1068].

Die wohl herrschende Meinung lehnt demgegenüber die Möglichkeit einer Finanzierung der öffentlichen Hand mittels erwerbswirtschaftlicher Betätigung unter finanzverfassungsrechtlichen Gesichtspunkten strikt ab[1069]. So forme die Finanzverfassung des Grundgesetzes für die Bundesrepublik das Prinzip des Steuerstaates[1070], demzufolge sich die öffentliche Hand vor allem aus den Einnahmen von Abgaben, insbesondere durch steuerliche Teilhabe am Erfolg privaten Wirtschaftens und nicht durch Gewerbebetriebe finanzieren müsse. Die Abgabenhoheit sei ein Privileg der öffentlichen Hand, deren Vorzugsstellung nur gerechtfertigt wäre, soweit und solange der Staat und seine Untergliederungen nicht selbst wie Private am gewerblichen Wirtschaftsleben teilnehme[1071]. Darüber hinaus wird auch auf die ständige Rechtsprechung des *Bundesverfassungsgerichts* zurückgegriffen, wonach die detaillierte grundgesetzliche Finanzverteilung Sinn und Funktion verliere, könnten daneben beliebig andere Abgaben erhoben werden[1072]. Wenn aber die Erhebung sonstiger Abgaben von Verfassungswegen limitiert sei, müsse dies unterschiedslos auch für nicht hoheitliche Einkünfte gelten. Dies schließe zwar andere Einkünfte neben der Steuererhebung nicht kategorisch aus, mache sie aber in besonderem Maße rechtfertigungsbedürftig, wofür der Zweck der Gewinnerzielung allerdings nicht ausreiche. Eine bloße Gewinnmitnahme sei dahingegen zulässig, solange dadurch der legitimierende öffentliche Zweck nicht beeinträchtigt werde.

Folgt man der dem Grunde nach zutreffenden herrschenden Meinung, so würden die finanzverfassungsrechtlichen Aspekte mit Blick auf die Grenzen wirtschaftlicher Betätigung zu keinen neuen Erkenntnisse führen, sondern lediglich pauschal die bislang gewonnenen Erkenntnisse untermauern. Wie im folgenden aber dargelegt wird, fördert demgegenüber, in grundsätzlicher Übereinstimmung mit der herr-

---

[1068] Vgl. Siekmann, in: Sachs, GG, vor Art. 104a Rn. 109 f.; wohl auch Kirchhof, Staatliche Einnahmen, in: Isensee/Kirchhof, HBdStR Band IV, § 88 Rn. 302 ff.

[1069] Vgl. v. Arnim, Rechtsfragen der Privatisierung, S. 66; Berg, Wirtschaft und Verwaltung 3/00 – Vierteljahresbeilage zum GewArch, 141 (153); ders., GewArch 1990, 225 (229 f.); Ehlers, Verwaltung in Privatrechtsform, S. 92 ff.; ders. JZ 1990, 1089 (1091); ders. DVBl. 1998, 497 (499); Henneke, NdsVBl. 1998, 273 (282 f.); Krölls, GewArch 1992, 281 (286 f.); Pielow, NJW 1999, 369 (377); Stober, Allg. Wirtschaftsverwaltungsrecht, § 24 III

[1070] So auch das BVerfG in ständiger Rechtsprechung, vgl. BVerfGE 78, 249 (266 f.); 82, 159 (178); 93, 121 (134); 93, 319 (342 ff.); ausführlich: Isensee, Steuerstaat als Staatsform, in: FS für Hans Peter Ipsen, 409 (420 ff.); Vogel, Der Finanz- und Steuerstaat, in: Isensee/Kirchhof, HBdStR Band I, § 27 Rn. 51 ff., 70; ders., Grundzüge des Finanzrechts des Grundgesetzes, in: Isensee/Kirchhof, Band IV, § 87 Rn. 34, 43

[1071] Vgl. Henneke, NdsVBL. 1998, 273 (282); Stober, Allg. Wirtschaftsverwaltungsrecht, § 24 III

[1072] Vgl. BVerfGE 78, 249 (266 f.); 82, 159 (178); 93, 121 (134); 93, 319 (342 ff.)

schenden Ansicht, eine sorgfältige Interpretation von Sinn und Zweck der finanz-
verfassungsrechtlichen Vorschriften grundlegende Bedenken gegen jede Form der
Gewinnerzielung im Rahmen einer Wirtschaftsbetätigung der öffentlichen Hand zu
Tage. Ausgangspunkt soll dabei die mittlerweile gefestigte Rechtsprechung des
Bundesverfassungsgerichts zum Problemkreis des Verhältnisses der Steuer zu
sonstigen Abgaben sein.

I. *Finanzierung von Gemeinlasten ausschließlich durch Steuern*

So hat das Gericht in einer jüngeren Entscheidung zur Zulässigkeit der Erhebung
von Wasserentnahmeentgelten durch landesgesetzliche Vorschriften[1073] ausgeführt,
das Heranziehen des Einzelnen zur Finanzierung von Gemeinlasten wäre nur im
Wege der Steuer zulässig[1074]. Auch in der Entscheidung zur Verfassungswidrigkeit
des sog. „Kohlepfennigs" hat das Gericht gleichermaßen ausgeführt, dass Gemeinlasten durch Steuern finanziert werden müssten[1075]. Entscheidende Relevanz für die
gegenständliche Darstellung erlangt diese Aussage wenn man sich vor Augen führt,
dass die Gewinne aus wirtschaftlicher Betätigung der öffentlichen Hand, sei es aus
erwerbswirtschaftlicher Betätigung oder auch aus sozialwirtschaftlicher Tätigkeit,
nicht nur ausschließlich zur Finanzierung von Gemeinlasten verwendet werden,
sondern gerade das auch das Ziel einer öffentlichen Gewinnwirtschaft ist. Es stellt
sich nun die Frage, ob und inwieweit diese Aussage des Gerichts in ihrer Allgemeinheit, Gültigkeit für alle Formen staatlicher Einnahmen beanspruchen kann,
wären doch damit nicht nur erhebliche Auswirkungen auf den Sektor öffentlicher
Wirtschaftsbetätigung, sondern insbesondere auch auf die Gemeindehaushalte verbunden, die mehr noch als Bundes- und Länderhaushalte auf die Einnahmen aus
wirtschaftlicher Betätigung angewiesen sind. Der öffentlichen Hand wäre zwar
nicht die mit der wirtschaftlichen Betätigung verbundene Erzielung von *Einkünften*
an sich verwehrt, die Erzielung eines *Gewinns* wäre jedoch verfassungsrechtlich
untersagt. Unter Berücksichtigung des Wirtschaftlichkeitsgebots des Art. 114 II
GG dürfte und müsste vielmehr ausschließlich eine Kostendeckung angestrebt
werden. Auch für Nebentätigkeiten, die lediglich eine Kostendeckung der Tätigkeit
gewährleisten bzw. erreichen sollen, könnte insoweit nichts anderes gelten, da sie
unabhängig von der Haupttätigkeit zu beurteilen sind und damit reine Erwerbswirtschaft darstellen[1076].

[1073] Vgl. BVerfGE 93, 319 ff.; Im einzelnen ging es um Vorschriften des Wassergesetzes für Baden-
Württemberg und des Hessischen Grundwasserabgabengesetzes
[1074] Vgl. BVerfGE 93, 319 (347)
[1075] Vgl. BVerfGE 91, 186 (206)
[1076] Vgl. oben: A. III. 2. b) (4) (b) (03), S. 72 ff.

Gleicht diese Vorstellung aus kommunaler Sicht auch einem Schreckensszenario, so darf an dieser Stelle daran erinnert werden, dass mit der Gewinnerzielung gerade der neuralgische Punkt des Problemverhältnisses öffentlicher zu privater Wirtschaft getroffen ist. Die gemeindliche Wirtschaft würde nicht die ihr so oft zugesagte Eigendynamik entwickeln[1077], wäre damit – neben der Erfüllung öffentlicher Aufgaben – nicht gleichzeitig die Möglichkeit einer Gewinnerzielung verbunden. Darüber hinaus macht auch die Steuerfinanzierbarkeit öffentlicher Aufgabenerfüllung eine Gewinnerzielung öffentlicher Unternehmen nicht zwingend erforderlich. Gerade in Zeiten leerer Kassen, d.h. wenn die Steuerfinanzierbarkeit ihre Grenze erreicht hat, sollten vertretbare Einsparungen und eine Rückbesinnung auf das letztendlich Notwendige, nicht aber die Wahrnehmung weiterer „öffentlicher Aufgaben" zur Sanierung des Gemeindehaushalts erwogen werden. Auch ist die Steuerfinanzierung in jeder Hinsicht der Finanzierung durch erwerbswirtschaftlicher Betätigung überlegen, so dass sich die Frage nach einer gemeindlichen „Mischfinanzierung" nicht stellt. So ist die Erwerbsfinanzierung schon nicht freiwillig, denn letztendlich sind nicht die privaten Abnehmer, sondern die privaten Konkurrenten über ihre Verluste Financier der Gemeinlasten. Diese können sich aber faktisch ebenso wenig wie der Steuerpflichtige der „Inanspruchnahme" entziehen. Darüber hinaus ist bereits die Steuerfinanzierung die, wenn auch nur mittelbare, dafür aber risikolose und deshalb überlegene Realisierung privater Erwerbschancen, so dass ein Rückgriff auf die Erwerbsfinanzierung nicht angebracht ist. Letztendlich ist aber der entscheidende Gesichtspunkt, dass nur die Steuerfinanzierung gegen ein Übermaß wirksam abzuschirmen und gleichzeitig an ein Gleichmaß zu binden vermag[1078].

Ob die Wahrung all dieser Belange ausschließlich verantwortungsbewusster Besonnenheit kommunaler Akteure anheim gegeben ist oder bereits durch eine finanzverfassungsrechtliche Entscheidung des Grundgesetzes prädestiniert ist, gilt es im folgenden zu ermitteln. Jedenfalls lässt sich die gemeindliche Wirtschaftstätigkeit nicht einfach dadurch an obiger Aussage vorbeimanövrieren, dass diese pauschal auf hoheitliche Einnahmeformen begrenzt wird[1079]. Deutet schon der unmittelbare Wortlaut ebenso wie seine systematische Abgrenzung aus dem Begründungskontext auf keine Reichweitenbegrenzung hin, so wird letztendlich eine Exegese der Entscheidungsgründe diesen Befund festigen. Einzig und allein diese Maßstäblichkeiten sind dann aber wiederum geeignet, das *ob* und *wie* einer „Gewinnmitnahme" im Rahmen gemeindlicher Wirtschaftstätigkeit zu bestimmen.

[1077] Vgl. nur Ehlers, DVBl. 1998, 497 f.; Pielow, NWVBl. 1999, 369 f.

[1078] vgl. Kirchhof, Staatliche Einnahmen, in: Isensee/Kirchhof, HBdStR Band IV, § 88 Rn. 1 ff.

[1079] So aber beispielsweise Siekmann, in: Sachs, GG, Vor Art. 104a, Rn. 113, 119 ff.

II. Geltung der Grundsätze auch für nicht-hoheitliche Einnahmen

Nach zutreffender Ansicht des *Bundesverfassungsgerichts* besitzt die bundesstaatliche Finanzverfassung „Begrenzung- und Schutzfunktion", die einer Auferlegung
von *Abgaben* in Wahrnehmung einer dem Gesetzgeber zustehenden Sachkompetenz Grenzen setzt.[1080] Inwieweit dies dem Grunde nach und darüber hinaus in den
einzelnen Konsequenzen auf die Wirtschaftstätigkeit der Gemeinden übertragbar
ist, muss sich aus den dahinterstehenden Gründen ergeben.

So soll die Finanzordnung sicherstellen, dass der Gesamtstaat und die Gliedstaa-
ten am Gesamtertrag der Volkswirtschaft sachgerecht beteiligt werden. Der Finanzverfassung liegt deshalb das Prinzip des Steuerstaates und damit die Vorstellung zugrunde, dass die Finanzierung staatlicher Aufgaben in Bund und Ländern
einschließlich der Gemeinden in erster Linie aus dem Ertrag der in den Art. 105 ff.
GG geregelten Einnahmequellen erfolgt[1081]. Mangels Abgeschlossenheit der Finanzverfassung sind weitere Abgabentypen aber dadurch nicht ausgeschlossen,
allerdings an limitierende Voraussetzungen geknüpft, die sich aus drei grundlegenden Prinzipien der Finanzverfassung ergeben. Vor diesem Hintergrund darf davon
ausgegangen werden, dass die Einnahmeerzielung durch öffentliche Wirtschaftstätigkeit nicht generell ausgeschlossen ist, andererseits lassen sich aber auch keinerlei
Gründe finden, weshalb das Vorrangprinzip prinzipiell nicht auch gegenüber nicht-
hoheitlichen Einnahmen gelten soll. Führt man sich vor Augen, dass sowohl Abgaben als auch die Einnahmen aus wirtschaftlicher Betätigung indirekter und direkter
Anteil an der volkswirtschaftlichen Gesamtleistung sind, ist vielmehr sogar eine
grundsätzliche Gleichbehandlung geboten.

Aber auch die einzelnen begrenzenden Voraussetzungen sind gleichermaßen auf
privatrechtliche Erträge übertragbar:

So verlöre die grundgesetzliche Finanzverfassung ebenso Sinn und Funktion,
wenn unter Rückgriff auf Sachkompetenzen neben der Steuerfinanzierung beliebig
weitere Finanzierungsquellen erschlossen werden könnten[1082]. Die Einnahmeerzielung bedarf deshalb einer besonderen sachlichen Rechtfertigung und muss sich von
der Steuer, die voraussetzungslos auferlegt und geschuldet wird, deutlich unterscheiden[1083]. Zudem ist auch der Gesichtspunkt der Belastungsgleichheit[1084] be-

---

[1080] Vgl. BVerfGE 93, 319 (342); vgl. auch in der Literatur: Degenhart, Staatsrecht I, Rn. 169; Jarass, in Jarass/Pieroth, GG, Art. 105 Rn. 8 ff.; Kirchhof, Staatliche Einnahmen, in: Isen-
see/Kirchhof, HBdStR Band IV, § 88 Rn. 229; Siekmann, in: Sachs, GG, vor. Art. 104a Rn. 113 ff.;
Vogel, Grundzüge des Finanzrechts des Grundgesetzes, in: Isensee/Kirchhof, HBdStR Band IV, §
87 Rn. 43 f., 63
[1081] Vgl. BVerfGE 78, 249 (266 f.); 82, 159 (178); 91, 186 (202 f.); 93, 121 (134); 93, 319 (342)
[1082] Vgl. bereits BVerfGE 55, 274 (300 ff.); 67, 256 (286)
[1083] Vgl. nur BVerfGE 93, 319 (343)
[1084] Vgl. BVerfGE a.a.O.

rührt, denn der private Abnehmer ist regelmäßig zugleich Steuerpflichtiger und wird als solcher schon zur Finanzierung der die Gemeinschaft treffenden Lasten herangezogen, was ebenso eine besondere Rechtfertigung aus Sachgründen erfordert. Schließlich bleibt darüber hinaus der Verfassungsgrundsatz der Vollständigkeit der Haushaltsplanung gänzlich unberücksichtigt, da dessen Zielsetzung, das gesamte staatliche Finanzvolumen der Budgetplanung und Budgetentscheidung von Parlament und Regierung zu unterstellen um einen Überblick einerseits über das gesamte dem Staat verfügbare Finanzvolumen und andererseits auch über die dem Bürger auferlegte Gesamtbelastung zu erhalten, insbesondere bei gemeindlicher Wirtschaftstätigkeit verfehlt wird.

III. Rechtfertigung von Einnahmen aus wirtschaftlicher Betätigung

Das *Bundesverfassungsgericht* hat auf der Grundlage dieser Gesetzmäßigkeiten verschiedene Formen nicht-steuerlicher Abgaben für verfassungsrechtlich zulässig erachtet, die sich, unabhängig von ihrer Rechtfertigung im Einzelfall, letztendlich nur durch die Individualisierbarkeit eines Aufwands oder Vorzugs aus dem staatlichen Bereich rechtfertigen. Das Gericht bringt damit den finanzverfassungsrechtlichen, insbesondere auch aus Art. 3 I GG folgenden Grundsatz zur Geltung, dass die Finanzierung von Gemeinlasten der Allgemeinheit obliegt und ausschließlich von dieser gemeinschaftlich bestritten werden muss, während demgegenüber die individuell zurechenbaren Aufwendungen und Vorzüge auch vom einzelnen oder der jeweiligen Gruppe zu tragen sind[1085]. Staatliche bzw. gemeindliche Einkünfte aus wirtschaftlicher Betätigung lassen sich damit soweit rechtfertigen, als sie Äquivalent[1086] für das jeweils bereits sachlich gerechtfertigt erbrachte Wirtschaftsgut sind. Problematisch ist jedoch der Gewinnanteil, der den eigenen Aufwand des Staates übersteigt. Das Gericht führt auch insoweit aus: *„Die für die Abgrenzung zur Steuer unerlässliche Abhängigkeit der Wasserentnahmeentgelte von einer Gegenleistung bleibt allerdings nur erhalten, wenn deren Höhe den Wert der öffentlichen Leistung nicht übersteigt"*[1087].

Diese Klippe wäre leicht umschifft, würde man schlichtweg den Marktwert der staatlichen bzw. gemeindlichen Leistung als Wert im Sinne des verfassungsrechtlichen Äquivalenzgebotes qualifizieren[1088]. Bedenken gegen diese Konstruktion erwachsen aber bereits daraus, dass die wirtschaftliche Betätigung als Handlung an sich die finanzverfassungsrechtliche Rechtfertigung eines Gewinns in sich tragen

---

[1085] Vgl. Vogel, Grundzüge des Finanzrechts des Grundgesetzes, in: Isensee/Kirchhof, HBdStR Band IV, § 87 Rn. 48; Siekmann, in: Sachs, GG, vor Art. 104a, Rn. 116

[1086] Vgl. allgemein auch Jarass, in: Jarass/Pieroth, GG, Art. 105 Rn. 8 ff.

[1087] Vgl. BVerfGE 93, 319 (347)

[1088] So wohl Kirchhof, Staatliche Einnahmen, in: Isensee/Kirchhof, HBdStR Band IV, § 88 Rn. 319

würde. Ein finanzverfassungsrechtlicher Druck, durch den das *Bundesverfassungsgericht* sämtliche nicht-steuerlichen Abgaben limitiert sieht, wäre damit für die
wirtschaftliche Betätigung der öffentlichen Hand ausgeschlossen, was aber wohl
schwerlich mit dem – oben dargestellten – prinzipiellem Geltungsanspruch des
Steuerstaatsprinzips zu vereinbaren ist. Vollständig unberücksichtigt bleibt damit
auch der vom *Bundesverfassungsgericht* immer wieder betonte Grundsatz der
Steuerfinanzierung von Gemeinlasten.

Ganz entscheidend gegen einen Ansatz des Marktwertes spricht aber auch, dass
es sich hierbei um eine auf die Privatwirtschaft ausgerichtete Wertermittlung handelt, deren Teilnahme und Auftreten am Markt letztendlich ausschließlich Finanzierungsfunktion hat. Für die öffentliche Hand steht demgegenüber der Versor-
gungsaspekt und nicht der Finanzierungsaspekt im Mittelpunkt der Marktteilnahme, so dass sich aufgrund dieser Polarität eine Gleichstellung verbietet. Anderenfalls wäre nicht mehr nur die Abschöpfung eines zugewandten Vorteils, sondern,
aufgrund des dann unvermeidbaren Vergleichs mit der Privatwirtschaft, ein Zugriff
auf die allgemeine Leistungsfähigkeit mit Blick auf die Finanzierung von Gemeinlasten gegeben. Wer vor diesem Hintergrund die Privatwirtschaft als „Rosinenpi-
cker" und die Kommunalwirtschaft als „Lückenbüßer" bezeichnet[1089], scheint unter
anderem auch das finanzverfassungsrechtliche System missverstanden zu haben. Es
wird nämlich einerseits unzulässigerweise die Finanzierungsfunktion wirtschaftlicher Betätigung in den Vordergrund gerückt und andererseits stellt sich die Frage,
wer, wenn nicht die öffentliche Hand, die ausreichende Versorgung mit defizitären
Gütern oder Dienstleistungen an denen ein öffentliches Bedürfnis besteht sicherstellen soll, zumal gerade hierfür die Allgemeinheit in erheblichen Umfang via
Steuer ihren Obolus entrichtet. Es ist dies, gleichermaßen wie die Erfüllung sämtli-
cher staatlicher Aufgaben, dem Grunde nach „Gegenleistung" der Steuer[1090], die
ihrerseits nicht wiederum zur Bereicherung der Gemeinschaft führen kann, da sonst
das Steuerprivileg nicht gerechtfertigt wäre[1091].

Konsequenterweise wäre damit eine Gewinnmitnahme durch gemeindliche
Wirtschaftsbetätigung generell ausgeschlossen. Zu keiner abweichenden Beurteilung vermag insbesondere auch das Wirtschaftlichkeitsgebot führen, besagt es doch
lediglich, dass entweder ein erstrebtes Ziel mit möglichst geringem Aufwand oder
aber bei gegebenem Aufwand ein maximales Ziel erreicht werden soll[1092]. Es ist
damit nicht geeignet, eine Gewinnmitnahme zu rechtfertigen[1093], denn die Ge-
winnmaximierung kann allein Zielkategorie, nicht aber Gebot des Wirtschaftlich-
keitsgrundsatzes sein. Gleichermaßen nur auf den ersten Blick besticht der Aspekt

---

[1089] So Cronauge, AfK 1999, 24 (42)

[1090] Vgl. Vogel, Der Finanz- und Steuerstaat, in: Isensee/Kirchhof, HBdStR Band I, § 27 Rn. 60

[1091] Vgl. Henneke, NdsVBL. 1998, 273 (282); Stober, Allg. Wirtschaftsverwaltungsrecht, § 24 III

[1092] Vgl. Jarass, in Jarass/Pieroth, GG, Art. 114 Rn. 7; Siekmann, in: Sachs, GG, Art. 114 Rn. 13

[1093] Anders: Kirchhof, Staatliche Einnahmen, in: Isensee/Kirchhof, HBdStR Band IV, § 88 Rn. 299

der Freiwilligkeit der Leistungserbringung und damit der Freiwilligkeit der Gemeinlastfinanzierung[1094]. Mag dies eventuell noch im Hinblick auf das Gebot der Belastungsgleichheit gewisse Entschärfungen mit sich bringen[1095], so zeigen die beiden weiteren Gesichtspunkte der Entwertungsgefahr der Finanzverfassung und der Vollständigkeit der Haushaltsplanung, dass die Schutz- und Begrenzungsfunktion der Finanzverfassung nicht lediglich subjektiver Art ist, sondern als objektives Prinzip nicht zur Disposition der Beteiligten steht.

Problematisch ist jedoch, dass der Ausschluss der Gewinnerzielungsmöglichkeit die öffentliche Hand generell auf eine atypische Marktteilnahme festlegen würde, an die grundrechtliche Rechtfertigungserfordernisse erheblich strengere Maßstäbe anlegen[1096]. Stellt dies zwar im Hinblick auf die potentiellen Konkurrenten kein Problem dar, da einerseits schon mangels Gewinnerzielungsaussicht öffentlicher Marktteilnahme tatsächlich ein erheblich geringeres Konfliktpotential zu erwarten ist und andererseits effektiver Schutz über die Grundrechte gewährleistet ist, so wird damit aber zwangsläufig gleichzeitig – anders als im Bereich hoheitlicher Einnahmen – der Handlungsspielraum der öffentlichen Hand begrenzt. Da dies aber ursprünglich nicht Ziel der Schutz- und Begrenzungsfunktion des Steuerstaatsprinzips ist, sondern lediglich die Durchsetzung des Primats der Steuerfinanzierung der öffentlichen Hand, muss prinzipiell auch die Rechtfertigung eines allgemeinen Finanzierungsbeitrags öffentlicher Wirtschaftsbetätigung möglich sein.

Dieser Konflikt lässt sich freilich weder pauschal zugunsten eines unbedingten Geltungsvorrangs des Steuerstaatsprinzips noch zugunsten einer generellen Zulässigkeit gewinnmitnehmender Wirtschaftstätigkeit lösen. Unter dem verfassungsimmanenten Druck optimaler Wirksamkeit[1097] der als Einheit zu begreifenden Verfassung[1098], ist vielmehr ein auf gemeinsame Optimierung bedachter Ausgleich zu suchen. Sicher würde der Ausschluss jeglicher Gewinnerzielung nicht nur optimal den Vorrang der Steuerfinanzierung von Gemeinlasten wahren, sondern darüber hinaus die öffentliche Hand weitestgehend aus der aktiven Teilnahme am Wirtschaftsgeschehen verdrängen und primär auf eine Überwachungs- und Steuerungsfunktion im wirtschaftlichen Bereich verweisen. Andererseits sind auch Konstellationen denkbar, in denen wirksame Steuerung nicht von außen, sondern nur durch staatliche Beteiligung am Marktgeschehen möglich ist. Versagt der Zweck dieser

---

[1094] So aber Kirchhof, Staatliche Einnahmen, in: Isensee/Kirchhof, HBdStR Band IV, § 88 Rn. 299

[1095] Hiergegen spricht allerdings, dass auch zahlreiche sonstige nicht-steuerliche Abgaben eine Wahl der Inanspruchnahme der Leistung voraussetzen und allein der Aspekt der Ausweichmöglichkeit im Falle des Konkurrenzangebotes die Entscheidung nicht freiwilliger macht.

[1096] Vgl. oben: B. III. 4. b) (2), S. 168 ff.

[1097] Vgl. Jarass, in: Jarass/Pieroth, GG, Einl. Rn. 8

[1098] St. Rspr. seit BVerfGE 1, 14 (32 f.); vgl. auch Hesse, Grundzüge des Verfassungsrechts, Rn. 71; Sachs, in: ders., GG, Einführung Rn. 51; Starck, Die Verfassungsauslegung, in: Isensee/Kirchhof, HBdStR Band VII, § 164 Rn. 19

erforderlichen Marktteilnahme, wenn die öffentliche Hand ihre Leistung unter Marktwert, d.h. ohne Gewinnanteil abgeben würde, dann ist das Angebot zu Marktpreisen und damit auch der Ertrag für den Haushalt zwangsläufig vor dem Finanzstaatsprinzip gerechtfertigt.

Ist damit auch auf den ersten Blick nicht viel gewonnen, steht und fällt doch auch weiterhin die Möglichkeit gewinnmitnehmender Wirtschaftstätigkeit mit der Bejahung eines öffentlichen Zwecks, so kann allein schon die Einsicht, dass gemeindliche Unternehmen nur dann Gewinn erzielen dürfen, wenn der öffentliche (Sach-)Zweck es erfordert, tatsächlich eine erhebliche Disziplinierung bewirken. Wesentlich entscheidender ist aber die dahinter stehende Erkenntnis, dass ein öffentlicher Zweck für eine gewinnmitnehmende Wirtschaftsbetätigung nur dann gegeben ist, wenn andere Instrumente staatlicher Steuerung versagen, denn ist eine vergleichbare Wirksamkeit staatlichen Handelns auch ohne Beeinträchtigung des Steuerstaatsprinzips denkbar, ist dessen Zurücktreten freilich nicht gerechtfertigt. Zwar ist auch insoweit der handelnden Gemeinde eine gewisse Einschätzungsprärogative[1099] einzuräumen, die aber erheblich dadurch entschärft wird, dass die eigene „gewinnerfordernde" Wirtschaftsbetätigung erst dann zulässig ist, wenn der öffentliche Zweck hierdurch besser erreicht wird. Gewinnerzielende Wirtschaftsbetätigung wird damit durch das Steuerstaatsprinzip zur ultima ratio des staatlichen bzw. gemeindlichen Handlungsspektrums. Entscheidend ist primär nicht, ob Private den Zweck eventuell besser oder auch nur gleich gut erfüllen, sondern ob die Marktbeteiligung allein wirksames gemeindliches Handlungsinstrument ist. Allerdings ist die Beantwortung dieser Frage einerseits Grundlage einer Effektivitätsbewertung des staatlichen Handlungsinstrumentariums und andererseits lässt sich ein Zurücktreten des Primats der Steuerfinanzierung, das unter anderem auch dem Schutz der Belastungsgleichheit der für die Finanzierung von Gemeinlasten Verantwortlichen zu dienen bestimmt ist, dann nicht rechtfertigen, wenn private Initiative den gegenständlichen Zweck gleichermaßen zu erfüllen geeignet ist[1100].

Als weitestgehend unproblematisch unter dem Gesichtspunkt der finanzverfassungsrechtlichen Ordnung lassen sich die sog. Randnutzungen qualifizieren, die, wie zum Beispiel die Reklame auf Fahrzeugen städtischer Verkehrsbetriebe, ausschließlich sonst notwendigerweise brachliegendes Wirtschaftspotential nutzen[1101]. Ihre sachliche Legitimation ergibt sich aus ihrem Charakter als Vorteilsabschöpfung, bei der die Teilhabe an einem Gut der Allgemeinheit als Sondervorteil gegenüber all denen, die das betreffende Gut nicht oder nicht in gleichem Umfang nutzen dürfen, auszugleichen ist[1102]. Unzulässig ist demgegenüber aber wiederum

---

[1099] Vgl. zur grundrechtlichen Rechtfertigung oben: B. III. 4., S. 161 ff.

[1100] In diesem Sinne auch ausdrücklich Vogel, Der Finanz- und Steuerstaat, in: Isensee/Kirchhof, HBdStR Band I, § 27 Rn. 61

[1101] Vgl. oben: A. III. 2. b) (4) (b) (03), S. 72 ff.

[1102] Vgl. BVerfGE 93, 319 (345 f.); Jarass, in: Jarass/Pieroth, GG, Art. 105 Rn. 17

jede Form von Nebentätigkeiten[1103], da aufgrund der zwingend gebotenen isolierten Betrachtung des eigenen Zwecks vom rechtfertigenden Zweck der Haupttätigkeit, die Nebentätigkeit als reine Erwerbswirtschaft zu klassifizieren ist[1104].

IV. Zwischenergebnis

War eine Gewinnmitnahme im Rahmen gemeindlicher Wirtschaftstätigkeit unter kompetenziellen Gesichtspunkten weitgehend uneingeschränkt zulässig soweit der legitimierende öffentliche Zweck dadurch nicht beeinträchtigt wird[1105], so ist sie es vor dem Hintergrund der finanzverfassungsrechtlichen Ordnung nur dann, wenn der öffentliche Zweck es auch erfordert. Unter dem Druck des der Finanzverfassung zugrundeliegenden Steuerstaatsprinzips wird die „gewinnerfordernde" Wirtschaftsbetätigung nicht nur gegenüber privater Wirtschaftstätigkeit prinzipiell nachrangig, sondern darüber hinaus auch zur ultima ratio gemeindlicher Zweckerfüllung.

[1103] Hier liegt das Wirtschaftspotential gerade eben nicht notwendigerweise brach, sondern lässt sich den Gegebenheiten anpassen.
[1104] Vgl. oben: A. III. 2. b) (4) (b) (03), S. 72 ff.
[1105] Vgl. oben: A. III. 2. b) (4) (a), S. 64 ff.

D. Die Wirtschaftsverfassung

Seit der These Nipperdey´s[1106], das Grundgesetz enthalte eine bestimmte Wirtschaftsverfassung und sichere damit die soziale Marktwirtschaft als institutionelle Garantie, gehört die Frage nach der Wirtschaftsverfassung des Grundgesetzes zu den kontrovers diskutierten Themen der deutschen Staatsrechtslehre[1107]. Im folgenden ist zu untersuchen, inwieweit sich die jedenfalls äußerlich nicht zusammengefassten Bestimmungen des Grundgesetzes über das Wirtschaftsleben zu einer inneren Einheit zusammenfügen und welche Konsequenzen gegebenenfalls damit für die staatliche bzw. gemeindliche Wirtschaftstätigkeit verbunden sind.

I. Unmittelbare wirtschaftsverfassungsrechtliche Gewährleistung der sozialen Marktwirtschaft?

Sicher war es unter anderem auch der Erfolg, den die soziale Marktwirtschaft unter der Herrschaft des Grundgesetzes bereits in den Anfängen der Bundesrepublik feiern konnte, der schon frühzeitig dazu veranlasst hat, ihre Verankerung im Grundgesetz zu suchen. So wollte einst *Hans Carl Nipperdey* als Wegbereiter das System der sozialen Marktwirtschaft, maßgeblich durch die grundrechtlichen Gewährleistungen auf freie Entfaltung der Persönlichkeit, der Vereinigungsfreiheit, der Berufsfreiheit und der Eigentumsgarantie, als durch das Grundgesetz institutionell abgesichert wissen. Dem Gesetzgeber sei es damit verwehrt, die ihm jeweils sachgerechte Wirtschaftspolitik zu verfolgen, vielmehr müsse er sich auf eine der Wirtschaftsverfassung entsprechende marktkonforme Steuerung beschränken. In die gleiche Richtung ging die Auffassung *Herbert Krügers*, der ausgehend von einer bewussten verfassungsrechtlichen Nichtentscheidung in Sachen Wirtschaftsverfassung, den Grundsatz einer „wirtschaftspolitischen Neutralität" des Grundgesetzes

---

[1106] Vgl. Nipperdey, Die soziale Marktwirtschaft in der Verfassung der Bundesrepublik; ders., Soziale Marktwirtschaft und Grundgesetz, S. 24 ff., 64 f.

[1107] Umfassende Nachweise bei Stern, Staatsrecht III/1, § 68 VII 3; vgl. auch aus der neueren Literatur: Badura, Wirtschaftsverwaltungsrecht, in: Schmidt-Aßmann, Besonderes Verwaltungsrecht, 3. Abschnitt, Rn.17 ff.; ders. Staatsrecht, C Rn. 91; ders. Staatsziele und Garantien der Wirtschaftsverfassung in Deutschland und Europa, in: FS für Klaus Stern, S. 409 ff.; Bleckmann, JuS 1991, 536 ff.; Frotscher, Wirtschaftsverfassungs- und Wirtschaftsverwaltungsrecht, Rn. 24 ff.; Papier, Grundgesetz und Wirtschaftsordnung, in: Benda/Maihofer/Vogel, HBdVerfR, § 18 Rn. 1 ff.; Rupp, Die Soziale Marktwirtschaft in ihrer Verfassungsbedeutung, in: HbdStR Band IX, § 203 Rn. 14 ff. mit weiteren umfangreichen Nachweisen Fn. 34; Schmidt-Preuß, DVBl. 1993, 236 ff.; Stober, Allgemeines Wirtschaftsverwaltungsrecht, § 5 I; Sodan, DöV 2000, 361 ff.; Tettinger, DVBl. 1999, 680 ff.

im Sinne einer Nichteinmischung in oder Staatsfreiheit der Wirtschaft entwickelte[1108].

Im Anschluss daran lassen sich in der Literatur zahlreiche Stellungnahmen finden, die sich in ihrer Bandbreite von der generellen Ablehnung einer bestimmten Wirtschaftsverfassung[1109] über eine „gemischte Wirtschaftsverfassung" auf der Basis des spannungsvollen grundgesetzlichen Gleichgewichts von grundrechtlichen Wirtschaftsfreiheiten und Sozialbindungen[1110] sowie einer verfassungsrechtlichen Gewährleistung der Wettbewerbsordnung oder einer Funktionsgarantie der Marktwirtschaft[1111] bis hin zur institutionellen Garantie sozialer Marktwirtschaft[1112] spannen. Sogar eine „sozialistische Umgestaltung" ohne Verfassungsänderung wurde für möglich gehalten[1113]. Neuen Schub in Richtung auf eine grundgesetzliche Absicherung der sozialen Marktwirtschaft hat die Diskussion durch die Stabilitätsgesetzgebung des Jahres 1967 mit Einfügung der Art. 109 II, IV in das Grundgesetz[1114], sowie den Prozess der europäischen Integration[1115], insbesondere aber durch den Staatsvertrag zur Währungs-, Wirtschafts- und Sozialunion vom 18.05.1990[1116] erlangt, der unter anderem in   Art. 1 III Satz 1 die soziale Marktwirtschaft als Grundlage der Wirtschaftsunion und gemeinsamen Wirtschaftsordnung beider Vertragsparteien festlegt[1117].

[1108] Vgl. Krüger, DVBl. 1951, 361 (363 f.); ders. Allgemeine Staatslehre, S. 575 ff.

[1109] Vgl. Breuer, Freiheit des Berufs, in: Isensee/Kirchhof, HBdStR Band VI, § 147 Rn. 19; Frotscher, Wirtschaftsverfassungs- und Wirtschaftsverwaltungsrecht, Rn. 24 ff.; Henneke, NdsVBl. 1998, 273 (277); Otting, Neues Steuerungsmodell und rechtliche Betätigungsspielräume der Kommunen, S. 147 ff.; Schmidt, Staatliche Verantwortung für die Wirtschaft, in: Isensee/Kirchhof, HBdStR Band III, § 83 Rn. 17 ff.; Stober, Allgemeines Wirtschaftsverwaltungsrecht, § 5 I 3 c

[1110] Vgl. Huber, Wirtschaftsverwaltungsrecht I, S. 30

[1111] Vgl. Papier, Grundgesetz und Wirtschaftsordnung, in: Benda/Maihofer/Vogel, HBdVerfR, § 18 Rn. 23 ff.; Rittner, Wirtschaftsrecht, § 3 Rn. 1 ff.; Schmidt, Staatliche Verantwortung für die Wirtschaft, in: Isensee/Kirchhof, HBdStR Band III, § 83 Rn. 20 m.w.N.

[1112] Vgl. Bleckmann, JuS 1991, 536 ff.; Rupp, Soziale Marktwirtschaft, in: Isensee/Kirchhof, HBdStR Band IX, § 203 Rn. 16 ff.

[1113] Vgl. Abendroth, Zum Begriff des demokratischen und sozialen Rechtsstaates im Grundgesetz der Bundesrepublik Deutschland, in: Forsthoff, Rechtsstaatlichkeit und Sozialstaatlichkeit, 114 (128 ff.)

[1114] Vgl. Zuck, BB 1967, 805 (807); vgl. ebenso Bleckmann, JuS 1991, 536 (539 ff.)

[1115] vgl. Wank, Jura 1991, 622 (628); vgl. hierzu auch (i.E. ablehnend): Frotscher, Wirtschaftsverfassungs- und Wirtschaftsverwaltungsrecht, Rn. 30a; Schmid-Preuß, DVBl. 1993, 236 ff.; Tettinger, DVBl. 1999, 679 (680 f.)

[1116] Siehe Bundesgesetzblatt vom 25.6.1990 (BGBl. II S. 537)

[1117] Badura, Staatsziele und Garantien der Wirtschaftsverfassung in Deutschland und Europa, in: FS für Stern, 409 (420); Rupp, Soziale Marktwirtschaft, in: Isensee/Kirchhof, HBdStR Band IX, § 203 Rn. 14 ff.; Schmidt-Preuß, DVBl. 1993, 236 ff.

Das *Bundesverfassungsgericht* hat demgegenüber bereits im sog. *Investitionshilfe-Urteil*[1118] vom 20.7.1954, bestätigt durch das sog. *Mitbestimmungs-Urteil*[1119] vom 1.3.1979, eindeutig Stellung bezogen. Demnach garantiere das Grundgesetz weder die wirtschaftspolitische Neutralität der Regierungs- und Gesetzgebungsgewalt (im Sinne der *Krügerschen* Ansicht) noch eine nur mit marktkonformen Mitteln zu steuernde „soziale Marktwirtschaft". Die wirtschaftspolitische Neutralität bestehe lediglich darin, dass sich der Verfassungsgeber nicht ausdrücklich für ein bestimmtes Wirtschaftssystem entschieden habe, was dem Gesetzgeber die Möglichkeit eröffne, die ihm jeweils sachgemäß erscheinende Wirtschaftspolitik zu verfolgen, sofern er dabei das Grundgesetz beachte[1120]. Grundrechte seien in erster Linie individuelle Rechte, deren Funktion als objektive Prinzipien in der prinzipiellen Verstärkung ihrer Geltungskraft liege, nicht aber in der Lösung von ihrem eigentlichen Kern und ihrer Verselbständigung zu einem Gefüge objektiver Normen, in dem der ursprüngliche und bleibende Sinn der Grundrechte zurücktrete[1121]. Als Grenzen der Ausnutzung einer durch das Grundgesetz gewährleisteten Gesetzgebungskompetenz wären damit ausschließlich die uneingeschränkt geltenden Grundrechte und sonstigen Verfassungsgrundsätze bestimmt[1122], wohingegen ein „institutioneller Zusammenhang der Wirtschaftsverfassung" gleichermaßen wie ein „Schutz- und Ordnungszusammenhang der Grundrechte" im Grundgesetz keine Stütze fände und deshalb als Prüfungsmaßstab ausscheide[1123]. Es sei dies die wirtschaftliche Neutralität des Grundgesetzes, die als Element relativer Verfassungsoffenheit notwendig sei, um einerseits dem geschichtlichen Wandel Rechnung zu tragen und andererseits die normierende Kraft der Verfassung nicht aufs Spiel zu setzten[1124].

Auf der Grundlage dieser verfassungsgerichtlichen Stellungnahmen hat sich alsbald die vom Gericht dargestellte „wirtschaftlichen Neutralität" des Grundgesetzes zur geflügelten These entwickelt und sich in dieser Dynamik teilweise erheblich von ihrer Grundlage, d.h. dem vom Gericht verstandenen Sinn gelöst[1125]. Neutralität ist aber ausschließlich dahingehend zu verstehen, dass das Grundgesetz keine *bestimmte* Wirtschaft*politik* aufzwingt, d.h. staatliches Handeln nicht streng an

---

[1118] BVerfGE 4, 7 ff., insbes. 15ff.

[1119] BVerfGE 50, 290 ff., insbes. 336 ff.; vgl. auch BVerfGE 7, 377 (400); 14, 263 (275); 57, 139 (167)

[1120] Vgl. BVerfGE 4, 7 (17 f.); ebenso BVerfGE 50, 290 (337 f.)

[1121] Vgl. BVerfGE 50, 290 (337)

[1122] Vgl. BVerfGE 4, 7 (15)

[1123] Vgl. BVerfGE 50, 290 (336)

[1124] Vgl. BVerfGE 50, 290 (338)

[1125] So z.B. Otting, Neues Steuerungsmodell und rechtliche Betätigungsspielräume der Kommunen, S. 147 ff.; Pagenkopf, GewArch 2000, 177 (183) und vgl. demgegenüber die Klarstellung bei Breuer, Freiheit des Berufs, in: Isensee/Kirchhof, HBdStR Band VI, § 147 Rn. 19; ebenso oben: B. III. 2. b) (2), S. 146 ff.

irgend wie geartete nationalökonomische Vorstellungen gebunden ist, sondern einen gewissen Spielraum behält.

Dieses Anliegen ist nicht nur berechtigt, sondern, wie im folgenden dargelegt wird, vor dem Hintergrund der verfassungsrechtlichen Ordnung und insbesondere den wirtschaftsrelevanten Grundrechten auch geboten. So bemerkt *Hans-Jürgen Papier* in diesem Zusammenhang zutreffend, die systemkonstituierende Wirkung der Grundrechte dürfe nicht in einer Weise hochstilisiert und von dem Garantie- und Schrankengehalt der maßgeblichen Einzelgrundrechte abstrahiert werden, dass es letztendlich nationalökonomische Systemvorstellungen und Doktrinen über die optimalen Steuerungstechniken sind, die in usurpierter Normwirkung den wirtschaftspolitischen Staat binden[1126]. Falsch ist jedoch der Ansatz des Gerichts, dieses Ergebnis über die generelle Ablehnung einer verfassungsunmittelbaren Gewährleistung einer sozialen Marktwirtschaft und den ausschließlichen Verweis auf die Schutz- und Sicherungsfunktion der Individualgrundrechte zu erreichen. So vermag nämlich das grundlegende Argument einer sonst unzulässig verselbständigten und überhöhenden Objektivierung individualrechtlicher Freiheitsgehalte in dieser Absolutheit mittlerweile nicht mehr zu überzeugen[1127]. Es ist heute allgemein anerkannt, dass das Grundgesetz „*in seinem Grundrechtsabschnitt auch eine objektive Werteordnung aufrichtet*", durch die „*eine prinzipielle Verstärkung der Geltungskraft der Grundrechte zum Ausdruck kommt*"[1128], d.h. die Abwehrfunktion der Grundrechte ergänzt. In welcher Weise sich dieser weitergehende Schutzanspruch der Grundrechte verwirklicht, mag an dieser Stelle noch dahinstehen. Das *Bundesverfassungsgericht* eo ipso sieht jedenfalls beispielsweise mit den Grundrechten der Meinungsbildungs-, Informations-, Meinungsäußerungs-, Presse- und Rundfunkfreiheit zugleich die Offenheit des öffentlichen Meinungsbildungsprozesses verfassungsrechtlich als mitgeschützt an und darüber hinaus die betreffenden Grundrechte des Art 5 I GG als im Dienste dieses in der Verfassung ungenannten Prozesses stehend[1129].

Auf der anderen Seite kann aber der Umstand, dass die wirtschaftsrelevanten Grundrechtsgewährleistungen des Grundgesetzes gerade die notwendigen und ent-

---

[1126] Vgl. Papier, Grundgesetz und Wirtschaftsordnung, in: Benda/Maihofer/Vogel, HBdVerfR, § 18 Rn. 25

[1127] Vgl. Rupp, Soziale Marktwirtschaft, in: Isensee/Kirchhof, HBdStR Band IX, § 203 Rn. 21 f.; Sodan, DöV 2000, 362 (364)

[1128] Vgl. BVerfGE 7, 198 (205); ebenso 35, 79 (114); 39, 1 (41); 77, 170 (214); 81, 242 (254); aus der Literatur: Dreier, in: ders., GG, Vorb. Rn. 55 f.; Jarass, in: Jarass/Pieroth, GG, Vorb. vor Art. 1 Rn. 3 ff.; Pieroth/Schlink, Grundrechte, Rn. 73 ff.; Sachs, in: ders, GG, Vor. Art. 1 Rn. 19 ff.; In diese Richtung auch Alexy, Theorie der Grundrechte, S. 71 ff., der die Grundrechte als Prinzipien verstanden wissen will; ebenso Morlok, Selbstverständnis als Rechtskriterium, S. 396

[1129] Vgl. BVerfGE 83, 238 (296); Pieroth/Schlink, Grundrechte, Rn. 547 ff.

scheidenden Bausteine einer marktwirtschaftlichen Ordnung sind[1130], nicht dazu führen, diese selbst als durch die Verfassung bestimmt und umfassend-absolut gewährleistet zu betrachten. Zwar stehen die maßgeblichen wirtschaftsrelevanten Bestimmungen des Grundgesetztes nicht isoliert nebeneinander, sondern über die allgemeine Einheit der Verfassung hinaus in einem gegenseitigen Funktions- und Bedingungszusammenhang[1131], der es nicht nur rechfertig, diese auch ohne äußere Zusammenfassung zur Einheit – der Wirtschaftsverfassung – zu verknüpfen, sondern dieser Einheit auch weitergehende Wirkungen zu entnehmen[1132]. Ganz entscheidend ist auch die heute wohl unbestreitbare Erkenntnis, dass die Grundrechte und insbesondere die wirtschaftsrelevanten Grundrechte ihre individuellen Freiheitsverbürgungen nicht nur isoliert-individuell entfalten können, sondern vielmehr allein im Zusammenwirken mit den Grundrechten aller[1133]. Gerade die soziale Interdependenz der Individualgrundrechte, d.h. der gesamtgesellschaftliche Wirkungszusammenhang, in dem sich die individuellen Grundrechtsverbürgungen zu einem dynamischen Bedingungs- und Wirkungsgefüge entwickeln, vermag die grundrechtlichen Gewährleistungen überhaupt sinnvoll zur Entfaltung zu bringen. Es muss jedoch die Verknüpfung zu den Einzelgrundrechten als deren konstitutiver Grundlage erhalten bleiben, was jedoch nicht heißen will, dass die Einheit ihre Wirkungen nicht auch in gewisse Maße selbstständig, sondern ausschließlich über die Individualgrundrechte vermitteln könnte[1134]. So ist es dann auch die grundgesetzliche Systematik der Einzelgrundrechte, die einer umfassenden verfassungsunmittelbaren Gewährleistung der sozialen Marktwirtschaft im Wege steht. Die Grundrechte und insbesondere die betreffenden wirtschaftsrelevanten Grundrechte eröffnen und gewährleisten nämlich über ihre vielgestaltigen Ausgestaltungs-, Eingriffs- und Regelungsmöglichkeiten gerade ein System begrenzter Offenheit, das einer strikten Festlegung auch in ihrer gemeinsamen objektiven Wirkung diametral widerspricht. Die Wirtschaftsverfassung kann demnach insoweit keine *bestimmte* sein, als sie durch ein starres Ordnungssystem den handelnden Staat zwingend auf ein bestimmtes Marktverhalten verpflichtet, sondern sie muss vielmehr diese Offenheit ihres Fundamentes rezipieren. Andererseits kann und muss, um dem Gebot effektiven Schutzes grundrechtlicher Gewährleistungen gerecht werden zu können,

---

[1130] Vgl. Papier, Grundgesetz und Wirtschaftsordnung, in: Benda/Maihofer/Vogel, HBdVerfR, § 18 Rn. 23; Schmidt-Preuß, DVBl. 1993, 236 (237, 240); Sodan, DöV 2000, 361 (365 f.)

[1131] Dies gilt allgemein für die Auslegung der Bestimmungen des Grundgesetzes, vgl. BVerfGE 19, 206 (220); Hesse, Grundzüge des Verfassungsrechts, Rn. 71; Jarass, in: Jarass/Pieroth, GG, Einl. Rn. 6

[1132] Vgl. Ronellitsch, Wirtschaftliche Betätigung des Staates, in: Isensee/Kirchhof, HBdStR Band III, § 84 Rn. 32; Das ist prinzipiell auch vom BVerfG, E 50, 290 (337) anerkannt

[1133] Vgl. ausführlich Rupp, Die Unterscheidung von Staat und Gesellschaft, in: Isensee/Kirchhof, HBdStR Band I, § 28 Rn. 33 ff.; ebenso Morlok, Selbstverständnis als Rechtskriterium, S. 74 ff.

[1134] So aber das BVerfG, a.a.O.

die Wirtschaftsverfassung als Einheit auch dem Umstand Rechnung tragen, dass das Grundgesetz durch die Wesensgehaltsgarantie des Art. 19 II GG eine absolute[1135] Sicherung grundrechtlicher Schutzgüter bewirken will. So hat das Grundgesetz mit privatnützigem Eigentum, persönlicher Freiheit und Sozialklauseln einen Rahmen abgesteckt, der die extremen Marktordnungsmodelle Zentralverwaltungswirtschaft aber auch gleichermaßen die reine Marktwirtschaft ausschließt[1136], im Inneren jedoch erhebliche Gestaltungsoffenheit gewährleistet. Die unmittelbare wirtschaftsverfassungsrechtliche Gewährleistung der sozialen Marktwirtschaft beschränkt sich damit notwendigerweise auf eine negative Dimension, als sie staatliche Maßnahmen, die zur Aufhebung der sozial-marktwirtschaftlichen Systems in seiner Gesamtheit führen, untersagt. Das verbietet nicht nur Beseitigung des Marktes an sich, sondern vielmehr auch die Unterminierung der Funktionsfähigkeit des Wettbewerbs in einer Weise, dass die ihm grundgesetzlich zugedachte Steuerung des Marktes nicht mehr gewährleistet ist[1137]. Dies gilt auch nicht lediglich bezogen auf den Gesamtmarkt der Bundesrepublik, sondern gleichermaßen für räumlich verkleinerte Märkte, insbesondere auch den Markt der örtlichen Gemeinschaft.

Wo genau die Grenze zu ziehen ist, wird sich abstrakt kaum ermitteln lassen, sondern ist vielmehr eine Frage des konkreten Einzelfalls unter Berücksichtigung der zugrundeliegenden allgemeinen Umstände. Jedenfalls ist aber vor diesem Hintergrund eine munizipalsozialistische Vision der Gemeinde, als „umfassendes örtliches Dienstleistungsunternehmen"[1138] mit der verfassungsunmittelbaren Garantie der sozialen Marktwirtschaft im oben dargestellten Sinne freilich nicht vereinbar.

Aufgrund ihrer notwendig positiv-inhaltlichen Enthaltsamkeit lassen sich allerdings auf Grundlage der verfassungsunmittelbaren Garantie sozialer Marktwirtschaft keine weiteren Aussagen mit Blick auf eine staatliche bzw. gemeindliche Wirtschaftstätigkeit treffen. Die Stabilitätsgesetzgebung ebenso wie der Prozess der europäischen Integration und vielmehr noch der Staatsvertrag zur Währungs-, Wirtschafts- und Sozialunion können insoweit zu keiner abweichenden Beurteilung führen[1139]. Es scheidet, um es mit den Worten des *Bundesverfassungsgerichts* zu sagen, ein „institutioneller Zusammenhang der Wirtschaftsverfassung" sowie ein „Schutz und Ordnungszusammenhang der Grundrechte" als (selbständiger) Prü-

---

[1135] Vgl. oben: B. III. 4. c) (2) (a), S. 174 ff.

[1136] Allgemeine Ansicht, vgl. Frotscher, Wirtschaftsverfassungs- und Wirtschaftsverwaltungsrecht, Rn. 26; Jarass, Wirtschaftsverwaltungsrecht und Wirtschaftsverfassungsrecht, § 4 Rn. 8; Papier, Grundgesetz und Wirtschaftsordnung, in: Benda/Maihofer/Vogel, HBdVerfR, § 18 Rn. 15 ff.; Schmidt-Preuß, DVBl. 1993, 236 (241); Stober, Allgemeines Wirtschaftsverwaltungsrecht, § 5 I 3 c

[1137] In diesem Sinne auch Papier, Grundgesetz und Wirtschaftsordnung, in: Benda/Maihofer/Vogel, HBdVerfR, § 18 Rn. 23 ff.

[1138] Vgl. Cronauge, Kommunale Unternehmen, Rn. 17

[1139] Vgl. ausführlich Schmidt-Preuß, DVBl. 1993, 236 ff.; ebenso Frotscher, Wirtschaftsverfassungs- und Wirtschaftsverwaltungsrecht, Rn. 28 ff.; a.A. Rupp, Soziale Marktwirtschaft, in: Isensee/Kirchhof, HBdStR Band I, § 203 Rn. 14 ff.

fungsmaßstab definitiv aus[1140]. Dahingegen ist mit diesen Feststellungen die strukturelle Wirkung der Grundrechte keineswegs erschöpft, sie ist jedoch an eine Verwirklichung über die Individualgrundrechte gebunden[1141].

II. Mittelbare wirtschaftsverfassungsrechtliche Gewährleistung sozialer Marktwirtschaft

Der dargestellte innere Zusammenhang der wirtschaftsrelevanten Grundrechte gibt diesen aber nicht nur negative Ausgrenzungsfunktion, sondern gleichzeitig auch gesamt-strukturelle Wirkung für den Wirtschaftsbereich, als sich die Individualgrundrechte in ihren Freiheitsgewährleistungen zu einem System freiheitlich-sozialer Wirtschaftsordnung verdichten[1142]. Denn setzt der verfassungsrechtliche, durch die Grundrechte gewährleistete Freiheitsdruck nicht etwa erst bei der Grenze des Wesensgehalts ein, sondern ist bereits vorher als grundsätzliche Entscheidung omnipräsent. Die verfassungsrechtlich vielfach gebotene Möglichkeit der Freiheitsverkürzung ändert nichts am grundsätzlichen Gewährleistungsdruck der Grundrechte, sondern sprechen vielmehr die relativen Restriktionen der Einschränkbarkeit, wie insbesondere Gesetzesvorbehalt und Übermaßverbot, für seine prinzipiell uneingeschränkte Geltung. Vor diesem Hintergrund ist es gerechtfertigt, allgemein von einem Verfassungsprinzip freiheitlich-sozialer Wirtschaftsordnung zu sprechen[1143].

Wirksamkeit erlangt dieses Prinzip dadurch, dass die Individualgrundrechte nicht isoliert, d.h. ohne Berücksichtigung der Überschneidungen, Ergänzungen und Zusammenhänge zwischen ihren Schutzbereich und dem anderer Grundrechte und nicht ohne Rücksicht auf die das Grundgesetz tragenden Prinzipien zu interpretieren sind[1144]. Insoweit erfährt die soziale Marktwirtschaft eine mittelbar verfassungsrechtliche Absicherung über die jeweils einschlägigen Grundrechtsgewährleistungen, die ihrerseits, entsprechend ihrer Wirkungsweise, ihre Umsetzung sicherstellen. Die Individualgrundrechte sind damit gleichzeitig Grundlage, Vehikel und Filter ihres eigenen Prinzips, so dass sich der Vorwurf einer ungerechtfertigten Verselbständigung wohl kaum begründen lassen kann. Die Konstruktion bringt

---

[1140] Vgl. BVerfGE 50, 290 (336)

[1141] So ausdrücklich auch das *Bundesverfassungsgericht*, E 50, 290 (337)

[1142] Vgl. Badura, Wirtschaftsverwaltungsrecht, in: Schmidt-Aßmann, Besonderes Verwaltungsrecht, 3. Abschnitt, Rn. 20; Schmidt-Preuß, DVBl. 1993, 236 (241)

[1143] Vgl. Schmidt-Preuß, a.a.O.; vgl. auch Alexy, Theorie der Grundrechte, S. 71 ff., der die Grundrechte generell als Prinzipien verstanden wissen will; ebenso Morlok, Selbstverständnis als Rechtskriterium, S. 396

[1144] Allg. Ansicht, vgl. BVerfGE 50, 290 (336); Jarass, in: Jarass/Pieroth, GG, Einl. Rn. 6; Hesse, Grundzüge des Verfassungsrechts, Rn. 71, 301

vielmehr die vom *Bundesverfassungsgericht* als zentralen Gesichtspunkt herausge-
arbeitete *„Wahrung der Freiheit des einzelnen Bürgers, die der Gesetzgeber auch
bei der Ordnung des Wirtschaftslebens zu respektieren hat"*[1145], effektiv zur Geltung. Ganz entscheidend ist aber auch, dass die grundrechtlichen Gesetzesvorbehalte, bei prinzipieller Gewährleistung der Freiheit, die notwendige Offenheit im wirtschaftlichen Bereich sicherstellen und damit das vom *Bundesverfassungsgericht* als
Aufgabe bezeichnete Problem, dass *„die grundsätzliche Freiheit wirtschafts- und
sozialpolitischer Gestaltung, die dem Gesetzgeber gewahrt bleiben muss, mit dem
Freiheitsschutz zu vereinen, auf den der einzelne Bürger ... einen verfassungsrechtlichen Anspruch hat"*[1146], als adäquat gelöst betrachtet werden kann.

*III.   Die Wirkungsweise des Verfassungsprinzips freiheitlich-sozialer Wirt-
        schaftsordnung*

In ihrer Wirkungsweise richtet sich die mittelbar verfassungsrechtlich abgesicherte
soziale Marktwirtschaft zwangsläufig nach den Wirkungsweisen der Grundrechte,
die im Folgenden kurz dargestellt werden.

1.   Die „klassische" Dimension der Grundrechte als Abwehrrechte

Im Rahmen der bereits behandelten abwehrrechtlichen Funktion der Grundrechte[1147] erlangt das Prinzip der freiheitlich-sozialen Wirtschaftsordnung ganz erhebliche Geltung als es seine eigene Berücksichtigung und optimale Umsetzung über
die entsprechende Bestimmung des jeweiligen Schutzbereiches verlangt. So ist es
beispielsweise über die bereits vorgenommene ausschließlich individuelle Bestimmung der Schutzbereichs von Art. 12 I GG, die Miteinbeziehung aller am Markt
vorhandenen Erwerbschancen[1148] vor dem Hintergrund des Prinzips der freiheitlich-sozialen Wirtschaftsordnung geradezu unverzichtbares Erfordernis. Ebenso
wäre auch die Ausgrenzung des Rechts am eingerichteten und ausgeübten Gewerbebetrieb sowie der Geschäftsbeziehungen und Marktanteile aus dem Schutzbereich der Eigentumsgarantie[1149] mit der verfassungsmittelbaren Gewährleistung der
sozialen Marktwirtschaft nicht zu vereinbaren.

2.   Die „objektiv-rechtlichen" Dimensionen der Grundrechte

Des weiteren haben die Grundrechte bis heute unter dem Stichwort „objektiv-
rechtlicher Gehalt der Grundrechte" bzw. „Grundrechte als Elemente objektiver

---

[1145] Vgl. BVerfGE 50, 290 (337)

[1146] Vgl. BVerfGE 50, 290 (338); 7, 377 (400)

[1147] Vgl. oben: B., S. 123 ff.

[1148] Vgl. oben: B. III. 2. c), S. 148 ff.

[1149] Vgl. oben: B. IV. 1. a), S. 186 ff.

Ordnung" über die originär subjektivrechtlichen Dimensionen der Abwehr, der Leistung und der Gleichbehandlung hinaus, allgemein eine erhebliche Bedeutungserweiterung erfahren[1150], die freilich auch der mittelbar verfassungsrechtlich gewährleisteten sozialen Marktwirtschaft zu weitergehender Verwirklichung verhilft.

a) Ausstrahlungswirkung der Grundrechte

So ist insbesondere eine Ausstrahlungswirkung der Grundrechte anerkannt, die die Rechtsanwendungsinstanzen zu einer grundrechtskonformen Auslegung des einfachen Rechts zwingen[1151]. Es ist dies ein Unterfall der sog. verfassungskonformen Auslegung, die Rechtsprechung und Verwaltung zu optimaler Umsetzung grundrechtlicher Direktiven innerhalb des möglichen Interpretationsrahmens der einfach gesetzlichen Norm verpflichtet. Mit Blick auf die wirtschaftliche Betätigung der Gemeinden erlangt diese Grundrechtsfunktion besondere Bedeutung bei der Frage nach der Schutzrichtung der Vorschriften des kommunalen Wirtschaftsrechtes[1152].

b) Grundrechtliche Schutzpflichten

Die objektiv-rechtliche Wirkung der Grundrechte beschränkt sich aber nicht auf die Inanspruchnahme von Rechtsprechung und Verwaltung zur Auslegung und Anwendung des einfachen Rechts, sondern stellen die Grundrechte alle drei Gewalten in ihren Dienst, als sie auch vom Gesetzgeber eine die Grundrechtsverwirklichung optimal gewährleistende[1153] Gestaltung des einfachen Rechts verlangen und insoweit entscheidende Bedeutung für die Ausgestaltung der Rechtsordnung erlangen. So hat das *Bundesverfassungsgericht* bereits frühzeitig die Schutzfunktion des Staates gegenüber dem ungeborenen Leben objektiv-rechtlich aus Art. 2 I 1 GG entwickelt, ohne ein subjektives Recht des „nasciturus" vorauszusetzen[1154]. Auch die Rundfunkfreiheit verlangt eine gesetzliche Ausgestaltung durch materielle und organisatorische Verfahrensregelungen, die einen freien Kommunikationsprozess gewährleisten[1155]. Es gründet dies auf die allgemein anerkannte und zutreffende Erkenntnis, dass grundrechtliche Freiheit des staatlichen Schutzes und damit die Grundrechte insbesondere der rechtlichen Ausgestaltung der Lebensbereiche be-

---

[1150] Vgl. BVerfGE 7, 198; 53, 30 (57); 57, 295 (320); 73, 261 (269); 77, 170 (214); 80, 81 (92 f.); Dreier, in: ders., GG, Vorb. Rn. 55 ff.; Hesse, Grundzüge des Verfassungsrechts, Rn. 290 ff., 349 ff., 358 ff.; Jarass, in: Jarass/Pieroth, GG, Vorb. vor Art. 1 Rn. 6 ff.; Pieroth/Schlink, Grundrechte, Rn. 76 ff.; Sachs, in: ders. GG, Vor Art. 1 Rn. 19 ff.
[1151] Vgl. Dreier, in: ders., GG, Vorb. Rn. 57; Sachs, in: ders., GG, Vor. Art. 1 Rn. 20
[1152] Vgl. unten: 3. Teil C., S. 258 ff.
[1153] Vgl. zu den Optimierungsgeboten der Grundrechte: Alexy, Theorie der Grundrechte, S. 75 f.;
[1154] Vgl. BVerfGE 39, 1 (41); vgl. auch BVerfGE 88, 203 ff.
[1155] Vgl. BVerfGE 57, 295 (320); 73, 118 (153); 83, 238 (296); 90, 60 (94); 97, 228 (267); Schulze-Fielitz, in: Dreier, GG, Art. 5 Rn. 181

dürfen[1156], die sie gewährleisten sollen[1157]. Wird in diesem Zusammenhang auch häufig von der sog. *„Grundrechtsverwirklichung und –sicherung durch Organisation und Verfahren"* als eine eigene Grundrechtsdimension gesprochen[1158], so ist sie doch letztendlich nur Bestandteil der Frage nach den „grundrechtlichen Schutzpflichten des Staates", mithin der Verpflichtung des Staates, seine Rechtsordnung so zu gestalten, dass in ihr und durch sie die Grundrechte gesichert sind und die von ihnen gewährleisteten Freiheiten sich wirksam entfalten können, als Zentralbegriff objektiv-rechtlicher Grundrechtsdimension[1159]. In dieser Funktion schließen die Grundrechte durch Vermittlung des einfachen Rechts ihre offenen Flanken gegenüber privater Beeinträchtigung und sichern den Schutz ihrer Gewährleistungsgüter gegenüber jedermann[1160]. Als Gesetzgebungsauftrag ist die Schutzpflicht damit gleichzeitig notwendiger Legitimationstitel für bestehende Gesetze[1161], die formellen und materiellen verfassungsrechtlichen Voraussetzungen staatlichen Handelns bleiben aber voll bestehen[1162].

Gerade im Zusammenhang mit der Wirtschaftsverfassung erlangt die Grundrechtsdimension der staatlichen Schutzpflicht besondere Bedeutung. So verwirklicht sich die soziale Marktwirtschaft – insbesondere über deren Eckpfeiler der Berufsfreiheit – im Wettbewerb, mithin der Konkurrenz grundrechtlich geschützter Freiheiten. Die private Beeinträchtigung grundrechtlicher Schutzgüter ist damit nicht nur im Grundrecht und im Prinzip der freiheitlichen Wirtschaftsordnung angelegt, sondern vielmehr als ihr eigentlicher Steuerungsmechanismus vorgesehen. Zwar kann damit nicht jede private Beeinträchtigung eine Ingerenz in das gewährleistete Schutzgut darstellen, andererseits kann aber bereits das Individualgrundrecht nicht jede Beeinträchtigung durch Konkurrenz tolerieren[1163]. Die Schutz-

---

[1156] Nicht gemeint ist die teilweise erforderliche Konstitution des Schutzguts selbst wie z.B. des Art. 14 I GG - Eigentum

[1157] Vgl. Dreier, in: ders., GG, Vorb. Rn. 62 ff.; Hesse, Grundzüge des Verfassungsrechts, Rn. 303, 349 ff.; Isensee/Kirchhof, Das Grundrecht als Abwehrrecht und staatliche Schutzpflicht, in: Isensee/Kirchhof, HBdStR Band V, § 111 Rn. 83 ff.; H.H. Klein, DVBl. 1994, 489 (491); Pieroth/Schlink, Grundrechte, Rn. 102 ff.; Sachs, in: ders. GG, Vor Art. 1 Rn. 22; Stern, Staatsrecht III/1, § 69 IV 5

[1158] Vgl. Dreier, in: ders., GG, Vorb. Rn. 67; Jarass, in: Jarass/Pieroth, GG, Vorb. vor Art.1 Rn. 13 ff.

[1159] Vgl. H.H. Klein, DVBl. 1994, 489 (491); ebenso: Böckenförde, Zur Lage der Grundrechtsdogmatik nach 40 Jahren Grundgesetz, S. 38

[1160] Vgl. Dreier, Jura 1994, 505 (512 f.); Isensee, Das Grundrecht als Abwehrrecht und staatliche Schutzpflicht, in: Isensee/Kirchhof, HBdStR Band V, § 111 Rn. 84 f.

[1161] Vgl. Isensee, Das Grundrecht als Abwehrrecht und staatliche Schutzpflicht, in: Isensee/Kirchhof, HBdStR Band V, § 111 Rn. 87

[1162] Vgl. Isensee, Das Grundrecht als Abwehrrecht und staatliche Schutzpflicht, in: Isensee/Kirchhof, HBdStR Band V, § 111, Rn. 78; H.H. Klein, DVBl. 1994, 489 (494 f.)

[1163] Vgl. Zippelius, Allgemeine Staatslehre, § 29 III

pflicht erfordert es vielmehr, die Rechtssphären der Beteiligten gegeneinander abzugrenzen. Entscheidend ist einerseits der Gesichtspunkt der Gefährdung der Gleichheit grundrechtlicher Freiheiten[1164], der im Falle einer ungezügelten Grundrechtsausübung ihrer Adressaten auf dem Spiel steht. Es fordert den Staat als Koordinator der Rahmenbedingungen umso nachhaltiger, als es um den Schutz personaler Freiheit gegen die Ausübung wirtschaftlicher oder sozialer Macht geht[1165]. Grundlegend ist andererseits auch der Gesichtspunkt der Funktionsgefährdung des sozial-marktwirtschaftlichen Ordnungsmodells, das ein zu erwartender Konzentrationsprozess am Markt außer Kraft zu setzten droht. Die grundrechtlichen Gewährleistungen postulieren insoweit freilich eine besondere und erhöhte Schutzpflicht des Gesetzgebers, als es ihm allein möglich ist, auf der Basis des einfachen Rechts, diese grundrechtsimmanente Spannungslage aufzulösen bzw. in verhältnismäßigen Ausgleich mit dem primären Schutzgut selbst zu bringen. Der Staat hat insoweit „schützend und fördernd" einer Aushöhlung des Grundrechts[1166] auf Berufsfreiheit vorzubeugen. Die bestehende einfachgesetzliche Wettbewerbsordnung ist insbesondere mit dem Kartellgesetz (GWB) und dem Gesetz gegen unlauteren Wettbewerb (UWG) die notwendige Aktualisierung dieses grundrechtlichen Schutzanspruches. Demgegenüber handelt es sich jedenfalls primär nicht um eine Frage der sozialstaatlichen Schutzpflicht[1167], die ihrerseits erst nach der erforderlichen Kanalisierung grundrechtlicher Freiheiten, die der effektiven und dauerhaften Gewährleistung prinzipiell gleicher Ausgangschancen dient, ansetzen kann.

Bedeutung erlangt die grundrechtliche Schutzpflicht aber auch im Hinblick auf die gemeindliche Wirtschaftstätigkeit, als sie auch Direktiven für die Ausgestaltung des kommunalen Wirtschaftsrechtes aufstellt. Eine Begrenzung des Tatbestandes der Schutzpflicht ausschließlich auf den privaten Störer[1168] ist jedenfalls im Falle der wirtschaftlichen Betätigung der Gemeinde aus mehrerlei Gründen nicht einsichtig.

[1164] Vgl. Isensee, Das Grundrecht als Abwehrrecht und staatliche Schutzpflicht, in: Isensee/Kirchhof, HBdStR Band V, § 111 Rn. 102; Vgl. beispielsweise die Rechtsprechung des *Bundesverwaltungsgerichts* zur staatlichen Informationspolitik, wo die Schutzpflicht gleichzeitig Befugnis staatlichen Handelns begründen soll sowie die zutreffende Kritik Schochs, DVBl. 1991, 667 (672 ff.), an BVerwGE 87, 37 (insbes. 45 ff.) – Glykolwein; ebenso BVerwGE 82, 76 – Jugendsekten; vgl. ebenso Lege, DVBl. 1999, 569 ff

[1165] Vgl. Hesse, Grundzüge des Verfassungsrechts, Rn. 357

[1166] So die allgemeine Formulierung des *Bundesverfassungsgerichts*, vgl. E 35, 79 (114) – „Hochschulurteil"; 39, 1 (41 ff.) – „Fristenlösung"; 46, 160 (164 f.) – Schleyer; 49, 89 (126 ff.) – Kalkar I; 56, 54 (78) – Fluglärm; 81, 242 (256) – Handelsvertreter; 84, 212 (226 f.) – Abwehraussperrung

[1167] So BVerfGE 81, 242 (255); Hesse, Verfassungsrecht und Privatrecht, S. 37 f.; ders. Grundzüge des Verfassungsrechts, Rn. 357; Pieroth/Schlink, Grundrechte, Rn. 102 ff.; a.A. Isensee, Das Grundrecht als Abwehrrecht und staatliche Schutzpflicht, in: Isensee/Kirchhof, HBdStR Band V, Rn. 132

[1168] So aber Isensee, Das Grundrecht als Abwehrrecht und staatliche Schutzpflicht, in: Isensee/Kirchhof, HBdStR Band V, § 111 Rn. 116

So spricht zunächst grundsätzlich gegen eine generelle Ausgrenzung von Staatsfunktionen aus dem Störerbegriff der grundrechtlichen Schutzpflichten, dass diese
als ihren Adressaten ausschließlich die Gesetzgebung bindet, nicht aber die beiden
anderen Staatsfunktionen. Sieht man aber – wie allgemein – die Funktion des Gewaltenteilungsgrundsatzes in der Begrenzung und Kontrolle der realen Machtfaktoren im Verfassungsleben[1169], kann eine generelle Ausgrenzung staatlicher Störer
nicht überzeugen. Auch der Verweis auf die daneben bestehende abwehrrechtliche
Dimension der Grundrechte gegen den Staat vermag eine abweichende Beurteilung
nicht zu rechtfertigen, ist doch die Schutzpflicht in ihrer Wirkung für den Grundrechtsträger, dessen Freiheit allein Grund und Zielpunkt einer verfassungsstaatlichen Ordnung ist[1170], wesentlich weitergehender als der bloße Abwehranspruch. So
ist zum einen die Schutzpflicht der Abwehr vorgelagert, will sie doch ihrem Ziel
nach gerade die den Abwehranspruch erst auslösende Verletzung materieller
Grundrechtspositionen vorbeugen[1171]. Die ex ante Vorbeugung der Grundrechtsverletzung ist aber durchaus der grundsätzlichen ex post Abwehr vorzuziehen, zumal wenn diese, wie es bisweilen doch der Fall ist, auf eher wackeligen Beinen
steht[1172]. Ein weiterer unverzichtbarer Pluspunkt ist auch die erheblich präzisere
Grenzziehung des einfachen Rechts gegenüber dem oft und insbesondere für den
einzelnen Grundrechtsträger unüberschaubaren Inhalt grundrechtlicher Gewährleistungen.

Insbesondere aber im Fall der gemeindlichen Wirtschaftstätigkeit, bei der ein
Träger öffentlicher Verwaltung in intensiven, den gewöhnlichen Umfang überstei-
genden und das klassische Verhältnis verlassenden Kontakt zu den Grundrechtsträgern kommt, kann die Miteinbeziehung des potentiellen staatlichen Störers nicht
mehr ausgeschlossen werden. Kann die Verwaltung faktisch wie ein Privater
grundrechtliche Gewährleistungen beeinträchtigen, so ist es nicht gerechtfertigt den
Verwaltungsträger als untauglicher Störer aus der staatlichen Schutzpflicht auszu-
grenzen. Nicht etwa fallen damit aber die Schutzpflichten des Gesetzgebers gegenüber der Gemeinde und gegenüber den Grundrechtsträgern mit der Folge zusammen, dass allein die Regelungen des privaten Wettbewerbs- und Kartellrechts für
die gemeindliche Wirtschaftsbetätigung genügen, sondern ist vielmehr eine individuelle Regelung erforderlich. Die Gemeinde wird anders als die privaten Wirtschaftssubjekte nicht in der Ausübung grundrechtlicher Freiheiten tätig. Gerade
dies setzen aber die Regelungen des privaten Wettbewerbs und Kartellrechtes ih-

---

[1169] Vgl. Hesse, Grundzüge des Verfassungsrechts, Rn. 497; Zippelius, Allgemeine Staatslehre, § 31
I

[1170] Vgl. Morlok, Selbstverständnis als Rechtskriterium, S. 375 ff.; Zippelius, Allgemeine Staatslehre, § 30 I 2, 35 IV

[1171] BVerfGE 63, 131 (143); Vgl. Dreier, Jura 1994, 505 (511)

[1172] Gemeint ist die verwaltungsgerichtliche Rechtsprechung zu den Vorschriften des gemeindlichen
Wirtschaftsrechts.

rem Begrenzungsumfang nach als gegeben voraus. Freiheitssicherung gegenüber dem übermächtigen, dafür aber „freiheitslosen" Staat bedeutet strukturell etwas anderes als Freiheitssicherung in einem Verhältnis von Freien und Gleichen untereinander[1173].

Die gesetzgeberische Schutzpflicht der Grundrechtsträger gegenüber der Gemeinde konkretisieren sich demnach, unabhängig von den Anforderungen des grundrechtlichen Gesetzes- bzw. Parlamentsvorbehalts, in den Regelungen des gemeindlichen Wirtschaftsrechts. Welcher Maßstab anzulegen ist, ist im einzelnen strittig[1174], muss aber hier nicht weiter vertieft werden. Führt man sich den grundsätzlichen Anspruch der Schutzpflicht vor Augen, einen die optimale Grundrechtsverwirklichung gewährleistenden wirksamen Schutz grundrechtlicher Güter zu erzeugen[1175], so steigt die Bestimmbarkeit des Erforderlichen allein schon mit zunehmender Regelungsdichte des betroffenen Bereichs erheblich[1176]. Sollte sich dann zudem noch, aufgrund des zeitlichen Faktors, die Evidenz und genaue Lokalisierbarkeit der Unzulänglichkeit des Regelungskomplexes im Hinblick auf den grundrechtlichen Schutzanspruch ergeben, ist einerseits der Gesetzgeber bereits per se zu umfassender Nachbesserung verpflichtet und andererseits das *Bundesverfassungsgericht* zu präzisen Vorgaben berechtigt.

c)   Grundrechtliche Gestaltungsdirektiven für die Exekutive

Über die bloße Auslegung hinaus verdichtet sich die oben bereits dargestellten Ausstrahlungswirkungen auch ganz entscheidend zu einer Gestaltungsdirektive nicht nur für den regelnden Gesetzgeber sondern auch für die vollziehende Gewalt[1177]. Soweit der Exekutive, wie z.B. den Gemeinden im Rahmen des kommunalen Wirtschaftsrechts, Entscheidungs- und Gestaltungsspielräume eröffnet sind, hat das Prinzip der freiheitlich-sozialen Marktordnung, auch über den Bereich gesetzgeberischer Regelungen hinaus, die Funktion, prinzipiell verbindliche Zielvorgaben zu setzen. Damit ist zwar keinesfalls eine strikte Verpflichtung auf ein bestimmtes, insbesondere marktkonformes Verhalten verbunden, allerdings setzt dessen Überwindung eine Rechtfertigungsfähigkeit nach grundrechtlichen Maßstäben voraus, die der fundamentalen Bedeutung der freiheitlich-sozialen Marktordnung für die Freiheit der Person, als Grund und Zielpunkt unserer verfassungsstaatlichen Ordnung, gebührend Rechnung trägt. Ihre Beschränkung darf demnach nicht ohne

---

[1173] Vgl. Rupp, Die Unterscheidung von Staat und Gesellschaft, in: Isensee/Kirchhof, HBdStR Band I, § 28 Rn. 34

[1174] Vgl. Dreier, in: ders., GG, Vorb. Rn. 64; Isensee, Das Grundrecht als Abwehrrecht und staatliche Schutzpflicht, in: Isensee/Kirchhof, HBdStR Band V, § 111 Rn. 90

[1175] Vgl. Isensee, Das Grundrecht als Abwehrrecht und staatliche Schutzpflicht, in: Isensee/Kirchhof, HBdStR Band V, § 111 Rn. 138

[1176] Vgl. H.H. Klein, DVBl. 1994, 489 (495)

[1177] Vgl. Schmidt-Preuß, DVBl. 1993, 236 (241, 247)

sachlich rechtfertigenden Grund erfolgen und muss insbesondere auch den Anforderungen des Übermaßverbotes genügen. Inwieweit damit auch eventuell eine grundsätzliche Subsidiarität staatlicher bzw. gemeindlicher Wirtschaftstätigkeit vermittelt ist, soll an dieser Stelle noch nicht erörtert werden.

In jedem Fall ist jedoch eine Arbeitsplatzsicherung durch eigene wirtschaftliche Betätigung der öffentlichen Hand zwar nicht grundsätzlich ausgeschlossen, aber der bloße Verlust bzw. die bloße Möglichkeit der Schaffung von Arbeitsplätzen kann vor dem Hintergrund des erheblichen Rechtfertigungsdrucks keine eigene gemeindliche Wirtschaftstätigkeit legitimieren. Es sind insoweit weitergehende Zwecke erforderlich.

IV. Zwischenergebnis

Eine verfassungsunmittelbare Gewährleistung der sozialen Marktwirtschaft besteht nur im negativen Rahmen, als sie die Beseitigung dieser freiheitlich-sozialen Marktordnung untersagt und die grundsätzliche Funktionsfähigkeit des Marktes garantiert. In positiver Zielrichtung besteht demgegenüber eine bloß mittelbare Gewährleistung, die ausschließlich über die Individualgrundrechte Geltung erlangt. Insoweit bestimmt das Prinzip freiheitlich-sozialer Marktordnung die Schutzbereiche der wirtschaftsrelevanten Grundrechtsgewährleistungen, wirkt in die Auslegung des einfachgesetzlicher Vorschriften über und verpflichtet den Gesetzgeber darüber hinaus zu umfassenden, die Grundrechtsverwirklichung optimal ermöglichenden gesetzlichen Schutz. Gleiches gilt auch für die Gemeinde, die im Rahmen des durch das kommunale Wirtschaftsrecht abgesteckten Entscheidungs- und Gestaltungsspielraums, grundsätzlich die Direktiven sozialer Marktwirtschaft umzusetzen hat.

E. Das Subsidiaritätsprinzip

I. Subsidiaritätsprinzip und gemeindliche Wirtschaftstätigkeit

Mit dem Subsidiaritätsprinzip schließt sich nun der Kreis einer dezidierten Bestimmung der verfassungsrechtlichen Grenzen gemeindlicher Wirtschaftsbetätigung, als hier die im Rahmen der Ermittlung der kompetenziellen Legitimation
gemeindlicher Wirtschaftstätigkeit bereits gestellte Frage nach der grundsätzlichen
Legitimation des handelnden Staates wieder aufgegriffen und vor dem Hintergrund
des allgemeinen Verhältnisses von Staat und Gesellschaft beleuchtet wird. In den
Mittelpunkt rückt dabei die Frage nach den Zuständigkeitsbereichen von Staat und
Gesellschaft und das Problem, ob es verfassungsrechtliche Markierungen und Ingerenzgrenzen im Verhältnis von Staat und Gesellschaft gibt. Es ist dies der eigent-
lich kritische Punkt des Verhältnisses von Staat und Gesellschaft[1178], ist doch heute
nahezu allgemein anerkannt, dass es sich trotz personeller Identität von Staat und
Gesellschaft um verschiedene „Wirkbereiche"[1179], „Willensbildungs- und Ent-
scheidungssysteme"[1180], „Funktionskreise"[1181] oder „Aggregatzustände"[1182] ein und
desselben Verbandes handelt, deren Unterscheidung aber als notwendige Bedingung individueller Freiheit unverzichtbar ist und deshalb auch im freiheitlichen
Rechtsstaat des Grundgesetzes bereits in der Verfassung angelegt ist[1183].

Nach der maßgeblich von *Josef Isensee* geprägten Konzeption des Subsidiaritätsprinzips[1184] ist das Verhältnis dergestalt bestimmt, dass die freiheitliche Aufgabenerfüllung der Gesellschaft grundsätzlich Vorrang vor der staatlichen Aufgabenerfüllung genießt, mithin staatliche Aufgabenwahrnehmung erst da einsetzten darf
(aber auch muss), wo die freie individuelle Tätigkeit unvermögend ist, die Aufgabe
angemessen zu erledigen und der Staat mit seinen Mitteln das Interesse besser zu

---

[1178] Vgl. Rupp, Die Unterscheidung von Staat und Gesellschaft, in: Isensee/Kirchhof, HBdStR Band
I, § 28 Rn. 46
[1179] Vgl. Böckenförde, Die verfassungstheoretische Unterscheidung von Staat und Gesellschaft als
Bedingung der individuellen Freiheit, S. 23
[1180] Vgl. v. Arnim, Staatslehre der BRD, S. 173 f.; Stern, Staatsrecht I, S. 616
[1181] Vgl. Hesse, Grundzüge des Verfassungsrechts, Rn. 11; Zippelius, Allgemeine Staatslehre, § 30 I
1
[1182] Vgl. Herzog, Allgemeine Staatslehre, S. 141, 145
[1183] Vgl. Rupp, Die Unterscheidung von Staat und Gesellschaft, in: Isensee/Kirchhof, HBdStR Band
I, § 28 Rn. 28; ebenso v. Arnim, Staatslehre der BRD, S. 174; Böckenförde, Die verfassungstheoretische Unterscheidung von Staat und Gesellschaft als Bedingung der individuellen Freiheit, S. 21
ff.; Forsthoff, Der Staat der Industriegesellschaft, S. 21 f.; Hesse, Grundzüge des Verfassungsrechts,
Rn. 11; Zippelius, Allgemeine Staatslehre, § 30 I 1
[1184] Zum kommunalinternen Subsidiaritätsprinzip vgl. Schmidt-Jortzig, Subsidiaritätsprinzip und
Kommunalordnung, S. 20 ff.

fördern vermag[1185]. Entwickelt aus den Grundrechten und dem Rechtsstaatsprinzip lege es als verfassungsrechtliche Funktionssperre mit antitotalitärer Stoßrichtung[1186] die Grenzen zwischen Staat und Gesellschaft dahingehend fest, dass allein der öffentliche Zweck[1187] einer die Freiheit der Gesellschaft tangierenden Maßnahme noch keine Rechtfertigung ihrer selbst abgebe. Vielmehr müsse der Zweck notwendig und das Mittel verhältnismäßig in dem Sinne sein müsse, dass die Aufgabe in gleicher Weise, in hinreichenden Umfang und ohne den eingesetzten staatlichen Zwang von der Gesellschaft nicht erfüllt werden könne[1188].

Angewendet auf den konkreten Fall der wirtschaftlichen Betätigung der Gemeinde bzw. des Staates bedeutet es schlichtweg den grundsätzlichen Vorrang privater vor öffentlicher Wirtschaftstätigkeit. Die einschlägige Literatur greift dementsprechend auch durchwegs das Subsidiaritätsprinzip als Gegenstand möglicher Begrenzung wirtschaftlicher Betätigung der öffentlichen Hand auf, kann ihm aber, wenn nicht bereits dessen grundsätzliche Geltung bestritten wird[1189], weitestgehend nur mehr oder weniger richtungsweisenden Charakter ohne obligatorischem Moment abgewinnen[1190]. In diesem Zusammenhang lässt sich jedoch des Verdachtes nicht erwehren, dass das Subsidiaritätsprinzip mit Blick auf die allgemeine Uneinigkeit lieber unter taktischen Gesichtspunkten geopfert wird, als sich durch eingehende Auseinandersetzung mit dem Problem womöglich den Vorwurf der Unglaubwürdigkeit einzuhandeln.

Zwar ist im Rahmen der gegenständlichen Analyse verfassungsrechtlicher Grenzen gemeindlicher Wirtschaftstätigkeit das Problem des Subsidiaritätsgrundsatzes weitgehend entschärft, da die gemeindliche Wirtschaftstätigkeit als Eingriff in grundrechtliche Freiheiten[1191], verstärkt durch das Verfassungsprinzip einer freiheitlich-sozialen Wirtschaftsordnung[1192], in eine grundsätzlich subsidiäre Rolle

---

[1185] Vgl. Isensee, Subsidiaritätsprinzip und Verfassung, S. 278 ff.; ders., Gemeinwohl und Staatsaufgaben im Verfassungsstaat, in: Isensee/Kirchhof, HBdStR Band III, § 57 Rn. 165 ff.

[1186] Vgl. Ronellenfitsch, Wirtschaftliche Betätigung des Staates, in: Isensee/Kirchhof, HBdStR Band III, § 84 Rn. 33

[1187] Vgl. dazu ausführlich oben: A. III. 2. b) (1), S. 47 ff.

[1188] ebenso bereits Dürig, in: Maunz/Dürig/Herzog/Scholz, GG, Art. 2 I Rn. 52; Nipperdey, Soziale Marktwirtschaft und Grundgesetz, S. 41, 60

[1189] Vgl. Otting, Neues Steuerungsmodell und rechtliche Betätigungsspielräume der Kommunen, S. 147 ff.

[1190] Vgl. Berg, GewArch 1990, 225 (227); Ehlers, Jura 1999, 212 (213 f.); Gerke, Jura 1985, 349 f.; Hennecke, NdsVBl. 1998, 273 (277); Krölls, GewArch 1992, 281 (282); Ronellenfitsch, Wirtschaftliche Betätigung der öffentlichen Hand, in: Isensee/Kirchhof, HBdStR Band III, § 84 Rn. 33; Stober, Allgemeines Wirtschaftsverwaltungsrecht, § 12 I 2; a.A. Sodan, DöV 2000, 361 (368)

[1191] Vgl. oben: B. III. 3., S. 152 ff.

[1192] Vgl. oben: D. II, S. 215 f.

gedrängt ist[1193]. Dies darf aber nicht dazu führen, zusätzliche fundamentale Aspekte und tragende Direktiven des Verhältnisses privater zu öffentlicher Wirtschaftstätigkeit nicht allgemein zu klären.

II. Das Subsidiaritätsprinzip als allgemeiner ungeschriebener Verfassungsgrundsatz

Während das *Bundesverfassungsgericht* in seiner Rechtsprechung zur Frage des Subsidiaritätsprinzips keine Position bezogen hat, sondern es vielmehr bis dato offen gelassen hat, inwieweit das Grundgesetz das Subsidiaritätsprinzip als ungeschriebenen Verfassungsgrundsatz enthält[1194], finden sich in der Literatur heute nur noch wenige Stimmen[1195], die das Subsidiaritätsprinzip als vernünftigen Grundsatz, so wie es seinen als „klassisch" zu bezeichnenden Ausdruck in der Enzyklika Quadrogesimo anno des Papstes Pius XI. aus dem Jahre 1931 (Nr. 79) gefunden hat, ablehnen.

„Wenn es nämlich auch zutrifft, was ja die Geschichte deutlich bestätigt, dass unter den veränderten Verhältnissen manche Aufgaben, die früher leicht von kleineren Gemeinwesen geleistet wurden, nur mehr von großen bewältigt werden können, so muss doch allzeit unverrückbar jener oberste sozialphilosophische Grundsatz festgehalten werden, an dem nicht zu rütteln und zu deuteln ist: wie dasjenige, was der Einzelmensch aus eigener Initiative und aus eigenen Kräften leisten kann, ihm nicht entzogen und der Gesellschaftstätigkeit zugewiesen werden darf, so verstößt es gegen die Gerechtigkeit, das, was die kleineren und unteren Gemeinwesen leisten und zum guten Ende führen können, für die weitere und übergeordnete Gemeinschaft in Anspruch zu nehmen; zugleich ist es überaus nachteilig und verwirrt die ganze Gesellschaftsordnung. Jedwede Gesellschaftstätigkeit ist ja ihrem Wesen und Begriff nach subsidiär; sie soll die Glieder des Sozialkörpers unterstützen, darf sie aber niemals zerschlagen oder aufsaugen"[1196].

[1193] Es ist weitgehend anerkannt, dass der Grundsatz der Subsidiarität jedenfalls im Rahmen grundrechtlicher Gewährleistungen und Rechtfertigungserfordernissen umfassende Wirksamkeit beanspruchen kann: Vgl. v. Arnim, Staatslehre der BRD, S. 475; Bull, Die Staatsaufgaben nach dem Grundgesetz, S. 202 ff.; Schuppert, VerwArch 71 (1980), 309 (333 ff.); ebenso Breuer, Die staatliche Berufsregelung und Wirtschaftsenkung, in: Isensee/Kirchhof, HBdStR Band V, § 148 Rn. 13, der verlangt, dass auch der rechtfertigende Zweck selbst geeignet, erforderlich und verhältnismäßig im engeren Sinne sei; ähnlich: Pielow, NWVBl. 1999, 365 (376)

[1194] Vgl. BVerfGE 10, 59 (83); 22, 180 (200 ff.); 58, 233 (253); das Subsidiaritätsprinzip ablehnend: Vgl. BVerwGE 23, 304 (306); 39, 329 (338); 67, 321 (324 f.); Demgegenüber legt der BGH seiner „Brillen-Selbstabgabe" Entscheidung, BGHZ 82, 375 (390), ausdrücklich das Subsidiaritätsprinzip zugrunde

[1195] zweifelnd beispielsweise Bull, Die Staatsaufgaben nach dem Grundgesetz, S. 192 ff.

[1196] Acta Apostolica Sedis (AAA), XXIII, 1931, S. 177 (203) (Offizielle vatikanische Übersetzung)

Der Streit rankt sich vielmehr lediglich um die Frage, ob es sich beim Subsidiaritätsprinzip lediglich um ein *„wertvolles Prinzip der Sozialordnung"* handelt, dessen Befolgung ein *„Gebot politischer Klugheit"* ist[1197] oder ob es ein ungeschriebener Verfassungsgrundsatz mit Befolgungsanspruch ist[1198].

Allerdings ist die Diskussion um das Subsidiaritätsprinzip von vielerlei Fehleinschätzungen geprägt. So ging beispielsweise *Roman Herzog* – einst vehementer Gegner des Subsidiaritätsprinzips[1199] – auch in seinem Lehrbuch der Allgemeinen Staatslehre von 1971 noch davon aus, das Subsidiaritätsprinzip stehe in scharfen Widerspruch zu dem zwingenden und unverzichtbaren Erfordernis des allzuständigen Staates in der heutigen Massengesellschaft[1200]. Die auf dieser Grundlage einst von *Herbert Krüger*[1201] entwickelte Lehre von der Staatsgewalt als einer *„Blankovollmacht für alle Fälle"*, würde in ihrer absolutistischen Verwurzelung zwar heute keine ausreichende Tragfähigkeit besitzen, sie wäre aber, *„so bedrückend das auch sein mag"*, die einzige Lösung, verlange man vom Staat umfassende Vorsorge. Demgegenüber stellt *Herzog* heute zutreffend klar, dass das Subsidiaritätsprinzip

---

[1197] Vgl. Herzog, Allgemeine Staatslehre, S. 151; Stober, Allgemeines Wirtschaftsverwaltungsrecht, § 12 I 2; ebenso ablehnend: Badura, Staatsrechts, I 108, ders. Die Wirtschaftstätigkeit der öffentlichen Hand und die neue Sicht des Gesetzesvorbehalts, in: FS für Steindorff, 835 (838); Berg, GewArch 1990, 225 (227); Bull, Die Staatsaufgaben nach dem Grundgesetz, S. 190 ff.; Erichsen, Gemeinde und Private im wirtschaftlichen Wettbewerb, S. 31; Klein, Die Teilnahme des Staates am wirtschaftlichen Wettbewerb, S. 161 f; Püttner, Die öffentlichen Unternehmen, S. 141 ff., 170 f.; Schmidt-Jortzig, Subsidiaritätsprinzip und Kommunalordnung, S. 7 ff.; Scholz, in: Maunz/Dürig/Herzog/Scholz, GG, Art. 9 (Stand Feb. 1999) Rn. 17; Wolff/Bachof, Verwaltungsrecht III, § 138 Rn. 12; a.A. Vorauflage

[1198] So die heute im vordringen befindliche Meinung. Vgl. v. Arnim, Staatslehre der BRD, S. 474 ff.; ders., Rechtsfragen der Privatisierung, S. 76 ff.; Berg, Wirtschaft und Verwaltung 3/00 – Vierteljahresbeilage zum GewArch, 141 (149); Döring/Wohltmann, AfK 1999, 44 (51 ff.); Häberle, AöR 119 (1993), 169 ff. mit Umfangreichen Nachweisen in Fn. 1; Hengstschläger, VVDStRL 54 (1995), 165 (193 ff.); Hösch, Wirtschaft und Verwaltung 3/00 – Vierteljahresbeilage zum GewArch, 159 (171 ff.); H.P. Ipsen, NJW 1963, 2049 (2054); ders., NJW 1963, 2102 (2106); Isensee, Gemeinwohl und Staatsaufgaben im Verfassungsstaat, in: Isensee/Kirchhof, HBdStR Band III, § 57 Rn. 165 ff.; Maunz/Zippelius, Deutsches Staatsrecht, S. 69 f.; Oppermann, Subsidiarität im Sinne des Deutschen Grundgesetzes, in: Nörr/Oppermann, Subsidiarität und Wirklichkeit, 215 (218 ff.); ders., JuS 1996, 569 (571); Rupp, Die Unterscheidung zwischen Staat und Gesellschaft, in: Isensee/Kirchhof, HBdStR Band I, § 28 Rn. 51 f.; ders., Soziale Marktwirtschaft, in: Isensee/Kirchhof, HBdStR Band IX, § 203 Rn. 33; Sodan, DöV 2000, 361 (368 ff.); Wolff, Verwaltungsrecht IIII, § 138 II b 2; Zippelius, Allgemeine Staatslehre, § 17 I 3; Zuck, Subsidiaritätsprinzip und Grundgesetz, S. 133; ähnlich Brohm, NJW 1994, 281 (286); Heintzen, Rechtliche Grenzen und Vorgaben für eine wirtschaftliche Betätigung von Kommunen im Bereich der gewerblichen Gebäudereinigung, S. 42 ff., ausdrücklich, S. 86, 88

[1199] Vgl. Herzog, Der Staat 2, 1963, 399 (409 ff.)

[1200] Vgl. Herzog, Allgemeine Staatslehre, S. 148; so noch heute: Otting, Neues Steuerungsmodell und rechtliche Betätigungsspielräume der Kommunen, S. 146 f.

[1201] Vgl. Krüger, Allgemeine Staatslehre, S. 760

dem Staat gerade nicht den Zugriff auf irgend ein bestimmtes Sachgebiet verweigert, wenn nur die Notwendigkeit staatlichen Eingreifens insofern einsichtig genug ist. Das Subsidiaritätsprinzip erhält und verwirklicht gerade die Allzuständigkeit als (zwingende) Grundeigenschaft des modernen Staates und ist damit der einzige Denkansatz geblieben, von dem aus überhaupt eine Kompetenzabgrenzung zwischen Staat und Gesellschaft erreichbar erscheint[1202]. Darüber hinaus sei das Subsidiaritätsprinzip grundsätzlich auch der richtige Maßstab, den „überforderten Staat" aus seiner Umklammerung zu befreien[1203]. Erstaunlich ist jedoch, dass aus diesen Erkenntnissen keinerlei Konsequenzen gezogen werden, sondern vielmehr dem Subsidiaritätsprinzip im gleichen Atemzug nachgesagt wird, es hätte in der politischen Praxis bisher keine großen Triumphe gefeiert[1204]. Wer dem Subsidiaritätsprinzip den Stellenwert einer politischen Klugheitsregel gibt[1205], darf sich später nicht wundern, wenn keine messbaren Leistungen erzielt werden.

Die Prognose, das Subsidiaritätsprinzip würde bereits aufgrund der Begrenztheit staatlicher Mittel ohnehin selbstverständliche Richtlinie des staatlichen Handelns sein, darf einerseits als vom Autor selbst widerlegt betrachtet werden und zeugt andererseits von erheblichen Idealismus, der, auch wenn man den Staat zu Recht als das „bessere Gewissen" bezeichnet, übersieht, dass dahinter letztendlich auch nur Menschen stehen.

Ebenso darf die Ansicht *Hans Peter Bulls*, die Angewiesenheit des einzelnen in der heutigen arbeitsteiligen Gesellschaft auf Hilfe und Ergänzung durch die Allgemeinheit zeige gerade die Unterlegenheit gesellschaftlicher Selbststeuerungskräfte gegenüber den Steuerungsmitteln des Staates, sodass eine Vermutung für den prinzipiellen Vorrang der größeren vor der kleineren Einheit spreche[1206], vor dem Trümmerfeld des Sozialismus als bereits durch die Geschichte widerlegt betrachtet werden.

Aber ohne dem im einzelnen hier noch weiter nachgehen zu wollen, werden sich, bis auf dessen nicht ausdrückliche Erwähnung im Verfassungstext[1207], sowohl keinerlei allgemeine als auch verfassungsrechtliche Aspekte finden lassen, die gegen das Subsidiaritätsprinzip, so wie es von *Josef Isensee* grundlegend entwickelt wurde, an sich, ebenso wie gegen dessen verfassungsrechtliche Absicherung sprechen könnten. Es zeigt sich vielmehr, führt man sich die freiheitliche, demokratische, rechts- und sozialstaatliche Ordnung des Grundgesetzes vor Augen, dass das

---

[1202] Vgl. Herzog, Der überforderte Staat, in: FS für Lerche, 15 (20)

[1203] Vgl. Herzog, Der überforderte Staat, in: FS für Lerche, 15 (18 ff.)

[1204] So Herzog, Der überforderte Staat, in: FS für Lerche, 15 (19)

[1205] So Herzog, Allgemeine Staatslehre, S. 151

[1206] Vgl. Bull, Die Staatsaufgaben nach dem Grundgesetz, S. 192 ff.

[1207] In dem neuen Art. 23 GG findet das Subsidiaritätsprinzip allerdings ausdrückliche Erwähnung, dessen Geltungskraft für die innerstaatliche Ordnung hier nicht weiter behandelt werden soll.

Subsidiaritätsprinzip als ungeschriebener Verfassungsgrundsatz unmittelbar im Grundgesetz angelegt ist.

Ausgehend von der in jeder Hinsicht zutreffenden Erkenntnis *Roman Herzogs*[1208], dass der Staat des Grundgesetzes seiner Ausrichtung nach zwingend *anthropozentrisch* sein muss, d.h. er den Menschen als Individuum in seinen Mittelpunkt stellen und allein auf ihn ausgerichtet sein muss, er nur um seines Willen da sein und deshalb seine Legitimation auch einzig und allein aus seiner dienenden Funktion für den Menschen beziehen kann, ergibt sich, dass das Subsidiaritätsprinzip bereits notwendig in der grundgesetzlichen Ordnung mit angelegt ist[1209]. Es verwundert, dass aber *Herzog* selbst, der so eindringlich formuliert, dass der Staat der Gegenwart zwar mehr denn je der Herrschaft bedürfe, um seinen Aufgaben gerecht werden zu können, aber es sich *„dabei nicht um Herrschaft im Interesse der Herrschaft selbst bzw. der Herrschenden handeln"* dürfe, *„sondern ihre dienende Funktion ... über jeden Zweifel erhaben sein, den Inhabern von Staatsgewalt stündlich vor Augen gehalten und bis in die letzte Einzelfrage staatlicher Organisation und staatlicher Politik konsequent durchgeführt werden"* müsse[1210], die Konsequenz des Subsidiaritätsprinzips als notwendigen Verfassungsrundsatz nicht zieht. Begreift man Staat und Gesellschaft richtigerweise als Einheit *„verschiedener Aggregatzustände"*, bei der der eine seine Legitimation und Funktion ausschließlich in der Unterstützung des anderen findet, kann es kein Gegeneinander, sondern nur ein ineinandergreifendes Miteinander geben, will man die Einheit nicht, in Richtung auf ihre historischen Vorgänger, ad absurdum führen. In dem Staat des Grundgesetzes ist deshalb Wettbewerb zwischen den verschiedenen Funktionskreisen per se und damit auch die bereits zu Beginn der verfassungsrechtlichen Analyse abgelehnte Chancengleichheit von Privaten und Gemeinde im Wettbewerb schlicht und einfach nicht denkbar.

Entscheidend für das Verhältnis der gemeinsamen Aufgabenerfüllung ist, dass das Grundgesetz die persönliche Freiheit des Individuums, d.h. die Freiheit autonomer Lebensgestaltung in seinen Mittelpunkt stellt, was die grundgesetzlichen Zentralnormen des Art. 1 I und 2 I GG sowie deren *„Verlängerungen ... in die übrigen Freiheitsrechte"* unmissverständlich zum Ausdruck bringen[1211]. Der Staat hat demnach seiner Funktion nach nicht nur dem Menschen, sondern auch dessen Freiheit zu dienen und damit dem Einzelnen ein Optimum an persönlicher Entfaltung zu gewährleisten.

[1208] Vgl. Herzog, Allgemeine Staatslehre, S. 141 f.

[1209] Vgl. v.Arnim, Staatslehre der BRD, S. 470 ff.; Zippelius, Allgemeine Staatslehre, § 17 I 3

[1210] Vgl. Herzog, Allgemeine Staatslehre, S. 142

[1211] Vgl. Morlok, Selbstverständnis als Rechtskriterium, S. 74

Damit ist das Subsidiaritätsprinzip in den grundrechtlichen Freiheitsgewährleistungen des Grundgesetzes verankert[1212] und findet in jedem Falle im Rahmen der ausdrücklichen individuellen Gewährleistungen Anwendung. Die Handhabung des Verhältnismäßigkeitsgrundsatzes in der Weise, dass die betroffene Grundrechtsposition ersichtlich schwerer als das verfolgte Allgemeininteresse wiegen muss um eine Korrektur des Eingriffs zu bewirken[1213], zeugt von überkommenem obrigkeitsstaatlichem Denken und läuft der grundrechtlichen Teleologie diametral zuwider[1214]. Geschützte Position ist die Grundrechtsposition, die deshalb keine andere Position überwinden, sondern selbst von einer anderen Position überwunden werden muss. Demzufolge muss auch das verfolgte Allgemeininteresse wesentlich schwerer wiegen als das konkret geschützte Individualinteresse. Alles andere wäre eine grundlegende Verkennung des Verhältnisses von Angriff und Verteidigung.

Die individuellen grundrechtlichen Gewährleistungen sind aber nur die Pfeiler der freiheitlichen Ordnung des Grundgesetzes. So wirken sie einerseits untereinander, bilden aber vor allem in der Gesamtwirkung für alle ihre Adressaten ein gesamtgesellschaftliches Freiheitsmodell. Erst die soziale Interdependenz der freiheitlichen Gewährleistungen ist die Freiheit der Gesellschaft, die aber als solche in der Verfassung ursprünglich angelegt ist und insoweit auch einer schlichten Reduzierung auf den individualgrundrechtlichen Schutz einzelner Grundrechtsgewährleistungen im Wege steht[1215]. Der dienende Staat hat deshalb nicht lediglich die individuelle Freiheit im Rahmen der jeweils verfassungsrechtlich geschützten Abwehrposition zur optimalen Entfaltung zu bringen, sondern in seiner Gesamtverantwortung die optimale Freiheit der Gesellschaft als die in jeder Hinsicht optimale Bedingung einer individuellen Persönlichkeitsentfaltung zu gewährleisten. Dies bedeutet keinesfalls eine generelle Verdrängung oder gar Verteufelung des Staates, sondern soll nach der grundgesetzlichen Konzeption und Zielrichtung vielmehr gesellschaftliche Freiheit gemeinsam mit dem als notwendig erachteten Staat zu einem Optimum an persönlicher Freiheit des einzelnen Individuums führen.

Ausgehend von der wohl unbestreitbaren Erkenntnis, dass die persönliche Freiheit prinzipiell dann am größten ist, wenn sie alleinbestimmt ist, andererseits dann aber auch den größten Gefahren ausgesetzt ist vollkommen zu erodieren, kann allein *der* Umstand, dass der Gefahr nicht selbstständig begegnet werden kann, die Übernahme durch die Allgemeinheit rechtfertigen. Es muss sich die nur relative

---

[1212] Vgl. v.Arnim, Staatslehre der BRD, S. 475; ders., Rechtsfragen der Privatisierung, S. 77 ff.; Dürig, in: Maunz/Dürig/Herzog/Scholz, GG, Art. 2 I Rn. 52; Isensee, Gemeinwohl und Staatsaufgaben im Verfassungsstaat, in: Isensee/Kirchhof, HBdStR Band III, § 57 Rn. 168 f.; Rupp, Die Unterscheidung von Staat und Gesellschaft, in: Isensee/Kirchhof, HBdStR Band I, § 28 Rn. 51 ff.

[1213] Vgl. BVerfGE 44, 353 (373); Jarass, in: Jarass/Pieroth, GG, Art. 20 Rn. 86

[1214] Vgl. oben: B. III. 4. c) (2) (b) (04), S. 183 ff.

[1215] Vgl. auch ausführlich Rupp, Die Unterscheidung von Staat und Gesellschaft, in: Isensee/Kirchhof, HBdStR Band I, § 28 Rn. 33 ff.

Selbstbestimmung, wie es die Wahrnehmung durch eine übergeordnete Gemeinschaft ist, tatsächlich als Optimierung der Freiheit qualifizieren lassen.

Das Subsidiaritätsprinzip will deshalb als allgemeiner Verfassungsgrundsatz verstanden werden, der die Funktionskreise von Staat und Gesellschaft entsprechend der freiheitlichen Konzeption des Grundgesetzes voneinander abgrenzt. Es darf nicht nur einseitig als Begrenzung staatlicher Aufgabenwahrnehmung verstanden werden, sondern auch im Zusammenspiel mit dem Sozialstaatsprinzip - Art. 20 I GG - als Funktionszuweisung an den Staat. Als solches verkürzt es in keiner Weise den grundsätzlich notwendigen allumfassenden Verantwortungsbereich des Staates und gewährleistet in jeder Hinsicht Entwicklungsoffenheit um auf unterschiedlichste Anforderungen flexibel reagieren zu können. Eine für die Allgemeinheit nachteilige Einschränkung der Staatstätigkeit ist nicht zu befürchten. Vielmehr ist mit der Verpflichtung des Staates auf das mögliche und erforderliche sowie dessen konsequenter, kontrollierter Umsetzung ein den staatlichen Wirkungsgrad verstärkender Selbstreinigungsprozess zu erwarten.

Sicherlich stehen mit der Anerkennung des Subsidiaritätsprinzips als ungeschriebener Verfassungsgrundsatz auch Pfründe, insbesondere im kommunalen Bereich, auf dem Spiel, die, trotz eindeutiger Verortung im Grundgesetz, dessen Ablehnung allein unter Berufung auf seine nicht ausdrückliche Erwähnung im Verfassungstext attraktiv erscheinen lassen mögen. Nun besteht aber einmal der Staat in seiner Gesamtheit nicht zum Selbstzweck, sondern ausschließlich für die mit ihm personenidentischen Individuen. Ein Bestandsschutz nur um des Bestandsschutzes willen kommt deshalb, so bedrückend das man auch mancherorts empfinden mag, nicht in Betracht[1216]. Auf der anderen Seite ist es geradezu erschreckend, wie selbstverständlich Rechtsprechung und Staatsrechtslehre teilweise staatliche Handlungsspielräume über den eindeutigen Verfassungsrahmen hinaus ausdehnen[1217], während bei der Sicherung individueller Freiheit, die gerade Mittelpunkt unserer Verfassungsordnung ist und deshalb auch Ziel von Rechtsprechung und Staatsrechtslehre sein sollte, unverhältnismäßige Zurückhaltung geübt wird. Es ist dies wohl die *spezifisch deutsche Angst vor Freiheit*[1218], die sich in einem *fehlenden Vertrauen in die immanente Vernunft der Freiheit*[1219] manifestiert. Dem Grundgesetz ist sie fremd.

[1216] Sehr problematisch deshalb BVerfGE 22, 180 (200 ff.) – Jugendwohlfahrt, wo öffentlichen Einrichtungen der Jugendhilfe, unabhängig vom Subsidiaritätsprinzip, praktisch Bestandschutz eingeräumt wird.

[1217] Vgl. nur die bereits mehrfach erwähnte Rechtsprechung des *Bundesverwaltungsgerichts* zur staatlichen Informationspolitik: BVerwGE 71, 183 – Arzneimittel Transparenzlisten; BVerfGE 82, 76 – Jugendsekten; BVerwGE 87, 37 – Diethylenglykol; BVerwG NJW 1996, 3161 – Warentest; siehe dazu auch Lege, DVBl. 1999, 569 ff.

[1218] Vgl. Hufen, NJW 1994, 2913 (2915), zur Berufsfreiheit

[1219] Vgl. H.H. Klein, DVBl. 1994, 489 (494)

III. Zwischenergebnis

Staatliches Tätigwerden hat sich auf der Grundlage des Subsidiaritätsprinzips grundsätzlich in einer Verhältnismäßigkeitsprüfung gegenüber der gesellschaftlichen Aufgabenwahrnehmung zu rechtfertigen. Allein der „öffentliche Zweck" kann deshalb eine die Freiheit der Gesellschaft berührende Maßnahme nicht rechtfertigen, sondern es muss der Zweck auch notwendig und das Mittel verhältnismäßig in dem Sinne sein, dass die Aufgabe in gleicher Weise und hinreichenden Umfang ohne staatliches Einschreiten von der Gesellschaft nicht erfüllt werden kann.

Für die staatliche bzw. gemeindliche Wirtschaftsbetätigung bedeutet das, dass diese unter dem verfassungsrechtlichen Grundsatz der Subsidiarität nur dann in Betracht kommt, wenn sie bei der notwendigen Wahrnehmung öffentlicher Aufgaben privater Wirtschaftstätigkeit definitiv überlegen ist. Zwar muss auch in diesem Zusammenhang der Gemeinde eine gewisse Einschätzungsprärogative zugestanden werden, die Rechtfertigungslast liegt jedoch beim Staat, den insoweit eine Begründungs- und eventuell auch Ermittlungspflicht trifft.

3. Teil: Die kommunalrechtlichen Grenzen gemeindlicher Wirtschaftstätigkeit

Im Anschluss an die Klärung der verfassungsrechtlichen Grundlagen und Grenzen gemeindlicher Wirtschaftsbetätigung sollen in diesem Teil nicht primär die kommunalrechtlichen Grenzen bestimmt werden, sondern vielmehr die gewonnenen verfassungsrechtlichen Direktiven auf die Normen des kommunalen Wirtschaftsrechts angewendet und umgesetzt werden. Zu klären ist, inwieweit sich die jeweiligen Vorschriften des Gemeindewirtschaftsrechts der Länder innerhalb des durch die Verfassung abgesteckten Rahmens bewegen und als solche vor dem Hintergrund der Verfassung inhaltlich zu bestimmen sind.

Die Aufgabe wird dadurch erheblich erschwert, dass sich die relevanten Vorschriften der Gemeindeordnungen der Länder, trotz gemeinsamen Ursprungs, vor allem in jüngerer Zeit teilweise beträchtlich auseinanderentwickelt haben. Im folgenden werden deshalb erst die maßgeblichen Bestimmungen aus ihrer föderalen Vielfalt herausgearbeitet und anschließend am Maßstab des Grundgesetzes gemessen und inhaltlich analysiert.

A. Die Vorschriften des kommunalen Wirtschaftsrechts der Gemeindeordnungen der Bundesländer

Die heute geltenden landesgesetzlichen Regelungen des kommunalen Wirtschaftsrechts gehen in ihren Ursprüngen allesamt auf die Vorschriften der §§ 67 ff. der Deutschen Gemeindeordnung (DGO) von 1935[1220] zurück. Als gemeinsame Grundlage stellen sie den Fixpunkt dar, von dem aus in systematischer und gleichzeitig auch übersichtlicher Vorgehensweise die heute maßgeblichen Bestimmungen in ihrer Diversität dargestellt werden können.

[1220] Deutsche Gemeindeordnung vom 30.1.1935 RGBl. I Nr. 6, S. 49

I. Die Vorschriften der Deutschen Gemeindeordnung von 1935 als gemeinsamer Vorläufer aller heute geltenden landesgesetzlichen Regelungen

Mit den Vorschriften der §§ 67 ff. DGO fand die wirtschaftliche Betätigung der Gemeinden ihre erste umfassende gesetzliche Regelung. Die für die weitere Untersuchung wesentlichen Vorschriften der §§ 67, 69 I, 72 I DGO sind im folgenden dargestellt.

2. Abschnitt

Wirtschaftliche Betätigung der Gemeinden

§ 67

(1)   Die Gemeinde darf *wirtschaftliche Unternehmen* nur errichten oder wesentlich erweitern, wenn

1.   der *öffentliche Zweck* das Unternehmen *rechtfertigt.*
2.   das Unternehmen nach Art und Umfang in einem *angemessenen Verhältnis* zu der *Leistungsfähigkeit* der Gemeinden und zum voraussichtlichen *Bedarf* steht.
3.   der Zweck *nicht besser und wirtschaftlicher* durch einen anderen erfüllt wird oder erfüllt werden kann.

(2)   Wirtschaftliche Unternehmen im Sinne dieses Abschnittes sind nicht

1.   Unternehmen, zu denen die Gemeinde gesetzlich verpflichtet ist,
2.   Einrichtungen des Unterrichts-, Erziehungs- und Bildungswesens, der körperlichen Ertüchtigung, der Kranken-, Gesundheits- und Wohlfahrtspflege.

Auch diese Unternehmen und Einrichtungen sind nach wirtschaftlichen Gesichtspunkten zu verwalten.

(3)   Bankunternehmen darf die Gemeinde nicht errichten.

(4)   Für das öffentliche Sparkassenwesen verbleibt es bei den besonderen Vorschriften.

§ 69 Abs. 1

Die Gemeinde darf sich an einem wirtschaftlichen Unternehmen nur beteiligen, wenn die Voraussetzungen des § 67 vorliegen und wenn für die Beteiligung eine Form gewählt wird, die die Haftung der Gemeinde auf einen bestimmten Betrag begrenzt. § 68 gilt entsprechend.

§ 72 Abs. 1

Wirtschaftliche Unternehmen *sollen* einen *Ertrag für den Haushalt der Gemeinde abwerfen.*

II. Die heute geltenden Vorschriften der Gemeindeordnungen der Länder

Ausgehend von den dargestellten Regelungen der DGO sollen nun im folgenden die maßgeblichen Bestimmungen der heute geltenden Vorschriften des kommunalen Wirtschaftsrechts der Länder herausgearbeitet werden.

Mit der zentralen Vorschrift des § 67 Abs. 1 DGO nahezu wörtlich übereinstimmende Regelungen enthalten § 102 Abs. 1 der Gemeindeordnung für *Baden-Württemberg* (GO BW), § 68 Abs. 1 der Kommunalverfassung für das Land *Mecklenburg-Vorpommern* (KV M-V), § 108 Abs.1 S. 2 der *Niedersächsischen* Gemeindeordnung (NdsGO), § 108 Abs. 1 des *Saarländischen* Kommunalselbstverwaltungsgesetzes (KSVG), § 97 Abs.1 S. 1 der Gemeindeordnung für den *Freistaat Sachsen* (SächsGemO), § 116 Abs. 1 der Gemeindeordnung für das Land *Sachsen-Anhalt* (GO LSA) und § 101 Abs. 1 der Gemeindeordnung für *Schleswig-Holstein* (GO S-H). Weitestgehend gilt dies auch für § 100 Abs. 2 der Gemeindeordnung für das Land *Brandenburg* (BbgGO) und § 121 Abs. 1 der *Hessischen* Gemeindeordnung (HessGO), die jedoch, ebenso wie die Vorschriften der übrigen Gemeindeordnungen, vereinzelt erhebliche Modifikationen enthalten. Sie sollen im folgenden systematisch dargestellt werden.

1. Die Rechtfertigung durch einen *öffentliche Zweck*

So verschärfen Art. 87 Abs. 1 S. 1 Nr. 1 der Gemeindeordnung für den *Freistaat Bayern* (BayGO), § 107 Abs. 1 S. 1 Nr. 1 der Gemeindeordnung für das Land *Nordrhein-Westfalen*[1221] (GO NW) und § 71 Abs. 1 Nr. 1 der *Thüringer* Kommunalordnung (ThürKO) die Anforderungen dahingehend, dass ein *öffentlicher Zweck*

[1221] Die Voraussetzung des „dringenden" öffentlichen Zwecks ist mit dem am 14. Juli 1999 in Kraft getretenen ersten Gesetz zur Modernisierung von Regierung und Verwaltung in Nordrhein-Westfalen (1. ModernG NRW, GVBl. NW S. 386) entfallen.

die wirtschaftliche Betätigung bzw. das wirtschaftliche Unternehmen der Gemeinden nicht nur *rechtfertigen*, sondern *erfordern* muss. Art. 87 Abs. 1 S. 2 BayGO bestimmt darüber hinaus noch ausdrücklich, dass Tätigkeiten, mit denen die Gemeinde oder ihre Unternehmen an dem vom Wettbewerb beherrschten Wirtschaftsleben teilnehmen um Gewinn zu erzielen, keinem öffentlichen Zweck dienlich sind, gestattet aber die Weiterführung[1222] von Unternehmen, die vor Inkrafttreten dieser ausdrücklichen Bestimmung vor dem 1. September 1998 errichtet oder übernommen wurden.

War es demgegenüber früher vereinzelt noch strittig, ob im Falle der gemeindlichen *Beteiligung* an Unternehmen in Privatrechtsform die Beteiligung oder auch das Unternehmen selbst das Erfordernis der öffentlichen Zwecksetzung erfüllen muss[1223], so stellen die geltenden Gemeindeordnungen der Länder durch ihre spezifischen Vorschriften zu den privatrechtsförmigen Unternehmen weitestgehend unmissverständlich klar, dass auch die Ausrichtung des Unternehmens selbst, auf die Erfüllung öffentlicher Zwecke, Beteiligungsvoraussetzung ist[1224].

2. Die Subsidiaritätsklausel

Auch die allgemein als (einfache) „Subsidiaritätsklausel" bezeichnete Regelung[1225] des § 67 Abs.1 Nr. 3 DGO, dass der *Zweck nicht besser und wirtschaftlicher durch einen anderen erfüllt wird oder erfüllt werden kann*, war bereits zum wiederholten Male Gegenstand landesgesetzgeberischer Umgestaltung. So verzichtet heute nur noch § 121 Abs. 1 HessGO vollständig auf diese Regelung, während hingegen Art. 87 Abs. 1 S. 1 Nr. 4 BayGO, § 85 Abs. 1 Nr. 3 der Gemeindeordnung für *Rheinland-Pfalz* (GO R-P) und § 71 Abs. 1 Nr. 3 ThürKO bestimmen, dass eine Gemeinde sich nur dann wirtschaftlich betätigen[1226] darf, wenn der *Zweck nicht ebenso gut und wirtschaftlich* durch einen anderen erfüllt wird oder erfüllt werden kann[1227]. Ähnlich formuliert auch § 100 Abs. 3 der BbgGO, dass die Gemeinde im Interesse einer sparsamen Haushaltsführung[1228] dafür zu sorgen hat, „dass Leistungen, die von privaten Anbietern in mindestens gleicher Qualität und Zuverlässig-

---

[1222] Nicht aber die Erweiterung

[1223] Vgl. ausführlich Hidien, Gemeindliche Betätigung rein erwerbswirtschaftlicher Art und öffentlicher Zweck, S. 32 ff., m.w.N.

[1224] Vgl. Art. 89 I 1 Nr. 1 BayGO; § 109 I Nr. 1 NdsGO; § 108 I 1 Nr. 7 GO NW; § 103 I Nr. 2 GO BW; § 122 I Nr. 1 HessGO; § 101 I BbgGO; § 97 I SächsGO; § 73 I Nr. 1 ThürKO; § 69 I Nr. 2 KV M-V; § 117 I Nr. 2 GO LSA; nicht § 110 KSVG

[1225] Vgl. Schmidt-Aßmann, Kommunalrecht, in: ders., Besonderes Verwaltungsrecht, 1. Abschnitt, Rn. 120

[1226] In der BayGO gelten diese Anforderungen ausschließlich für die Errichtung, Übernahme oder wesentliche Erweiterung von gemeindlichen Unternehmen.

[1227] Sog. qualifizierte Subsidiaritätsklausel

[1228] Anders als bei den typischen Subsidiaritätsklauseln ist hier die Schutzrichtung der Norm ausdrücklich bestimmt.

keit bei gleichen oder geringeren Kosten erbracht werden können, diesen Anbietern übertragen werden, sofern dies mit dem öffentlichen Interesse vereinbar ist." Darüber hinaus bestimmt Art. 95 Abs. 2 BayGO, dass gemeindliche Unternehmen keine wesentliche Schädigung und keine Aufsaugung selbständiger Betriebe in Landwirtschaft, Handwerk, Gewerbe und Industrie bewirken dürfen. Art. 87 Abs. 1 S. 1 Nr. 4 BayGO nimmt aber ausdrücklich Tätigkeiten im Bereich der kommunalen Daseinsvorsorge aus dem Anwendungsbereich der Subsidiaritätsklausel aus. Gleiches gilt für § 102 Abs. 1 Nr. 3 GO BW, der seine einfache Subsidiaritätsklausel nur auf Tätigkeiten außerhalb der kommunalen Daseinsvorsorge angewendet wissen will. Erheblich präziser aber auch weitergehender ist die neue Vorschrift des § 107 Abs. 1 S. 1 Nr. 3 GO NW, die ausdrücklich die Bereiche der Energieversorgung, der Wasserversorgung, des öffentlichen Verkehrs sowie den Betrieb von Telekommunikationsleitungsnetzen einschließlich der Telefondienstleistungen[1229] aus dem Anwendungsbereich der (einfachen) Subsidiaritätsklausel ausnimmt.

3. Die „nichtwirtschaftliche" Betätigung

Auch der Katalog des § 67 Abs. 2 DGO, der die sog. „nichtwirtschaftlichen Unternehmen"[1230], d.h. die Unternehmen bezeichnet, die von den Gemeinden ohne die einschränkenden Voraussetzungen des § 67 Abs. 1 betrieben werden durften, hat bisweilen im Laufe der Zeit eine derart umfangreiche Ausweitung erfahren, die eine auf die konkreten Einzelheiten der verschiedenen landeskommunalrechtlichen Vorschriften eingehende Auseinandersetzung unmöglich macht. An der Spitze steht die Vorschrift des § 107 Abs. 1 S. 3 GO NW, die in ihren Nummern 1 bis 5 einen umfangreichen Katalog gemeindlicher Tätigkeitsbereiche nicht als wirtschaftliche Betätigung im Sinne des kommunalen Wirtschaftsrechts gelten lässt. Besonders hinzuweisen ist in diesem Zusammenhang auf die mit der Rubrizierung unter die sog. „nichtwirtschaftliche" Betätigung in nahezu allen Gemeindeordnungen vorgenommene Ausklammerung von Einrichtungen, zu deren Betrieb die Gemeinde gesetzlich verpflichtet ist[1231], sowie der Einrichtungen, die als Hilfsbetriebe ausschließlich der Deckung des Eigenbedarfs von Gemeinden und Gemeindeverbänden dienen[1232].

[1229] Nach § 107 Abs. 1 S. 2 fällt hierunter nicht der Vertrieb und/oder die Installation von Endgeräten von Telekommunikationsanlagen.

[1230] Vgl. hierzu ausführlich Schnaudigel, Der Betrieb nichtwirtschaftlicher Unternehmen in Rechtsformen des Privatrechts, S. 29 ff.; Kritisch Schulz, BayVBl. 1997, 815 ff.

[1231] Vgl. § 107 I 3 Nr. 1 GO NW; § 108 III Nr. 1 NdsGO; § 102 III Nr. 1 GO BW; § 121 II Nr. 1 HessGO; § 110 II Nr. 1; § 97 II Nr. 1 SächsGO; § 68 II Nr. 1 KV M-V; § 116 III Nr. 1 GO LSA; nicht § 71 ThürKO und § 108 KSVG

[1232] Vgl. § 107 I 3 Nr. 5 GO NW; § 108 III Nr. 3 NdsGO; § 102 II Nr. 3 GO BW; § 121 II Nr. 3 HessGO; § 97 II Nr. 2 SächsGO; § 108 II Nr. 2 KSVG; § 68 II Nr. 3 KV M-V; § 116 III Nr. 1 GO LSA; nicht § 110 II BbgGO; anders die BayGO und die ThürKO

Demgegenüber verzichtet neuerdings die BayGO[1233] vollständig auf die oftmals als „überholt und weitgehend inhaltsleer" kritisierte Unterscheidung[1234] zwischen wirtschaftlichen und nichtwirtschaftlichen Unternehmen, sieht aber gemäß Art. 87 Abs. 1 S. 1 Nr. 1 einen öffentlichen Zweck insbesondere dann als gegeben an, wenn die Gemeinde mit dem Unternehmen gesetzliche Verpflichtungen oder aber ihre Aufgaben gemäß Art. 83 Abs. 1 der Bayerischen Verfassung und Art. 57 der BayGO erfüllen will.

4. Die Gewinnmitnahme

Nahezu sämtliche Kommunalverfassungen der Länder haben die Vorschrift des § 72 Abs. 2 DGO, dass die wirtschaftlichen Unternehmen einen Ertrag für den Gemeindehaushalt abwerfen sollen, mit der Maßgabe übernommen, dass hierdurch der öffentliche Zweck nicht beeinträchtigt werden darf[1235]. Wesentlich vorsichtiger formuliert demgegenüber Art. 95 Abs. 1 BayGO[1236], dass gemeindliche Unternehmen unter Beachtung betriebswirtschaftlicher Grundsätze und des Grundsatzes der Sparsamkeit und Wirtschaftlichkeit so zu führen sind, dass der öffentliche Zweck erfüllt wird.

5. Die Durchbrechung des Örtlichkeitsprinzips

Während das Gros der bundesdeutschen Gemeindeordnungen nach wie vor an einer grundsätzlich auf das Gemeindegebiet begrenzten Wirtschaftstätigkeit festhält und Grenzüberschreitungen nur im Rahmen interkommunaler Zusammenarbeit[1237] zulässt, haben neuerdings die Bundesländer *Bayern* und ihm folgend *Nordrhein-Westfalen* einer territorialen Ausweitung des gemeindlichen Wirtschaftsgebiets das Tor geöffnet.

So bestimmt Art. 87 Abs. 2 BayGO und mit dieser Vorschrift weitgehend übereinstimmend § 107 Abs. 3 NW GO, dass die Gemeinde mit ihren Unternehmen dann außerhalb des Gemeindegebiets tätig werden darf, wenn die allgemeinen Zulässigkeitsvoraussetzungen einer wirtschaftlichen Betätigung nach Art. 87 Abs. 1 BayGO bzw. § 107 Abs. 1 NW GO erfüllt sind und die berechtigten Interessen der betroffenen kommunalen Gebietskörperschaft gewahrt sind. Bei der Versorgung mit Strom und Gas gelten aber nur die Interessen als berechtigt, die nach den Vorschriften des Energiewirtschaftsgesetzes eine Einschränkung des Wettbewerbs zulassen.

[1233] Ebenso die ThürKO

[1234] Vgl. Knemeyer, BayVBl. 1999, 1

[1235] Vgl. § 109 I GO NW; § 114 I NdsGO; § 102 II GO BW; § 127 a HessGO; § 97 III SächsGO; § 75 I ThürKO; § 116 KSVG; § 75 KV M-V; § 116 II GO LSA

[1236] ähnlich zurückhaltend § 107 BbgGO

[1237] Vgl. hierzu insbesondere Ehlers, DVBl. 1997, 137 ff.

§ 107 Abs. 4 NW GO lässt darüber hinaus, für den Fall ihrer Genehmigung, auch die wirtschaftliche oder nichtwirtschaftliche Betätigung auf ausländischen Märkten zu. § 71 Abs. 4 ThürKO bestimmt, dass wirtschaftliche Unternehmen, die nicht auf das Gemeindegebiet beschränkt bleiben, der Genehmigung bedürfen.

B. Inhaltliche Analyse der gemeindewirtschaftsrechtlichen Vorschriften auf der Grundlage der verfassungsrechtlichen Vorgaben

Wurden vorliegend die maßgeblichen Vorschriften der geltenden Gemeindeordnungen im Hinblick auf eine Begrenzung gemeindlicher Wirtschaftstätigkeit herausgearbeitet, stellt sich nun unmittelbar anschließend die Frage, wie diese jeweils im Lichte der verfassungsrechtlichen Vorgaben zu beurteilen sind. Ziel der folgenden Darstellung ist es, die im Rahmen der verfassungsrechtlichen Analyse gewonnenen Erkenntnisse auf das geltende kommunale Wirtschaftsrecht anzuwenden.

I. Der Begriff der „wirtschaftlichen Betätigung" bzw. des „(wirtschaftlichen) Unternehmens[1238] "

Anknüpfungspunkt aller Regelungen des kommunalen Wirtschaftsrechtes ist die „wirtschaftliche Betätigung" oder aber der Betrieb eines (wirtschaftlichen) Unternehmens. Dürfte man, in Anbetracht der Zentralfunktion der Begrifflichkeiten und deren mehrdeutiger, ökonomisch geprägter Bedeutung[1239], vom Gesetzgeber definitorische Aufklärung erwarten, haben es die verschiedenen Gesetzgeber bis dato weitestgehend vorgezogen, sich insoweit nicht festzulegen, sondern ihre Bestimmung der Rechtslehre und Rechtsprechung zu überlassen.

Einzig § 107 Abs. 1 S. 3 GO NW und die nahezu gleichlautende Vorschrift des § 100 Abs. 1 BbgGO greifen den sich bis heute abzeichnenden umfangreichen Diskussionsstand[1240] auf und definieren den Begriff der wirtschaftlichen Betätigung, als

---

[1238] Art. 86 ff. BayGO verzichten vollständig auf den Begriff des „wirtschaftlichen" und stellen allein auf den Unternehmensbegriff ab.

[1239] So Stober, Kommunalrecht der BRD, § 22 I 1

[1240] Vgl. hierzu nur BVerwGE 39, 329 (333); Cronauge, Kommunale Unternehmen, Rn. 444 f.; Gerke, Jura 1985, 349 (350); Gern, Deutsches Kommunalrecht, Rn. 718 f.; Hidien, Gemeindliche Betätigung rein erwerbswirtschaftlicher Art und öffentlicher Zweck, S. 39 ff.; Kluth, Grenzen kommunaler Wettbewerbsteilnahme, S. 5 ff.; Püttner, Die öffentlichen Unternehmen, S. 23 ff.; Schmidt-Aßmann, Kommunalrecht, in: ders., Besonderes Verwaltungsrecht, 1. Abschnitt, Rn. 118; Rocke, Nebentätigkeit kommunaler wirtschaftlicher Unternehmen, S. 32 ff.; Schmidt-Jortzig, Die Zulässigkeit kommunaler wirtschaftlicher Unternehmen im einzelnen, in: Püttner, HBdkWP, Band V, § 93 II 1; Schnaudigel, Der Betrieb nichtwirtschaftlicher kommunaler Unternehmen in Rechts-

1. den Betrieb von Unternehmen,
2. die als Hersteller, Anbieter oder Verteiler von Gütern oder Dienstleistungen
3. am Markt tätig werden,
4. sofern die Leistung ihrer Art nach auch von einem Privaten mit der Absicht der Gewinnerzielung erbracht werden könnte.

Entscheidend ist, dass die Begriffe des wirtschaftlichen Unternehmens und der wirtschaftlichen Betätigung per definitionem dadurch in Übereinstimmung gebracht werden, dass die wirtschaftliche Betätigung den Betrieb eines Unternehmens als deren notwendige Voraussetzung verlangt. Was die einzelnen Voraussetzungen angeht, bestehen teilweise erhebliche Meinungsverschiedenheiten, auf die hier jedoch nicht in allen Einzelheiten eingegangen werden kann.

1. Einfachgesetzliche Auslegung

Maßgeblicher Kern des Unternehmensbegriffes soll eine - über die mit dem Begriff des „Wirtschaftlichen" gemeinsame Funktionalität hinaus - gewisse institutionelle Verselbständigung gegenüber der allgemeinen Gemeindeverwaltung sein[1241]. Unumstritten ist, dass dafür weder die Rechtsform entscheidend ist, noch eine rechtliche Verselbständigung erforderlich ist. Allgemein wird eine als faktisch bezeichnete Separation für ausreichend erachtet, die sich maßgeblich nach der tatsächlichen Eigenständigkeit und Organisation bestimmen soll[1242]. Die von *Bernd Janson*[1243] in diesem Zusammenhang als maßgeblich bezeichnete ökonomische Selbständigkeit der Einheit dürfte aber in den Zeiten des „Neuen Steuerungsmodells"[1244], das gerade die ökonomische Selbständigkeit der verschiedenen Verwaltungsteile anstrebt, an Kontur verlieren. Tatsächliche Schwierigkeiten wird der Begriff des Unternehmens jedoch kaum aufwerfen, weshalb der Weg des Bayerischen Gesetzgebers, ihn alleine zum Dreh und Angelpunkt der Regelungen des kommunalen Wirtschaftsrechts zu machen, bereits deshalb Zustimmung verdient.

Dagegen ist der Begriff des „wirtschaftlichen" mit erheblichen Unsicherheiten und Fehleinschätzungen befrachtet. So wird der Begriff beispielsweise häufig mit der konkreten Arbeitsweise des Unternehmens in Verbindung gebracht. Insbeson-

---

formen des Privatrechts, S. 118 ff.; Schulz, BayVBl. 1997, 518 ff.; Stern/Püttner, Die Gemeindewirtschaft – Recht und Realität, S. 54 ff.; Stober, Kommunalrecht der BRD, § 22 I 1; Waechter, Kommunalrecht, Rn. 600

[1241] Vgl. Hidien, Gemeindliche Betätigung rein erwerbswirtschaftlicher Art und öffentlicher Zweck, S. 43 f; Kluth, Grenzen kommunaler Wettbewerbsanteilnahme, S. 6; Stern/Püttner, Die Gemeindewirtschaft – Recht und Realität, S. 67 f.; Wolff/Bachof, Verwaltungsrecht II, § 86 VII b) 4)

[1242] Püttner, Die öffentlichen Unternehmen, S. 33 f.

[1243] Janson, Rechtsformen öffentlicher Unternehmen in der europäischen Gemeinschaft, S. 20;

[1244] Vgl. dazu ausführlich: Otting, Neues Steuerungsmodell und rechtliche Betätigungsspielräume der Kommunen, S. 4 ff.

dere *Klaus Stern/Günter Püttner*[1245], *Rupert Scholz*[1246], *Jürgen Hidien*[1247] sowie *Edzard Schmidt-Jortzig*[1248] sehen ein Vorgehen der Gemeinde nach wirtschaftlichen Arbeitsmethoden als zwingend erforderlich an, während *Günther Püttner*[1249] selbst, diese als nur in beschränkten Maße zur Kennzeichnung geeignet erachtet. Lediglich das Fehlen wirtschaftlicher Arbeitsmethoden habe zwingend zur Folge, dass eine wirtschaftliche Betätigung nicht vorliege. Demgegenüber misst *Jürgen Gerke*[1250] der wirtschaftlichen Arbeitsmethode zwar charakteristischen Gehalt bei, sieht in ihr aber keine zwingende Konsequenz. Tatsächlich vermag auch allein diese Ansicht zu überzeugen. Sieht man auch die Funktion der Vorschriften des Gemeindewirtschaftsrechts ausschließlich im Schutz der Gemeinde vor finanziellen Risiken[1251], so sollte die wirtschaftliche Arbeitsmethode vielleicht Anspruch *an*, nicht aber Prämisse *der* wirtschaftlichen Betätigung sein. Die konkrete Arbeitsmethode kann schlechterdings nicht als Ausschlusskriterium für die Schutzvorschriften fungieren.

Gleiches gilt auch für das im Hinblick auf die Herstellung, das Anbieten und Verteilen von Dienstleistungen geforderte Kriterium der Marktteilnahme, das dem in der Literatur für die wirtschaftliche Betätigung überwiegend postulierten Erfordernis der Fremdbedarfsdeckung[1252] entspricht. Es bedürfte bereits keiner gesetzlichen Rubrizierung der Einrichtungen, die als Hilfsbetriebe ausschließlich der gemeindlichen Eigenbedarfsdeckung dienen, unter die Kataloge der „nichtwirtschaftlichen" Betätigungen, wäre eine Fremdbedarfsdeckung notwendige Voraussetzung der wirtschaftlichen Betätigung. Darüber hinaus wurzelt diese Vorstellung in einer verfehlten Gleichsetzung von Individuen und staatlicher Organisation. Anders als die grundrechtsgeschützten Individuen verfügt nämlich der Staat über keinerlei Privatheit, die noch dazu eigene Schutzvorschriften in ihrer Anwendbarkeit ausschließen könnte.

[1245] Stern/Püttner, Die Gemeindewirtschaft – Recht und Realität, S. 63

[1246] Scholz, Das Wesen und die Entwicklung der öffentlichen Einrichtungen, S. 114

[1247] Hidien, Gemeindliche Betätigung rein erwerbswirtschaftlicher Art und öffentlicher Zweck, S. 44

[1248] Schmidt-Jortzig, Die Zulässigkeit kommunaler wirtschaftlicher Unternehmen im einzelnen, in: Püttner, HBdkWP, Band V, § 93 B II 1

[1249] Püttner, Die öffentlichen Unternehmen, S. 32

[1250] Gerke, JURA 1985, 349, (351)

[1251] Zumindest diese Schutzfunktion ist unbestritten, vgl. Schmidt-Aßmann, Kommunalrecht, in: ders., Besonderes Verwaltungsrecht, 1. Abschnitt, Rn. 121

[1252] Vgl. Hidien, Gemeindliche Betätigung rein erwerbswirtschaftlicher Art und öffentlicher Zweck, S. 44; Schmidt–Jortzig, Die Zulässigkeit kommunaler wirtschaftlicher Unternehmen im engeren, in: Püttner, HBdkWP, Band II, II 1; jeweils mit weiteren Nachweisen; anders Koch, Die wirtschaftliche Betätigung von Gemeinden, S. 30; Püttner, Die öffentlichen Unternehmen, S. 41; Stern/Püttner, Die Gemeindewirtschaft – Recht und Realität, S. 67, 69

So verbleiben, bei einfacher Auslegung der kommunalrechtlichen Vorschriften, für den Begriff der wirtschaftlichen Betätigung nur ein Teil der zu Anfang dargestellten Kriterien. Wirtschaftliche Betätigung wäre demnach das faktisch verselbständigte Herstellen, Anbieten oder Verteilen von Gütern und Dienstleistungen, das seiner Art nach auch von Privaten mit der Absicht der Gewinnerzielung erbracht werden könnte.

2. Berücksichtigung verfassungsrechtlicher Vorgaben

Weitestgehend unberücksichtigt sind bei dieser obigen Begriffsbestimmung die verfassungsrechtlichen Direktiven, die aber die Auslegung des einfachen Rechts geradezu maßgeblich (mit-)bestimmen[1253]. Es ist dies zwingende Konsequenz des Prinzips der Einheit der Rechtsordnung, die ihren richtungsweisenden Maßstab in der Verfassung findet. Anschaulich kommt dieses Verhältnis in der Formel vom *Verwaltungsrecht als konkretisiertes Verfassungsrecht*[1254] zum Ausdruck[1255]. Dabei kommt den in Frage stehenden Vorschriften ihre inhaltliche Weite zugute, denn diese macht eine Umsetzung verfassungsrechtlicher Direktiven weitestgehend durch bloße Auslegung möglich.

In diesem Zusammenhang entscheidend ist die verfassungsrechtliche Erkenntnis, dass die wirtschaftliche Betätigung der Gemeinden – selbstverständlich unabhängig von ihrer kommunalrechtlichen Begriffsbestimmung – weitestgehend einen Eingriff in grundrechtliche Freiheiten bewirkt[1256]. Eine restriktive Auslegung der Regelungen des gemeindlichen Wirtschaftsrechts, die ja unter anderem als notwendige Ermächtigungsgrundlage den Eingriff in grundrechtliche Schutzbereiche erst ermöglichen[1257], dürfte damit kaum im Interesse der Kommunalwirtschaft sein. Folgt man auch der Ansicht eines weitgehend generellen Eingriffs wirtschaftlicher Betätigung in grundrechtliche Freiheiten nicht, so bestimmt jedenfalls das *Prinzip freiheitlich sozialer Marktordnung* die Auslegung der Vorschriften des kommunalen Wirtschaftsrechts und erfordert dessen Ausgestaltung als effektive Marktzugangsordnung[1258]. In beiden Fällen wird Art. 12 I GG als Zentralnorm freiheitlicher Wirtschaftsbetätigung zum Hauptmaßstab der Verfassungsverwirklichung. Die Begriffe der „wirtschaftlichen Betätigung" bzw. des „(wirtschaftlichen) Unternehmens" als Einfallstor einfachgesetzlichen Schutzes verfassungsrechtlicher Wertentscheidungen haben diesen Maßstab zu rezipieren. Es ist deshalb verfassungsrechtlich geboten eine weitgehende Kongruenz zwischen den gegenständlichen Begrif-

---

[1253] Vgl. Hesse, Grundzüge des Verfassungsrechts, Rn. 81

[1254] Die Formulierung geht zurück auf *Fritz Werner*, DVBl. 1959, 527 ff.

[1255] Vgl. Wahl, Abschied von den „Ansprüchen aus Art. 14 I GG", in: FS für Redeker, S. 245 ff.; Wolff/Bachof/Stober, Verwaltungsrecht I, § 28 Rn. 57 f.

[1256] Vgl. oben: 2. Teil B. III. 3., S. 152 ff.

[1257] Vgl. oben: 2. Teil B. III. 4. b) (1), S. 165 ff.

[1258] Vgl. oben: 2. Teil D. III. 2. b), S. 217 ff.

fen und dem Schutzbereich des Art. 12 I GG – unabhängig von seiner Reichweite im Einzelfall – herzustellen.

Wirtschaftliche Betätigung lässt sich danach als jede Tätigkeit definieren, die den Grundrechtsträgern zur Schaffung und Erhaltung einer Lebensgrundlage dient bzw. dienen kann. Zwar könnte sich diese Begriffsbestimmung einer starken Übergewichtung individualschützender Komponenten ausgesetzt sehen, es ist jedoch zu berücksichtigen, dass das Grundgesetz nun einmal nicht den Schutz staatlicher Organisationseinheiten, sondern den Schutz individueller Freiheit in seinen Mittelpunkt stellt. Darüber hinaus ist damit gerade der Risikobereich abgesteckt, vor dem die Gemeinden durch das kommunale Wirtschaftsrecht geschützt werden sollen. Im weiteren ist auch die in jede Richtung sachgerechte erscheinende Effektivität der Definition zu berücksichtigen, die nicht nur durch Einfachheit, sondern vielmehr auch durch ihre tatsächliche Trennschärfe besticht. So eröffnet sie einerseits aufgrund ihrer inhaltlichen Weite gemeindlicher Wirtschaftsbetätigung einen erheblichen Raum und ermöglicht andererseits die weitgehend präzise Abgrenzung zur nicht wirtschaftenden, von den spezifischen Einschränkungen des kommunalen Wirtschaftsrechts befreiten Staatstätigkeit. Ausgeschlossen sind damit, entsprechend der Unterscheidung *Georg Jellineks*, die sog. ausschließlichen Staatsaufgaben[1259], d.h. diejenigen Aufgaben, deren Erfüllung wesentlich und notwendig durch den Einsatz des staatsvorbehaltenen Gewaltmittels geprägt ist, sowie diejenigen Aufgaben, die unter heutigen gesellschaftlichen Bedingungen notwendig der einheitlichen Entscheidung bedürfen[1260]. Diese Aufgabenbereiche liegen außerhalb grundrechtlicher Schutzbereiche, so dass eine Konfliktlage im Hinblick auf deren Wahrnehmung a priori ausscheidet. Aber auch zahlreiche Tätigkeiten aus dem weiten Bereich der sog. Daseinsvorsorge[1261], wie beispielsweise der Betrieb von Museen und Theatern, scheiden von vornherein aus, da sie mangels ausreichender Erwerbschancen keinen Konflikt mit der Erwerbstätigkeit Privater erwarten lassen.

Auch die mit dem Unternehmensbegriff intendierte gewisse faktische Verselbständigung der wirtschaftlichen Betätigung lässt ohne weiteres die Umsetzung verfassungsrechtlicher Direktiven durch eine Parallelisierung mit dem Schutzbereich des Art. 12 I GG zu. So schützt Art. 12 I nicht jede auf Erwerb ausgerichtete Tätigkeit, sondern nur diejenige, die sich nicht in einem einmaligen Erwerbsakt erschöpft[1262], d.h. auf gewisse Dauer angelegt bzw. nachhaltig ist[1263]. Die erforderli-

---

[1259] Vgl. Jellinek, Allgemeine Staatslehre, S. 255

[1260] Vgl. Isensee, Gemeinwohl und Staatsaufgaben im Verfassungsstaat, in: Isensee/Kirchhof, HBdStR Band III, § 57 Rn. 150 f.

[1261] Vgl. Rüfner, Daseinsvorsorge und soziale Sicherheit, in: Isensee/Kirchhof, HBdStR Band III, § 80 Rn. 6 ff.

[1262] Vgl. BVerfGE 97, 228 (253)

[1263] Vgl. BVerfGE 32, 1 (28); Jarass, in: Jarass/Pieroth, GG, Art. 12 Rn. 4; Pieroth/Schlink, Grundrechte, Rn. 812; Wieland, in: Dreier, GG, Art. 12 Rn. 49

che faktische Verselbständigung ist dementsprechend dann gegeben, wenn die wirtschaftliche Betätigung auf eine gewisse Dauer ausgerichtet ist. Da die maßgeblichen Vorschriften des kommunalen Wirtschaftsrechts weitestgehend an die Errichtung, Übernahme oder wesentliche Erweiterung anknüpfen, ist insoweit auch die tatsächliche Dauer der Tätigkeit sowie deren tatsächliche Wiederholung kein gesetzliches Kriterium, sondern objektiv nur deren tatsächliche Eignung zur wiederholten bzw. dauerhaften Wahrnehmung, sowie subjektiv die Absicht der handelnden Gemeinde. Maßgeblich ist damit allein die ex ante Einschätzung, die aber selbstverständlich in der tatsächlichen Praxis ex post ihre Bestätigung findet.

3.   Fazit

Unter Berücksichtigung der verfassungsrechtlichen Direktiven lassen sich die Begriffe „wirtschaftliche Betätigung" bzw. „wirtschaftliches Unternehmen" nur als

jede auf gewisse Dauer angelegte, den Grundrechtsträgern die Schaffung und Erhaltung einer Lebensgrundlage ermöglichende Tätigkeit

definieren. Keinesfalls ist damit generell der Handlungsspielraum der Gemeinden eingeengt, sondern die wirtschaftliche Betätigung nur an gewisse legitimierende Voraussetzungen geknüpft, die nachfolgend im einzelnen zu überprüfen sind.

II.   Die Rechtfertigung durch einen „öffentlichen Zweck"

Mit dem Kriterium der Rechtfertigung durch einen öffentlichen Zweck errichten die Regelungen des kommunalen Wirtschaftsrechts der Länder keine besondere, wirtschaftsspezifische Handlungsschranke für die Gemeinde, sondern konkretisieren lediglich das allgemeinste und grundsätzlichste Legitimationserfordernis allen staatlichen Handelns[1264].

1.   Der Diskussionsstand

Rechtsprechung und Literatur verstehen nahezu geschlossen den öffentlichen Zweck als Normativbegriff, der der Gemeinde, als dem zu dessen Wertausfüllung berufenen Organ, eine erhebliche Einschätzungsprärogative zugesteht[1265]. Dement-

---

[1264] Vgl. ausführlich oben: 2. Teil A. III. 2. b) (1), S. 47 ff.; Ehlers, NWVBl. 2000, 1 (4); Erichsen, Kommunalrecht NW, § 11 D 2 c, S. 279 f.; Henneke, NdsVBl. 1999, 1 (2); Hidien, Wirtschaftliche Betätigung rein erwerbswirtschaftlicher Art und öffentlicher Zweck, S. 152 ff.; Schmidt-Jortzig, Die Zulässigkeit kommunaler wirtschaftlicher Unternehmen im einzelnen, in: Püttner, HBdkWP Band V, § 93 B S. 56 f.; Schulz, BayVBl. 1996, 97; Waechter, Kommunalrecht, Rn. 603
[1265] Vgl. BVerwGE 39, 329 (333 f.); Ehlers, DVBl. 1998, 497 (498 f.); Erichsen, Kommunalrecht NW, § 11 D 2 c, S. 280; Henneke, NdsVBl. 1999, 1 (3); Püttner, Die öffentlichen Unternehmen, S.

sprechend umstritten ist auch die Frage, welche Zwecke gemeindlicher Wirtschaftstätigkeit „öffentliche" im Sinne der kommunalrechtlichen Vorschrift sind. Weitgehende Einigkeit besteht lediglich dahingehend, dass die primäre Absicht der Gewinnerzielung keinen legitimationsfähigen öffentlichen Zweck darstellt[1266]. Darüber hinaus besteht jedoch Uneinigkeit, wo die Grenzen der öffentlichen Zwecksetzung zu ziehen sind. Das *Bundesverfassungsgericht* hat zwar in seiner „Sasbach-Entscheidung" ausdrücklich erklärt, dass Gemeindeunternehmen unmittelbar durch seine Leistungen dem Wohl der Gemeindeeinwohner dienen muss[1267], es wird aber auch vielfach die Bekämpfung der Arbeitslosigkeit sowie die Wettbewerbsbeeinflussung oder Wirtschaftsförderung als legitimierender öffentlicher Zweck bewertet[1268].

Umstritten ist daneben auch, ob und inwieweit dem Kriterium des öffentlichen Zwecks gleichzeitig die Wirkung einer (einfachen) Subsidiaritätsklausel zukommt[1269], was insbesondere dann Relevanz erlangt, wenn die Vorschriften des kommunalen Wirtschaftsrechts auf die Übernahme der Subsidiaritätsklausel verzichtet haben[1270]. Die herrschende Meinung will die einfache Subsidiarität jedenfalls dann über den öffentlichen Zweck gesichert wissen, wenn nach der jeweiligen Gesetzeslage der öffentliche Zweck die wirtschaftliche Betätigung nicht nur „rechtfertigen", sondern „erfordern" muss[1271].

201, 206; Schmidt-Jortzig, Die Zulässigkeit kommunaler wirtschaftlicher Unternehmen im einzelnen, in: Püttner, HBdkWP Band V, § 93 B S. 57 f.; Waechter, Kommunalrecht, Rn. 604; restriktiver: Badura, DöV 1998, 818 (821)

[1266] Vgl. BVerfGE 61, 82 (107); Ehlers, NWVBl. 2000, 1 (3); Erichsen, Kommunalrecht NW, § 11 D 2 c, S. 280; Gern, Deutsches Kommunalrecht, Rn. 727; J. Ipsen, Niedersächsisches Kommunalrecht, Rn. 570; Knemeyer, Bayerisches Kommunalrecht, Rn. 336; Krölls, GewArch 1992, 281 (286); Schmidt-Jortzig, Die Zulässigkeit kommunaler wirtschaftlicher Unternehmen im einzelnen, in: Püttner, HBdkWP Band V, § 93 B S. 58 f.; Schulz, BayVBl. 1996, 97; Waechter, Kommunalrecht, Rn. 604; a.A. Otting, Neues Steuerungsmodell und rechtliche Betätigungsspielräume der Kommunen, S. 133

[1267] Vgl. BVerfGE 61, 82 (107)

[1268] Vgl. Ehlers, DVBl. 1998, 497 (498 f.); Waechter, Kommunalrecht, Rn. 604; Schmidt-Aßmann, Kommunalrecht, in: ders., Besonderes Verwaltungsrecht, 1. Abschnitt, Rn. 120; sehr restriktiv Henneke, NdsVBl. 1999, 1 (3); a.A. Heintzen, Rechtliche Grenzen und Vorgaben für eine wirtschaftliche Betätigung von Kommunen im Bereich der gewerblichen Gebäudereinigung, S. 39; Krölls, GewArch 1992, 281 (288); Weber, Wettbewerbsrechtlicher Unterlassungsanspruch gegen kommunale Wirtschaftstätigkeit, S. 32 ff.

[1269] Diese Frage wurde vor allem im Hinblick auf die Vorschrift des § 107 GO NW a.F. diskutiert, bei der die Subsidiaritätsklausel der Vorgängervorschrift § 88 I GO NW aus lediglich rechtspraktischen Gründen aufgehoben wurde (vgl. Begründung des Gesetzentwurfs, LT NRW, Drucks. 11/4983, S. 25).

[1270] So heute lediglich § 100 I BbgGO und § 121 I HessGO

[1271] Vgl. Badura, DöV 1998, 818 (821 f.); Ehlers, NWVBl. 2000, 1 (4); ders., DVBl. 1998, 497 (501); Erichsen, Kommunalrecht NW, § 11 D 2 c, S. 280; v. Mutius, Kommunalrecht, Rn. 521;

2. Verarbeitung der verfassungsrechtlichen Erkenntnisse

a) Relativierung der gemeindlichen „Einschätzungsprärogative" durch Rechtskontrolle und Verfahren

Wie bereits im verfassungsrechtlichen Teil dargestellt, lässt sich der Begriff des öffentlichen Zwecks positiv-inhaltlich nicht bestimmen[1272]. Diese inhaltliche Offenheit ist aber nicht Mangel, sondern vielmehr unverzichtbare Notwendigkeit für den demokratischen Willensbildungsprozess in einer pluralistischen Gesellschaft, die der Landesgesetzgeber mit Vorschriften des kommunalen Wirtschaftsrechts den Gemeinden auch im Bereich der wirtschaftlichen Betätigung eingeräumt und gesichert hat. Folgerichtig ist deshalb den Gemeinden bei der Zweckbestimmung eine gewisse Einschätzungsprärogative eröffnet, die aber nicht dazu verleiten darf, die gemeindliche Zwecksetzung als grenzenlos zu betrachten und jeglicher gerichtlichen Kontrolle zu entziehen. Die inhaltliche Weite staatlicher Handlungszwecke kann im Rechtsstaat insbesondere dann keinesfalls grenzen- und kontrollos sein, wenn sich staatliches Handeln, wie die gemeindliche Wirtschaftsbetätigung, weitestgehend als Eingriff in grundrechtlichen Schutzbereichen[1273] bewegt[1274]. Die freiheitssichernde Begrenzung hat dabei von mehreren Seiten her zu erfolgen.

So fordert die inhaltliche Offenheit, gleichsam als deren Kehrseite, nicht lediglich eine äußere Grenzziehung, sondern zudem eine strikte Überwachung dieser absoluten Grenzen. Darüber hinaus kann aber auch der innerhalb dieses Bereiches bestehende Bewertungsspielraum nicht grenzenlos sein, sondern muss zumindest in gewissem Umfang gerichtlicher Kontrolle standhalten. So steht zu Anfang der Grundsatz des Art. 19 Abs. 4 GG, der die volle tatsächliche und rechtliche Überprüfung eines angegriffenen Verwaltungshandelns fordert[1275]. Zwar räumt das *Bundesverfassungsgericht* dem Gesetzgeber gerade im wirtschaftlichen Bereich regelmäßig einen erheblichen Prognosespielraum ein, der sich in relativierter Form auch auf die wirtschaftende Gemeinde übertragen lässt[1276], nur muss sich auch insoweit die gemeindliche Einschätzung vor dem im Grundrecht aus Art. 19 Abs. 4 GG verankerten gerichtlichen Kontrollauftrag grundsätzlich rechtfertigen. Lediglich der Prüfungsmaßstab kann sich, jedoch unter dem allseitigen Druck des Art. 19 Abs. 4 GG, den zwingenden Besonderheiten der gegenständlichen Entscheidung

---

Henneke, NdsVBl. 1999, 1 (1f.); Schmidt-Jortzig, Die Zulässigkeit kommunaler wirtschaftlicher Unternehmen im einzelnen, S. 56; Stober, Kommunalrecht der BRD, § 22 II 1; a.A. Cronauge, AfK 1999, 24 (36); Otting, Neues Steuerungsmodell und rechtliche Betätigungsspielräume der Kommunen, S. 133; Schoch, DöV 1993, 377 (380)

[1272] Vgl. oben: 2. Teil A. III. 2. b) (1) (c), S. 51 ff.
[1273] Vgl. oben: 2. Teil B. III. 3., S. 152 ff.
[1274] Vgl. BVerfGE 84, 34 (54 f.)
[1275] Vgl. Herzog, NJW 1992, 2601 (2603 ff.); Schulze-Fielitz, in: Dreier, GG, Art. 19 IV Rn. 87
[1276] Vgl. ausführlich oben: 2. Teil B. 4. c) (2) (b) (02), S. 179 ff.

anpassen[1277]. Geeignete Richtschnur wären insoweit die zur staatlichen Planung[1278] entwickelten rechtsstaatlichen Planungsgrundsätze, die mit Planrechtfertigung, Planungsleitsätzen und Abwägungsgebot[1279] Spannungen des Gewaltenteilungsprinzips auf dem Boden der Rechtsstaatlichkeit zu vereinen suchen[1280]. Maßstab für eine Zielkontrolle ist das Prinzip freiheitlich-sozialer Marktordnung[1281], das einen relativen Druck innerhalb des bestehenden Gestaltungsspielraums ausübt[1282].

Erforderlich wird in diesem Zusammenhang auch eine Ermittlung aller im Hinblick auf die gemeindliche Entscheidung erheblichen Belange[1283], was unter anderem der Erkenntnis entspringt, dass eine effektive Freiheitssicherung bereits im Vorfeld der gemeindlichen Entscheidung, d.h. bei einer die Begrenzungsfunktion optimierende Verfahrensgestaltung, ansetzen muss[1284]. Verfassungsrechtlich erforderlich ist deshalb die ausführliche Ermittlung sowie Darlegung aller durch die gemeindliche Wirtschaftsbetätigung berührten Belange, als dies einerseits die gemeindliche Entscheidung auf rechtsstaatliche Füße stellt und andererseits sowohl ex ante eine Disziplinierung der gemeindlichen Praxis sicherstellt als auch ex post die gerichtliche Rechtskontrolle potenziert.

Nur vereinzelt lassen die Vorschriften des kommunalen Wirtschaftsrechts bereits eine Umsetzung dieser verfassungsrechtlichen Direktiven erkennen. So bestimmen die §§ 100 Abs. 3 S. 2, 100 Abs. 4 BbgGO und § 71 Abs. 1 Nr. 3 ThürKO sowie neuerdings auch § 107 Abs. 5 GO NW, dass vor der Entscheidung über die Gründung von bzw. unmittelbare Beteiligung an Unternehmen der Rat auf der Grundlage einer Marktanalyse über die Chancen und Risiken des beabsichtigten wirtschaftlichen Engagements und über die Auswirkungen auf das Handwerk und die mittelständische Wirtschaft zu unterrichten ist.

[1277] Das *Bundesverfassungsgericht* steht dem eher restriktiv gegenüber, vgl. BVerfGE 84, 34 ff.; 84, 59 ff.; vgl. auch Herzog, NJW 1992, 2601 ff.; Jarass, in: Jarass/Pieroth, GG, Art. 19 Rn. 48

[1278] Vgl. zum Begriff Hoppe, Planung, in: Isensee/Kirchhof, HBdStR Band III, § 71 Rn. 4 ff.

[1279] Vgl. BVerwGE 55, 220 (222 ff.); 56, 110 f. (115 ff.); 71, 163 ff.; 71, 166 ff.; Badura, Das Verwaltungsverfahren, in: Erichsen, Allgemeines Verwaltungsrecht, in: Erichsen, Allgemeines Verwaltungsrecht, § 39, Rn. 24; Hoppe, Planung, in: Isensee/Kirchhof, HBdStR Band III, § 71 Rn. 121 ff.; Wolff/Bachof/Stober, Verwaltungsrecht I, § 31 Rn. 39 ff.

[1280] Vgl. Badura, Das Verwaltungsverfahren, in: Erichsen, Allgemeines Verwaltungsrecht, Rn. 11 ff.; Hoppe, Planung, in: Isensee/Kirchhof, HBdStR Band III, § 71 Rn. 93 ff., 109 ff.

[1281] Ähnlich unter Hinweis auf ein institutionelles Grundrechtsverständnis: Hoppe, Planung, in: Isensee/Kirchhof, HBdStR Band III, § 71 Rn. 103 ff.

[1282] Vgl. ausführlich oben: 2. Teil D. III. 2., S. 217 ff.

[1283] Vgl. Badura, Das Verwaltungsverfahren, in: Erichsen, Allgemeines Verwaltungsrecht, Rn. 26

[1284] Vgl. ausführlich oben: 2. Teil D. III 2. b), S. 217 ff.; Dreier, in: ders. GG, Vorb. Rn. 66 f., m.w.N.

b) Die absolute Grenze des „öffentlichen Zwecks" – Begrenzung gemeindlicher Wirtschaftstätigkeit auf die Verfolgung unmittelbarer öffentlicher Zwecke

Entscheidendes Gewicht wird auch weiterhin der absoluten Grenzziehung des öffentlichen Zwecks zukommen. So stellt in jedem Fall die primäre Absicht der Gewinnerzielung keinen legitimierungsfähigen öffentlichen Zweck dar[1285]. Aber auch im übrigen kommt die Verfolgung nur mittelbar öffentlicher Zwecke durch gemeindliche Unternehmen, wie zum Beispiel die Arbeitsplatzsicherungen oder die Wettbewerbsbeeinflussung, nicht in Betracht. Da mittelbare Zwecksetzungen die freiheitssichernde Grenzziehung auflösen, ist deren grundsätzliche Legitimationsfähigkeit nämlich nur dann gegeben, wenn sie durch die Verfassung oder diese konkretisierendes einfaches Gesetz ausdrücklich vorgesehen sind oder vor dem Hintergrund der konkreten Staatlichkeit zwingend erforderlich sind[1286]. Letztere Alternative kommt für die Gemeinden aber bereits deshalb nicht in Betracht, da mit Überschreitung dieser grundsätzlichen Legitimationsschwelle ein derart erheblicher Eingriff in grundrechtliche Freiheiten verbunden ist, dem die Vorschriften des Gemeindewirtschaftsrechts als Ermächtigungsgrundlage unter Bestimmtheitsgesichtspunkten nicht mehr genügen können[1287]. „Öffentlicher Zweck" im Sinne der Vorschriften des Gemeindewirtschaftsrechts ist demnach in verfassungskonformer Auslegung[1288] ausschließlich der unmittelbare öffentliche Zweck. Anders als dies teilweise in der Literatur gesehen wird, ist demzufolge nicht etwa eine einfachgesetzliche Beschränkung auf unmittelbare öffentliche Zwecke erforderlich[1289], sondern der Gesetzgeber ist, will er den Gemeinden die Wahrnehmung mittelbar öffentlicher Zwecke ermöglichen, vielmehr auf eine ausdrückliche gesetzliche Ermächtigung verwiesen. Diese Ansicht liegt auch auf der Linie des *Bundesverfassungsgerichts*, das, wie bereits dargestellt, davon ausgeht, dass sich kommunale Unternehmen ausschließlich durch die Verfolgung unmittelbarer öffentlicher Zwecke legitimieren können[1290].

Des weiteren lassen sich nur Randnutzungen, nicht aber Nebentätigkeiten, die den Geschäftsbetrieb im wesentlichen abrunden und wirtschaftlicher gestalten sollen, durch eine Miteinbeziehung in den die Haupttätigkeit legitimierenden öffentlichen Zweck rechtfertigen. Nebentätigkeiten sind deshalb verfassungsrechtlich unzulässig[1291].

[1285] Vgl. ausführlich oben: 2. Teil A. III. 2. b) (2), S. 55 ff.

[1286] Vgl. ausführlich oben: 2. Teil A. III. 2. b) (2), S. 55 ff.

[1287] Vgl. ausführlich oben: 2. Teil B. III. 4. b) (2), S. 168 ff.

[1288] Vgl. Hesse, Grundzüge des Verfassungsrechts, Rn. 79 ff.; Maurer, Staatsrecht, § 1 Rn. 67 ff.

[1289] Vgl. Ehlers, NWVBl. 2000, 1 (3)

[1290] Vgl. BVerfGE 61, 82 (107)

[1291] Vgl. ausführlich oben: 2. Teil A. III. 2. b) (4) (b) (03), S. 72 ff.; anders die h.M.: Vgl. nur Henneke, NdsVBl. 1999, 1 (4), m.w.N.

Wirtschaftlichkeitserwägungen können aber ausnahmsweise dann einen öffentlichen Zweck begründen, wenn Hersteller und Finanzier der Leistung identisch sind, da hier eine Trennbarkeit der Aufwendungs- und Ertragsgesichtspunkte von der Leistungserbringung nicht möglich ist. Entscheidend ist dies für die gemeindlichen Einrichtungen zur Deckung des gemeindlichen Eigenbedarfs, die ihre Legitimation auch aus einem Kostenvorsprung gegenüber der Privatwirtschaft beziehen können.

c)   Die relative Grenze des „öffentlichen Zwecks" – Das Subsidiaritätsprinzip

Besondere Bedeutung im Zusammenhang mit der inhaltlichen Analyse des kommunalrechtlichen Begriffs des öffentlichen Zwecks hat die Erkenntnis, dass das Grundgesetz allein das Vorliegen eines öffentlichen Zwecks als grundlegende verfassungsrechtliche Legitimation gemeindlicher Wirtschaftstätigkeit nicht genügen lässt.

So erfordern einerseits die Grundrechte in ihrer klassischen abwehrrechtlichen Dimension, dass innerhalb ihres Schutzbereiches nicht nur ein irgend wie gearteter öffentlicher Zweck vorliegt, sondern dieser selbst im Hinblick auf die grundrechtlich geschützte Rechtsposition geeignet, erforderlich und verhältnismäßig im engeren Sinne sein muss[1292]. Darüber hinaus bestimmt das Subsidiaritätsprinzip als ungeschriebener Verfassungsgrundsatz allgemein, dass der öffentliche Zweck notwendig und das Mittel verhältnismäßig in dem Sinne sein muss, dass die Aufgabe in gleicher Weise und hinreichendem Umfang ohne staatliches Einschreiten von der Gesellschaft nicht erfüllt werden könnte[1293].

Damit ist bereits, unabhängig von der umstrittenen Frage, ob die kommunalwirtschaftliche Subsidiaritätsklausel Ausprägung eines allgemeinen Subsidiaritätsprinzips ist[1294], die qualifizierte Subsidiarität gemeindlicher Wirtschaftsbetätigung, entsprechend der Maßgabe des Subsidiaritätsprinzips, als ungeschriebener Verfassungsgrundsatz in die Regelungen des kommunalen Wirtschaftsrechts inkorporiert[1295]. Ohne Bedeutung ist insoweit, ob die jeweiligen Vorschriften darauf abstellen, ob der öffentliche Zweck die wirtschaftliche Betätigung erfordern oder etwa „nur" rechtfertigen muss. Das Subsidiaritätsprinzip qualifiziert den verfassungs-

---

[1292] Vgl. ausführlich oben: 2. Teil B. III. 4. c) (2) (b), S. 176 ff.; Breuer, Staatliche Berufsregelung und Wirtschaftslenkung, in: Isensee/Kirchhof, HBdStR Band VI, § 148 Rn. 13

[1293] Vgl. oben: 2. Teil E., S. 223 ff.

[1294] So Dürig, in: Maunz/Dürig/Herzog/Scholz, GG, Art. 2 I Rn. 52; Pagenkopf, Kommunalrecht I, S. 167; a.A. Heintzen, Rechtliche Grenzen und Vorgaben für eine wirtschaftliche Betätigung von Kommunen im Bereich der gewerblichen Gebäudereinigung, S. 87; Isensee, Subsidiaritätsprinzip und Verfassungsrecht S. 74 ff.; Schmidt-Jortzig, Die Zulässigkeit kommunaler wirtschaftlicher Unternehmen im einzelnen, in: Püttner, HBdkWP Band V, § 93 B, S. 60 f.

[1295] So auch Heintzen, Rechtliche Grenzen und Vorgaben für eine wirtschaftliche Betätigung von Kommunen im Bereich der gewerblichen Gebäudereinigung, S. 86; Hübschle, DöV 2000, 393 (402 f.)

rechtlichen Anspruch an die Legitimationsfähigkeit des öffentlichen Zwecks als Grundlage allen staatlichen Handelns, der durch das einfache Recht nicht relativiert werden kann, sondern zumindest übernommen werden muss. Auch Dirk Ehlers weist instruktiv darauf hin, dass eine Abstraktion des (einfachen) Subsidiaritätsprinzips vom Erfordernis des öffentlichen Zwecks auch rein logisch nicht überzeugen kann, da jedenfalls eine schlechtere Aufgabenerfüllung nicht widerspruchslos mit dem Gemeinwohlerfordernis sämtlichen staatlichen Handelns in Einklang zu bringen ist[1296].

Unzutreffend ist die Ansicht *Joachim Wielands* und *Johannes Hellermanns*, eine strenge Subsidiarität wäre mit der Garantie kommunaler Selbstverwaltung in Art. 28 Abs. 2 GG nicht vereinbar[1297]. Art. 28 II GG schützt in seinem Kernbereich keinen sachgegenständlichen Funktionskern der Gemeinden, sondern ausschließlich die gemeindliche Allzuständigkeit als ein Aufgabenzugriffsrecht der Gemeinden auf bislang unbesetzte Aufgaben[1298]. Das Subsidiaritätsprinzip stellt gerade nicht diese Allzuständigkeit in Frage, sondern knüpft lediglich den konkreten Aufgabenzugriff - im Sinne einer virtuellen Allzuständigkeit[1299] - an qualifizierende Voraussetzungen, die, im Hinblick auf individuelle und gesellschaftliche Freiheit als Mittelpunkt der freiheitlichen Ordnung des Grundgesetzes, dem zwingenden Verfassungsanspruch einer Begrenzung staatlichen Tätigwerdens zur effektiven Gewährleistung eben dieser Freiheit[1300] Rechnung tragen[1301]. Subsidiarität im qualifizierten Sinne steht nicht im Widerspruch zur Verfassung, sondern ist vielmehr zwingende verfassungsrechtliche Notwendigkeit. Ein Einschränkung des gemeindlichen Verantwortungsbereiches ist damit nicht verbunden.

[1296] Vgl. Ehlers, NWVBl. 2000, 1 (4)

[1297] Vgl. Wieland/Hellermann, Der Schutz des Selbstverwaltungsrechts der Kommunen gegenüber Einschränkungen ihrer wirtschaftlichen Betätigung im nationalen und europäischen Recht, S. 57 ff.; ebenso Cronauge, AfK 1999, 24 (30); a.A. Ehlers, DVBl. 1998, 497 (502); Henneke, NdsVBl. 1999, 1 (2); Kluth, Grenzen kommunaler Wettbewerbsanteilnahme, S. 89; Stober, Kommunalrecht in der BRD, § 22 I 2 c

[1298] Vgl. BVerfGE 79, 127 (146) – Rastede

[1299] Vgl. Isensee, Gemeinwohl und Staatsaufgaben im Verfassungsstaat, in: Isensee/Kirchhof, HBdStR Band III, § 57 Rn. 166

[1300] Vgl. Böckenförde, Die verfassungstheoretische Unterscheidung von Staat und Gesellschaft als Bedingung der individuellen Freiheit, S. 44; Rupp, Die Unterscheidung von Staat und Gesellschaft, in: Isensee/Kirchhof, HBdStR Band I, § 28 Rn. 53

[1301] Vgl. ausführlich oben: 2. Teil E. II., S. 225 ff.

d) Kein Bestandschutz gemeindlicher Wirtschaftsbetätigung – Druck zur
Privatisierung

Verfassungsrechtlichen Bedenken begegnen die Vorschriften des kommunalen
Wirtschaftsrechts insoweit, als sie lediglich die Errichtung, Übernahme oder wesentliche Erweiterung an das Erfordernis der öffentlichen Zwecksetzung knüp-
fen[1302]. Da staatliches Handeln sich nicht aus sich selbst heraus legitimiert, sondern
durchwegs eine Legitimation aus öffentlichen Zwecken erfordert[1303], kommt ein
Bestandsschutz kommunaler Unternehmen, wie ihn die Vorschriften des Gemeindewirtschaftsrechts vorsehen[1304], wenn sie lediglich Errichtung, Übernahme oder
wesentliche Erweiterung, nicht aber die wirtschaftliche Betätigung an sich[1305] oder
die Unterhaltung des Unternehmens[1306] dem Erfordernis der öffentlichen Zwecksetzung unterwerfen, nicht in Betracht. Fällt der öffentliche Zweck während des
Betriebs des Unternehmens weg, so kommt, lassen sich nicht andere öffentliche
Zwecke finden, auf die sich das gemeindliche Unternehmen zulässigerweise um-
orientieren könnte, allein die materielle Privatisierung des Unternehmens in Betracht[1307]. Bestandsschutz können lediglich vorkonstitutionelle, traditionelle gemeindliche Unternehmen, wie z.B. gemeindliche Brauereien und gemeindliche
Ratskeller, in Anspruch nehmen[1308].

III. Die Subsidiaritätsklauseln

Da das verfassungsrechtliche Subsidiaritätsprinzip bereits vollständig im Kriterium
des „öffentlichen Zwecks" aufgeht, stellt sich im Hinblick auf die Subsidiaritätsklauseln der Vorschriften des kommunalen Wirtschaftsrechts primär nicht die Frage nach deren Bedeutung, sondern es rückt vielmehr der Widerspruch der kommunalen Subsidiaritätsklauseln mit den verfassungsrechtlichen Subsidiaritätskriterien
als zentrales Problem in den Vordergrund. Verlangt nämlich das verfassungsrechtliche Subsidiaritätsprinzip, angewendet auf die gemeindliche Wirtschaftsbetätigung, dass der öffentliche Zweck nicht in dem erforderlichen Umfang durch die
Privatwirtschaft erfüllt werden kann, so lassen die sog. einfachen Subsidiaritäts-

---

[1302] Vgl. Art. 87 I BayGO; § 108 I NdsGO; § 102 GO BW; § 121 I HessGO; § 71 I ThürKO; § 108 I
KSVG

[1303] Vgl. ausführlich oben: 2. Teil A. III. 2. b) (1), S. 47 ff.

[1304] Dieser Bestandsschutz ist Ziel der gegenständlichen kommunalen Regelungen, vgl. Gerke, Jura
1985, 349 (353); J. Ipsen, Niedersächsisches Kommunalrecht, Rn. 629

[1305] So § 107 I GO NW; § 100 II BbgGO

[1306] So § 97 I SächsGO; § 116 I GO LSA; ähnlich § 68 I KV M-V

[1307] a.A. Waechter, Kommunalrecht, Rn. 605

[1308] Vgl. Gern, Deutsches Kommunalrecht, Rn. 727

klauseln die wirtschaftliche Betätigung der Gemeinden dann zu, wenn sie im Vergleich zu anderen Unternehmen gleich gut und wirtschaftlich ist.

In der Literatur wird versucht diesen Widerspruch dadurch aufzulösen, in dem man zwischen einfacher und qualifizierter Subsidiaritätsklausel unterscheidet[1309]. Demnach sollen die qualifizierten Subsidiaritätsklauseln lediglich das allgemeine Subsidiaritätsprinzip „wiederholen und akzentuieren", während die einfachen Subsidiaritätsklauseln aus ihrem Zusammenhang mit dem Zweck-Kriterium zu lösen und als „Optimierungsgebote im Interesse des Leistungsfähigeren" und zum Zwecke des Schutzes der Gemeindefinanzen zu verstehen wären.

Diese Ansicht stößt jedoch insoweit auf Bedenken, als bei genauer Betrachtung auch die qualifizierten Subsidiaritätsklauseln hinter den verfassungsrechtlichen Anforderungen des grundgesetzlichen Subsidiaritätsprinzips zurückbleiben[1310]. Letzteres ordnet nämlich nicht einen schlichten Leistungsfähigkeitsvergleich an, sondern staatliches Einschreiten ist nur dann legitimiert, wenn es auch tatsächlich erforderlich ist, d.h. privates Handeln nicht ausreicht, um den Zweck im erforderlichen Umfang zu erfüllen. Mag die Gemeinde den Zweck eventuell auch besser erfüllen können als die Privatwirtschaft, so ist ihr Einschreiten erst dann gerechtfertigt, wenn die freiheitliche Versorgung in angemessenem Ausmaß und Umfang nicht sichergestellt ist. Darüber hinaus wird sich auch nur schwer bis überhaupt nicht feststellen lassen, wer eine Aufgabe besser oder wirtschaftlicher bzw. ebenso gut erfüllen kann[1311]. Dahingegen zeichnet sich eine Mangelversorgung weitaus deutlicher ab.

Die kommunalen Subsidiaritätsklauseln laufen damit weitestgehend leer, denn ist schlechterdings nicht zu erwarten, dass die Privatwirtschaft die Zweckerfüllung besser oder auch nur gleich gut zu leisten vermag, wenn sie bereits nicht in der Lage ist, die angemessene Versorgung sicherzustellen[1312]. Andererseits bedeutet „andere" im Sinne der kommunalrechtlichen Vorschriften nicht zwingend privatwirtschaftliche Unternehmen[1313], so dass eine Restfunktion der Klauseln, als einer Verteilungsregel im Bereich öffentlicher Unternehmen, verbleibt. Gemeindliche Wirtschaftsbetätigung ist damit erst dann zulässig, wenn die Leistungserbringung der

---

[1309] Vgl. Heintzen, Rechtliche Grenzen und Vorgaben für eine wirtschaftliche Betätigung von Kommunen im Bereich der gewerblichen Gebäudereinigung, S. 86 ff.

[1310] So auch Moraing, WiVerw 1998, 233 (260), jedoch mit anderer Zielrichtung

[1311] Dies führte auch 1994 zur Abschaffung der Subsidiaritätsklausel in NRW, vgl. LT NRW, Drucks. 11/4783, S. 24.

[1312] Ist die staatliche Aufgabenwahrnehmung gleichermaßen ungeeignet, scheitert sie bereits am verfassungsrechtlichen Subsidiaritätsprinzip.

[1313] Vgl. Heintzen, Rechtliche Grenzen und Vorgaben für eine wirtschaftliche Betätigung von Kommunen im Bereich der gewerblichen Gebäudereinigung, S. 86; Schmidt-Jortzig, Kommunalrecht, Rn. 692

Privatwirtschaft nicht ausreichend ist und die Gemeinde nicht schlechter bzw. besser[1314] als andere öffentliche Unternehmen wirtschaftet. Mag diese Auslegung auch der wohl allgemeinen Ansicht widersprechen, was sich insbesondere im Vorstoß des *nordrhein-westfälischen* Landesgesetzgebers, mit Hilfe der Subsidiaritätsklausel weite Bereiche der Wirtschaft einer gleichberechtigten Marktteilnahme zu öffnen[1315] sowie in der Ausgrenzung der Daseinsvorsorge aus dem Anwendungsbereich der Subsidiaritätsklausel in Art. 87 Abs. 1 S. 1 Nr. 4 BayGO zum Zwecke der Begründung einer unbedingten Kompetenz der Gemeinden[1316] zeigt, so ist dies die einzig verfassungskonforme Auslegung der Vorschrift. Subsidiarität ist ein zwingendes verfassungsrechtliches Gebot, das nicht zur Disposition des einfachen Gesetzgebers steht. Keinesfalls ist die Abgrenzung von Privat und Kommunalwirtschaft nur eine politische Entscheidung, wie dies gerne unter Berufung auf die „wirtschaftspolitische Neutralität" des Grundgesetztes vertreten wird[1317]. Die „Offenheit" der Verfassung besteht, nach ausdrücklicher Aussage des Gerichts, nur im Rahmen der verfassungsrechtlichen Vorgaben[1318], die hier auch einziger Maßstab sind. Das Grundgesetz schreibt damit keine bestimmte Wirtschaftspolitik vor, entbindet aber keinesfalls wirtschaftspolitische Entscheidungen von den verfassungsrechtlichen Rechtfertigungsanforderungen.

[1314] Bedenken könnten insoweit im Hinblick auf die verfassungsrechtliche Garantie eigenverantwortlicher Aufgabenwahrnehmung in Art. 28 II GG entstehen, denen hier aber, mangels Erfolgsaussichten, nicht weiter nachgegangen werden soll.

[1315] So Innenminister Behrens, LT-Plenarprotokoll NRW 12/109, S. 9021; kritisch Ehlers, NWVBl. 2000, 1 (3 ff.)

[1316] Es handelt sich hierbei um ein Relikt (vgl. Gesetzesbegründung Bay LT – Drucks. 13/10828 S. 19) einer Entscheidung des Bayerischen Verfassungsgerichtshofs vom 23.12.1957, BayVGHE 10, 113 = BayVBl. 1958, 61 ff., in der es heißt, wirtschaftliche Unternehmen seien „nur solche Unternehmen, deren Zweck in erster Linie darauf gerichtet ist, an dem vom Wettbewerb beherrschten Wirtschaftsleben teilzunehmen und dabei Gewinn zu erzielen". Es verstoße gegen Art. 11 II, 83 I BV, die Versorgungs- und örtlichen Verkehrsunternehmen als wirtschaftliche Unternehmen zu klassifizieren. Hieraus ist verallgemeinernd gefolgert worden, Unternehmen der Daseinsvorsorge seien keine wirtschaftlichen Unternehmen (vgl. Kratzer, BayVBl. 1962, 133 ff.). Da aber erwerbswirtschaftliche Unternehmen nach eben diesen Vorschriften ausgeschlossen sind, ist zwar die Unhaltbarkeit dieser Ansicht heute allgemein anerkannt (vgl. Lissack, Bayerisches Kommunalrecht, § 7 Rn. 4; Schulz, BayVBl. 1997, 518 (519)), während hingegen sich die (Fehl-) Vorstellung von einer Sonderstellung der „Daseinsvorsorge" als weithin resistent erweist. Daseinsvorsorge ist aber in jeder Hinsicht primär Aufgabe der Bürger (vgl. Rüfner, Daseinsvorsorge, in: Isensee/Kirchhof, HBdStR Band III, § 80 Rn. 7).

[1317] Vgl. Otting, DöV 1999, 549 (553)

[1318] Vgl. ausführlich oben: 2. Teil B. III. 2. b) (2), S. 146 ff.

IV. Die „nichtwirtschaftlichen" Unternehmen

Unzweifelhaft handelt es sich bei einer Vielzahl der in den jeweiligen Katalogen der Landeskommunalgesetze als sog. „nichtwirtschaftlichen" Unternehmen benannten, um wirtschaftliche Unternehmen im Sinne der Vorschriften des kommunalen Wirtschaftsrechts[1319]. Diese Feststellung führt gleichzeitig auch unmittelbar zum eigentlichen Zweck der Figur der „nichtwirtschaftlichen" Betätigung, nämlich Ansatzpunkt für die ordnungspolitische Regelung des Verhältnisses zwischen Gemeinde und privater Wirtschaft zu sein[1320]. Es scheint vor diesem Hintergrund auch die Fehlvorstellung zu herrschen, „nichtwirtschaftliche" Unternehmen der Gemeinde müssten sich generell nicht an den in der Schrankentrias formulierten Kriterien messen lassen[1321].

Dass dem nicht, jedenfalls nicht uneingeschränkt, so sein kann, ergibt sich bereits aus der heute allgemein herrschenden Einsicht, dass alles staatliches Handeln der Rechtfertigung durch einen öffentlichen Zweck bedarf. Demnach ist, will man die verfassungskonforme Funktion der Figur des „nichtwirtschaftlichen" Unternehmens ermitteln, zu differenzieren. Eine ordnungspolitische Regelung ist nämlich nur insoweit möglich, als das Grundgesetz einen ordnungspolitischen Regelungsbereich eröffnet.

Soweit die Vorschriften der Schrankentrias lediglich unverzichtbare verfassungsrechtliche Legitimationsvoraussetzungen gemeindlichen Handelns formulieren, kann den Katalogen „nichtwirtschaftlicher" Betätigung nur deklaratorische Wirkung zukommen, als sie festlegen, dass für gegenständliche Unternehmen die verfassungsrechtlichen Anforderungen erfüllt sind. Bedenklich ist aber auch das, da auf der Grundlage des Grundgesetzes den Gemeinden einfachgesetzlich ein fester Aufgabenbestand zur wirtschaftlichen Eigenvornahme gerade nicht gesichert werden kann[1322]. Dies ist weder durch die Garantie gemeindlicher Selbstverwaltung gefordert, noch in irgend einer Weise mit der Gemeinwohlverpflichtung des Grundgesetzes und den grundrechtlichen Freiheiten zu vereinbaren. Unproblematisch ist dies lediglich, soweit die Kataloge die ausdrücklichen gesetzlichen Verpflichtungen der Gemeinden ausnehmen. In diesem Fall müssen sich nicht die Vorschriften des Gemeindewirtschaftsrechts, sondern die Verpflichtungen selbst am Maßstab der Verfassung messen lassen.

Im übrigen lassen sich die Bestimmungen verfassungskonform nur dahingehend auslegen, dass gesetzliche Vermutungen für das Vorliegen der verfassungsrechtli-

---

[1319] Vgl. Schulz, BayVBl. 1997, 518 (520)
[1320] Vgl. Schulz, BayVBl. 1997, 518 (520)
[1321] Vgl. Henneke, NdsVBl. 1999, 1 (4); Otting, Neues Steuerungsmodell und rechtliche Betätigungsspielräume der Kommunen, S. 104; Stober, Kommunalrecht in der BRD, § 22 I 2b
[1322] Vgl. Pielow, NWVBl. 1999, 369 (379)

chen Voraussetzungen formuliert sind[1323]. Kein Widerspruch zeigt sich insoweit mit dem Wortlaut der Vorschriften als Grenze jeglicher Auslegung[1324], denn die Vorschriften sprechen nur davon, dass folgende Unternehmen als nicht wirtschaftliche *gelten*. Darüber hinaus wird mit dieser Auslegung das gesetzgeberische Ziel wenigstens seiner Richtung nach verwirklicht. Ob diese Vermutung auch im Hinblick auf die Hilfsbetriebe zur kommunalen Eigenversorgung angebracht ist, ist fraglich. Zum einen darf der Gesetzgeber wohl grundsätzlich davon ausgehen, dass die gemeindliche Eigenversorgung aufgrund des Gewinnanteils der privatwirtschaftlichen Leistungserbringung kostengünstiger ist, zum anderen zeigt gerade die Erfahrung, dass dennoch private Anbieter weitgehend überlegen sind[1325].

Über eine bloße Vermutungsregel hinaus gehende Wirkung kann dem Katalog nur insoweit zukommen, als die Ordnungsvorschriften materiell zur Disposition der Landesgesetzgeber stehen. Bedenklich ist das aber auch hinsichtlich des Kriteriums eines angemessenen Verhältnisses zur Leistungsfähigkeit und zum Bedarf der konkreten Gemeinde. Hier findet die Folgenverantwortung der Gemeinde ihren besonderen Ausdruck, gilt es doch die Leistungsfähigkeit der Gemeinde insbesondere mit Blick auf die Zukunft zu sichern[1326], was aber gleichermaßen für alle Unternehmen der Gemeinde gelten muss und keine Differenzierungen erlaubt[1327]. Dementsprechend begrenzen die Landeskommunalgesetze die Aufgabenverpflichtungen der Gemeinden auch regelmäßig auf die Leistungsfähigkeit der Gemeinden[1328].

So verbleiben lediglich die Subsidiaritätsklauseln in ihrer Funktion als Verteilungsregel im Bereich öffentlicher Wirtschaft als uneingeschränkter Gegenstand einer ordnungspolitischen Weichenstellung. Eine Gleichrangigkeit oder sogar Vorrangigkeit gemeindlicher Wirtschaftsbetätigung gegenüber der privaten Wirtschaft kann die Figur der „nichtwirtschaftlichen" Betätigung damit nicht bewirken. In jeder Hinsicht zutreffend ist deshalb der Vorstoß des bayerischen Gesetzgebers, auf die Unterscheidung zwischen „nichtwirtschaftlicher" und wirtschaftlicher Betätigung vollständig zu verzichten und die grundsätzliche Legitimation der gemeindlichen Pflichtaufgaben an sachgerechter Stelle, nämlich dem Kriterium des „öffentlichen Zwecks"[1329], zu verorten[1330].

[1323] In der Begründung anders, Otting, NWVBl. 2000, 206 (208); Unzutreffend deshalb: OLG Düsseldorf, NWVBl. 2000, 75 ff. – Altautorecycling

[1324] Vgl. Maurer, Staatsrecht, § 1 Rn. 68

[1325] Vgl. Koch, Die wirtschaftliche Betätigung der Gemeinden, S. 154 ff.; Scheuch, Cliquen, Klüngel und Karrieren, S. 58 ff., 72 ff., 126 ff.

[1326] Knemeyer, Bayerisches Kommunalrecht, Rn. 334, bezeichnet dieses Kriterium auch zutreffend als „Gemeindeschutzklausel"

[1327] Vgl. Waechter, Kommunalrecht, Rn. 606, der dies, von einer expliziten gesetzlichen Regelung unabhängig, dem haushaltsrechtlichen Deckungsgrundsatz entnehmen will.

[1328] Vgl. beispielsweise Art. 57 I BayGO

[1329] Vgl. Schulz, BayVBl. 1997, 518 (520)

[1330] Art. 87 I 1 Nr. 1 BayGO

V. Die Gewinnmitnahme

Die Vorschriften des kommunalen Wirtschaftsrechts, die im wesentlichen alle ausdrücklich formulieren, dass gemeindliche Unternehmen solange einen Ertrag für den Gemeindehaushalt erwirtschaften sollen, wie der öffentliche Zweck dadurch nicht beeinträchtigt wird, entsprechen durchwegs der allgemeinen Ansicht. Sie erachtet die eine Gewinnmitnahme, d.h. eine Gewinnerzielung direkt durch den im öffentlichen Interesse erfolgenden Leistungsaustausch für zulässig, solange der öffentliche Zweck hierunter nicht leidet[1331].

Diese Ansicht verkennt jedoch entscheidend die Schutz- und Begrenzungsfunktion der grundgesetzlichen Finanzordnung[1332].

So untersagt das Steuerstaatsprinzip des Grundgesetzes nicht nur die primär erwerbswirtschaftliche Betätigung und schließt damit die wirtschaftliche Betätigung generell als Finanzierungsquelle der Gemeinden bzw. des Staates aus, sondern postuliert darüber hinaus allgemein, dass Gemeinlasten ausschließlich durch Steuern zu finanzieren sind. Da der Gewinnanteil der wirtschaftlichen Betätigung aber gerade zur Finanzierung von Gemeinlasten verwendet wird und nach den Vorschriften der Gemeindeordnung auch verwendet werden will, bedarf er wegen seiner Ähnlichkeit zur Steuer einer besonderen Rechtfertigung, die sich nicht allein in der Charakteristik der wirtschaftlichen Betätigung erschöpfen kann. Vielmehr ist erforderlich, dass der verfolgte öffentliche Zweck der Gewinnmitnahme zwingend bedarf, da er sonst nicht wirksam werden könnte. Keinesfalls genügt allein der Umstand, dass die Gemeinde anderenfalls aus wettbewerbsrechtlichen Gesichtspunkten – insbesondere Art. 90 Abs. 2 EGV – nicht am Markt teilnehmen könnte, denn ist der Zweck nur qualifiziert genug, lässt sich auch insoweit ein Tätigwerden rechtfertigen[1333].

Vor dem Hintergrund des Verfassungsrechts ist die Gewinnmitnahme deshalb nicht die Regel, sondern wird eindeutig zur Ausnahme. Die Regelungen des kommunalen Wirtschaftsrechts, die dazu in einem diametralen Gegensatz stehen, sind deshalb als verfassungswidrig zu qualifizieren. Gemeindliche Unternehmen sollen aus Wirtschaftlichkeitsgesichtspunkten kostendeckend arbeiten, soweit der öffentliche Zweck hierdurch nicht beeinträchtigt wird. In die Kostendeckung sind selbstverständlich sowohl die für die technische und wirtschaftliche Entwicklung erforderlichen finanziellen Rücklagen als auch eine marktübliche Verzinsung des Eigenkapitals eingeschlossen[1334]. Einen darüber hinausgehenden Gewinn dürfen sie nur dann erwirtschaften, wenn der öffentliche Zweck dies erfordert.

[1331] Vgl. Badura, DöV 1998, 818 (822 f.); Cronauge, Kommunale Unternehmen, Rn. 465; Gern, Deutsches Kommunalrecht, Rn. 719; Ehlers, DVBl. 1998, 497 (500); Henneke, NdsVBl. 1999, 1 (4)
[1332] Vgl. ausführlich oben: 2. Teil C., S. 198 ff.
[1333] Vgl. Badura, DöV 1998, 818 (823)
[1334] Vgl. beispielsweise § 109 II GO NW

Es ist dies auch in keinster Weise eine unrentable oder etwa die Gemeinden in „ungerechtfertigt benachteiligende"[1335] Konzeption, denn der Staat ist einerseits, anders als die Privaten, nicht auf die Realisierung von Gewinnchancen angewiesen und nimmt andererseits, wie in der Finanzordnung vorgesehen, an den nun durch private Anbieter realisierten Erwerbschancen in erheblicher und zugleich risikoloser[1336] Weise über die Steuer teil. Zudem hätte sich das Kuriosum einer staatlichen Steuerpflicht, wie sie über die Figur des sog. „Betriebs gewerblicher Art"[1337] in § 1 Abs. 1 Nr.6, § 4 KStG vorgesehen ist, weitestgehend erledigt.

VI. Die Durchbrechung des Örtlichkeitsprinzips

Wie bereits ausführlich dargestellt, ist die Frage nach der räumlichen Reichweite gemeindlicher Wirtschaftstätigkeit heftigst umstritten[1338].

Gemeindliche Wirtschaftsbetätigung hat nach zutreffender Ansicht nicht notwendiger Weise an den Gemeindegrenzen zu enden, sondern Grenzüberschreitungen sind dann zulässig, soweit sie in kommunaler Zusammenarbeit erfolgen oder die berechtigten Interessen der betroffenen Gebietskörperschaft gewahrt sind[1339]. Als solches kommt primär die Zustimmung der jeweiligen Gebietskörperschaft in Betracht. Im Bereich der gemeindlichen Pflichtaufgaben ist jedoch darüber hinaus, beschränkt auf den Kompetenzbereich des jeweiligen Landesgesetzgebers, auch die Ersetzung dieses Einverständnisses durch die Aufsichtsbehörden zulässig. Eine Ausweitung gegen den Willen der betroffenen Gebietskörperschaft im Sinne einer Aufgabenwahrnehmung in staatlicher Konkurrenz, wie das Art. 87 Abs. 2 S. 2 BayGO und § 107 Abs. 3 S. 2 GO NW für die Versorgung mit Strom und Gas vorsehen, ist jedoch mit dem Prinzip der Einheit der Staatsgewalt und insbesondere der Garantie kommunaler Selbstverwaltung in Art. 28 Abs. 2 GG nicht vereinbar.

[1335] Soweit man davon überhaupt sprechen kann, vgl. oben: 2. Teil, A. I. 2. a), S. 29 ff.

[1336] Es ist dies nur ein Kriterium das die Steuerfinanzierung über den weiteren denkbaren Finanzierungsarten rangieren lässt. Dazu kommt der entscheidende Gesichtspunkt, dass nur die Steuerfinanzierung gegen ein Übermaß wirksam abzuschirmen und gleichzeitig an ein Gleichmaß zu binden vermag (vgl. Kirchhof, Staatliche Einnahmen, in: Isensee/Kirchhof, HBdStR Band IV, § 88 Rn. 1 ff.).

[1337] Vgl. Cronauge, Kommunale Unternehmen, Rn. 60 ff.; Pentenrieder, Bayerischer Bürgermeister, 2000, 110 ff.

[1338] Vgl. ausführlich oben: 2. Teil A. III. 2. c) (2), S. 82 ff.

[1339] Insoweit noch zulässig, Art. 87 II 1 BayGO, § 107 III 1 GO NW; bedenklich § 71 IV ThürKO

C. Die Schutzrichtung und Schutzqualität der Vorschriften des kommunalen Wirtschaftsrechts

Mit der abschließenden Frage nach der Schutzrichtung und insbesondere nach der Schutzqualität der Vorschriften des kommunalen Wirtschaftsrechts ist ein neuralgischer Punkt im Verhältnis der kommunalen zur privaten Wirtschaft getroffen, klärt sich doch damit die so entscheidende Frage, ob der private Konkurrent die Einhaltung der dargestellten kommunalrechtlichen Grenzen (verwaltungs-)gerichtlicher Überprüfung überantworten kann oder ob eine Kontrolle - ohne individuellen Rechtsanspruch - ausschließlich verwaltungsintern durch die Aufsichtsbehörden zu erfolgen hat.

Die Ansichten hierzu sind geteilt. Weitestgehend wird von einer herrschenden Meinung gesprochen[1340], die einen Individualrechtsschutz der gegenständlichen Vorschriften kategorisch ablehnt[1341]. So wäre der Normzweck lediglich auf die Wahrung öffentlicher Interessen gerichtet, als die Gemeinde gegen unvorhersehbare Risiken aus einer wirtschaftlichen Betätigung geschützt werden solle, sie dienten aber nicht, auch nicht nur unter anderem, dem Individualschutz privater Konkurrenten[1342]. Regelmäßig wird jedoch davon ausgegangen, dass die Vorschriften zwar gleichzeitig den Schutz der Privatwirtschaft, nicht aber den Individualrechtsschutz selbst bezwecken[1343]. Nach der sog. „Schutznormtheorie"[1344] sei ein subjektiv-öffentliches Recht nur dann gegeben, wenn die Vorschrift zumindest auch dem Schutz des einzelnen zu dienen bestimmt wäre. Die Vorschriften des Gemeindewirtschaftsrechts würden aber nicht den einzelnen Unternehmer, sondern nur die gesamte Gruppe schützen, für die der sich „betroffen fühlende" Unternehmer nicht als mittelbarer Sachwalter des Gruppeninteresses auftreten könne. Wollten die Vorschriften einen Individualrechtsschutz bezwecken, hätte der Gesetzgeber das

---

[1340] Vgl. Waechter, Kommunalrecht, Rn. 611

[1341] Vgl. Badura, DöV 1998, 818 (822); Burmeister, Selbstverwaltungsgarantie und wirtschaftliche Betätigung der Kommunen, in: Püttner, HBdkWP Band V, § 93 A S. 15; Gern, Deutsches Kommunalrecht, Rn. 724; Hölzl/Hien, Bayerische Gemeindeordnung – Kommentar, § 87 Rn. 4; Lux, NWVBl. 2000, 7 (8); Masson/Samper, Bayerische Gemeindeordnung – Kommentar, § 87 Rn. 7; Pagenkopf, 177 (179 ff.); Schmidt-Aßmann, Kommunalrecht, in: ders., Besonderes Verwaltungsrecht, 1. Abschnitt, Rn. 120 f.; Schmidt-Jortzig, Die Zulässigkeit kommunaler wirtschaftlicher Unternehmen im einzelnen, in: Püttner, HBdkWP Band V, § 93 B S. 67; Tettinger, NJW 1998, 3473 (3474); Vogelgesang/Lübking/Jahn, Kommunale Selbstverwaltung, Rn. 746 ff.; Widtmann/Grasser, Bayerische Gemeindeordnung – Kommentar, § 87 Rn. 3

[1342] Vgl. Hölzl/Hien, Bayerische Gemeindeordnung, Art. 87 Rn. 4

[1343] Vgl. Badura, DöV 1998, 818 (822); Masson/Samper, Bayerische Gemeindeordnung, Art. 87 Rn. 7

[1344] Vgl. hierzu ausführlich Erichsen, Das Verwaltungshandeln, in: ders. (Hrsg.), Allgemeines Verwaltungsrecht, § 11 Rn. 35 ff.; Kopp/Schenke, VwGO, § 42 Rn. 48 m.w.N.; Maurer, Allgemeines Verwaltungsrecht, § 8 Rn. 6 ff.

deutlicher zum Ausdruck bringen müssen[1345]. Zudem widerspreche einem Individualrechtsschutz der heute geltenden Vorschriften auch ihre systematische Stellung im organisatorischen Teil der GO sowie die Entstehungsgeschichte der Vorgängervorschriften §§ 67 ff. DGO, die ausschließlich das Ergebnis rein ökonomischer Zweckmäßigkeitserwägungen gewesen wären[1346].

In die gleiche Richtung geht die ständige Rechtsprechung der Verwaltungsgerichte, die, anfangs noch unter Hinweis auf spezifische landesrechtliche Besonderheiten[1347], den Vorschriften des kommunalen Wirtschaftsrechts generell den individualrechtsschützenden Charakter abspricht[1348]. Auch hier wird durchwegs argumentiert, die kommunalrechtlichen Vorschriften dienten nur dem Schutz öffentlicher Belange, allenfalls dem Schutz der Privatwirtschaft insgesamt, nicht aber dem Schutz einzelner Wettbewerber, was aber Voraussetzung für die Klagebefugnis wäre.

Demgegenüber will die heute wohl überwiegende Ansicht in der Literatur den individualschützenden Charakter der Vorschrift anerkennen[1349], wobei aber auch hier häufig auf die spezifische Ausgestaltung der Vorschriften abgestellt wird. So wird insbesondere das Vorliegen einer Subsidiaritätsklausel zum Indiz dafür gemacht, dass die Vorschriften neben dem Schutz der Gemeinde auch den Individualschutz der Konkurrenten bezwecken[1350]. Darüber hinaus wird den Vorschriften aber auch unabhängig von der jeweiligen konkreten Ausgestaltung Individualschutz zuerkannt. So sieht beispielsweise *Hans-Uwe Erichsen*[1351] in den Vorschrif-

---

[1345] Vgl. Widtmann/Grasser, Bayerische Gemeindeordnung – Kommentar, Art. 87 Rn. 3

[1346] Vgl. Schliesky, Öffentliches Wettbewerbsrecht, S. 443 ff.; Schmidt-Jortzig, Die Zulässigkeit kommunaler wirtschaftlicher Unternehmen im einzelnen, in: Püttner, HBdkWP Band V, § 93 B S. 60 f.

[1347] BVerwGE 39, 329 (336), für § 85 GO BW in der damals geltenden Fassung

[1348] BVerwG NJW 1978, 1539 f; BVerwG NJW 1995, 1539 f; BayVGH, BayVBl. 1960, 90 (91); BayVBl. 1976, 628 (629); VGH BW, NJW 1984, 251 (252); NJW 1995, 274; HessVGH, NVwZ 1996, 816 (817)

[1349] Cosson, DVBl. 1999, 891 (895); Cronauge, Kommunale Unternehmen, Rn. 504; Erichsen, Kommunalrecht NW, § 11 F 2, S. 291 f.; Gerke, Jura 1985, 349 (355 f.); Grawert, Zuständigkeitsgrenzen der Kommunalwirtschaft, in: FS für Blümel, 119 (133 ff.); Henneke, NdsVBl. 1999, 1 (5); Hoffmann-Becking, in: FS für Wolff, S. 445 (455); J. Ipsen, Niedersächsisches Kommunalrecht, Rn. 642 ff.; Kluth, Grenzen kommunaler Wettbewerbsanteilnahme, S. 91; Knemeyer, Bayerisches Kommunalrecht, Rn. 334 f.; Lerche, JurA 1970, 821 (847); Lissack, Bayerisches Kommunalrecht, § 7 Rn. 7 (Fn. 20); v. Mutius, Kommunalrecht, Rn. 521 f.; Püttner, Die öffentlichen Unternehmen, S. 132 f.; Schoch, DöV 1993, 377 (380); Sodan, DöV 2000, 361 (370); Stober, Kommunalrecht in der BRD, § 22 V 1 c; Waechter, Kommunalrecht, Rn. 623; wohl auch Heintzen, Rechtliche Grenzen und Vorgaben für eine wirtschaftliche Betätigung von Kommunen im Bereich der gewerblichen Gebäudereinigung, S. 95 ff.; So neuerdings auch VerfGH Rhld.-Pf., GewArch 2000, 325 (329)

[1350] Vgl. J. Ipsen, Niedersächsisches Kommunalrecht, Rn. 642 ff.; Stober, Kommunalrecht in der BRD, § 22 V 1 c

[1351] Vgl. Erichsen, Kommunalrecht NW, § 11 F 2, S. 291 f.

ten des kommunalen Wirtschaftsrechts den verfassungsrechtlich gebotenen Ausgleich zwischen grundrechtlichen Individualfreiheiten und der in Art. 28 Abs. 2 GG gewährleisteten gemeindlichen Wirtschaftsbetätigung, weshalb die Vorschriften zwingend individualschützend seien. Demgegenüber begründen *Winfried Kluth*[1352] und *Ulrich Hösch*[1353] den Individualschutz der Vorschriften mit der generellen Grundrechtsrelevanz gemeindlicher Wirtschaftsbetätigung.

Auf der Grundlage der bisher gewonnenen Erkenntnisse vermag auch allein die letzte Ansicht zu überzeugen.

So genügt selbstverständlich im Hinblick auf Art. 19 IV GG, der eine Systementscheidung für den Individualrechtsschutz trifft[1354], nicht die bloße Verletzung von Individualinteressen, sondern es muss sich um rechtlich geschützte Individualinteressen handeln, d.h. die in Frage stehende Norm muss ein die Klagebefugnis konstituierendes subjektiv-öffentliches Recht einräumen[1355]. Dabei bestimmt ausschließlich der Gesetzgeber den Umfang einfachgesetzlicher subjektiv-öffentlicher Rechte[1356]. Fällt jedoch die Norm, wie regelmäßig, keine ausdrückliche Entscheidung, so ist die Frage des gegenständlichen Individualrechtsschutzes durch Auslegung zu ermitteln.

Wenig überzeugend ist deshalb die Ansicht, von einem Individualrechtsschutz der Vorschriften des kommunalen Wirtschaftsrechts wäre nur dann auszugehen, wenn der Gesetzgeber dies deutlich zum Ausdruck gebracht hätte. Zwar würden in diesem Fall keine Zweifel bestehen, die gesetzliche Nichtregelung kann jedoch solange keine Relevanz haben, soweit der Wortlaut, wie vorliegend, nicht eindeutig gegen den Individualrechtsschutz spricht. Entscheidend ist insoweit allein die Auslegung der Norm, die ergeben muss, dass die privaten Interessen nicht lediglich als Reflex öffentlicher Interessen geschützt sind, sondern die Vorschrift zumindest auch dem Schutz des einzelnen Betroffenen zu dienen bestimmt ist, d.h. final zumindest auch auf dessen Schutz zielt[1357].

Allerdings bringt in diesem Zusammenhang die einfache Gesetzesauslegung ersichtlich nicht weiter, denn insbesondere die Entstehungsgeschichte einer vorkonstitutionellen Vorgängernorm dürfte kaum tragfähige Grundlage einer Gesetzesauslegung sein. Aber auch andere Auslegungskriterien[1358] führen, wie instruktiv die gegenständliche Diskussion zeigt, jedenfalls zu keinem eindeutigen Ergebnis. Damit wird allein der verfassungsrechtliche Einfluss entscheidend.

[1352] Vgl. Kluth, Grenzen kommunaler Wettbewerbsanteilnahme, S. 91

[1353] Vgl. Hösch, DöV 2000, 393 (402)

[1354] Vgl. Schulze-Fielitz, in: Dreier, GG, Art. 19 IV Rn. 43

[1355] Vgl. Jarass, in: Jarass/Pieroth, GG, Art. 19 Rn. 25

[1356] Vgl. BVerfGE 78, 214 (226); 84, 34 (49); Herzog, NJW 1992, 2601 ff.; Jarass, in: Jarass/Pieroth, GG, Art. 19 Rn. 25; Schulze-Fielitz, in: Dreier, GG, Art. 19 IV Rn. 45

[1357] Vgl. Schulze-Fielitz, in: Dreier, GG, Art. 19 IV Rn. 44

[1358] Vgl. ausführlich Schliesky, Öffentliches Wettbewerbsrecht, S. 443 ff.

So ist heute weitgehend anerkannt, dass bei der Bestimmung des subjektiv-rechtlichen Schutzumfangs einer einfachgesetzlichen Norm der Einfluss der materiellen Grundrechte zu beachten ist[1359]. Soweit danach die Auslegung der einfach-gesetzlichen Vorschrift nicht eindeutig gegen einen Individualrechtsschutz spricht, vermittelt die Vorschrift in verfassungskonformer Auslegung den Individualschutz, der durch die grundrechtlichen Gewährleistungen intendiert ist. Entsprechend dieser sog. „norminternen Wirkung der Grundrechte"[1360] ist den einschlägigen Normen des einfachen Rechts zumindest insoweit, als eine staatliche Handlung in den Schutzbereich eines Grundrechts eingreift, im Zweifel ein subjektives Recht zuzuerkennen[1361].

Da gemeindliche Wirtschaftbetätigung - nach hier vertretener Ansicht - generell einen Eingriff in grundrechtliche Freiheiten darstellt, ist den Vorschriften des kommunalen Wirtschaftsrechts, unabhängig von ihrer Ausgestaltung im einzelnen, der Individualschutz jedenfalls verfassungsrechtlich impliziert. Als notwendige Rechtsgrundlage für den Eingriff in die Berufsfreiheit und Inhalts- und Schranken-bestimmung im Hinblick auf die Eigentumsgarantie, verlagern sie den grundrecht-lichen Individualschutz in das einfache Recht vor. Darüber hinaus verwirklichen die Vorschriften des kommunalen Wirtschaftsrecht gerade die aus der objektiv-rechtlichen Dimension der wirtschaftsbezogenen Grundrechte[1362] und insbesondere dem Prinzip freiheitlich-sozialer Marktordnung ausfließende Schutzpflicht des Ge-setzgebers im Hinblick auf die private Wirtschaftsbetätigung, so dass zumindest die Beantwortung der Frage nach dem „ob" des Individualschutzes der Vorschriften keinerlei Spielraum lässt[1363].

Privaten Konkurrenten ist deshalb die Möglichkeit eröffnet, im Wege der öffent-lich-rechtlichen Unterlassungsklage gegen eine unzulässige gemeindliche Wirt-schaftsbetätigung vorzugehen. Daneben scheitert, unabhängig von der Frage, ob darüber hinaus überhaupt ein Rückgriff auf grundrechtlichen Individualschutz möglich ist[1364], ein pauschaler Rückgriff auf die Grundrechte[1365] am Anwendungs-

---

[1359] Vgl. Jarass, in: Jarass/Pieroth, GG, Art. 19 Rn. 26; Pietzker, „Grundrechtsbetroffenheit" in der verwaltungsrechtlichen Dogmatik, in: FS für Wolff, 131 (138 ff.); Schulze-Fielitz, in: Dreier, GG, Art. 19 IV Rn. 49 ff.

[1360] Vgl. Schmidt-Aßmann, in: Maunz/Dürig/Herzog/Scholz, GG, Art. 19 IV Rn. 123; Wahl, DVBl. 1996, 641 (647)

[1361] Vgl. BVerfGE 15, 275 (281 f.); Jarass, in: Jarass/Pieroth, GG, Art. 19 Rn. 26; Maurer, Allge-meines Verwaltungsrecht, § 8 Rn. 10 ff.; Schulze-Fielitz, in: Dreier, GG, Art. 19 IV Rn. 52; Wahl, DVBl. 1996, 641 (645 ff.)

[1362] Ähnlich Waechter, Kommunalrecht, Rn. 623

[1363] Vgl. Erichsen, Das Verwaltungshandeln, in: ders. (Hrsg.), Allgemeines Verwaltungsrecht, § 11 Rn. 39

[1364] Dagegen Wahl, DVBl. 1996, 641 (647 ff.)

[1365] So aber Tettinger, NJW 1998, 3473 (3474); ders. DVBl. 1998, 679 (685 ff.)

vorrang des einfachen Rechts[1366]. Lässt sich in verfassungskonformer Auslegung der individuelle Grundrechtsschutz verwirklichen, so ist der direkte Rückgriff auf die Verfassung verfehlt.

[1366] Vgl. Erichsen, Das Verwaltungshandeln, in: ders., Allgemeines Verwaltungsrecht, § 11 Rn. 32 ff.; Maurer, Allgemeines Verwaltungsrecht, § 4 Rn. 42, § 8 Rn. 11; Stern, Staatsrecht III/1, S. 1415

4. Teil: Die wettbewerbsrechtlichen Grenzen gemeindlicher Wirtschaftstätigkeit

Neben einer Ermittlung der verfassungsrechtlichen Grundlagen und Grenzen gemeindlicher Wirtschaftsbetätigung sowie einer Analyse der spezifischen kommunalrechtlichen Vorschriften, zeichnet sich der Problemkreis der wettbewerbsrechtlichen Betätigungsgrenzen der Gemeindewirtschaft durch eine insbesondere faktische Aktualität aus[1367], die ihren Grund in der restriktiven Bewertung privater Rechtspositionen im Verhältnis zur gemeindlichen Wirtschaftsbetätigung durch die Verwaltungsgerichtsbarkeit[1368] - unterstützt durch weite Teile der staats- und verwaltungsrechtlichen Literatur[1369] - hat[1370]. Waren die privaten Wettbewerber früher noch dazu gezwungen, angesichts der kategorischen Ablehnung einfachgesetzlicher subjektiv-öffentlicher Rechte und des kaum jemals aktualisierbaren Grundrechtsschutzes, auf den Zivilrechtsweg auszuweichen, um innerhalb des spezifisch wettbewerbsrechtlichen Rahmen überhaupt Rechtschutz gegenüber öffentlichen Konkurrenten zu erlangen, so geht die Zivilrechtssprechung heute dazu über, diese Lücke vollständig zu füllen und die öffentlich-rechtlichen Schranken gemeindlicher Wirtschaftstätigkeit mit Hilfe des wettbewerbsrechtlichen Unterlassungstatbestandes in § 1 UWG umzusetzen. So besteht nun für private Konkurrenten erstmals die Möglichkeit, auf breiter Front bereits gegen die Aufnahme der wirtschaftlichen Tätigkeit der Gemeinden vorzugehen. In der Literatur ist dieser Vorstoß nicht un-

---

[1367] Vgl. nur aus der jüngsten Literatur: Berg, Wirtschaft und Verwaltung 3/00 – Vierteljahresbeilage zum VerwArch, 141 ff; David, NVwZ 2000, 738 ff; Ehlers, NWVBl. 2000, 1 ff; Heintzen, NVwZ 2000, 743 ff; Held, NWVBl. 2000, 201 ff; Hösch, Wirtschaft und Verwaltung 3/00 – Vierteljahresbeilage zum VerwArch, 159 ff; ders. DöV 2000, 393 ff; ders., GewArch 2000, 1 ff; Hübschle, GewArch 2000, 186 ff; Kluth, Wirtschaft und Verwaltung 3/00 – Vierteljahresbeilage zum VerwArch, 184 ff; Köhler, BayVBl. 2000, 1ff; Löwer, NWVBl. 2000, 241 ff; Lux, NWVBl. 2000, 7 ff; Otting, NWVBl. 2000, 206 ff; M. Pagenkopf, GewArch 2000, 177 ff; Sodan, DöV 2000, 361 ff; Wieland, NWVBl. 2000, 246 ff

[1368] So die ständige Rechtsprechung der Verwaltungsgerichte, vgl. BVerwGE 39, 329 (336); BVerwG NJW 1995, 2938 (2939); VGH Bad.-Württ., NJW 1995, 274; BayVGH JZ 1976, 641 (642)

[1369] Vgl. nur Badura, DöV 1998, 818 (822); Burmeister, Selbstverwaltungsgarantie und wirtschaftliche Betätigung der Kommunen, in: Püttner, HBdkWP Band V, § 93 A S. 15; Gern, Deutsches Kommunalrecht, Rn. 724; Schmidt-Aßmann, Kommunalrecht, in: ders., Besonderes Verwaltungsrecht, 1. Abschnitt, Rn. 120 f.; Schmidt-Jortzig, Die Zulässigkeit kommunaler wirtschaftlicher Unternehmen im einzelnen, in: Püttner, HBdkWP Band V, § 93 B S. 67

[1370] In diesem Zusammenhang ist oft die Kritik *Reiner Schmidts* zitiert, der insoweit von einer „an Rechtsverweigerung grenzende(n) Haltung" gesprochen hat, vgl. Schmidt, Öffentliches Wirtschaftsrecht – Allgemeiner Teil, S. 534

umstritten[1371] und wird insbesondere von Teilen des öffentlich-rechtlichen Schrifttums mit bisweilen überzogener Kritik belegt[1372]. In Anbetracht dessen, wie bedenkenlos die verwaltungsgerichtliche Rechtssprechung und Teile der staats- und verwaltungsrechtlichen Literatur einen mit erheblichem Konfliktpotential befrachteten Bereich staatlichen Handelns am Grundsatz des Art. 19 IV GG vorbeimanövrieren, erscheint dies, zumindest seiner Art und Weise nach, als unangebracht.

Im Rahmen der gegenständlichen Untersuchung sollen deshalb nicht die allgemeinen wettbewerbsrechtlichen Grenzen gemeindlicher Wirtschaftstätigkeit ermittelt, als vielmehr die zentrale Frage geklärt werden, inwieweit wettbewerbsrechtliche Unterlassungsansprüche allein auf die Verletzung der Vorschriften des kommunalen Wirtschaftsrechts gestützt werden können.

A. Die zivilgerichtliche Rechtsprechung

In der aktuellen Rechtsprechung haben insbesondere vier Entscheidungen[1373], mit denen private Konkurrenten die Hilfe der ordentlichen Gerichte auf der Grundlage des Wettbewerbsrechts gegen kommunale Dienstanbieter in Anspruch genommen haben, Aufsehen erregt. Diese sollen, ehe die Linie der Rechtsprechung abstrakt erläutert wird, kurz dargestellt werden.

I. Aktuelle Entscheidungen

1. Nachhilfeentscheidung des OLG Düsseldorf vom 10.10.1996[1374]

In dem Verfahren des einstweiligen Rechtsschutzes wandte sich der antragstellende Diplom-Pädagoge gegen den Nachhilfeunterricht, den eine Kommune im Rahmen ihres Volkshochschulprogramms Schülern der Sekundarstufe I in den Fächern Deutsch, Englisch und Mathematik angeboten hatte. Er machte geltend, dass in Folge des kommunalen Nachhilfeprogramms seine eigenen Einnahmen aus Nachhilfeunterricht um ca. 40 Prozent zurückgegangen seien.

[1371] Vgl. nur Cronauge, AfK 1999, 24 ff.

[1372] So spricht beispielsweise *Peter Tettinger*, NJW 1998, 3473 (3474), von „zivilgerichtliche(m) Dilettieren"

[1373] In die gleiche Richtung gehen die Entscheidungen des LG München, GewArch 1999, 413 ff. (nicht rechtskräftig), bestätigt durch die Entscheidung des OLG München vom 20.04.2000, GewArch 2000, 279 ff. (nicht rechtskräftig), des OLG Düsseldorf, NVwZ 2000, 714 ff. – Awista und des LG Offenburg, NVwZ 2000, 717 f.; die hier aber im Konkreten nicht näher dargestellt werden.

[1374] NJW-RR 1997, 1470

Das OLG Düsseldorf untersagte daraufhin der Kommune die weitere Erteilung von Nachhilfeunterricht mit der Begründung, dass damit ein Verstoß gegen § 107 GO NW a.f. verbunden sei, der zugleich als Verstoß gegen die guten Sitten im Wettbewerb zu bewerten sei. Es sei nämlich dem Kriterium des „dringenden öffentlichen Zwecks"[1375] ein Subsidiaritätsprinzip dergestalt zu entnehmen, dass ein ausreichender Umfang privater Anbieter von Nachhilfeunterricht eine konkurrierende kommunale Betätigung ausschließe.

2.   „Gelsengrün" - Entscheidung des OLG Hamm vom 23.09.1997 und des BGH[1376]

In der bereits dargestellten „Gelsengrün" - Entscheidung[1377] untersagte das OLG Hamm – bestätigt durch den BGH - dem aus dem städtischen Grünflächen- und Friedhofsamt hervorgegangenen kommunalen Unternehmen Gelsengrün, das seiner Zwecksetzung nach die „Ausführung gärtnerischer und landschaftsbaulicher Arbeiten jeder Art" vornehmen sollte, ein Tätigwerden im Auftrag privater Dritter. Hierin läge ein Verstoß gegen § 107 GO NW a.f., da kein „öffentlicher Zweck" vorliege, der das Angebot gärtnerischer Arbeiten an Private rechtfertigen könne. Gleichzeitig liege darin ein Verstoß gegen die guten Sitten im Wettbewerb, der einen Unterlassungsanspruch aus § 1 UWG gegen das Unternehmen begründe.

3.   Altautoverwertungsentscheidung des LG Wuppertal vom 29.10.1998[1378]

Gleichermaßen untersagte das LG – Wuppertal den Betrieb eines kommunalen Altautoverwertungsunternehmens, das seinem Zweck nach „die Behandlung, Verwertung und Entsorgung von Fahrzeugen, Betriebsstoffen und KFZ - Teilen aller Art, insbesondere das Kraftfahrtzeugrecycling, die Wiederverwertung und den Verkauf von Fahrzeugteilen im Rahmen zeitwertgerechter Reparaturen und die damit verbundenen Geschäfte" verfolgen sollte. Das Gericht bewertete die Vorschrift des § 107 I GO NW a.f. als sog. „wertbezogene Norm", mit der Folge, dass der als Verstoß gegen die öffentlich-rechtlichen Schranken beurteilte Betrieb des Unternehmens gleichzeitig einen Unterlassungsanspruch aus § 1 UWG begründe.

[1375] § 107 I GO NW a.F. verzichtet auf eine ausdrückliche Subsidiaritätsklausel
[1376] NJW 1998, 3504; Der BGH hat die dagegen geführte Revision durch Beschl. v. 8.10.1998 nicht zur Entscheidung angenommen
[1377] Vgl. oben: 2. Teil A. III. 2. b) (4) (b) (02) (vii), S. 71 f.
[1378] Vgl. LG Wuppertal, NWVBl.1999, 275

4.   Die Altautoverwertungsentscheidung des OLG Düsseldorf vom
      28.10.1999[1379]

In der gegenständlichen Entscheidung hob das Gericht als Berufungsinstanz die
vorangegangene Entscheidung des LG Wuppertal auf. Entscheidend ist jedoch,
dass das Gericht die Linie der dargestellten Entscheidungen nicht durchbricht, sondern vielmehr ausdrücklich daran festhält. So soll ein Verstoß gegen die Vorschriften des Gemeindewirtschaftsrechts als sog. „wertbezogene Normen" – „trotz der in
der Literatur erhobenen Kritik" – auch weiterhin einen wettbewerbsrechtlichen
Unterlassungsanspruch nach § 1 UWG begründen. Nur wäre lediglich mit dem
Betrieb einer kommunalen Altautoverwertungsgesellschaft kein Verstoß gegen die
gemeinderechtlichen Vorschriften verbunden, denn diese sei als sog. „nichtwirtschaftliches" Unternehmen i.S.d. § 107 II Nr. 3 (jetzt Nr. 4) von den Voraussetzungen des § 107 I GO NW befreit[1380].

II.   Die Linie der Rechtsprechung

Die Linie der zivilgerichtlichen Rechtsprechung ist durch drei entscheidende Aspekte bestimmt. So geht sie von einer generellen Anwendbarkeit des UWG auf die
wirtschaftliche Betätigung der öffentlichen Hand aus und sieht demzufolge durch-
gehend den Zivilrechtsweg für gegeben an. Des Weiteren hält sie die allgemeinen
Voraussetzungen des wettbewerbsrechtlichen Unterlassungsanspruchs in § 1 UWG
für gegeben und qualifiziert die Normen des kommunalen Wirtschaftsrechts als
sog. „wertbezogene Normen", die im Falle einer Verletzung einen wettbewerbsrechtlichen Unterlassungsanspruch auslösen.

1.   Die generelle Anwendbarkeit des UWG auf die wirtschaftliche Betätigung
      der Gemeinden

Anders als die frühere Rechtsprechung, die zur Bestimmung der Anwendbarkeit
des UWG und des Rechtswegs auf die Rechtsnatur der Leistungsbeziehung zu den
Abnehmern abstellte[1381] und dementsprechend die Anwendbarkeit nur für den Fall
bejaht hat, dass die Gemeinde oder ihre öffentlich-rechtlich organisierten Unternehmen nicht in Handlungsformen des öffentlichen Rechts ihre Leistungen anbieten, hat sich in der heutigen Rechtsprechung die Trennung zwischen Leistungs-
und Wettbewerbsverhältnis durchgesetzt[1382]. Entscheidend ist allein, ob im Verhältnis zu den privaten Konkurrenten ein Wettbewerbsverhältnis im Sinne des

---

[1379] NWVBl. 2000, 75 ff.
[1380] Vgl. hierzu auch die kritische Stellungnahme *Ottings*, NVWBl. 2000, 206 ff.
[1381] Vgl. nur etwa BGHZ 14, 222 (227); 37, 1 (16)
[1382] Vgl. GmS-OGB, BGHZ 121, 126 (128 f.)

UWG vorliegen kann, was unabhängig von Organisations- und Handlungsform dann gegeben sein soll, wenn es sich nicht um ein Verhältnis der Über- und Unterordnung handelt[1383], sondern die öffentliche Hand wie ein Privater am Wirtschaftsleben teilnimmt[1384]. Die grundsätzliche Anwendbarkeit des Wettbewerbsrechts ist demnach immer dann gegeben, wenn der Abnehmer selbstbestimmt auf die Leistung des gemeindlichen Unternehmens zugreifen kann.

2.   Die allgemeinen Voraussetzungen des wettbewerbsrechtlichen Unterlassungsanspruchs

Weitgehend unproblematisch sieht die Rechtsprechung auch die allgemeinen Voraussetzungen des Unterlassungsanspruches aus § 1 UWG und geht im Rahmen des grundsätzlichen Anwendungsbereiches der Norm von einer Gleichstellung gemeindlicher und privater Wirtschaftsbetätigung aus. So ist das Tatbestandsmerkmal des Handelns *im geschäftlichen Verkehr* für die wirtschaftliche Betätigung der Gemeinden im Anwendungsbereich der Norm bereits notwendigerweise gegeben und bereitet auch das als „Wettbewerbshandlung" bezeichnete weitere allgemeine Tatbestandsmerkmal *zu Zwecken des Wettbewerbs*, das neben der objektiven Wettbewerbseignung der in Frage stehenden Tätigkeit eine Wettbewerbsabsicht als subjektive Komponente verlangt[1385], keine Schwierigkeiten. Das für die objektive Eignung erforderliche Wettbewerbsverhältnis[1386] besteht in jedem Fall dann, wenn zwei Anbieter gleiche Leistungen auf dem selben Markt anbieten. Auch die grundsätzliche Vermutung, die bei objektiver Eignung der Handlung zur Wettbewerbsförderung für das Vorliegen der Wettbewerbsförderungsabsicht spricht[1387], wird, entsprechend dem rein privaten Wettbewerb, auf das Verhältnis zwischen Gemeinde und privaten Wettbewerber übertragen[1388].

3.   Qualifikation der Vorschriften des gemeindlichen Wirtschaftsrechts als sog. „wertbezogene Normen"

Grundsätzlich neu ist die Heranziehung der Vorschriften des Gemeindewirtschaftsrechts als alleiniger Maßstab des für den Abwehranspruch erforderlichen Sittenwidrigkeitsurteils. Damit ist ein weiterer, über die Verletzung der kommunalrecht-

---

[1383] Vgl. BGHZ 82, 375 (382 ff.)

[1384] Vgl. BGH NJW 1995, 2295 (2296 f.)

[1385] Vgl. Baumbach/Hefermehl, Wettbewerbsrecht, Einl. UWG, Rn. 215, 232

[1386] Vgl. BGHZ 93, 96 (97)

[1387] Vgl. BGH NJW 1992, 3304; 1997, 3302 (3303); Baumbach/Hefermehl, Wettbewerbsrecht, Einl. UWG, Rn. 235; v. Gamm, UWG, § 1 Rn. 24

[1388] Vgl. LG München, GewArch 1999, 413 ff.; LG Wuppertal, NWVBl.1999, 275 f., arbeitet mit § 13 II Nr. 1 UWG und weist die wesentliche Beeinträchtigung des Wettbewerbs nach

lichen Schranken hinausgehender Sittenverstoß[1389] nicht mehr notwendig, um den Abwehranspruch aus § 1 UWG zu begründen.

Problematisch ist dies vor allem insoweit, als im Wettbewerbsrecht weitestgehend der Grundsatz anerkannt ist, dass eine Verletzung von Gesetzen zwar die Sittenwidrigkeit einer Wettbewerbshandlung begründen kann, aber nicht jeder Rechtsverstoß gleichzeitig automatisch den Mangel der Sittenwidrigkeit verdient[1390]. Eine Sittenwidrigkeit des Gesetzesverstoßes kommt vielmehr nur dann in Betracht, wenn es sich um die Verletzung einer sog. „wertbezogenen" Norm handelt. Es sind dies Normen, die zwar im Allgemeininteresse erlassen sind, denen aber eine dem Schutzzweck des UWG entsprechende sittlich-rechtliche Wertung zugrunde liegt, da sie Ausdruck allgemein anerkannter Sittlichkeitsmaßstäbe und sittlich fundierter Gebote sind[1391]. Das Sittenwidrigkeitsurteil ergibt sich deshalb aus dem Gesetzesverstoß selbst[1392]. Die Verletzung einer wertneutralen Vorschrift zieht demgegenüber nur dann die Sittenwidrigkeit nach sich, wenn entweder die Verletzung bewusst und planmäßig zu dem Zweck erfolgt, sich einen Vorsprung gegenüber dem gesetzestreuen Wettbewerber zu verschaffen[1393] oder aber es sich bei der übertretenen Norm um Vorschriften handelt, die gerade dem Schutz privater Mitbewerber zu dienen bestimmt sind[1394].

In Anbetracht der im kommunalrechtlichen Teil ermittelten Ergebnisse, ist es nur verständlich, dass die Zivilgerichte zunächst den Individualschutz der Normen des gemeindlichen Wettbewerbsrechts als Anknüpfungspunkt des wettbewerbsrechtlichen Sittenwidrigkeitsurteils wählten[1395]. Letztendlich haben aber der Widerspruch mit der ständigen Rechtsprechung der Verwaltungsgerichte und einem Teil der staats- und verwaltungsrechtlichen Literatur, die den gegenständlichen Vorschriften den Individualschutz absprechen, die jüngste Rechtsprechung dazu

---

[1389] So die alte Rechtsprechung des BGH, vgl. beispielsweise noch BGH DVBl. 1965, 362 (363) – Blockeis II; BGHZ 82, 375 (395 ff.) – Brillenselbstabgabe; so auch VGH Bad.-Württ., NJW 1995, 274 (275)

[1390] Vgl. v. Gamm, UWG, § 1 Rn. 40; Hübschle, GewArch 2000, 186 (188); Otting, DöV 1999, 549 (551); Weber, Wettbewerbsrechtliche Unterlassungsansprüche gegen kommunale Wirtschaftstätigkeit, S. 66 ff.

[1391] Vgl. Baumbach/Hefermehl, Wettbewerbsrecht, § 1 UWG Rn. 613

[1392] Richtigerweise begründet nicht die Gesetzesverletzung, sondern die Verletzung der darin zum Ausdruck kommenden Sittlichkeitsmaßstäbe die Sittenwidrigkeit, so dass kein Widerspruch als vielmehr eine Präzisierung der älteren Rechtsprechung zu verbuchen ist.

[1393] Vgl. BGH NJW-RR, 1994, 301 (302); Baumbach/Hefermehl, Wettbewerbsrecht, § 1 UWG Rn. 608; v. Gamm, UWG, § 1 Rn. 44

[1394] Vgl. Baumbach/Hefermehl, Wettbewerbsrecht, § 1 UWG Rn. 665, 933

[1395] Vgl. OLG Hamm, NJW 1998, 3504 – Gelsengrün; OLG Düsseldorf, NJW-RR 1997, 1470 – Nachhilfe; ebenso LG Offenburg, NVwZ 2000, 717 f; anders LG Kassel, Urt. v. 18.3.1999 – 11 O 4033/99, S. 12 f. des amtl. Umdr., das einen Individualschutz mangels Subsidiaritätsklausel des § 121 HessGO ablehnt.

bewogen, die Vorschriften des kommunalen Wirtschaftsrechts nicht primär als individualschützend sondern als sog. „wertbezogene" Normen zu qualifizieren. Die Wertbezogenheit der Normen des Gemeindewirtschaftsrechts ergebe sich nach Ansicht der Gerichte daraus, dass sie nicht nur dem Schutz der Gemeinde selbst, sondern auch dem Schutz der Privat*wirtschaft* gegenüber nicht gerechtfertigter Wirtschaftstätigkeit der Gemeinde und damit dem Schutz eines „wichtigen Gemeinschaftsgutes"[1396] zu dienen bestimmt wären[1397]. Indem der Gesetzgeber geregelt hat, dass sich private Anbieter ohne zusätzliche Auseinandersetzung mit Kommunen und deren Betrieben auf den nicht der Daseinsvorsorge verpflichteten Märkten frei entfalten können sollen, habe er eine grundsätzliche Wertentscheidung getroffen. Diese Unbelastetheit von kommunaler Konkurrenz habe deshalb den Rang eines wichtigen Gemeinschaftsgutes.

Die gegenständlichen Entscheidungen folgen damit weitgehend der Linie der Rechtsprechung des Bundesgerichtshofs. So bewertet das Gericht die gesetzliche Festlegung des Aufgabenkreises der gesetzlichen Krankenkassen als wertbezogen im Sinne einer ordnungspolitischen Grundentscheidung des Gesetzgebers, deren Verletzung einen Verstoß gegen § 1 UWG darstelle[1398]. Im weiteren formuliert es ausdrücklich:

> „Regelt eine öffentlichrechtliche Vorschrift die Zulässigkeit und Grenzen privatwirtschaftlicher Betätigung der öffentlichen Hand in einer Weise, dass es der öffentlichen Hand verwehrt ist, in den Wettbewerb im Markt einzugreifen, so ist ein Gesetzesverstoß regelmäßig auch als wettbewerbswidrig zu beurteilen"[1399].

Gleichermaßen hat das Gericht den Verstoß einer öffentlich-rechtlichen Rundfunkanstalt gegen das rundfunkstaatsvertragliche Verbot der Werbung im Programm zugleich als Verstoß gegen § 1 UWG bewertet, denn das Verbot der Programmwerbung mit dem Ziel der Bewahrung der Unabhängigkeit der Programmgestaltung und dem Schutz der Redaktionen vor sachfremden Einflüssen Dritter diene einem überragenden, mit Verfassungsrang ausgestatteten Gemeinschaftsgut[1400]. Vor diesem Hintergrund wird auch ersichtlich, weshalb der *Bundesgerichtshof* die gegen die Entscheidung des OLG Hamm im Fall „Gelsengrün"[1401] geführte Revision[1402] nicht zur Entscheidung angenommen hat.

[1396] Vgl. dazu Baumbach/Hefermehl, Wettbewerbsrecht, § 1 UWG Rn. 611

[1397] Vgl. LG München, GewArch 413 (414 f.); LG Wuppertal, NWVBl. 1999, 275 (276)

[1398] Vgl. BGH NJW 1995, 2352 (2353 f.) – Sterbegeld

[1399] Vgl. BGH NJW 1995, 2352 (2354)

[1400] Vgl. BGHZ 110, 278 (289) – Werbung im Programm

[1401] Vgl. BGH NJW 1998, 3504

[1402] Beschl. vom 8.10.1998, Az.: I ZR 284/97

B. Die Literatur

Die Positionen in der Literatur sind breit gefächert und reichen von der generellen Ablehnung der Anwendbarkeit des UWG bis zur durchgängigen Anwendbarkeit und Inkorporierung der Zulässigkeitsbeschränkungen des Gemeindewirtschaftsrechts in das UWG. Im wesentlichen zeigen sich mit dem Problemkreis der Anwendbarkeit des UWG auf die Wirtschaftsbetätigung der öffentlichen Hand sowie dem Verhältnis von Gemeindewirtschaftsrecht und Wettbewerbsrecht zwei Kristallisationspunkte[1403], die im folgenden kurz dargestellt werden.

I. Die Anwendbarkeit des UWG auf die Wirtschaftsbetätigung der öffentlichen Hand

Zur Frage der Anwendbarkeit des Wettbewerbsrechts auf die Wirtschaftsbetätigung der öffentlichen Hand werden in der Literatur im wesentlichen vier verschiedene Ansichten vertreten.

So lehnen insbesondere *Karl-Albrecht Schachtschneider*[1404] und *Kay Waechter*[1405] die Anwendbarkeit des UWG auf die wirtschaftliche Betätigung der öffentlichen Hand generell ab. Das UWG setze der Autonomieausübung Privater (Art. 12 I GG) Grenzen, die ihrerseits nicht auf den Staat übertragen werden könnten, da dieser nicht in Ausübung von Autonomie, sondern aufgrund gesetzlicher Aufgabenzuweisung und in Verfolgung öffentlicher Zwecke tätig werde. Deshalb könne das UWG auch in jeder Hinsicht keine adäquaten Maßstäbe für die wirtschaftliche Betätigung der öffentlichen Hand bereithalten.

Der überwiegende Teil der Literatur hält demgegenüber das UWG auf die wirtschaftliche Betätigung der öffentlichen Hand grundsätzlich für anwendbar, bisweilen werden jedoch unter zwei verschiedenen Gesichtspunkten Einschränkungen vorgenommen.

So geht ein Teil der Literatur davon aus, die Anwendbarkeit des UWG wäre ausschließlich auf die in privaten Handlungsformen wirtschaftende Verwaltung anwendbar[1406]. Ein Anspruch auf öffentlich-rechtliches Verhalten könne sich immer nur aus dem öffentlichen Recht ergeben. Eine Anwendung des UWG auf die in

---

[1403] Weitergehender *Utz Schliesky*, Öffentliches Wettbewerbsrecht, S. 322 ff.; ders. DVBl. 1999, 78 (83 ff.), der die Besonderheiten staatlichen Handelns im Rahmen der Tatbestandsvoraussetzungen des 1 UWG berücksichtigen will.

[1404] Schachtschneider, Staatsunternehmen und Privatrecht, S. 438 ff.

[1405] Waechter, Kommunalrecht, Rn. 616 ff.

[1406] Vgl. Erichsen, Kommunalrecht NW, § 11 D 2 d bb, S. 287; Klein, Die Teilnahme des Staates am wirtschaftlichen Wettbewerb, S. 245; Röhl, VerwArch 1995, 531 (571 f.); Kritisch auch Ehlers, DVBl. 1998, 497 (502 f.); ders., Verwaltung in Privatrechtsform, S. 362 ff.

öffentlich-rechtlichen Handlungsformen wirtschaftende Verwaltung stelle die kategoriale Qualität der Unterscheidung von öffentlichem und privatem Recht in Frage und verkenne zudem die sich in dieser Unterscheidung abbildende Unterschiedlichkeit und Trennung von Staat und Gesellschaft.

Eine andere Ansicht will für die Anwendbarkeit des UWG nach dem „ob" oder dem „wie" der wirtschaftlichen Betätigung unterscheiden[1407]. Das Wettbewerbsrecht ordne ausschließlich das Marktverhalten der Wettbewerbsteilnehmer und könne deshalb im Hinblick auf Markteilnahme der öffentlichen Hand ausschließlich auf die Verhaltensweisen bei der Aufgabenausführung, nicht aber auf die Aufgabenausführung selbst Anwendung finden. Demnach bestimme sich das „ob" der wirtschaftlichen Betätigung der öffentlichen Hand ausschließlich nach dem öffentlichen Recht, während das UWG uneingeschränkt für das „wie" der wirtschaftlichen Betätigung anwendbar wäre.

Weitestgehend geht die Literatur jedoch von einer uneingeschränkten Anwendbarkeit des UWG auf die wirtschaftliche Betätigung der öffentlichen Hand aus[1408]. So seien Privatrecht und Privatautonomie nicht identisch und wäre das Wettbewerbsrecht seinem heutigen Zuschnitt nach nicht Ausfluss der Privatautonomie, sondern staatlicher Ordnungspolitik[1409]. Auch könne sich die öffentliche Hand nicht einfach durch bloße Wahl der Rechtsform dem Anwendungsbereich des Wettbewerbsrechts entziehen. Maßgeblich könne letztendlich nur sein, ob ein Kunde die freie Wahl zwischen den Angeboten privater Unternehmen und der öffentlichen Hand habe. Ebenso könne die Anwendbarkeit des Wettbewerbsrechts nicht auf die Art und Weise der Ausübung des Wettbewerbs beschränkt werden. Es wären Fälle denkbar, in denen eine wirtschaftliche Betätigung nicht in einer Weise

---

[1407] Vgl. Gerke, Jura 1985, 349 (359 f.); Grawert, Zuständigkeitsgrenzen der Kommunalwirtschaft, in: FS für Blümel, 119 (136); Hill, BB 1997, 425 (429); Kluth, Grenzen kommunaler Wettbewerbsanteilnahme, S. 96 ff.; Ossenbühl, Bestand und Erweiterung des Wirkungskreises der Deutschen Bundespost, S. 141; Pagenkopf, GewArch 2000, 177 (182); Püttner, Die öffentlichen Unternehmen, S. 278; Tettinger, NJW 1998, 3473; ebenso Erichsen, Gemeinde und Private im wirtschaftlichen Wettbewerb, S. 39 ff.; anders jedoch ders., Kommunalrecht NW, § 11 F S. 299 ff.; Brohm, NJW 1994, 281 (286), differenziert nach der Erfüllung öffentlicher Aufgaben oder der Zuordnung zum „Kompetenzkern" der Aufgabe des Verwaltungsträgers, wobei jedoch vernachlässigt wird, dass die öffentliche Hand auf die Erfüllung öffentlicher Aufgaben beschränkt ist.

[1408] Vgl. Badura, Wirtschaftsverwaltungsrecht, in: Schmidt-Aßmann, Besonderes Verwaltungsrecht, 3. Abschnitt, Rn. 122; ders. DöV 1998, 818 (822); Baumbach/Hefermehl, UWG, Anh. § 1 Rn. 919; Cosson, DVBl. 1999, 891 (896); Ehlers, DVBl. 1998, 497 (502); Emmerich, Das Recht des unlauteren Wettbewerbs, S. 29; Heintzen, Rechtliche Grenzen und Vorgaben für eine wirtschaftliche Betätigung der Kommunen im Bereich der gewerblichen Gebäudereinigung, S. 103 ff.; Hübschle, GewArch 2000, 186 ff.; Otting, DöV 1999, 227; ders. Neues Steuerungsmodell und rechtliche Betätigungsspielräume der Kommunen, S. 221 ff.; Schliesky, DVBl. 1999, 78 (83); Ronellenfitsch, Wirtschaftliche Betätigung des Staates, in: Isensee/Kirchhof, HBdStR Band III, § 84 Rn. 50, 52; Weber, Wettbewerbsrechtlicher Unterlassungsanspruch gegen kommunale Wirtschaftstätigkeit, S. 183 ff.

[1409] So Kluth, Grenzen kommunaler Wettbewerbsanteilnahme, S. 98 Fn. 36

modifizierbar sei, dass sie lauter werde. In solchen Fällen könnte und müsste bereits die jeweilige wirtschaftliche Betätigung per se aufgrund des UWG untersagt werden.

II. Das Verhältnis der Vorschriften des Gemeindewirtschaftsrechts zum UWG

Auch im Problemkreis des Verhältnisses der Vorschriften des Gemeindewirtschaftsrecht zum Wettbewerbsrecht, d.h. der Frage, ob und inwieweit die Regelungen des Gemeindewirtschaftsrechts als Maßstab für das Sittenwidrigkeitsurteil im Sinne von § 1 UWG sein können, stehen sich im wesentlichen drei Ansichten gegenüber, die im folgenden kurz dargestellt werden.

1. Vollständige Ablehnung einer Aktualisierung öffentlich-rechtlicher Betätigungsschranken über das UWG

Vielfach wird in der Literatur abgelehnt, die öffentlich-rechtlichen Schranken gemeindlicher Wirtschaftsbetätigung als entscheidenden Maßstab für die Sittenwidrigkeit in § 1 UWG heranzuziehen[1410].
Dabei ist dieses Ergebnis lediglich zwingende Konsequenz, wenn man, wie ein Teil der Lehre, die Anwendbarkeit des Wettbewerbsrechts auf das reine „wie" der gemeindlichen Wirtschaftsbetätigung begrenzt und demgegenüber die Vorschriften des Gemeindewirtschaftsrecht als Regelungen über das „ob" der wirtschaftlichen Tätigkeit qualifiziert[1411]. Gleichermaßen gilt dies auch, nimmt man eine weitgehend strikte Trennung zwischen den verschiedenen Rechtskreisen an, sind doch damit zwangsläufig Art und Umfang der wirtschaftlichen Betätigung – durch die Regelungen des Gemeindewirtschaftsrechts – abschließend im öffentlichen Recht bestimmt[1412].
Weitergehend wird bisweilen argumentiert, dass zwischen Innen- und Außensphäre des Staates streng zu unterscheiden wäre. Da das Gemeindewirtschaftsrecht ausschließlich an die Gemeinde selbst adressiert sei, könnten sich hieraus, als staatliches Binnenrecht, keinerlei Rechte Dritter ergeben. Darüber hinaus konkretisierten die Vorschriften des UWG zwar die grundrechtlich geschützte Wettbewerbsfreiheit, da die Vorschriften des Gemeindewirtschaftsrechts aber nicht Teil einer allgemeingültigen Wettbewerbsordnung seien, könnte deren Einhaltung nicht über

---

[1410] Vgl. hierzu auch die Nachweise aus der älteren Literatur bei Weber, Wettbewerbsrechtlicher Unterlassungsanspruch gegen kommunale Wirtschaftstätigkeit, S. 117 ff.

[1411] Vgl. Hill, BB 1997, 425 (427); Tettinger, NJW 1998, 3473 f; vgl. auch Brohm, NJW 1994, 281 (286 ff.), der danach differenziert, ob die Wirtschaftstätigkeit einer öffentlichen Aufgabe dient oder dem „Kompetenzkern" der Aufgabe des Verwaltungsträgers zuzuordnen ist.

[1412] Vgl. Erichsen, Kommunalrecht NW, § 11 F 1, S. 290 f.

§ 1 UWG erzwungen werden, d.h. die Vorschriften über § 1 UWG mittelbar konkurrenzschützend wirken[1413].

Vielfach wird auch darauf verwiesen, dass dem privaten Wettbewerber über § 1 UWG kein allgemeiner Gesetzesvollziehungsanspruch zukommen könne, sondern der Einzelne immer nur die Einhaltung solcher Vorschriften verlangen könne, die gerade auch seinen Interessen zu dienen bestimmt wären. Gerade den Vorschriften des Gemeindewirtschaftsrechts sei dieser notwendige Individualschutz aber fremd[1414]. Zudem sei es nicht Aufgabe des Privatrechts, die Beachtung aller Vorschriften des öffentlichen Rechts zu sanktionieren, könne doch ein Rechtsbruch einen wettbewerbswidrigen Vorsprung nur dann begründen, wenn die verletzte Gesetzesvorschrift für alle Wettbewerbsteilnehmer gelte[1415].

2. Inkorporierung der Kompetenzschranken des öffentlichen Rechts in das Wettbewerbsrecht

Diametral zur oben dargestellten Ansicht haben insbesondere *Volker Emmerich*[1416] und *Siegfried Broß*[1417] Position bezogen. Demnach soll bereits jede Überschreitung öffentlich-rechtlicher Zulassungsbeschränkungen gleichzeitig als Sittenverstoß i.S.d. § 1 UWG zu werten sein. Da der Marktzugang für die öffentliche Hand nicht beliebig, sondern gesetzlich geregelt ist, sei die Frage, ob sich die öffentliche Hand überhaupt wirtschaftlich betätigen darf, stets als zwingende Vorfrage für die Statthaftigkeit der Wettbewerbshandlung zu prüfen. Demnach sei die Wettbewerbshandlung immer dann unzulässig, wenn sich die Gemeinde nach den öffentlich-rechtlichen Vorschriften überhaupt nicht oder nicht im vorliegenden Umfang betätigen darf.

3. Die Qualifizierung der Normen des Gemeindewirtschaftsrechts als „wertbezogene Normen"

In der Literatur scheint sich die Ansicht durchzusetzen, die, wie die neuere Rechtsprechung, die Normen des Gemeindewirtschaftsrechts als wertbezogene Normen qualifizieren will[1418].

[1413] Vgl. Schliesky, Öffentliches Wettbewerbsrecht, S. 449

[1414] Vgl. Ehlers, DVBl. 1998, 497 (503); Otting, Neues Steuerungsmodell und rechtliche Betätigungsspielräume der Kommunen, S. 232 ff.

[1415] Vgl. Ehlers, DVBl. 1998, 497 (503); Otting, Neues Steuerungsmodell und rechtliche Betätigungsspielräume der Kommunen, S. 234

[1416] Emmerich, Das Recht des unlauteren Wettbewerbs, S. 28

[1417] Broß, VerwArch 1996, 731 (747 ff.); ders., Überlegungen zum Wettberwerb der öffentlichen Hand, in: FS für Piper, 107 (110 ff.)

[1418] Vgl. Badura, Wirtschaftsverwaltungsrecht, in: Schmidt-Aßmann, Besonderes Verwaltungsrecht, 3. Abschnitt, Rn. 122; ders. DöV 1998, 818 (822); Cosson, DVBl. 1999, 891 (896); David, NVwZ 2000, 738 (740 f.); Heintzen, Rechtliche Grenzen und Vorgaben für eine wirtschaftliche Betätigung von Kommunen im Bereich der gewerblichen Gebäudereinigung, S. 106 ff.; Hübschle, GewArch

Zwar sei die Grundentscheidung der öffentlichen Hand, ob sie sich überhaupt am Wettbewerb beteiligen will, eine öffentlich-rechtliche und wäre die Übertretung der Grenzen einer zulässigen wirtschaftlichen Betätigung der öffentlichen Hand als Gesetzesverletzung nicht notwendig sittenwidrig und als solche unlauter im Sinne von § 1 UWG, aber der Gesetzgeber hätte mit den Vorschriften des Gemeindewirtschaftsrechts eine ordnungspolitische Grundentscheidung dahingehend getroffen, dass er eine Marktteilnahme der öffentlichen Hand außerhalb der gesetzten Grenzen nicht wünsche. Dies würde zwar nicht den privaten Wettbewerber selbst schützen, aber ziele die Grenzziehung auf einen (objektiven) Schutz der Privatwirtschaft vor nicht gerechtfertigter Konkurrenz und diene als solche dem Schutz eines wichtigen Gemeinschaftsguts. Die Vorschriften seien deshalb als wertbezogene Normen zu qualifizieren mit der Folge, dass eine Verletzung zugleich gegen die guten Sitten im Wettbewerb verstoße. Die Verbotsnorm des § 1 UWG, deren Tatbestand auf ein konkretes Wettbewerbsverhältnis abstelle, ergänze die objektiv-rechtliche Schutznorm des Gemeinderechts durch ein subjektives Recht des Konkurrenten der Gemeinde.

C. Die Schutzrichtung der Vorschriften des kommunalen Wirtschaftsrechts als Maßstab für das Verhältnis von öffentlich-rechtlichen Marktzugangsbegrenzungen und Wettbewerbsrecht

Die Frage nach dem Verhältnis von öffentlichen-rechtlichen Marktzugangsbegrenzungen zum Wettbewerbsrecht, d.h. ob und inwieweit die Vorschriften des kommunalen Wirtschaftsrechts geeignet sind einen Unterlassungsanspruch nach § 1 UWG zu begründen, beantwortet sich grundsätzlich mit Klärung der Anwendbarkeit sowie dem materiellen Prüfungsmaßstab des UWG.

I.   Die Anwendbarkeit des UWG auf die wirtschaftliche Betätigung der Gemeinden

Entsprechend der Rechtsprechung und weiten Teilen der Literatur lässt sich die Frage nach der Anwendbarkeit respektive dem Anwendungsbereich des UWG auf die wirtschaftliche Betätigung der Gemeinden nur im Sinne einer uneingeschränkten Anwendbarkeit beantworten. Die abweichenden Ansichten vermögen jedenfalls eine Einschränkung des Anwendungsbereiches nicht zu rechtfertigen.

2000, 186 (188); Otting, DöV 1999, 549 (553 ff.); Weber, Wettbewerbsrechtlicher Unterlassungsanspruch gegen kommunale Wirtschaftstätigkeit, S. 127 ff.; vgl. auch Beckmann/David, DVBl. 1998, 1041 (1046 f.), die die Vorschriften des Gemeindewirtschaftsrechts aber als individualschützend bewerten

Abzulehnen ist insbesondere eine Differenzierung zwischen privatrechtlicher und öffentlich-rechtlicher Handlungsform des wirtschaftenden Verwaltungsträgers. Geht man, wie allgemein, von einer grundsätzlichen Wahlfreiheit der Verwaltung aus, ob sie ihre öffentlichen Aufgaben in den Rechtsformen des Privatrechts oder des öffentlichen Rechts erfüllen will[1419], so könnte die Verwaltung nach eigenem Belieben über die Anwendbarkeit des UWG bestimmen. Darüber hinaus ist es auch grundsätzlich verfehlt, an das rein formelle Kriterium der Handlungsform anzuknüpfen, sind es doch letztendlich allein materielle Kriterien, die den qualitativen Unterschied von Staat und Gesellschaft ausmachen[1420].

Da das UWG aber gerade nicht an die Handlungsform anknüpft, können deshalb ausschließlich materielle Kriterien die Anwendbarkeit des UWG bestimmen. Entscheidend ist, ob der öffentlichen Hand aufgrund des öffentlichen Rechts eine Position eingeräumt wird, die sie im konkreten Fall über die Positionen der (potentiellen) Marktteilnehmer hinaus privilegiert, was dann nicht mehr gegeben ist, wenn die Abnehmer frei bestimmen können, ob sie auf das Angebot der öffentlichen Hand zugreifen wollen oder nicht.

Verfehlt ist auch die überkommene Ansicht, die, im Hinblick auf den Anwendungsbereich des UWG, zwischen dem „ob" der wirtschaftlichen Betätigung der öffentlichen Hand, das sich allein nach öffentlichen Recht bestimme und dem „wie", für das der Maßstab des Wettbewerbsrechts uneingeschränkt Geltung beanspruchen könne, unterscheiden will. Mag diese „Zweistufen-Lehre"[1421] auch im Subventionswesen und bei der Nutzung öffentlicher Einrichtungen zu passablen Ergebnissen führen[1422], so kommt ihre Dienstbarmachung für die Teilnahme der öffentlichen Hand am Wirtschaftsleben schon deshalb nicht in Betracht, weil die dafür erforderliche Unterscheidbarkeit, im Sinne zweier selbständiger Rechtshandlungen, nicht gegeben ist. Vielmehr steht der einheitliche Lebensvorgang der wirtschaftlichen Betätigung der öffentlichen Hand, bei dem das „ob" und „wie" nicht nur in vielfacher Weise aufeinander bezogen, sondern teilweise auch untrennbar miteinander verknüpft sind - unabhängig von den damit verbundenen Abgrenzungsschwierigkeiten - einer unnatürlichen Aufspaltung entgegen. So lässt sich einerseits bereits die Rechtfertigungsfähigkeit des „ob" nicht ohne die Miteinbeziehung des „(Standard-) wie" beurteilen und ist auch andererseits eine Sittenwidrigkeit nicht ohne Blick auf das „ob" zu bestimmen, denn sind, ohne hier bereits öffentlich-rechtliche Grenzen in die wettbewerbsrechtliche Beurteilung mit aufneh-

---

[1419] Vgl. Ehlers, Verwaltung und Verwaltungsrecht, in: Erichsen, Allgemeines Verwaltungsrecht, § 2 Rn. 33 ff.; Püttner, Die öffentlichen Unternehmen, S. 76 ff.

[1420] Vgl. Rupp, Die Unterscheidung von Staat und Gesellschaft, in: Isensee/Kirchhof, HBdStR Band I, § 28 Rn. 29 ff., 44 ff.

[1421] Vgl. Kopp/Schenke, VwGO, § 40 Rn. 16 ff.

[1422] Kritisch: Ehlers, Verwaltung und Verwaltungsrecht, in: Erichsen, Allgemeines Verwaltungsrecht, § 2 Rn. 36 ff.

men zu wollen, mit dem „ob" bereits notwendig auch gewisse Verhaltensweisen verbunden.

Plausibel erscheint jedoch der Standpunkt *Karl-Albrecht Schachtschneiders*[1423] und *Kay Waechters*[1424], die eine Anwendbarkeit des UWG auf die wirtschaftliche Betätigung der öffentlichen Hand vollständig ablehnen. So formuliert das UWG nämlich seiner grundsätzlichen Zielsetzung nach Ingerenzgrenzen für die eigene Grundrechtsausübung und schafft mit diesem Ordnungsrahmen für die gleichgerichtete und deshalb notwendigerweise konkurrierende Grundrechtsausübung der privaten Wirtschaftssubjekte den verfassungsrechtlich gebotenen verhältnismäßigen Ausgleich zwischen der Vielzahl gleicher Grundrechtspositionen[1425]. Da die sich wirtschaftlich betätigende öffentliche Hand nicht in Ausübung grundrechtlicher Freiheit tätig wird, sondern demgegenüber durchgängig der Rechtfertigung und der Zuweisung von Kompetenzen bedarf, ist der Maßstab des UWG, der ja notwendigerweise eine Verkürzung grundrechtlicher Freiheiten in sich trägt, zu weit. Wäre die Wirtschaftstätigkeit der öffentlichen Hand, so wie dies bisweilen vertreten wird[1426], ausschließlich an die wettbewerbsrechtlichen Grenzen gebunden, so würde das Wettbewerbsrecht für die öffentliche Hand nicht nur begrenzend, sondern, müsste gleichzeitig auch legitimierend wirken. Eine Legitimation der öffentlichen Hand kann sich jedoch nur aus dem öffentlichen Recht ergeben[1427].

Auf der anderen Seite ist der Maßstab des Wettbewerbsrechts wiederum zu eng, denn dem handelnden Staat sind bei der Verfolgung legitimer öffentlicher Zwecke mit den grundrechtlichen Gesetzesvorbehalten selbstverständlich erheblich weitere[1428] Eingriffsmöglichkeiten in grundrechtliche Schutzpositionen eröffnet, als das Wettbewerbsrecht mit seiner Intention einer freiheitsmaximierenden Beschränkung grundrechtlicher Rechtspositionen gestattet. Das Wettbewerbsrecht ist damit grundsätzlich in keiner Weise der richtige Maßstab für die wirtschaftliche Betätigung der öffentlichen Hand. Wer dies, oftmals auch unter Berufung auf das bestehende marktwirtschaftliche System, behauptet[1429], verkennt den fundamentalen

---

[1423] Schachtschneider, Staatsunternehmen und Privatrecht, S. 438 ff.

[1424] Waechter, Kommunalrecht, Rn. 616 ff.

[1425] Vgl. oben: 2. Teil D. III. 2. b), S. 217 ff.

[1426] Vgl. Moraing, WiVerw 1998, 233 (262)

[1427] Vgl. Ehlers, Verwaltung und Verwaltungsrecht, in: Erichsen, Allgemeines Verwaltungsrecht, Rn. 10 ff.

[1428] Vgl. Waechter, Kommunalrecht, Rn. 622; a.A. Otting, Neues Steuerungsmodell und rechtliche Betätigungsspielräume der Kommunen, S. 228 f., allerdings in grundsätzlicher Verkennung der von ihm laufend erwähnten „wirtschaftlichen Neutralität des Grundgesetzes", denn ist der Staat deshalb gerade nicht darauf festgelegt, sich „marktkonform" zu verhalten, vgl. BVerfGE 4, 7 (15 ff.) - Investitionshilfe; 50, 290 (336 ff.) – Mitbestimmung; anders ausdrücklich Otting, Neues Steuerungsmodell und rechtliche Betätigungsspielräume der Kommunen, S. 262

[1429] Vgl. Moraing, WiVerw 1998, 233 (262); Otting, DVBl. 1997, 1258 (1263 f.)

Unterschied zwischen grundrechtlicher Freiheit und staatlicher Ausübung von Kompetenzen, der die Grundlage unseres freiheitlichen Gemeinwesens ist[1430].

Nun ist aber das Wettbewerbsrecht heute als allgemeines Marktordnungsrecht formuliert und schließt die sich wirtschaftlich betätigende öffentliche Hand jedenfalls nicht ausdrücklich aus seinem Anwendungsbereich aus. Es sind vielmehr allgemeine Tatbestandsvoraussetzungen formuliert, die durchaus auch der wirtschaftende Staat erfüllen kann[1431]. Zwar wird die staatliche Wirtschaftsbetätigung nie gleichberechtigt im Sinne einer freiheitlichen Teilnahme am Markt sein, allerdings kann sich die öffentliche Hand, neben den privaten Wirtschaftssubjekten, (berechtigt) am Markt beteiligen und dringt damit gerade in den Bereich vor, dessen Regelung und Ordnung durch das Wettbewerbsrecht bewirkt werden soll. Da das Wettbewerbsrecht einerseits die Funktionsfähigkeit des Marktes sicherstellen und andererseits die private Grundrechtsausübung schützen will[1432], lässt sich auch eine generelle Ausgrenzung der sich wirtschaftlich betätigenden öffentlichen Hand aus dem Anwendungsbereich des UWG nur aufgrund der spezifischen Unterschiede zu den privaten Wirtschaftssubjekten nicht vertreten.

Das UWG kann und darf nicht an der Sonderstellung der öffentlichen Hand vorbeigehen, sondern muss dieser durchwegs Rechnung tragen. Richtigerweise ist aber nicht der Anwendungsbereich sondern allein der materielle Prüfungsmaßstab geeignet, die spezifischen Besonderheiten staatlicher Wirtschaftstätigkeit sachgerecht umzusetzen.

II. Der materielle Prüfungsmaßstab

Die Frage, ob und inwieweit der wettbewerbsrechtliche Prüfungsmaßstab die Regelungen des Gemeindewirtschaftsrechts als Sittenwidrigkeitsmaßstab im Hinblick auf die wirtschaftliche Betätigung der öffentlichen Hand umfasst, bemisst sich demnach ausschließlich nach dem Verhältnis von öffentlichem Recht und UWG in Bezug auf den konkreten Regelungsgegenstand. Vor dem Hintergrund der dargestellten Sonderstellung der öffentlichen Hand ist aber letztendlich das öffentliche Recht als Sonderrecht des Staates bestimmend.

Damit wird der Schutzzweck der Vorschriften des kommunalen Wirtschaftsrechts zum entscheidenden Kriterium für die Beantwortung der Frage, ob die öf-

---

[1430] Vgl. Rupp, Die Unterscheidung von Staat und Gesellschaft, in: Isensee/Kirchhof, HBdStR Band I, § 28 Rn. 29 ff.; vgl. auch Böckenförde, Die verfassungstheoretische Unterscheidung von Staat und Gesellschaft als Bedingung der individuellen Freiheit, S. 21 ff.

[1431] Vgl. David, NVwZ 2000, 738 (739); Otting, DöV 1999, 549 f.; kritisch, Schliesky, DVBl. 1999, 78 (83 ff.)

[1432] Vgl. Baumbach/Hefermehl, Wettbewerbsrecht, Allg. Rn. 79; Emmerich, Das Recht des unlauteren Wettbewerbs, S. 12 ff.

fentlich-rechtlichen Grenzen gemeindlicher Wirtschaftstätigkeit als Sittenwidrig-keitsmaßstab einen Unterlassungsanspruch nach § 1 UWG begründen können. Es kann nämlich nicht ausschlaggebend sein, dass das öffentliche Recht bestimmte Regelungen im Hinblick auf die gemeindliche Wirtschaftstätigkeit trifft, sondern ausschließlich das, was diese Vorschriften inhaltlich regeln. Da das UWG das Verhältnis der Wettbewerber untereinander regelt und damit deren individuellen Schutz dient, kann eine maßstabsbegrenzende Kollision beider Rechtskreise nur dann in Betracht kommen, wenn das öffentliche Recht gleichermaßen eben dieses Verhältnis regelt.

Begreift man, wie die verwaltungsgerichtliche Rechtsprechung und Teile der Literatur, die Vorschriften des Gemeindewirtschaftsrechts als reines Binnenrecht oder lehnt zumindest jeglichen Individualschutz ab, so können, mangels öffentlich-rechtlichen Regelungsverhältnisses, die gegenständlichen Vorschriften nicht aus dem Prüfungsmaßstab des § 1 UWG ausgeschlossen sein[1433]. Es ist schlechterdings nicht vertretbar, den Vorschriften des Gemeindewirtschaftsrechts nur insoweit Außenwirkung zukommen zu lassen, als es generell keinen Individualschutz gegen gemeindliche Wirtschaftsbetätigung geben soll.

Die Frage, inwieweit eine Verletzung der Vorschriften des Gemeindewirtschaftsrechts das Tatbestandsmerkmal der Sittenwidrigkeit erfüllt, wird damit zur rein wettbewerbsrechtlichen Frage[1434]. Von der zivilgerichtlichen Rechtsprechung und Teilen der Literatur wird sie, lehnt man einen Individualschutz der Vorschriften ab[1435], zutreffend dahingehend beantwortet, dass es sich um wertbezogene Normen handelt. Dienen die Regelungen auch nicht dem Individualschutz, so die-

---

[1433] Zutreffend deshalb LG Wuppertal, NWVBl. 1999, 275 (276); LG München, GewArch 413 (414 f.); Badura, Wirtschaftsverwaltungsrecht, in: Schmidt-Aßmann, Besonderes Verwaltungsrecht, 3. Abschnitt, Rn. 122; ders. DöV 1998, 818 (822); Cosson, DVBl. 1999, 891 (896); Heintzen, Rechtliche Grenzen und Vorgaben für eine wirtschaftliche Betätigung von Kommunen im Bereich der gewerblichen Gebäudereinigung, S. 106 ff.; Hübschle, GewArch 2000, 186 (188); Otting, DöV 1999, 549 (553 ff.); Weber, Wettbewerbsrechtlicher Unterlassungsanspruch gegen kommunale Wirtschaftstätigkeit, S. 127 ff.

[1434] Vgl. Heintzen, Rechtliche Grenzen und Vorgaben für eine wirtschaftliche Betätigung von Kommunen im Bereich der gewerblichen Gebäudereinigung, S. 107

[1435] So die ständige Rechtsprechung der Verwaltungsgerichte, vgl. BVerwGE 39, 329 (336); BVerwG NJW 1995, 2938 (2939); VGH Bad.-Württ., NJW 1995, 274; BayVGH JZ 1976, 641 (642); Vgl. ebenso Badura, DöV 1998, 818 (822); Burmeister, Selbstverwaltungsgarantie und wirtschaftliche Betätigung der Kommunen, in: Püttner, HBdkWP Band V, § 93 A S. 15; Gern, Deutsches Kommunalrecht, Rn. 724; Hölz/Hien, Bayerische Gemeindeordnung – Kommentar, § 87 Rn. 4; Lux, NWVBl. 2000, 7 (8); Masson/Samper, Bayerische Gemeindeordnung – Kommentar, § 87 Rn. 7; Pagenkopf, GewArch 2000, 177 (179 ff.); Schmidt-Aßmann, Kommunalrecht, in: ders., Besonderes Verwaltungsrecht, 1. Abschnitt, Rn. 120 f.; Schmidt-Jortzig, Die Zulässigkeit kommunaler wirtschaftlicher Unternehmen im einzelnen, in: Püttner, HBdkWP Band V, § 93 B S. 67; Tettinger, NJW 1998, 3473 (3474); Vogelgesang/Lübking/Jahn, Kommunale Selbstverwaltung, Rn. 746 ff.; Widtmann/Grasser, Bayerische Gemeindeordnung – Kommentar, § 87 Rn. 3

nen sie zumindest dem objektiven Schutz der Privatwirtschaft vor ungerechtfertigter Konkurrenz und damit einem wichtigen Gemeinschaftsgut, dessen Verletzung allein die wettbewerbsrechtliche Sittenwidrigkeit begründet.

Begreift man aber richtigerweise die Vorschriften des Gemeindewirtschaftsrechts als individualschützend[1436], bestimmen vorrangig die Vorschriften des öffentlichen Rechts das Verhältnis der Marktteilnehmer untereinander, so dass die Regelungen des Gemeindewirtschaftsrechts als Maßstab für eine wettbewerbsrechtliche Sittenwidrigkeit ausscheiden[1437].

Die Sittenwidrigkeit nach § 1 UWG kann damit gerade nicht auf einen Individualschutz der öffentlich-rechtlichen Grenzen gemeindlicher Wirtschaftstätigkeit gestützt werden[1438], sondern ist allein mit einer Qualifizierung dieser Regelungen als wertbezogene Normen zu begründen. Insbesondere ist auch keine differenzierende Beurteilung des Individualschutzcharakters der gegenständlichen Vorschriften im Sinne eines wettbewerbsrechtlichen Individualschutzes in Abweichung zu einem subjektiv-öffentlichen Recht möglich, denn in beiden Fällen vermittelt allein die Vorschrift selbst und nicht erst das Wettbewerbsrecht den Individualschutz. Dies macht den Rückgriff auf das Wettbewerbsrecht nicht nur entbehrlich, sondern schließt ihn sogar gänzlich aus. Es ist dies das organische Ineinandergreifen zweier Rechtsgebiete, die Teile einer einheitlichen Rechtsordnung sind.

Keinesfalls ist damit der Maßstab des Wettbewerbsrechts für die Wirtschaftsbetätigung der öffentlichen Hand vollständig verdrängt, sondern wirkt das öffentliche Recht selbstverständlich nur innerhalb seines Regelungsbereiches für das Wettbewerbsrecht maßstabsbestimmend. Entscheidend ist jedoch, dass damit nicht lediglich das „ob" der wirtschaftlichen Betätigung, sondern auch Art und konkret erforderlicher Umfang[1439] der wirtschaftlichen Betätigung der Gemeinde dem Prüfungsmaßstab des Wettbewerbsrechts entzogen sind. Nur darüber hinaus, d.h. insbesondere auch für die Fälle der Förderung (eigener) öffentlicher Unternehmen durch die Gemeinden[1440], kommt eine wettbewerbsrechtliche Sittenwidrigkeit in Betracht, weshalb die von der Rechtsprechung speziell für den Wettbewerb der öffentlichen Hand entwickelten Fallgruppen[1441] insoweit zu modifizieren sind. Auf der anderen Seite ist der Maßstab des Wettbewerbsrechts als Indikator der Ein-

---

[1436] Vgl. oben: 3. Teil D., S. 258 ff.

[1437] Zutreffend deshalb Erichsen, Kommunalrecht NW, 11 F, S. 289 ff.; weitestgehend auch Waechter, Kommunalrecht, Rn. 623

[1438] So aber OLG Düsseldorf, NJW-RR 1997, 1470; OLG Hamm, NJW 1998, 3504; ebenso Beckmann/David, DVBl. 1998, 1041 (1046 f.)

[1439] Ähnlich Erichsen, Kommunalrecht NW, § 11 F 1 a, S. 290

[1440] Vgl. Otting, Neues Steuerungsmodell und rechtliche Betätigungsspielräume der Kommunen, S. 231

[1441] Vgl. Kluth, Grenzen kommunaler Wettbewerbsanteilnahme, S. 101 ff.; Otting, Neues Steuerungsmodell und rechtliche Betätigungsspielräume der Kommunen, S. 262 ff.

griffsintensität im Rahmen der öffentlich-rechtlichen Rechtfertigungsbedürftigkeit zu berücksichtigen.

D. Der Rechtsweg

Entsprechend obiger Zuordnung bestimmt sich auch der Rechtsweg, der für Unterlassungsklagen gegen gemeindliche Wirtschaftsbetätigung gegeben ist.

So bestimmt sich der Rechtsweg allgemein nach der Natur des streitigen Rechtsverhältnisses, aus dem der Klageanspruch hergeleitet wird[1442]. Streitigkeiten sind demnach öffentlich-rechtlich, wenn sie sich als Folge eines Sachverhalts darstellen, der nach dem öffentlichen Recht zu beurteilen ist, d.h. streitentscheidende Normen solche des öffentlichen Rechts sind[1443]. In diesem Zusammenhang ist es ohne Bedeutung, ob man die damit erforderliche Qualifizierung der Rechtssätze nach der sog. „Subordinationstheorie"[1444] vornimmt, die an ein Über- bzw. Unterordnungsverhältnis anknüpft oder richtigerweise nach der „Subjektstheorie"[1445], die an die Zuordnungssubjekte der Norm anknüpft. In beiden Fällen handelt es sich bei den Vorschriften des Gemeindewirtschaftsrechts um öffentliches Recht und dem Wettbewerbsrecht um Privatrecht[1446].

Begreift man nun zutreffend die Normen des Gemeindewirtschaftsrechts als individualschützend, so regelt sich das Verhältnis der privaten Marktteilnehmer zur konkurrierenden Gemeinde im Rahmen des Regelungsbereiches der gegenständlichen Vorschriften ausschließlich nach dem öffentlichen Recht, so dass gemäß § 40 I 1 VwGO allein (§ 13 GVG) der Verwaltungsrechtsweg gegeben ist. Privaten Konkurrenten ist damit die Möglichkeit eröffnet, vor den Verwaltungsgerichten im Wege der öffentlich-rechtlichen Unterlassungsklage gegen die wirtschaftende Gemeinde vorzugehen.

Anders beurteilt sich dies selbstverständlich dann, begreift man die Normen des Gemeindewirtschaftsrechts als reines Innenrecht oder zumindest nicht individualschützend. In diesem Fall regelt nämlich das öffentliche Recht gerade nicht das Rechtsverhältnis zwischen den Beteiligten, d.h. dem privaten Marktteilnehmer und der wirtschaftenden Gemeinde, so dass gemäß § 13 GVG i.V.m. § 40 VwGO un-

---

[1442] GmS-OGB BGHZ 97, 312 (313); 102, 280 (283)

[1443] Vgl. Ehlers, Verwaltung und Verwaltungsrecht, in: Erichsen, Allgemeines Verwaltungsrecht, § 2 Rn. 14; Kopp/Schenke, VwGO, § 40 Rn. 6

[1444] Vgl. hierzu Ehlers, Verwaltung und Verwaltungsrecht, in: Erichsen, Allgemeines Verwaltungsrecht, Rn. 16

[1445] Vgl. Ehlers, Verwaltung und Verwaltungsrecht, in: Erichsen, Allgemeines Verwaltungsrecht, Rn. 17; vgl. zum ganzen auch Kopp/Schenke, VwGO, § 40 Rn. 11 ff.

[1446] Vgl. BGH NJW 1995, 2395 (2396); Erichsen, Kommunalrecht NW, § 11 F 1 b, S. 290 f; Kopp/Schenke, VwGO, § 40 Rn. 30

eingeschränkt der Rechtsweg zu den ordentlichen Gerichten eröffnet ist. Streitentscheidend sind dann die Vorschriften des UWG und insbesondere § 1 UWG, während die Einhaltung der Grenzen des Gemeindewirtschaftsrechts als Vorfrage inzident zu klären ist[1447].

[1447] Vgl. GmS-OGB, BGHZ 102, 280 (285 ff.); Baumbach/Hefermehl, Wettbewerbsrecht, § 1 UWG Rn. 920; David, NVwZ 2000, 738 (739); Heintzen, NVwZ 2000, 743 (746); kritisch, Erichsen, Kommunalrecht NW, § 11 F 1 b, S. 291; Tettinger, NJW 1998, 3473

Zusammenfassung der wichtigsten Untersuchungsergebnisse

1.1   Art. 28 Abs. 2 GG ist unabhängig von Handlungs- und Organisationsform gleichzeitig kompetenzielle Grundlage und Grenze gemeindlicher Wirtschaftsbetätigung.

1.2   Eine Überschreitung der Kompetenzgrenzen hat nicht die Unwirksamkeit privatrechtsförmiger gemeindlicher Wirtschaftsbetätigung zur Folge. Der Grundsatz des Verkehrsschutzes entfaltet seine Wirkung auch gegenüber der privatrechtsförmigen Verwaltung als bloß „hinkender" Teilnehmer am Privatrechtsverkehr. Die Rechtsfolgen einer Kompetenzüberschreitung bestimmen sich nach den sachgerechten Vorschriften des Privatrechts.

1.3   Gemeindliche Wirtschaftsbetätigung ist nicht Aufgabe, sondern ausschließlich über das Eigenverantwortlichkeitselement der Selbstverwaltungsgarantie gewährleistet. Dennoch bestimmt maßgeblich der gemeindliche Aufgabenkreis als Gegenstand gemeindlicher Wirtschaftsbetätigung deren verfassungsrechtlich garantierte Reichweite.

1.4   Gemeindliche Wirtschaftsbetätigung erlangt ihre gegenüber der Gesellschaft erforderliche grundsätzliche verfassungsrechtliche Legitimation ausschließlich durch die Erfüllung öffentlicher Aufgaben. Die mittelbare Erfüllung öffentlicher Aufgaben genügt ausnahmsweise nur dann, wenn dies vor dem Hintergrund der durch das Grundgesetz geformten konkreten Staatlichkeit zwingend erforderlich ist. Die primäre Absicht der Gewinnerzielung scheidet deshalb als Legitimation gemeindlicher Wirtschaftsbetätigung aus.

1.5   Während die bloße Gewinnmitnahme unter dem Gesichtspunkt der Erfüllung öffentlicher Aufgaben zulässig ist, sind Nebentätigkeiten grundsätzlich ausgeschlossen. Allein die bloße Nutzung unabhängig von der Tätigkeit bestehenden Potentials (z.B. Werbeaufdrucke auf Verkehrsmitteln des öffentlichen Nahverkehrs) ist verfassungsrechtlich legitimiert.

1.6   Art. 28 Abs. 2 GG begrenzt die gemeindlichen Aufgaben strikt auf Gemeindeeinwohner und Gemeindegebiet. Grenzüberschreitende Wirtschaftstätigkeit ist deshalb nur zulässig, soweit der öffentliche Zweck dies gestattet.

1.7   Art. 28 Abs. 2 GG entfaltet seinen Schutz auch gegenüber einer Privatisierung gemeindlicher Aufgaben. Ein Vorrang gemeindlicher gegenüber privater Wirtschaftstätigkeit ist damit auf keinem Gebiet verbunden.

1.8   Der räumliche Wirkungskreis gemeindlicher Wirtschaftsbetätigung kann durch Gesetz nicht erweitert werden, da weder der gemeindliche Aufgabenkreis in räumlicher Hinsicht verschoben werden kann, noch das Erfordernis einer Wahrnehmung öffentlicher Aufgaben zur Disposition des einfachen Gesetzgebers steht.

2.1   Gemeindliche Wirtschaftsbetätigung unterliegt in allen ihren Erscheinungsformen einer umfassenden Grundrechtsbindung.

2.2   Art. 12 Abs. 1 GG schützt nicht nur die „Wettbewerbsfreiheit", sondern darüber hinaus auch sämtliche am Markt befindlichen Erwerbschancen gegenüber dem wirtschaftenden Staat. Entgegen der ständigen Rechtsprechung des Bundesverwaltungsgerichts bietet das Grundrecht auf Berufsfreiheit einen umfassenden Schutz gegenüber öffentlicher, respektive gemeindlicher Wirtschaftsbetätigung.

2.3   Gemeindliche Wirtschaftsbetätigung bedarf als genereller Eingriff in Art. 12 Abs. 1 GG der uneingeschränkten verfassungsrechtlichen Rechtfertigung am Maßstab der Berufsfreiheit.

2.4 Rechtsgrundlage gemeindlicher Wirtschaftsbetätigung sind die allgemeinen Aufgabenzuweisungsnormen der Gemeindeordnungen verbunden mit den speziellen Vorschriften des kommunalen Wirtschaftsrechts.

2.5 Gemeindliche Wirtschaftsbetätigung ist verfassungsrechtlich nur gerechtfertigt, wenn sie zur Verfolgung öffentlicher Zwecke geeignet, erforderlich und verhältnismäßig im engeren Sinne ist. Sie ist deshalb ausgeschlossen, wenn und soweit private Wirtschaftsbetätigung die Bedürfnisse der Allgemeinheit angemessen befriedigt.

2.6 Art. 14 Abs. 1 GG schützt im Hinblick auf gemeindliche Wirtschaftsbetätigung neben der Nutzung der konkreten Eigentumsposition auch das Recht am eingerichteten und ausgeübten Gewerbebetrieb. Aufgrund der Normgeprägtheit des Grundrechts, scheidet ein unmittelbarer Eingriff gemeindlicher Wirtschaftsbetätigung in Art. 14 Abs. 1 jedoch aus.

2.7 Art. 2 Abs. 1, Art. 3 Abs. 1 und Art. 9 Abs. 1 GG haben gegenüber gemeindlicher Wirtschaftstätigkeit keine weitergehende Bedeutung.

3.1 Die Schutz- und Begrenzungsfunktion der grundgesetzlichen Finanzverfassung wirkt auch gegenüber gemeindlicher Wirtschaftstätigkeit.

3.2 Da Gemeinlasten aufgrund des Steuerstaatsprinzips des Grundgesetzes ausschließlich durch Steuern zu finanzieren sind, ist Gewinnerzielung durch gemeindliche Wirtschaftstätigkeit grundsätzlich ausgeschlossen.

3.3 Sie ist ausnahmsweise nur dann gestattet, wenn der verfolgte öffentliche Zweck dies erfordert. „Gewinnerfordernde" gemeindliche Wirtschaftsbetätigung wird damit nicht nur gegenüber privater Wirtschaftsbetätigung prinzipiell nachrangig, sondern darüber hinaus zur ultima ratio gemeindlicher Zweckerfüllung.

4.1 Das Grundgesetz enthält eine unmittelbare Gewährleistung der sozialen Marktwirtschaft dahingehend, dass es die Beseitigung der freiheitlich-sozialen Marktordnung untersagt.

4.2 Darüber hinaus enthält das Grundgesetz ein Prinzip freiheitlich-sozialer Marktordnung, das als mittelbare Gewährleistung der sozialen Marktwirtschaft über die einzelnen Individualgrundrechte Geltung erlangt.

4.3 Gemäß seiner Wirkungsweise bestimmt dieses Prinzip die Auslegung der Schutzbereiche der Individualgrundrechte, wirkt in die Auslegung einfachgesetzlicher Vorschriften über und verpflichtet den Gesetzgeber zu umfassendem, die Grundrechtsverwirklichung optimal ermöglichendem gesetzlichen Schutz auch gegenüber der wirtschaftenden Gemeinde.

5.1 Dem Grundgesetz ist ein Subsidiaritätsprinzip als ungeschriebener Verfassungsgrundsatz zu entnehmen.

5.2 Staatliches Tätigwerden hat sich demzufolge unter Verhältnismäßigkeitsgesichtspunkten gegenüber gesellschaftlicher Aufgabenerfüllung zu rechtfertigen.

5.3 Gemeindliche Wirtschaftsbetätigung kommt unter dem verfassungsrechtlichen Grundsatz der Subsidiarität nur dann in Betracht, wenn sie bei notwendiger Wahrnehmung öffentlicher Aufgaben privater Wirtschaftsbetätigung definitiv überlegen ist.

6.1 Wirtschaftliche Betätigung im Sinne der Vorschriften des Gemeindewirtschaftsrechts definiert sich als jede auf gewisse Dauer angelegte, den Grundrechtsträgern die Schaffung und Erhaltung einer Lebensgrundlage ermöglichende Tätigkeit.

6.2 Die den Gemeinden durch die Formulierung des öffentlichen Zwecks als tatbestandliche Voraussetzung gemeindlicher Wirtschaftsbetätigung eingeräumte Einschätzungsprärogative erfordert eine strikte gerichtliche Überwachung ihrer Grenzen. Innerhalb dieses Bereichs hat eine gerichtliche Kontrolle entsprechend den zur staatlichen Planung entwickelten rechtsstaatlichen Planungsgrundsätzen zu erfolgen. In diesem Zusammenhang wird auch eine gesetzliche Verpflichtung der Gemeinden erforderlich, die durch die konkret beabsichtigte Wirtschaftsbetätigung berührten privaten Belange ausführlich zu ermitteln.

6.3 Gemeindliche Wirtschaftsbetätigung ist durch die Vorschriften des Gemeindewirtschaftsrechts strikt auf die Erfüllung unmittelbarer öffentlicher Zwecke beschränkt.

6.4 Das grundgesetzliche Subsidiaritätsprinzip ist als relative Grenze in das einfachgesetzliche Kriterium des öffentlichen Zwecks integriert. Die Subsidiaritätsklauseln werden damit zu einer bloßen Verteilungsregel im Bereich öffentlicher Wirtschaftstätigkeit.

6.5 Gemeindliche Unternehmen können vor dem Hintergrund der freiheitlichen Ordnung des Grundgesetzes keinen Bestandschutz genießen. Die Vorschriften des Gemeindewirtschaftsrechts sind deshalb verfassungswidrig, soweit ihre einschränkenden Zulässigkeitsvoraussetzungen lediglich an die Errichtung, Übernahme oder wesentliche Erweiterung, nicht aber an die wirtschaftliche Betätigung selbst anknüpfen.

6.6 Die Kategorie der sog. nichtwirtschaftlichen Unternehmen hat lediglich im Zusammenhang mit den Subsidiaritätsklauseln als Verteilungsregeln im Bereich öffentlicher Wirtschaft Bedeutung. Die übrigen gesetzlich normierten Voraussetzungen gemeindlicher Wirtschaftsbetätigung müssen als unabdingbare verfassungsrechtliche Legitimationsvoraussetzungen gemeindlichen Tätigwerdens unabhängig von einer Klassifizierung als wirtschaftliches oder nichtwirtschaftliches Unternehmen erfüllt sein.

6.7 Die Vorschriften des Gemeindewirtschaftsrechts, die eine Gewinnmitnahme fordern, soweit der öffentliche Zweck hierdurch nicht beeinträchtigt ist, sind verfassungswidrig. Gleiches gilt für die vereinzelt neu aufgenommenen Regelungen, die eine gebietsüberschreitende Wirtschaftstätigkeit auch gegen den Willen der betroffenen Gebietskörperschaft für zulässig erklären.

6.8 Entgegen der ständigen Rechtsprechung der Verwaltungsgerichte und erheblichen Teilen der Literatur, sind die Regelungen des Gemeindewirtschaftsrechts individualschützend. Private Konkurrenten können deshalb im Wege der öffentlich-rechtlichen Unterlassungsklage gegen unzulässige gemeindliche Wirtschaftsbetätigung vorgehen.

7.1 Das UWG findet auf den Wettbewerb der öffentlichen Hand und damit auf die konkurrenzwirtschaftliche Betätigung der Gemeinden uneingeschränkt Anwendung. Die öffentlich-rechtliche Sonderstellung der öffentlichen Hand ist ausschließlich im Rahmen des wettbewerbsrechtlichen Prüfungsmaßstabs zu berücksichtigen.

7.2 Der wettbewerbsrechtliche Prüfungsmaßstab bestimmt sich nach den Sondervorschriften des öffentlichen Rechts. Die Normen des Gemeindewirtschaftsrechts sind demnach nur dann aus dem wettbewerbsrechtlichen Prüfungsmaßstab herausgenommen, soweit sie, richtigerweise als individualschützende Normen qualifiziert, das wettbewerbsrechtliche Verhältnis zwischen dem öffentlichen und privaten Konkurrenten regeln.

7.3 Soweit den Vorschriften des Gemeindewirtschaftsrechts Individualschutz abgesprochen wird, unterliegen diese uneingeschränkt der wettbewerbsrechtlichen Bewertung durch die Zivilgerichte. Als wertbezogene Normen sind sie geeignet, im Falle ihrer Verletzung wettbewerbsrechtliche Unterlassungsansprüche auszulösen.

Literaturverzeichnis

Abendroth, Wolfgang: Zum Begriff des demokratischen und sozialen Rechtsstaates im Grundgesetz der Bundesrepublik Deutschland, in: Ernst Forsthoff (Hrsg.), Rechtsstaatlichkeit und Sozialstaatlichkeit, S. 114 ff., Darmstadt, 1968.

Achterberg, Norbert: Allgemeines Verwaltungsrecht, 3. Auflage, Heidelberg, 1988.

Achterberg, Norbert / Püttner Günter: Besonderes Verwaltungsrecht Band II, Heidelberg, 1992.

Alexy, Robert: Theorie der Grundrechte, Baden-Baden, 1985.

Arnim, Hans Herbert v.: Wirtschaftlichkeit in Staat und Verwaltung, Berlin, 1992.

Arnim, Hans Herbert v.: Rechtsfragen der Privatisierung, Wiesbaden, 1995.

Arnim, Hans Herbert v.: Staatslehre der Bundesrepublik Deutschland, München, 1984.

Arnim, Hans Herbert v.: Finanzzuständigkeit, in: Isensee/Kirchhof (Hrsg.), Handbuch des Staatsrechts Band IV, § 103, Heidelberg, 1990.

Arnim, Hans-Herbert v.: Gemeindliche Selbstverwaltung und Demokratie, AöR 113 (1988), S. 1 ff.

Bader, Hans Heinz: Staat, Wirtschaft und Gesellschaft, 6. Auflage, Heidelberg, 1986.

Badura, Peter: Wirtschaftsverfassung und Wirtschaftsverwaltung, Frankfurt a.M., 1971.

Badura, Peter: Freiheit und Eigentum in der Demokratie, Köln, 1998.

Badura, Peter: Staatsrecht, 2. Auflage, München, 1996.

Badura, Peter: Die Wirtschaftstätigkeit der öffentlichen Hand und die neue Sicht des Gesetzesvorbehalts, in: J.F. Baur/K.J. Hopt/K.P. Mailänder, Festschrift für Steindorff, S. 835 ff., Berlin u.a., 1990.

Badura, Peter: Die Erfüllung öffentlicher Aufgaben und die Unternehmenszwecke bei der wirtschaftlichen Betätigung der öffentlichen Hand, in: I. v.Münch, Festschrift für Schlochauer, S. 3 ff., Berlin u.a., 1981.

Badura, Peter: Das Verwaltungsmonopol, Berlin, 1963.

Badura, Peter: Wirtschaftsverwaltungsrecht, in: E. Schmidt-Aßmann (Hrsg.), Besonderes Verwaltungsrecht, 11. Auflage, 3. Abschnitt, Berlin, 1999.

Badura, Peter: Wirtschaftliche Betätigung der Gemeinden zur Erledigung von Angelegenheiten der örtlichen Gemeinschaft im Rahmen der Gesetze, DöV 1998, 818 ff.

Badura, Peter: Staatsziele und Garantien der Wirtschaftsverfassung in Deutschland und Europa, in: J. Burmeister (Hrsg.), Festschrift für Klaus Stern, S. 409 ff., München, 1997.

Badura, Peter: Das Verwaltungsverfahren, in: H.-U. Erichsen, Allgemeines Verwaltungsrecht, 10. Auflage, § 39, Berlin, 1995.

Badura, Peter/*Scholz*, Rupert (Hrsg.): Verfassungsgerichtsbarkeit und Gesetzgebung, Festschrift für Peter Lerche, München, 1993.

Baumbach, Adolf/*Hefermehl*, Wolfgang: Wettbewerbsrecht, 21. Auflage, München, 1999.

Baur, Jürgen F./*Friauf*, Karl-Heinrich (Hrsg.), Energierechtsreform zwischen Europarecht und kommunaler Selbstverwaltung, Baden-Baden, 1997.

Baur, Jürgen F./*Hopt*, Klaus J./*Mailänder*, K. Peter (Hrsg.): Festschrift für Ernst Steindorf, Berlin u.a., 1990.

Becker, Florian: Grenzenlose Kommunalwirtschaft, DÖV 2000, S. 1032 ff.

Becker, Wolf-Dieter: Erwägungen über das "Soziale" in der sozialen Marktwirtschaft, in: Eichhorn/Engelhardt (Hrsg.), Standortbestimmung öffentlicher Unternehmen in der sozialen Marktwirtschaft, Baden-Baden, 1994.

Beckmann, Martin/*David* Hans-Joachim: Kommunale Abfallwirtschaft als unlauterer Wettbewerb, DVBl. 1998, S. 1041 ff.

Benda, Ernst/*Maihofer*, Werner/*Vogel*, Hans-Joachim (Hrsg): Handbuch des Verfassungsrechts 2. Auflage, Berlin u.a., 1994.

Berg, Wilfried: Die wirtschaftliche Betätigung des Staates als Verfassungsproblem, GewArch 1990, S. 225 ff.

Berg, Wilfried: Die wirtschaftliche Betätigung von Kommunen – kommunale Selbstverwaltung und Wettbewerb, Wirtschaft und Verwaltung 3/00 – Vierteljahresbeilage zum GewArch, S. 141 ff.

Bethge, Herbert: Die Grundrechtsberechtigung juristischer Personen nach Art. 19 III GG, Passau, 1985.

Bethge, Herbert: Grundrechtsschutz für die Medienpolizei, NJW 1995, S. 577 ff.

Bethge, Herbert: Der Grundrechtseingriff, VVDStRL 57 (1998), S. 7 ff.

Bethge, Herbert: Parlamentsvorbehalt und Rechtssatzvorbehalt für die Kommunalverwaltung, NVwZ 1983, S. 577 ff.

Bethge, Herbert: Grundrechtsverwirklichung und Grundrechtssicherung durch Organisation und Verfahren, NJW 1982, S. 1 ff.

Bettermann, Karl August: Gewerbefreiheit der öffentlichen Hand, in: Berliner Festschrift für Ernst E. Hirsch, Berlin, 1968.

Bettermann, Karl August: Versicherungsmonopole und Verfassungsrecht, WiR 1973, S. 184 ff.

Bleckmann, Albert: Staatsrecht II - Die Grundrechte, 4. Auflage, Köln, 1996.

Bleckmann, Albert: Inhalt und Umfang des Gesetzesvorbehaltes bei Gemeindesatzungen, DVBl. 1987, S. 1085 ff.

Bleckmann, Albert: Grundzüge des Wirtschaftsverfassungsrechts der Bundesrepublik Deutschland, JuS 1991, S. 536 ff.

Bleckmann, Albert/*Eckhoff*, Rolf: Der "mittelbare" Grundrechtseingriff, DVBl. 1988, S. 372 ff.

Böckenförde, Ernst-Wolfgang: Die verfassungstheoretische Unterscheidung von Staat und Gesellschaft als Bedingung der individuellen Freiheit, Vorträge G 183 der Rheinisch-Westfälischen Akademie der Wissenschaften, Opladen, 1973

Böckenförde, Ernst-Wolfgang: Demokratie als Verfassungsprinzip, in: Isensee/Kirchhof (Hrsg.), Handbuch des Staatsrechts, Band I, § 22, Heidelberg, 1987.

Böckenförde, Ernst-Wolfgang: Zur Lage der Grundrechtsdogmatik nach 40 Jahren Grundgesetz, München, 1990.

Brohm, Winfried: Wirtschaftstätigkeit der öffentlichen Hand und Wettbewerb, NJW 1994, S. 281 ff.

Brohm, Winfried: Die Eigenständigkeit der Gemeinden, DöV 1996, S. 397 ff.

Broß, Sigfrid: Ausgewählte Probleme des Wettbewerbs der öffentlichen Hand, VerwArch 1996, S. 731 ff.

Broß, Sigfrid: Überlegungen zum Wettbewerb der öffentlichen Hand, in: W. Erdmann/W. Gloy/R. Herber, FS für Henning Piper, S. 107 ff., München, 1996.

Bull, Hans-Peter: Allgemeines Verwaltungsrecht, 5. Auflage, Heidelberg, 1997.

Bull, Hans-Peter: Wiedergewinnung von Handlungsspielräumen durch Aufgabenkritik, in: Ziekow (Hrsg.), Handlungsspielräume der Verwaltung, Schriftenreihe der Hochschule Speyer, Band 132, Berlin, 1999.

Bull, Hans-Peter: Privatisierung öffentlicher Aufgaben, VerwArch 86 (1995), S. 621 ff.

Bull, Hans-Peter: Staatszwecke im Verfassungsstaat, NVwZ 1989, S. 801 ff.

Bull, Hans-Peter: Die Staatsaufgaben nach dem Grundgesetz, Frankfurt a.M., 1973.

Burgi, Martin: Kommunale Alleingänge in der Umwelt und Sozialpolitik, VerwArch 100 (1999), S. 70 ff.

Burmeister, Joachim: Verfassungstheoretische Neukonzeption der kommunalen Selbstverwaltungsgarantie, München, 1977.

Burmeister, Joachim: Verfassungsrechtliche Grundfragen der kommunalen Wirtschaftsbetätigung, in: Albert v. Mutius (Hrsg.), Selbstverwaltung im Staat der Industriegesellschaft, FS für G.C. Unruh, Heidelberg, 1983.

Burmeister, Joachim: Verträge und Absprachen zwischen der Verwaltung und Privaten, VVDStRL 52 (1993), S. 190 ff.

Burmeister, Joachim: Selbstverwaltungsgarantie und wirtschaftliche Betätigung der Kommunen, in: Püttner (Hrsg.), Handbuch der kommunalen Wissenschaft und Praxis, Band V, § 93 A, Berlin u.a., 1984.

Burmeister, Joachim (Hrsg.): Verfassungsstaatlichkeit, Festschrift für Klaus Stern zum 65. Geburtstag, München, 1997.

Cosson, Rainer: Begrenzung kommunaler wirtschaftlicher Betätigung im Bereich der Abfallwirtschaft, DVBl. 1999, S. 891 ff.

Cronauge, Ulrich: Kommunale Unternehmen 3. Auflage, Berlin , 1997.

Cronauge, Ulrich: Kommunale Wirtschaft zwischen Recht und Realität, AfK 1999, S. 24 ff.

David, Hans-Joachim: Wettbewerbsrechtliche Ansprüche gegen Betätigungen von Kommunen und deren Gesellschaften, NVwZ 2000, S. 738 ff.

Degenhart, Christoph: Staatsrecht I, 14. Auflage, Heidelberg, 1998.

Dietz, Rolf/*Hübner*, Heinz (Hrsg.), Festschrift für Hans Carl Nipperdey zum 70. Geburtstag, München u.a., 1965.

Di Fabio, Udo: Staatsaufsicht über formelle Körperschaften des öffentlichen Rechts, BayVBl. 1999, S. 449.

Di Fabio, Udo: Grundrechte im präzeptoralen Staat, JZ 1993, S. 689 ff.

Dickersbach, Alfred: Wirtschaftliche Betätigung des Staates im Verhältnis zu Privaten aus öffentlich-rechtlicher Sicht, WiVerw 1983, S. 193 ff.

Döring, Thomas/*Wohltmann*, *Matthias*: Ausweitung kommunaler Wirtschaftstätigkeit aus finanzwissenschaftlicher Sicht, AfK 1999, S. 45 ff.

Dreier, Horst: Grenzen demokratischer Freiheiten im Verfassungsstaat, JZ 1994, S. 741 ff.

Dreier, Horst (Hrsg.): Grundgesetz – Kommentar, Band I: Art. 1 – 19, Tübingen, 1996, zit.: Bearbeiter, in: Dreier, GG.

Dreier, Horst (Hrsg.): Grundgesetz – Kommentar, Band II: Art. 20 – 82, Tübingen, 1998, zit.: Bearbeiter, in: Dreier, GG.

Dreier, Horst: Subjektiv-rechtliche und objektiv-rechtliche Grundrechtsgehalte, Jura 1994, S. 505 ff;

Eckhoff, Rolf: Der Grundrechtseingriff, Köln u.a., 1992

Eggert: Die deutsche ultra-vires-Lehre, München, 1977.

Eichhorn, Peter/*Engelhard*, Wilhelm: Standortbestimmung öffentlicher Unternehmen in der sozialen Marktwirtschaft, Gedenkschrift für Theo Thiemeyer, Baden-Baden, 1994.

Ehlers, Dirk: Verwaltung in Privatrechtsform, Berlin, 1984.

Ehlers, Dirk: Rechtsprobleme der Kommunalwirtschaft, DVBl. 1998, S. 497 ff.

Ehlers, Dirk: Die Entscheidungen der Kommunen für eine öffentlich-rechtliche oder privatrechtliche Organisation ihrer Einrichtungen und Unternehmen, DöV 1986, S. 897 ff.

Ehlers, Dirk: Interkommunale Zusammenarbeit in Gesellschaftsform, DVBl. 1997, S. 137 ff.

Ehlers, Dirk: Die wirtschaftliche Betätigung der öffentlichen Hand in der Bundesrepublik Deutschland, JZ 1990, S. 1089 ff.

Ehlers, Dirk: Das neue Kommunalwirtschaftsrecht in Nordrhein-Westfahlen, NWVBl. 2000, S. 1 ff.

Ehlers, Dirk: Die Zulässigkeit einer erwerbswirtschaftlichen Betätigung der öffentlichen Hand, Jura 1999, S. 212 ff.

Ehlers, Dirk: Wirtschaftliche Betätigung der Gemeinden und Landkreise. Zum rechtlichen Rahmen, Niedersächsischer Landkreistag 1999, S. 17 ff.

Ehlers, Dirk: Verwaltung und Verwaltungsrecht, in: H.-U. Erichsen, Allgemeines Verwaltungsrecht, 10. Auflage, §§ 1, 2, Berlin u.a., 1995.

Emmerich, Volker: Kartellrecht, 6. Auflage, München, 1991.

Emmerich, Volker: Das Wirtschaftsrecht der öffentlichen Unternehmen, Bad Homburg, 1969.

Emmerich, Volker: Das Recht des unlauteren Wettbewerbs, 4. Auflage, München, 1998.

Enkler, Claus: Wirtschaftliche Betätigung der Kommunen in neuen Geschäftsfeldern, ZG 1998, S. 328 ff.

Erdmann, Willi/*Gloy*, Wolfgang/*Herber*, Rolf (Hrsg.): Festschrift für Henning Piper, München, 1996.

Erichsen, Hans-Uwe/*Weiß*, Richard: Kommunale Selbstverwaltung und kommunale Organisationsvorgaben, Köln u.a., 1995.

Erichsen, Hans-Uwe: Kommunalrecht des Landes NRW, 2. Auflage, Siegburg, 1997.

Erichsen, Hans-Uwe: Das Verwaltungshandeln, in: ders., Allgemeines Verwaltungsrecht, 10. Auflage, § 11, Berlin u.a., 1995.

Erichsen, Hans-Uwe: Allgemeine Handlungsfreiheit, in: Isensee/Kirchhof (Hrsg.), Handbuch des Staatsrechts, Band VI, § 152, Heidelberg, 1992.

Erichsen, Hans-Uwe: Gemeinde und Private im wirtschaftlichen Wettbewerb, Heidelberg, 1987.

Forsthoff, Ernst: Lehrbuch des Verwaltungsrechts 10. Auflage, München, 1973.

Forsthoff, Ernst: Der Staat der Industriegesellschaft – Dargestellt am Beispiel der BRD, 2. Auflage, München, 1971.

Forsthoff, Ernst (Hrsg.): Rechtsstaatlichkeit und Sozialstaatlichkeit, Aufsätze und Essays, Wege der Forschung Band CXVIII, Darmstadt, 1968.

Franßen, Everhardt/*Redeker*, Konrad/*Schlichter*, Otto/*Wilke*, Kieter (Hrsg.): Bürger – Richter – Staat, Festschrift für Horst Sendler, München, 1991.

Frenz, Walter: Der Schutz der kommunalen Organisationshoheit, VerwArch 86 (1995), S. 378 ff.

Friauf, Karl-Heinrich: Energierechtsreform und kommunale Energieversorgung, in: Baur/Friauf, Energierechtsreform zwischen Europarecht und kommunaler Selbstverwaltung, S. 55 ff; Baden-Baden, 1997.

Frotscher, Werner: Wirtschaftsverfassungs- und Wirtschaftsverwaltungsrecht, München, 1999.

Gallwas, Hans-Ulrich: Faktische Beeinträchtigung im Bereich der Grundrechte, Berlin, 1970.

Gallwas, Hans-Ulrich/*Mössle*, Wilhelm: Bayerisches Polizei- und Sicherheitsrecht, 2. Auflage, Stuttgart u.a., 1996.

Gamm, Otto-Friedrich Freiherr v.: Gesetz gegen den unlauteren Wettbewerb, 3. Auflage, 1993.

Gerke, Jürgen: Die Wirtschaftliche Betätigung der Gemeinden, Jura 1985, S. 349 ff.

Gern, Alfons: Deutsches Kommunalrecht 2. Auflage, Baden-Baden, 1997.

Grawert, Rolf: Zuständigkeitsgrenzen der Kommunalwirtschaft, in: Grupp/Ronellenfitsch (Hrsg.), Festschrift für W. Blümel, Berlin, 1999.

Greiling, Dorothea: Öffentliche Trägerschaft oder öffentliche Bindung von Unternehmen, Baden-Baden, 1996.

Grimm, Dieter: Der Wandel der Staatsaufgaben und die Zukunft der Verfassung, in: ders. (Hrsg.), Staatsaufgaben, Baden-Baden, 1994.

Grupp, Klaus/*Ronellenfitsch*, Michael: Planung – Recht – Rechtsschutz, Festschrift für Willi Blümel zum 70. Geburtstag, Berlin, 1999.

Häberle, Peter: Die Wesensgehaltsgarantie des Art. 19 II GG, 3. stark erweiterte Auflage, Heidelberg, 1983.

Heimburg, Sybille v.: Verwaltungsaufgaben und Private, Berlin, 1982.

Heintzen, Markus: Staatliche Warnung als Grundrechtsproblem, VerwArch 81 (1990), S. 532 ff.

Heintzen, Markus: Zur Tätigkeit kommunaler (Energieversorgungs-) Unternehmen außerhalb der kommunalen Gebietsgrenzen, NVwZ 2000, S. 743 ff.

Heintzen, Markus: Rechtliche Grenzen und Vorgaben für eine wirtschaftliche Betätigung von Kommunen im Bereich der gewerblichen Gebäudereinigung, Rechtsgutachten, Berlin, 1998.

Heinz, Werner: Public Private Partnership, AfK 1998, S. 210 ff.

Held, Friedrich Wilhelm: Kommunalwirtschaftliche Betätigung - begrenzt auf das Örtlichkeitsprinzip? In: Henneke (Hrsg.), Optimale Aufgabenerfüllung im Kreisgebiet, S. 181 ff., Stuttgart, 1998.

Held, Friedrich Wilhelm: Ist das kommunale Wirtschaftsrecht noch zeitgemäß?, WiVerw 1998, S. 264 ff.

Held, Friedrich Wilhelm: Die Zukunft der Kommunalwirtschaft im Wettbewerb mit den Privaten, NWVBl. 2000, S. 201 ff.

Held, Friedrich Wilhelm: Die Neufassung des NRW-Gemeindewirtschaftsrechts, Ziele und Wege, NWVBl. 1995, S. 325 ff.

Hellermann, Johannes: Örtliche Daseinsvorsorge und gemeindliche Selbstverwaltung. Zum kommunalen Betätigungs- und Gestaltungsspielraum unter den Bedingungen europäischer und staatlicher Privatisierungs- und Deregulierungspolitik, Tübingen, 2000.

Hengstschläger, Johannes: Privatisierung von Verwaltungsaufgaben, VVDStRL 54 (1995), S. 165 ff.

Henneke, Hans-Günter: Selbstverwaltungssicherung durch Organisation und Verfahren, ZG 1999, S. 256 ff.

Henneke, Hans-Günter: Gesetzgeberische Bindungen und Gestaltungsspielräume für den kommunalen Finanzausgleich, NdsVBl. 1998, S. 25 ff.

Henneke, Hans-Günter: Gewinnerzielung und Arbeitsplatzsicherung als Legitimation kommunalwirtschaftlicher Betätigung?, NdsVBl. 1998, S. 273 ff.

Henneke, Hans-Günter: Das Recht der Kommunalwirtschaft in Gegenwart und Zukunft, NdsVBl. 1999, S. 1 ff.

Henneke, Hans-Günter: Organisation kommunaler Aufgabenerfüllung - Bericht über das Professorengespräch des Deutschen Landkreistages, DVBl. 1997, S. 1270 ff.

Herzog, Roman: Ziele, Vorbehalte und Grenzen der Staatstätigkeit, in: Isensee/Kirchhof (Hrsg.), Handbuch des Staatsrechts, Band III § 58, Heidelberg, 1988.

Herzog, Roman: Subsidiaritätsprinzip und Staatsverfassung, Der Staat 2 (1963), S. 339 ff.

Herzog, Roman: Allgemeine Staatslehre, Frankfurt a.M., 1971.

Herzog, Roman: Der überforderte Staat, in: Badura/Scholz (Hrsg.), Festschrift für Peter Lerche, S. 15 ff., München, 1993.

Hesse, Konrad: Grundzüge des Verfassungsrechts der Bundesrepublik Deutschland, 20. Auflage, Heidelberg, 1995.

Heugel, Klaus: Die Debatte über die wirtschaftliche Betätigung der Gemeinden im Rahmen der neuen Gemeindeordnung, NWVBl. 1995, S. 329 ff.

Hidien, Jürgen: Gemeindliche Betätigung rein erwerbswirtschaftlicher Art und "öffentlicher Zweck" kommunaler wirtschaftlicher Unternehmen, Berlin, 1982.

Hidien, Jürgen: Die positive Konkretisierung der öffentlichen Zweckbindung kommunaler Wirtschaftsunternehmen, Frankfurt a.M., 1984.

Hill, Hermann: Die politisch-demokratische Funktion der kommunalen Selbstverwaltung nach der Reform, Baden-Baden, 1987.

Hill, Herrmann: In welchen Grenzen ist kommunalwirtschaftliche Betätigung Daseinsvorsorge?, BB 1997, S. 425 ff.

Hoffmann-Becking, Michael: Die Begrenzung der wirtschaftlichen Betätigung der öffentlichen Hand durch Subsidiaritätsprinzip und Übermaßverbot, in: Menger (Hrsg.), Festschrift für Hans J. Wolff, München, 1973.

Hoppe, Werner: Planung, in: Isensee/Kirchhof (Hrsg.), Handbuch des Staatsrechts, Band III, § 71, Heidelberg, 1988.

Hölzl, Josef/*Hien*, Eckhart: Gemeindeordnung mit Verwaltungsgemeinschaftsordnung, Landkreisordnung und Bezirksordnung für den Freistaat Bayern, 5. Auflage (Loseblatt-Ausgabe), München.

Hösch, Ulrich: Der öffentliche Zweck als Voraussetzung gemeindlicher Wirtschaftstätigkeit, GewArch 2000, S. 1 ff.

Hösch, Ulrich: Wirtschaftliche Betätigung von gemeindlichen Unternehmen und von Privaten, Wirtschaft und Verwaltung 3/00 – Vierteljahresbeilage zum GewArch, S. 159 ff.

Hösch, Ulrich: Öffentlicher Zweck und wirtschaftliche Betätigung von Kommunen, DöV 2000, S. 393 ff.

Huber, Ernst-Rudolf: Wirtschaftsverwaltungsrecht, 1. Band, 2. Auflage, Tübingen, 1953.

Hubmann, Heinrich: Der unlautere Wettbewerb der öffentlichen Hand, WiVerw 1982, S. 41 ff.

Hübschle, Wolfgang: Wettbewerbsrechtliche Abwehransprüche gegen die unternehmerische Betätigung der öffentlichen Hand, GewArch 2000, S. 186 ff.

Hufen, Friedhelm: Berufsfreiheit - Erinnerung an ein Grundrecht, NJW 1994, S. 2913 ff.

Ipsen, Hans-Peter: Zur Legalität des Werbefernsehens, NJW 1963, S. 2049 ff.

Ipsen, Hans-Peter: Rechtsfragen zur Ausgliederung des Werbefernsehens, NJW 1963, S. 2102 ff.

Ipsen, Jörn: Soll das kommunale Satzungsrecht gegenüber staatlicher und gerichtlicher Kontrolle gestärkt werden?, JZ 1990, S. 789 ff.

Ipsen, Jörn: Grundrechtsdogmatik nach 50 Jahren Grundgesetz, NdsVBl. 1999, S. 102 ff.

Ipsen, Jörn: Gefahren für den Rechtsstaat?, NdsVBl. 1999, S. 226 ff.

Ipsen, Jörn: Niedersächsisches Kommunalrecht, 2.Auflage, München, 1999.

Isensee, Josef: Subsidiaritätsprinzip und Verfassungsrecht, Berlin, 1968.

Isensee, Josef: Gemeinwohl und Staatsaufgaben im Verfassungsstaat in: Isensee/Kirchhof (Hrsg.), Handbuch des Staatsrechts Band III § 57, Heidelberg, 1988.

Isensee, Josef: Grundrechtsvoraussetzungen und Verfassungserwartungen, in: Isensee/Kirchhof (Hrsg.), Handbuch des Staatsrechts, Band V, § 115, Heidelberg, 1992.

Isensee, Josef: Das Grundrecht als Abwehrrecht und staatliche Schutzpflicht, in: Isensee/Kirchhof (Hrsg.), Handbuch des Staats Rechts, Band V, § 111, Heidelberg, 1992.

Isensee, Josef: Steuerstaat als Staatsform, in: FS für Hans Peter Ipsen, S. 409 ff., Tübingen, 1977.

Janson, Bernd: Rechtsformen öffentlicher Unternehmen in der europäischen Gemeinschaft, Baden-Baden, 1980.

Jarass, Hans D./*Pieroth*, Bodo: Grundgesetz für die Bundesrepublik Deutschland - Kommentar, 5. Auflage, München, 2000, zit. Bearbeiter, in: Jarass/Pieroth, GG.

Jarass, Hans D.: Wirtschaftsverwaltungsrecht und Wirtschaftsverfassungsrecht 2. Auflage, Frankfurt a.M., 1984.

Jarass, Hans D.: Bausteine einer umfassenden Grundrechtsdogmatik, AöR 120 (1995), S. 345 ff.

Jellinek, Georg: Allgemeine Staatslehre, 3. Auflage, 2. Neudruck der Ausgabe von, 1914, Berlin, 1920.

Kirchhof, Paul: Mittel staatlichen Handelns, in: Isensee/Kirchhof (Hrsg.), Handbuch des Staatsrechts, Band III, § 59, Heidelberg, 1988.

Kirchhof, Paul: Verfasster Staat ohne verfasste Gesellschaft, in: FS für Karin Graßhof, Heidelberg, 1998.

Kirchhof, Paul: Der allgemeine Gleichheitssatz, in: Isensee/Kirchhof (Hrsg.), Handbuch des Staatsrechts, § 124, Heidelberg, 1992.

Klein, Hans-Hugo: Die Teilnahme des Staates am wirtschaftlichen Wettbewerb, Stuttgart, 1967.

Klein, Hans-Hugo: Öffentliche Aufgaben, DöV 1965, S. 755 ff.

Klein, Hans-Hugo: Die grundrechtliche Schutzpflicht, DVBl. 1994, S. 489 ff.

Kluth, Wilfried: Schutz individueller Freiheit in und durch öffentlich-rechtliche Körperschaften, DVBl. 1986, S. 716 ff.

Kluth, Winfried: Grenzen kommunaler Wettbewerbsanteilnahme, Köln u.a., 1988.

Kluth, Winfried: Eingriff durch Konkurrenz, Wirtschaft und Verwaltung 3/00, Vierteljahresbeilage zum VerwArch, S. 184 ff.

Knemeyer, Franz-Ludwig: Bayerisches Kommunalrecht, 10. Auflage, Stuttgart u.a., 2000.

Knemeyer, Franz-Ludwig: Vom kommunalen Wirtschaftsrecht zum kommunalen Unternehmensrecht, BayVBl. 1999, S. 1 ff.

Koch, Manfred: Die wirtschaftliche Betätigung von Gemeinden, Berlin, 1992.

Koch, Thorsten: Der rechtliche Status kommunaler Unternehmen in Privatrechtsform, Baden-Baden, 1995.

Kopp, Ferdinand/*Schenke*, Wolf-Rüdiger: Verwaltungsgerichtsordnung, 11. Auflage, München, 1998.

Kopp, Otto: Zum Begriff "wirtschaftliche Unternehmen" der Gemeinden, BayVBl. 1967, S. 159 ff.

Kostenbader, Thomas: Das Spannungsfeld zwischen Kommunalwirtschaft und Mittelstand, Bayerischer Bürgermeister 2000, S. 98 ff.

Kraft, Ernst Thomas: Eigengesellschaften, in: Püttner (Hrsg.), Handbuch der kommunalen Wissenschaft und Praxis, § 95 D, Berlin u.a., 1982.

Krölls, Albert: Grundrechtliche Schranken der wirtschaftlichen Betätigung der öffentlichen Hand, GewArch 1992, S. 281 ff.

Krüger, Herbert: Staatsverfassung und Wirtschaftsverfassung, DVBl. 1951, S. 361 ff.

Krüger, Herbert: Allgemeine Staatslehre, Stuttgart, 1964.

Kühling, Jürgen: Verfassungs- und kommunalrechtliche Probleme grenzüberschreitender Wirtschaftsbetätigung der Gemeinden, NJW 2001, S. 177 ff.

Langer, Stefan: Gemeindliches Selbstgestaltungsrecht und überörtliche Raumplanung, VerwArch 80 (1989), S. 352 ff.

Lege, Joachim: Nochmals: Staatliche Warnungen, DVBl. 1999, S. 569 ff.

Leisner, Walter: Eigentum, Schriften zu Eigentumsgrundrecht und Wirtschaftsverfassung 1970-1996, Hrsg.J. Isensee, Berlin, 1990.

Leisner, Walter: Werbefernsehen und Öffentliches Recht, Berlin, 1967.

Leisner, Walter: Steuer- und Eigentumswende - Die Einheitswert-Beschlüsse des Bundesverfassungsgerichts, NJW 1995, S. 2591 ff.

Lerche, Peter: Wirtschaftliche Agenda der Gemeinden und Klagerecht Privater, JurA 1970, S. 821 ff.

Lerche, Peter: Grundrechtsschranken, in: Isensee/Kirchhof (Hrsg.), Handbuch des Staatsrechts, Band V, § 122, Heidelberg, 1992.

Lerche, Peter/*Pestalozza*, Christian Graf v.: Die Deutsche Bundespost als Wettbewerber, Köln, 1985.

Lissack, Gernot: Bayerisches Kommunalrecht, München, 1997.

Löwer, Wolfgang: Energieversorgung zwischen Staat, Gemeinde und Wirtschaft, Köln u.a., 1989.

Löwer, Wolfgang: Energieversorgung zwischen Staat, Gemeinde und Wirtschaft, DVBl. 1991, S. 132 ff.

Löwer, Wolfgang: Die Stellung der Kommunen im liberalisierten Strommarkt, NWVBl. 2000, S. 241 ff.

Lübbe-Wolff, Gertrude: Die Grundrechte als Eingriffsabwehrrechte, Baden-Baden, 1987.

Lux, Christina: Das neue kommunale Wirtschaftsrecht in Nordrhein-Westfahlen, NWVBl. 2000, S. 7 ff.

Mangoldt v./Klein/Starck: Das Bonner Grundgesetz, 3. Auflage, München, 1984, zit.: Bearbeiter, in: v. Mangoldt/Klein/Starck, GG.

Martens, Wolfgang: Öffentlich als Rechtsbegriff, Bad Homburg, 1969.

Masson, Christoph/*Samper*, Rudolf: Bayerische Kommunalgesetze – Gemeindeordnung Landkreisordnung Bezirksordnung Verwaltungsgemeinschaftsordnung – Kommentar, 3. Auflage (Loseblatt-Ausgabe), München.

Maunz, Theodor/*Zippelius*, Reinhold: Deutsches Staatsrecht 30. Auflage, München, 1998.

Maunz, Theodor/*Dürig*, Günter/*Herzog*, Roman/*Scholz*, Ruppert, Grundgesetz – Kommentar, Loseblatt-Ausgabe, München, zit.: Bearbeiter, in: Maunz/Dürig/Herzog/Scholz, GG.

Maurer, Hartmut, Allgemeines Verwaltungsrecht, 12. Auflage, München, 1999.

Maurer, Hartmut: Verfassungsrechtliche Grundlagen der kommunalen Selbstverwaltung, in: Schoch (Hrsg.), Selbstverwaltung der Kreise, Köln u.a., 1996.

Maurer, Hartmut: Staatsrecht, München, 1999.

Maurer, Hartmut: Verfassungsrechtliche Grundlagen der kommunalen Selbstverwaltung, DVBl. 1995, S. 1037 ff.

Menger, Christian-Friedrich (Hrsg.): Fortschritte des Verwaltungsrechts, Festschrift für Hans J. Wolff, München 1973.

Meyer-Teschendorf, Klaus G.: Handlungsspielräume der Verwaltung im schlanken Staat, in: Ziekow (Hrsg.), Handlungsspielräume der Verwaltung, Schriftenreihe der Hochschule Speyer, Band 132, Berlin, 1999.

Moraing, Markus: Kommunales Wirtschaftsrecht vor dem Hintergrund der Liberalisierung der Märkte, WiVerw 1998, S. 233 ff.

Morlok, Martin: Selbstverständnis als Rechtskriterium, Tübingen, 1993.

Müller-Terpitz, Ralf: Die wirtschaftliche Betätigung von Kommunen im Bereich der Telekomunikation, NWVBl. 1999, S. 292 ff.

Münch, Ingo v./*Kunig*, Philip (Hrsg.): Grundgesetz-Kommentar, Band II, 3. Auflage, München, 1995, zit.: Bearbeiter, in: v.Münch/Kunig, GG.

Münch, Ingo v./*Kunig*, Philip (Hrsg.): Grundgesetz-Kommentar, Band I, 4. Auflage, München, 1992, zit.: Bearbeiter, in: v.Münch/Kunig, GG.

Münch, Ingo v. (Hrsg.): Staatsrecht – Völkerrecht – Europarecht, Festschrift für Hans-Jürgen Schlochauer, Berlin u.a., 1981.

Mutius, Albert v.: Kommunalrecht, München, 1996.

Mutius, Albert v. (Hrsg): Selbstverwaltung im Staat der Industriegesellschaft, Festgabe zum 70. Geburtstag von Georg Christoph v. Unruh, Heidelberg, 1983.

Nipperdey, Hans-Carl: Soziale Marktwirtschaft und Grundgesetz, Köln u.a., 1961.

Nipperdey, Hans-Carl: Die soziale Marktwirtschaft in der Verfassung der Bundesrepublik, Schriftenreihe der juristischen Studiengesellschaft Karlsruhe H. 10, 1954.

Nipperdey, Hans-Carl: Soziale Marktwirtschaft und Grundgesetz, 3. Auflage, Köln u.a., 1965.

Oebbecke, Janbernd: Die unterfinanzierte Kommunalverwaltung, Die Verwaltung 1996, S. 323 ff.

Oldiges, Martin: Verbandskompetenz, DöV 1989, S. 873 ff.

Oppermann, Thomas: Subsidiarität als Bestandteil des Grundgesetzes, JuS 1996, S. 569 ff.

Oppermann, Thomas: Subsidiarität im Sinne des Deutschen Grundgesetzes, in: Nörr/Oppermann (Hrsg.), Subsidiarität und Wirklichkeit, S. 215 ff., Tübingen, 1997.

Ossenbühl, Fritz: Bestand und Erweiterung des Wirkungskreises der Deutschen Bundespost, Berlin, 1980.

Ossenbühl, Fritz: Energierechtsreform und kommunale Selbstverwaltung, Köln u.a., 1998.

Ossenbühl, Fritz: Rechtliche Aspekte der Elektrizitätsversorgung in den neuen Bundesländern, DöV 1992, S. 1 ff.

Ossenbühl, Fritz: Die Erfüllung von Verwaltungsaufgaben durch Private, VVDStRL 29 (1971), S. 137 ff.

Ossenbühl, Fritz: Die Freiheiten des Unternehmers nach dem Grundgesetz, AöR 115 (1990), S. 1 ff.

Ossenbühl, Fritz: Der Grundsatz der Verhältnismäßigkeit, Jura 1997, S. 617 ff.

Osterloh, Lerke: Privatisierung von Verwaltungsaufgaben, VVDStRL 54 (1995), S. 204 ff.

Otting, Olaf: Neues Steuerungsmodell und rechtliche Betätigungsspielräume der Kommunen, Köln, 1997.

Otting, Olaf: Öffentlicher Zweck, Finanzhoheit und fairer Wettbewerb - Spielräume kommunaler Erwerbswirtschaft, DVBl. 1997, S. 1258 ff.

Otting, Olaf: Die Aktualisierung öffentlich-rechtlicher Schranken kommunalwirtschaftlicher Betätigung, DöV 1999, S. 549 ff.

Otting, Olaf: Wirtschaftliche Betätigung im Gewande nichtwirtschaftlicher Einrichtungen, NWVBl. 2000, S. 206 ff.

Pagenkopf, Hans: Kommunalrecht - Band 1 (Verfassungsrecht), 2. Auflage, Köln u.a., 1975.

Pagenkopf, Hans: Kommunalrecht - Band 2 (Wirtschaftsrecht), 2. Auflage, Köln u.a., 1976.

Pagenkopf, Martin: Einige Betrachtungen zu den Grenzen für privatwirtschaftliche Betätigung der Gemeinden - Grenzen für die Grenzzieher?, GewArch 2000, S. 177 ff.

Palandt, Otto (Hrsg.), Bürgerliches Gesetzbuch, 59. Auflage, München, 2000, zit. Bearbeiter, in: Palandt, BGB.

Papier, Hans-Jürgen: Grundgesetz und Wirtschaftsordnung, in: Benda/Maihofer/Vogel (Hrsg.), Handbuch des Verfassungsrechts, 2. Auflage, Berlin u.a., 1994.

Papier, Hans-Jürgen: Mehrwegkampagnen der Kommunen in öffentlich-rechtlicher Beurteilung, VerwArch 84 (1993), S. 417 ff.

Papier, Hans-Jürgen: Entwicklung zur Rechtsprechung der Eigentumsgarantie des Art. 14 GG, NWVBl. 1990, S. 397 ff.

Pappermann, Ernst: Der Status der Gemeinden und Kreise als Gebietskörperschaften, in: Püttner (Hrsg.), Handbuch der kommunalen Wissenschaft und Praxis, Band I, Heidelberg, 1981.

Pappermann, Ernst: Das zwischengemeindliche Nachbarrecht – BVerwGE 40 323, JuS 1973, S. 689 ff.

Penski, Ulrich: Staatlichkeit öffentlicher Verwaltung und ihre marktmäßige Modernisierung, DöV 1999, S. 85 ff.

Pentenrieder, Johann: Steuerliche Aspekte, Rechnungswesen und Personalwesen im Rahmen verschiedener Rechtsformen, Bayerischer Bürgermeister 2000, S. 101 ff.

Peters, Hans: Öffentliche und staatliche Aufgaben, in: FS für Nipperdey, Band 2, S. 877 ff., München u.a., 1965.

Pfeifer, Gerd/*Burgermeister*, Udo/*Roth*, Gerald (Hrsg.): Der Verfasste Rechtsstaat, Festschrift für Karin Graßhof, Heidelberg, 1998.

Pielow, Johan-Christian: Gemeindewirtschaft im Gegenwind, NWVBl. 1999, S. 369 ff.

Pieroth, Bodo: Die Grundrechtsberechtigung gemischt-wirtschaftlicher Unternehmen, NWVBl. 1992, S. 85 ff.

Pietzker, Jost: "Grundrechtsbetroffenheit" in der verwaltungsrechtlichen Dogmatik, in: FS für H.J. Wolff, München, 1984.

Pitschas, Rainer: Dienstleistungsverwaltung und serviceorientierte Rechtskonkretisierung, BayVBl. 2000, S. 97 ff.

Pünder, Herrmann: Die kommunale Betätigung auf dem Telekommunikationssektor, DVBl. 1997, S. 1353 ff.

Püttner, Günter: Die öffentlichen Unternehmen, 2. Auflage, Stuttgart u.a., 1985.

Püttner, Günter: Die kommunale Selbstverwaltung, in: Isensee/Kirchhof (Hrsg.), Handbuch des Staatsrechts, Band IV, § 107, Heidelberg, 1990.

Püttner, Günter (Hrsg): Handbuch der kommunalen Wissenschaft und Praxis, Band I, 2. Auflage, Heidelberg, 1981.

Püttner, Günter (Hrsg.): Handbuch der kommunalen Wissenschaft und Praxis, Band II, 2. Auflage, Heidelberg, 1982.

Püttner, Günther (Hrsg): Handbuch der kommunalen Wissenschaft und Praxis, Band V (kommunale Wirtschaft), 2. Auflage, Berlin, 1984.

Ramsauer, Ulrich: Die Bestimmung des Schutzbereichs von Grundrechten nach dem Schutzbereich, VerwArch 72 (1981), S. 89 ff.

Reinhard, Rolf: Die Zulässigkeit kommunaler Wohnungsunternehmen, DöV 1990, S. 500 ff.

Rengeling, Hans-Werner: Formen interkommunaler Zusammenarbeit, in: Püttner, Handbuch der kommunalen Wissenschaft und Praxis, Band II, Berlin, 1982.

Rengeling, Hans-Werner: Gesetzgebungszuständigkeit, in: Isensee/Kirchhof (Hrsg.), Handbuch des Staatsrechts, Band IV, § 100, Heidelberg, 1990.

Richter, Ingo/*Schuppert*, Gunnar-Folke: Casebook Verfassungsrecht, 3. Auflage, München, 1996.

Richter, Ingo/*Schuppert*, Gunnar-Folke: Casebook Verwaltungsrecht, 2. Auflage, München, 1995.

Rittner, Fritz: Wirtschaftsrecht, Heidelberg, 1987.

Rocke, Burkhard: Nebentätigkeiten kommunaler wirtschaftlicher Unternehmen, Kiel, 1973;

Röhl, Hans-Christian: Verwaltung und Privatrecht - Verwaltungsprivatrecht, VerwArch 86 (1995), S. 513 ff.

Ronellenfitsch, Michael: Wirtschaftliche Betätigung des Staates, in: Isensee/Kirchhof (Hrsg.), Handbuch des Staatsrechts, Band III, § 84, Heidelberg, 1988.

Ronellenfitsch, Michael: Staat und Markt: Rechtliche Grenzen einer Privatisierung kommunaler Aufgaben, DöV 1999, S. 705 ff.

Rüfner, Wolfgang: Grundrechtsträger, in: Isensee/Kirchhof (Hrsg.), Handbuch des Staatsrechts, Band V, § 116, Heidelberg, 1992.

Rüfner, Wolfgang: Grundrechtsadressaten, in: Isensee/Kirchhof (Hrsg.), Handbuch des Staatsrechts, Band V, § 117, Heidelberg, 1992.

Rupp, Hans Heinrich: Die Unterscheidung von Staat und Gesellschaft, in: Isensee/Kirchhof (Hrsg.), Handbuch des Staatsrechts, Band I, § 28, Heidelberg, 1987.

Rupp, Hans Heinrich: Die soziale Marktwirtschaft in ihrer Verfassungsbedeutung, in: Isensee/Kirchhof (Hrsg.), Handbuch des Staatsrechts, Band IX, § 203, Heidelberg,1997.

Sachs, Michael: Die relevanten Grundrechtsbeeinträchtigungen, JuS 1995, S. 303 ff.

Sachs, Michael (Hrsg.): Grundgesetz - Kommentar, 2. Auflage, München, 1999, zit.: Bearbeiter, in: Sachs, GG.

Schachtschneider, Karl-Albrecht: Staatsunternehmen und Privatrecht - Kritik der Fiskustheorie, exemplifiziert an § 1 UWG, Berlin, 1986.

Scheuch, Erwin K./*Scheuch*, Ute: Cliquen, Klüngel und Karrieren – über den Verfall der politischen Parteien – eine Studie, Reinbeck bei Hamburg, 1992.

Schliesky, Utz: Über Notwendigkeit und Gestalt eines öffentlichen Wettbewerbsrechts, DVBl. 1999, S. 78 ff.

Schliesky, Utz: Öffentliches Wettbewerbsrecht, Berlin, 1997.

Schmidt, Karsten: Gesellschaftsrecht, 3. Auflage, Köln u.a., 1997.

Schmidt, Karsten: Ultra-vires-Doktrin: tot oder lebendig?, AcP 184 (1984), S. 29 ff.

Schmidt, Reiner: Staatliche Verantwortung für die Wirtschaft, in: Isensee/Kirchhof (Hrsg.), Handbuch des Staatsrechts, Band III, § 83, Heidelberg, 1988.

Schmidt, Reiner: Öffentliches Wirtschaftsrecht - Allgemeiner Teil, Berlin u.a., 1990.

Schmidt-Aßmann, Eberhard: Das Ausmaß der gerichtlichen Kontrolle im Wirtschaftsverwaltungs- und Umweltrecht, Baden-Baden, 1992.

Schmidt-Aßmann, Eberhard: Kommunale Selbstverwaltung nach "Rastede", in: Fransen/Redeker/Schlichter/Wilke (Hrsg.), Festschrift für Horst Sendler, München, 1991.

Schmidt-Aßmann, Eberhard: Zum staatsrechtlichen Prinzip der Selbstverwaltung, in: Gedächtnisschrift für Wolfgang Martens, Berlin, 1987.

Schmidt-Aßmann, Eberhard: Der Rechtsstaat, in: Isensee/Kirchhof (Hrsg.), Handbuch des Staatsrechts, Band I, § 22, Heidelberg, 1987.

Schmidt-Aßmann, Eberhard: Kommunen und örtliche Energieversorgung, in: Berg- und Energierecht vor den Fragen der Gegenwart, Festschrift für Fritz Fabricius, Stuttgart, 1989.

Schmidt-Aßmann, Eberhard: Kommunalrecht, in: ders. (Hrsg.), Besonderes Verwaltungsrecht, 11. Auflage, 1. Abschnitt, Berlin u.a., 1999.

Schmidt-Aßmann, Eberhard: Der Grundrechtsschutz gemischt-wirtschaftlicher Unternehmen nach Art. 19 Abs. 3 GG, BB 1990, Beilage 34 zu Heft 27.

Schmidt-Bleibtreu, Bruno/*Klein*, Franz: Kommentar zum Grundgesetz, 8. Auflage, Neuwied u.a., 1995.

Schmidt-Jortzig, Edzard: Die Einrichtungsgarantien der Verfassung, Göttingen, 1979.

Schmidt-Jortzig, Edzard: Kommunale Organisationshoheit, Göttingen, 1979.

Schmidt-Jortzig, Edzard: Subsidiaritätsprinzip und Kommunalordnung, Köln, 1982.

Schmidt-Jortzig, Edzard: Kommunalrecht, Stuttgart u.a., 1982.

Schmidt-Jortzig, Edzard: Die Zulässigkeit kommunaler wirtschaftlicher Unternehmen im einzelnen, in: G. Püttner (Hrsg.), Handbuch der kommunalen Wissenschaft und Praxis, Band V, § 93 B, Heidelberg, 1985.

Schmidt-Jortzig, Edzard: Gemeinde und Kreisaufgaben - Funktionsordnung des Kommunalbereichs nach "Rastede", DöV 1993, S. 973 ff.

Schmidt-Jortzig, Edzard: Gemeindliche Selbstverwaltung und Entwicklungszusammenarbeit, DöV 1989, S. 142 ff.

Schmidt-Jortzig/Makswit, Jürgen: Handbuch des kommunalen Finanz- und Haushaltsrechtes, Münster, 1991.

Schmidt-Preuß, Matthias: Marktwirtschaft und Grundgesetz, DVBl. 1998, S. 236 ff.

Schmitt, Carl: Verfassungslehre, 4. unveränderte Auflage (unveränderter Nachdruck der 1928 erschienenen 1. Auflage), Berlin, 1964.

Schnaudigel, Christoph: Der Betrieb nichtwirtschaftlicher kommunaler Unternehmen in der Rechtsform des Privatrechts, Stuttgart u.a., 1995.

Schoch, Friedrich (Hrsg.): Selbstverwaltung der Kreise, Köln u.a., 1996.

Schoch, Friedrich: Privatisierung von Verwaltungsaufgaben, DVBl. 1994, S. 962 ff.

Schoch, Friedrich: Zur Situation der gemeindlichen Selbstverwaltung nach der Rastede-Entscheidung des Bundesverfassungsgerichts, VerwArch 81 (1990), S. 18 ff.

Schoch, Friedrich: Staatliche Informationspolitik und Berufsfreiheit, DVBl. 1991, S. 667.

Schoch, Friedrich: Die Eigentumsgarantie des Art. 14 GG, Jura 1989, S. 117 ff.

Schoch, Friedrich: Der Beitrag des kommunalen Wirtschaftsrechts zur Privatisierung öffentlicher Aufgaben, DöV 1993, S. 377 ff.

Scholz, Rupert: Das Wesen und die Entwicklung der gemeindlichen öffentlichen Einrichtungen, Berlin, 1967.

Scholz, Rupert: Grenzen staatlicher Aktivität unter der grundgesetzlichen Wirtschaftsverfassung, in: Duwendag (Hrsg.), Der Staatssektor in der soz. Marktwirtschaft, Schriftenreihe der Hochschule Speyer, Band 59, S. 113 ff., Berlin, 1976.

Scholz, Rupert/Pitschas, Rainer: Gemeindewirtschaft zwischen Verwaltungs- und Unternehmensstruktur, Berlin, 1984.

Scholz, Rupert: Neue Entwicklungen im Gemeindewirtschaftsrecht - Strukturfragen und Verfassungskritik, DöV 1976, S. 441 ff.

Schricker, Helmut: Wirtschaftliche Tätigkeit der öffentlichen Hand und unlauterer Wettbewerb, Köln, 1964.

Schulz, Nobert: Neue Entwicklung im kommunalen Wirtschaftsrechts Bayerns, BayVBl. 1996, S. 97 ff.

Schulz, Norbert: Anmerkungen zur Tätigkeit gemeindlicher Unternehmen außerhalb des Gemeindegebietes, BayVBl. 1998, S. 449 ff.

Schulz, Norbert: Wirtschaftliche, nichtwirtschaftliche und nicht nichtwirtschaftliche Unternehmen, BayVBl. 1997, S. 518 ff.

Schulz, Norbert: Neue Entwicklung im kommunalen Wirtschaftsrechts Bayerns, BayVBl. 1996, S. 129 ff.

Schuppert, Gunnar-Folke: Selbstverwaltung, Selbststeuerung, Selbstorganisation - Zur begrifflichen Wiederbelebung des Subsidiaritätsgedankens, AöR 114 (1989), S. 127 ff.

Schuppert, Gunnar-Folke: Die öffentliche Aufgabe als Schlüsselbegriff der Verwaltungswissenschaften, VerwArch 71 (1980), S. 309 ff.

Selmer, Peter/*Münch*, Ingo v.: Gedächtnisschrift für Wolfgang Martens, Berlin, 1987.

Sennebogen, Erich: Die wirtschaftliche Betätigung der Kommunen aus Sicht der bayerischen Wirtschaft, Bayerischer Bürgermeister 2000, S. 101 ff.

Sodan, Helge: Vorrang der Privatheit als Prinzip der Wirtschaftsverfassung, DöV 2000, S. 361 ff.

Spannowsky, Willy: Grenze des Verwaltungshandeln durch Verträge und Absprachen, Berlin, 1994.

Städter, Rolf/*Thieme*, Werner: Hamburg. Deutschland. Europa, Festschrift für Hans-Peter Ipsen, Tübingen, 1977.

Starck, Christian: Grundrechtliche und demokratische Freiheitsidee, in: Isensee/Kirchhof (Hrsg.), Handbuch des Staatsrechts, Band II, § 29, Heidelberg, 1987.

Starck, Christian: Die Verfassungsauslegung, in: Isensee/Kirchhof (Hrsg.), Handbuch des Staatsrechts, Band VII, § 164, Heidelberg, 1992.

Stern, Klaus: Die Verfassungsgarantie der kommunalen Selbstverwaltung, in: Püttner(Hrsg.), Handbuch der kommunalen Wissenschaft und Praxis, Band I, Heidelberg, 1981.

Stern, Klaus: Das Staatsrecht der Bundesrepublik Deutschland I, 2. Auflage, München, 1984.

Stern, Klaus: Das Staatsrecht der Bundesrepublik Deutschland III/1, München, 1988.

Stern, Klaus: Das Staatsrecht der Bundesrepublik Deutschland, III/2, München, 1994.

Stern, Klaus/*Burmeister*, Joachim: Die kommunalen Sparkassen, Stuttgart, 1972.

Stern, Klaus/*Nierhaus*, Michael: Das Regionalprinzip im öffentlichen Sparkassenwesen, Heidelberger Forum 76, Heidelberg, 1991.

Stern, Klaus/*Püttner*, Günter: Die Gemeindewirtschaft - Recht und Realität, Köln, 1965.

Stober, Rolf (Hrsg.): Wirtschaftsverwaltungsrecht in Europa, Köln u.a., 1993.

Stober, Rolf: Kommunalrecht der BRD, 3. Auflage, Köln, 1996.

Stober, Rolf: Allgemeines Wirtschaftsverwaltungsrecht, 11. Auflage, Köln, 1998.

Tettinger, Peter: Besonderes Verwaltungsrecht/1, 5. Auflage, Heidelberg, 1998.

Tettinger, Peter: Rechtschutz gegen kommunale Wettbewerbsanteilnahme, NJW 1998, S. 3473 ff.

Tettinger, Peter: Verfassungsrecht und Wirtschaftsordnung, DVBl. 1998, S. 679 ff.

Thode, Bernd/*Peres*, Holger: Die Rechtsform der Anstalt nach dem kommunalen Wirtschaftsrecht des Freistaates Bayern, BayVBl. 1999, S. 6 ff.

Vogel, Klaus: Grundzüge des Finanzrechts des Grundgesetzes, in: Isensee/Kirchhof (Hrsg.), Handbuch des Staatsrechts, Band IV, § 87, Heidelberg, 1990.

Vogel, Klaus: Der Finanz- und Steuerstaat, in: Isensee/Kirchhof (Hrsg.), Handbuch des Staatsrechts, Band I, § 27, Heidelberg, 1987.

Vogelgesang, Klaus/*Lübking*, Uwe/*Jahn*, Helga: Kommunale Selbstverwaltung, 2. Auflage, Berlin, 1997.

Waechter, Kay: Kommunalrecht, 3. Auflage, Köln u.a., 1997.

Wahl, Rainer: Abschied von den "Ansprüchen aus Art. 14 GG", in: Bender/Breuer/Ossenbühl/Sendler (Hrsg.), Festschrift für Konrad Redeker, München, 1993.

Wahl, Rainer: Die doppelte Abhängigkeit des subjektiv-öffentlichen Rechts, DVBl. 1996, S. 641 ff.

Wank, Rudolf: Gewaltenteilung, Jura 1991, S. 622 ff.

Wassermann, Rudolf (Hrsg.): Alternativkommentar zum Grundgesetz für die Bundesrepublik Deutschland, Band I, Neuwied, 1989, zit.: Bearbeiter, in: AK GG.

Weber, Dirk: Wettbewerbsrechtlicher Unterlassungsanspruch gegen kommunale Wirtschaftstätigkeit, Frankfurt a.M., 2000.

Weber-Dürler, Beatrice: Der Grundrechtseingriff, VVDStRL 57 (1998), S. 53 ff.

Wendt, Rudolf: Finanzhoheit und Finanzausgleich, in: Isensee/Kirchhof (Hrsg.), Handbuch des Staatsrechts, Band IV, § 104, Heidelberg, 1990.

Werner, Fritz: Verwaltungsrecht als konkretisiertes Verfassungsrecht, DVBl. 1959, S. 527 ff.

Widtmann, Julius/*Grasser*, Walter: Bayerische Gemeindeordnung – Kommentar, 5. Auflage (Loseblatt-Ausgabe), München.

Wieland, Joachim: Kommunalwirtschaftliche Betätigung unter veränderten Wettbewerbsbedingungen, in: Henneke (Hrsg.), Optimale Aufgabenerfüllung im Kreisgebiet, S. 192 ff., Stuttgart u.a., 1998.

Wieland, Joachim/*Hellermann*, Johannes: Der Schutz des Selbstverwaltungsrechts der Kommunen gegenüber Einschränkungen ihrer wirtschaftlichen Betätigung im nationalen und europäischen Recht, Beiträge zur kommunalen Versorgungswirtschaft, Heft 85, Köln, 1995.

Wieland, Joachim/*Hellermann*, Johannes: Das Verbot ausschließlicher Konzessionsverträge und die kommunale Selbstverwaltung, DVBl. 1996, S. 401 ff.

Wieland, Joachim: Die Stellung der nordrhein-westfälischen Kommunen im liberalisierten Strommarkt, NWVBl. 2000, S. 246 ff.

Wiethe-Köprich, Heinrich: Wirtschaftliche Betätigung im Bereich gemeindlicher Aufgabenerfüllung, Bayerischer Bürgermeister 2000, S. 95 ff.

Witthon, Hauke: Gewohnheitsrecht als Eingriffsermächtigung, Baden-Baden, 1997.

Wohlfarth, Jürgen: Saarländisches Kommunalrecht, Baden-Baden, 1995.

Wolff, Hans J.: Verwaltungsrecht III, 3. Auflage, München, 1973.

Wolff, Hans J./Bachof, Otto: Verwaltungsrecht III, 4. Auflage, München, 1978.

Wolff, Hans J./Bachof, Otto/Stober, Rolf: Verwaltungsrecht II, 5. Auflage, München, 1987.

Wolff, Hans J./Bachof, Otto/Stober, Rolf: Verwaltungsrecht I, 10. Auflage, München, 1994.

Zimmermann, Norbert: Der grundrechtliche Schutzanspruch juristischer Personen des öffentlichen Rechts, München, 1993.

Zippelius, Reinhold: Allgemeine Staatslehre, 13. Auflage, München, 1999.

Zuck, Rüdiger: Subsidiaritätsprinzip und Verfassungsrecht, München, 1968.

Zuck, Rüdiger: Aktuelle Probleme der Wirtschaftspolitik und die tragenden Grundsätze der Wirtschaftsverfassung (Art. 3, 12, 14 GG), BB 1967, S. 805 ff.

AKTUELLE BEITRÄGE ZUM ÖFFENTLICHEN RECHT

⊃ von Damm, Christoph
Selbsteintrittsrecht der Bauaufsichtsbehörde
Art. 81 BayBO und seine Vereinbarkeit mit der
gemeindlichen Planungshoheit
Band 1, 1998, 224 S., ISBN 3-8255-0201-5, 79,– DM / 40,39 EUR

Die Studie betrifft vor allem die Interessen der Gemeinde und deren Verbände, weil hierbei Maßnahmen diskutiert werden, die unter Umständen in die Selbstverwaltung eingreifen. Das Buch bietet eine wissenschaftliche Auseinandersetzung mit den verwaltungs- und verfassungsrechtlichen Aspekten der beschleunigten Ersetzung des gemeindlichen Einvernehmens durch die Bauaufsichtsbehörde. Dabei wird diese Problematik als Teil der Bestrebungen eines „schlankeren" Staates dargestellt, dem Versuch durch Abbau von langdauernden Genehmigungsverfahren ein Anreiz zu Investitionen zu schaffen und so den Standort Deutschland zu stärken.

⊃ Koebke, Max
Das Recht auf Umweltinformation unter besonderer
Berücksichtigung von Betriebs- und Geschäftsgeheimnissen
und der Paragraphen 207-277 UGB-KomE
Band 2, 1999, 182 + XVIII S., ISBN 3-8255-0264-3, 79,– DM / 40,39 EUR

Die Studie führt ein in das Recht der Umweltinformation, wie es durch das UIG geschaffen wurde. Dabei zeigt der Autor den Hintergrund der Informationsfreiheit auf und zieht einen Vergleich mit den Informationsrechten in den USA und in den Staaten der EU. Die Darstellung des konkreten Inhalts des UIG findet ihren Schwerpunkt im Konflikt der Informationsfreiheit mit dem Schutz von Betriebs- und Geschäftsgeheimnissen.

⊃ Hamers, Antonius
Der Petitionsausschuß des Europäischen Parlaments
und der Europäische Bürgerbeauftragte
Zu den außergerichtlichen Beschwerdeeinrichtungen
der Europäischen Gemeinschaft
Band 3, 1999, 290 + XIV S., ISBN 3-8255-0285-6, 79,– DM / 40,39 EUR

Das Buch befaßt sich mit den beiden Einrichtungen Petitionssausschuß und Bürgerbeauftragter auf Ebene der Europäischen Gemeinschaft und geht der Frage nach, ob ein Nebeneinander beider Institutionen sinnvoll und notwendig ist. In diesem Zusammenhang wird insbesondere untersucht, wie die Aufgaben, Kompetenzen und Zuständigkeiten beider Einrichtungen voneinander abgegrenzt werden können.

CENTAURUS VERLAG

AKTUELLE BEITRÄGE ZUM ÖFFENTLICHEN RECHT

⊃ Knödler, Christoph
Mißbrauch von Rechten, selbstwidersprüchliches
Verhalten und Verwirkung im öffentlichen Recht
Band 4, 2000, 260 + XLVI S., ISBN 3-8255-0293-7, 79,– DM / 40,39 EUR

Die Untersuchung zum Rechtsmißbrauch und seinen konkreten Erscheinungen beruht auf ca. 800 Gerichtsentscheidungen, vornehmlich des Bundesverfassungsgerichts, Bundesverwaltungsgerichts und des Bundessozialgerichts, sowie ca. 750
Literaturquellen. Sie zielt auf eine Schärfung der unklaren Konturen des Rechts-
mißbrauchs durch Bündelung der Gemeinsamkeiten und Unterschiede der verschiedenen Mißbrauchsfeststellungen und dient weiter der dogmatischen Erfassung und rechtsstaatlichen Anfrage an die Mißbrauchsfigur, ehe sie mit 16 bilanzie-
renden Thesen zum Rechtsmißbrauch schließt.

⊃ Reumann, Ute
Die Europäische Zentralbank:
Zwischen Selbstbestimmung und vertragsmäßiger
Zusammenarbeit mit der Gemeinschaft
Band 5, 2001, 340 S., ISBN 3-8255-0325-9, 79,– DM / 40,39 EUR

Ziel dieser Arbeit ist die Darstellung, in welcher Weise die Unabhängigkeit der Europäischen Zentralbank (EZB) in den Verträgen von Maastrich und Amsterdam
rechtlich abgesichert wurde und wie die EZB in das System der Gemeinschaft und
ihrer Institutionen eingebunden ist. Im Falle einer Interessenkollision zwischen den
einzelnen Institutionen der Europäischen Union muß eine eindeutige Abgrenzung
von Aufgabenbereichen und Befugnissen vorgenommen werden können. Das Buch
arbeitet diese nicht immer eindeutige Grenzlinie heraus und fragt auch nach der
Rolle des EuGH als Rechtsschutzinstanz und nach der tatsächlichen Effektivität
des Rechtsschutzes für die EZB.

⊃ Bernard, Claudia
Rundfunk als Rechtsbegriff
Bedeutung, Inhalt und Funktion des Rundfunkbegriffs
unter besonderer Berücksichtigung der Multimediadienste
Band 6, 2001, ca. 270 S., ISBN 3-8255-0342-9, ca. 70,– DM / 35,80 EUR

Im Mittelpunkt dieser Arbeit steht ein globaler Ansatz der rundfunkrechtlichen Regelungen. Unter Bezugnahme auf den Rundfunkbegriff in den internationalen und
nationalen Regelungen werden seine Funktionen und sein Inhalt dargestellt und die
Möglichkeit einer einheitlichen globalen Rundfunkordnung untersucht. Dies bildet
den Ausgangspunkt für die Erörterung der rechtlichen Erfassung und Regulierung
der Multimediadienste.

CENTAURUS VERLAG

MIX
Papier aus verantwortungsvollen Quellen
Paper from responsible sources
FSC® C105338

If you have any concerns about our products,
you can contact us on
ProductSafety@springernature.com

In case Publisher is established outside the EU,
the EU authorized representative is:
Springer Nature Customer Service Center GmbH
Europaplatz 3, 69115 Heidelberg, Germany

Printed by Libri Plureos GmbH
in Hamburg, Germany